대통령과 부동산

대통령과 부동산

ⓒ 이종규, 2022

제3판 발행 2022년 10월 30일

지은이   이종규
펴낸이   정중용
편집   좋은땅 편집팀
펴낸곳   (주)더프라핏
주소   서울특별시 강남구 논현로 85길 5-14, 303-1호 (역삼동, 아린빌딩)
전화   02)561-6510
팩스   02)6008-6888
이메일   theprofit@bizcares.com
홈페이지   www.theprofit.co.kr

ISBN   979-11-980611-0-2 (03320)

부 동 산 정 책 의 이 해 와 부 동 산 시 장 의 미 래 예 측

시사경제평론집 : 부동산편

대통령과
부동산 제3판

이종규 지음

대한민국의 부동산문제의 핵심은 무엇일까요?
그리고 그에 대한 대책은 무엇일까요?

부동산정책을
이해하고
부동산 시장의
미래를 예측

타이밍을
놓치면 안 된다.
'정책=타이밍'
'정책=철학'

오늘의
올바른 정책은
내일의
그릇된 정책

THE PROFIT
(주)더프라핏

문재인 정부의 부동산 정책은 성공했다(?)
(시사평론집을 발간하면서)

몇십 번을 되새김으로 생각해봐도 문재인 정부의 부동산 정책은 성공한 것 같다. 부동산가격 급등의 문제를 해결하기 위해 조세를 강화했는데 조세는 역대 최고 징수되었지만 부동산가격급등의 문제는 더욱 커졌다. 이를 민생의 입장에서 분석한다면 부동산정책의 실패로서 너무 괴롭고 스트레스 쌓이는 문제인 데 반해, 정부 입장에서 다른 각도로 해석하면 부동산가격급등이 역대 최대 징수를 이루게 해줬으니 너무 감사할 따름일 것이다.

만약 정부가 부동산문제를 조세징수로 해결하려 했다면 부동산정책은 실패한 것이겠지만 만약 조세징수를 부동산문제로 해결하려 했다면 부동산정책은 성공한 것이다. 그러니 오히려 부동산가격 급등이 반갑고 감사할 따름일 것이다.

그로인해 서민, 청년, 신혼부부, 은퇴자, 무주택서민들의 고통이 수반되는데도 아랑곳없이 역대 최대의 조세징수를 자랑한다면 오히려 부동산 가격이 추락해서 징세가 위축될 것이 두렵다는 것을 의미하는 것이기도 할 것이다. 그러니 부동산정책의 실패란 징수가 크게 위축되는 것을 의미하는 것이므로 역대 최대 조세징수란 그들 입장에선 부동산정책의 성공인 것이다.

그러니 절대로 부동산 정책을 수정할 생각이 없을 것이다. 그러니 부동산 가격이 급락하지는 않을 것이다. 최소한 문재인 정부기간에는. 이런 문재인 정부의 부동산 정책에 대한 비판이 높아졌다. 20대 대한민국 대통령 선거 기간 내내 문재인 정부의 부동산 정책에 대한 비판과 반성이 계속되었다. 야당은 물론 심지어 여당 후보마저도 문재인 정부의 부동산 정책을 비판하거나 반성하기에 이르렀다.

급기야 야당이 승리, 윤석열 정부가 출범했다. 윤석열 정부는 부동산 시장을 최대한 반영하겠다는 의지가 강하다, 공급확대, 거래 활성화, 조세완화, 재건축, 재개발 완화, 금융조건 완화 등 문재인 정부와 차별화된 정책을 펼칠 가능성이 높아졌다. 부동산문제를 앓고 있는 국민들은 그래서 윤석열 정부의 부동산 정책에 대한 기대가 크다. 앞 정부에서의 실패를 직접 경험했기에 문제를 해결하기엔 아무래도 훨씬 쉽게 접근할 수 있을 것이다.

하지만 기대만큼이나 걱정이 되는 것은 부동산 문제는 역대 어느 정부도 해결하지 못한 과제였다는 점이다. 윤석열 정부라고 무슨 뾰족한 수가 있겠는가라는 자조적인 기대가 차라리 굳게 믿고 크게 실망하는 것보다 나을지도 모른다.

그러나 기대되는 것은 역대 정부의 부동산 정책과 판이하게 다른 정책을 내놓을 수 있을지 모른다는 점 때문이다. 우려되는 것은 다주택자도 무주택자도 모두 만족할 수 있는 정책이 나올 수 있을까라는 점이다. 주택은 국민들의 생존권과 재산권이 달려있으므로 부동산은 다주택자, 무주택자 모두에게 소중하고 가치 있다. 둘 다 불행한 것이 최악이요, 둘 다 행복한 것이 최선이다. 그렇지 않다면 어떤 정책이 필요할까.

국민들이 더 잘 안다. 부동산은 민생이기 때문에 국민들의 경험이 오히려 정부정책 위에 있을 수 있다. 윤석열 정부는 이 점을 더 깊이 새기어 부동산 정책을 펼쳐 주길 기대하는 것이다.

2022년 7월
연구원에서 저자 씀

잘못된 진단과 더 잘못된 처방
(시사평론집을 발간하면서)

문재인 정부의 부동산정책은 반드시 성공하여야 한다. 이유는 간단하다. 2020년, 신년 기자 간담회에서 대통령은 투기와의 전쟁을 선포하였다. 전쟁이란 승자만이 남는 생존의 게임이다. 지면 끝장이다. 다시 말하면 문재인 정부의 부동산정책이 실패한다면 시장은 더 큰 혼란을 가져올 것이기 때문이다.

더 중요한 이유가 있다. 무주택자, 실수요자들의 박탈감이다. 갑자기 주택 가격이 급등하면 무주택자, 실수요자들은 불안하다. 내 집 마련의 꿈은 점점 멀어지게 되기 때문이다. 그럼에도 빚이라도 내서 과감히 매입에 나서려고 하는데 정부에서 부동산 투기대책을 발표한다고 하니 기다려 보기로 했다. 정부는 투기와의 전쟁을 선포하며 강한 의지를 보여주었다. 정부의 의지를 철저히 믿고 매입을 포기했다.

가격이 내리면 다시 도전해 보기로 결정했는데 시장은 정부의 의지와 정반대로 움직였다. 정부의 정책은 연달아 실패하기 시작했다. 실수요자들은 정부를 믿었던 걸 후회하며 늦게라도 매입해 보려 하지만 이미 가격은 너무 올랐고 자금 대출은 더 까다로워졌다. 덩달아 임대료도 올라버렸다. 한마디로 진퇴양난인 것이다. 정부가 그나마 기회마저도 놓치게 하는 우를 넘겨준 것이다. 이때 밀려드는 박탈감은 아마도 정부에 대한 배신감 때문일 것이다.

또 있다. 역대 정부 중에서 부동산 규제정책을 들고 나온 정부는 한결같이 반드시 부동산 시장을 안정화시키겠다고 장담해 왔다. 그리고 온갖 대책을 쏟아 냈었다. 그러기를 60여 년이 지났고 대통령만도 여러 번 바뀌었다. 그런데 현 시점에서 볼 때 결과적으로 그 모든 정책은 실패했던 것이다. 실패도 완벽한 실패였던 것이다. 만약 조금이라도 성공했다면 문재인 정부에서 전쟁이란 단어는 절대 나오지 않았을 것이다.

이를 두고 혹자는 '백약이 무효'라고 한다. 강남불패 신화는 계속된다고 한다. 마치 정부의 부동산 대책을 조롱이라도 하는 듯 여기저기 '풍선효과'가 나타나서 교란하기도 한다. 경험 많은 사람들은 정부정책을 역으로 이용하려까지 한다. 시장에서 풍자되는 말 중에 '부동산 투자는 정부 정책과 반대로만 하면 된다'고 하기까지 한다. 결국 최종적인 패배자는 정부도 아니고, 시장도 아니고 투기세력도 아니다. 무주택자요, 저소득자요, 실수요자가 될 것이란 생각이 든다.

도대체 왜, 정부가 시장에 개입하면 부동산 시장은 더 날뛰는 걸까. 왜 정부는 단칼에 부동산 시장을 제압하지 못하는 걸까. 문재인 정부뿐만 아니라 역대 정부가 싸잡아 다 똑같은 정책을 반복적으로 늘어놓으며 반드시 잡겠다고 장담하지만 결국 실패로 끝나는 걸까.

이유는 아주 간단하다. 부동산 시장의 본질적인, 고질적인 문제가 있는데 이를 정확하게 진단하고 적합하고 신속하게 처방을 해야 하는데 처음부터 문제의 진단을 잘못하기 때문이다. 진단이 잘못되면 반드시 처방은 더 잘못된다는 것은 진리 중의 진리이다. 그러니 시장 진단을 제대로 하면 '원샷 원킬', 한 방이면 끝날 일을, 진단을 잘못하고 더 잘못된 처방을 마치 만병통치약처럼 내놓으니 거듭거듭 실패하는 것이다. 2019년 12월 기준 재임기간 1/2 만에 18번이나 초강력 부동산대책을 발표했다고 하니 문재인 정부의 부동산정책을 어디까지 믿을 수 있는가.

정부가 시장에 개입하는 이유는 시장이 실패했기 때문이다. 시장의 기능, 즉 거래기능, 가격결정기능, 유통기능, 경제원천의 기능 등이 비정상적인 상황이기 때문이다. 그래서 정부가 개입하여 가급적 최대한 빠른 시일에 정상적인 상황으로 만들어 놓고 곧바로 빠져 나와야 한다. 만약 정상화를 못 이룬다거나 그 시일이 너무 오래 걸린다거나 하면 시장은 정부의 반대

방향으로 흐르게 된다. 시장의 실패를 잡으려 들어간 정부가 정책적으로 실패하게 되면 그 시장은 어떻게 되겠는가. 오히려 들어가지 아니 하니만 못하는 결론이지 않겠는가. 정부의 실패가 더 무서운 이유인 것이다. 그러니 문재인 정부의 부동산정책은 반드시 실패하면 안 되는 것이다.

부동산이 단순 토지, 건물이라는 개념보다는 인간의 생존권과 관련이 있다는 것을 이해한다면 정부의 역할은 더욱 중요해진다. 부동산은 여유 있게 선택할 수 있는 사치품이 아니다. 목숨과 관련이 있는 생존의 필수재이다. 그런데 이런 재화는 인간이 원하는 대로 생산할 수 있는 것이 아니다. 때문에 항상 넉넉하지 못하거나 부족하여 수요공급의 불균형을 가져온다. 수급불균형은 시장 실패의 전형적인 모델이다.

결국 생존권이 달린 필수 재화가 경제재가 되어 있다는 것은 언제든지 자본력 있는 특정계층에 집중될 수 있다는 것을 의미하기도 한다. 자본력이 이기는 게임인 것이다. 이런 이유로 부동산을 조금이라도 안다면 '투기자본은 부동산 시장을 절대 떠나지 않는다'는 것도 알 수 있을 것이다. 그런 자본력을 강제로 내 쫓는다거나 감성적으로 호소한다고 해서 먹힐 일이 아니다. 그렇게 쉽게 해결될 것 같았다면 이미 오래전에 해결되었어야하는 것이다.

부동산 분야에서 30년 넘게 일했다. 필드에서 할 수 있는 경험도 웬만큼은 해봤다. 역동적인 부동산 시장의 변화를 함께 겪었고 그때마다 시장에 개입한 정부의 역할과 그 결과도 경험해 봤다. 매번 아쉬운 것은 정부의 정확한 진단과 처방의 미숙함이었다. 매번 반복되는 메뉴판 같은 정책들을 보면서 답답함을 감출 수가 없었다. 그럴 때마다, 답답할 때마다 소리치고 싶은 내용들을 모아서 평론집으로 엮어 보았다.

오직 대한민국 부동산 시장의 안정화를 바라는 마음에서 공개하기로 했으며 관심 있는 분들과 함께 더 깊이 고민하고 토론하고 연구할 수 있기를 기대해본다.

2020년 5월
연구원에서 저자 씀

정책이란 정부의 국가 경영방침과 방향을 말한다. 이는 국민들의 생활과 직결된다. 그래서 정책은 곧 국민들의 생활이다. 때문에 정책은 국민들이 만족할 수 있도록 설계되어야 한다. 그런데 모든 국민이 만족할 수 있는 정책이란 사실상 실현될 수가 없다. 어떤 국민은 만족할 수 있지만 어떤 국민은 불만스러울 수 있다. 자유민주주의 사회가 그런 사회다. 사회적 약자를 위한 정책이냐, 사회적 강자를 위한 정책이냐, 아니면 사회적 정의를 위한 정책이냐 등 그 명분은 그래서 대단히 중요하다. 이런 의미에서 정책은 그 철학적 기초가 대단히 중요하다고 할 것이다.

시대적 배경과 환경에 따라서 정책은 달라질 수 있다. 오늘의 올바른 정책은 내일의 그릇된 정책이 될 수 있다. 중요한 것은 그때마다 정책은 바뀐다는 점이다. 마치 생물처럼 항상 유동적이라는 특징이 있다. 문제는 정책이 유동적이면 국민들의 생활이 유동적으로 바뀐다는 점이다. 그래서 정책은 국민의 삶을 바탕으로 설계되어야 한다.

부동산정책은 국민들의 삶 그 자체에 직접적으로 영향을 미친다. 그래서 부동산정책은 더욱 중요하다. 선거 때만 되면 난무하는 각종 공약 속에 어김없이 빠지지 않는 것이 부동산정책이다. 선거에 당선되면 발표하는 정책 중에도 부동산정책은 반드시 들어 있다. 어떤 형태가 되었든 간에 부동산정책은 바뀐다. 지금까지 우리나라의 부동산정책은 항상 그랬다. 부동산에 대한 국민들의 인식은 정책을 따라다녔다. 정책의 변화에 따라 인식도 변해왔던 것이다.

정책은 언제든지 변할 수 있는 것이다. 그래서 '적시성(타이밍)'이 대단히 중요하다. 아무리 훌륭한 정책이라도 타이밍을 놓치면 그 효과가 반감되거나 오히려 역효과를 나타내는 경우가 허다하다. 타이밍을 놓치면 안 된다. '정책=타이밍'은 '정책=철학'과 함께 대단히 중요한 요소인 것이다.

우리나라는 5년 단임제 대통령을 선출하고 있다. 단지 이 점만 가지고도 5년마다 부동산정책은 바뀔 것이란 추정이 가능해진다. 그렇게 역사가 쌓이면 믿음으로 바뀐다. 다음 정권에서는 무조건 바뀐다. 이런 믿음이 정당하지는 않지만 수학공식처럼 맞아 떨어지는 것은 지금까지 그래 왔었기 때문이다.

새로운 정책이 나올 때(아니면 나올 때쯤)마다 일면 소신을 갖고 부족하나마 그 정책이 미치는 영향과 효과에 대해 독설(獨設)해 본 지 오래다. 오랜 기간 동안 '건설문제', '도시문제', '부동산문제', '리조트문제' 등에서 자유롭지 못했다. 여러 각도에서 연구하고 또 연구하고 있으며 글도 쓰고 후학들을 위해 강의도 하고 있다. 이런 과정에서 궁금했던 것 중의 하나가 우리나라의 부동산정책의 흐름과 패턴이었다. 그리고 그 흐름과 패턴이 시장에 어떤 영향을 미치는가 하는 것이었다. 전문가들이야 아무것도 아니지만 빈학자(貧學者)로서는 나름 대단한 궁금증이었다. 그래서 그동안 모아놓았던 자료를 정리하다 보니 이렇게 한 권의 책으로 엮을 수 있었다.

주제를 '대통령과 부동산'으로 선택한 이유는 단순하다. 부동산 시장에 가장 많은 영향을 미치는 환경이 정책적 환경이고 그 정책에 가장 영향을 많이 미치는 것이 곧 대통령이기 때문이다. 최소한 우리나라 정치체제하에서 그렇다고 믿는다. 이보다 더 중요한 것은 부동산 활동의 주체가 곧 국민이고 국민들은 정말 순수하게 부동산정책을 믿고 있다는 사실 때문이다. 국민들의 삶의 방향은 대통령의 정책방향이고 대통령의 정책방향은 곧 국민들의 삶의 방향이다. 모두가 만족할 수 있는 정책은 무엇일까.

역사적으로 살펴보면 우리나라 부동산 시장은 정책에 의해 크게 영향을 받아 왔다. 이는 앞으로도 마찬가지일 것이다. 부동산정책을 이해하면 부동산 시장의 미래를 예측하는 데 절대적인 기준이 될 수 있다는 의미이다. 우리나라 국민의 대다수가 관심을 갖고 있는 부동산시장의 환경변화는 곧 대통령의 부동산정책에서 나타나기 때문에 역대 대통령들의 정책을 살펴보고자 하는 것이다.

서론은 거창하지만 내용은 가볍다. 독자 여러분들은 그냥 가볍게 보시고 나름대로 부동산 시장과 정책을 예측해 보시기 바란다. 이 책을 다 읽고 나면 나름대로 부동산 시장과 정부 정책의 관계를 이해하게 될 것이다. 그 이해를 바탕으로 부동산과 부동산 시장 그리고 부동산정책을 관찰하면 미래를 예측하는 것이 훨씬 쉬워질 것으로 생각한다. 마치 부동산 시장과 부동산정책의 관계가 무슨 공식처럼 관련되고 있는 것을 발견하게 될 것이다. 독자 및 수강생 여러분의 관심을 기대해 본다.

이 책은 단순한 동기에서 출발했다. 때문에 내용도 아주 단순하고 결론도 아주 단순하다. 순수한 마음으로 독자들께 바치니 단순하게 읽으시고 순수하게 판단하시기 바란다. 이 책이 시중에 나오기까지 고생하신 모든 분들과, 필자로부터 강의를 들은 많은 수강생들, 그리고 이 책에 관심을 나타내는 모든 분들께 감사를 드리며 이 책의 출판을 계기로 부동산정책에 대한 합당한 토론의 장이 만들어졌으면 좋겠고 이 책의 부족한 부분과 오만한 부분이 있을 때 과감히 수정·보완해 나갈 것을 약속드린다.

2014년 3월 1일
연구실에서 저자 씀

대한민국 역대 대통령

재임	이름	재임기간	연수	생년월일
1대~3대	이승만	1948. 7~1960. 4	12년	1875. 3. 26~1965. 7. 19
4대	윤보선	1960. 8~1962. 3	2년	1897. 8. 26~1990. 7. 18
5대~9대	박정희	1963. 12~1979. 10	16년	1917. 11. 14~1979. 10. 26
10대	최규하	1979. 12~1980. 8	1년	1919. 7. 16~2006. 10. 22
11대~12대	전두환	1980. 9~1988. 2	8년	1931. 1. 18~2021. 11. 23
13대	노태우	1988. 2~1993. 2	5년	1932. 12. 4~2021. 10. 26
14대	김영삼	1993. 2~1998. 2	5년	1927. 12. 20~2015. 11. 22
15대	김대중	1998. 2~2003. 2	5년	1924. 1. 6~2009. 8. 18
16대	노무현	2003. 2~2008. 2	5년	1946. 8. 6~2009. 5. 23
17대	이명박	2008. 2~2013. 2	5년	1941. 12. 19~
18대	박근혜	2013. 2~2017. 3	4년	1952. 2. 2~
19대	문재인	2017. 5~2022. 5	5년	1953. 1. 24~
20대	윤석열	2022. 5~2027. 5	5년	1960. 12. 18~

목차

제1장 윤석열대통령과 부동산정책

제2장 문재인대통령과 부동산정책(잘못된 진단과 더 잘못된 처방)

제3장 박근혜대통령과 부동산정책

제4장 이명박대통령과 부동산정책

제5장 노무현대통령과 부동산정책

제6장 김대중대통령과 부동산정책

제7장　김영삼대통령과 부동산정책

제8장　노태우대통령과 부동산정책

제9장 전두환대통령과 부동산정책

제10장 박정희대통령과 부동산정책

윤석열대통령과
부동산정책

1. 윤석열 정부의 부동산정책이 우려되는 점

대한민국의 부동산 문제의 핵심은 무엇일까요? 그리고 그에 대한 대책은 무엇일까요? 이러한 궁금증은 과거 박정희 정부에서부터 20대 대통령에 당선된 윤석열 정부에 이르기까지 해결되지 않는 문제가 아닌가 싶다. 대통령에 취임할 때는 무슨 일이 있더라도 부동산문제는 해결하겠다고 공약하지만 막상 재임기간 동안에는 부동산문제 때문에 국민들로부터 질타를 받는 경우가 다반사였다. 왜 그럴까? 원인은 부동산 문제의 본질과 핵심을 잘못 진단하고 이의 처방을 잘못했기 때문이다. 특히 정권초기의 부동산 진단은 너무 중요하다고 할 것이다. 정권기간 내내 정책의 뿌리가 되기 때문이다.

문재인 정부의 부동산 정책 실패가 하나의 원인이 되어 보수야당 출신 윤석열 후보가 대통령이 되었다고 해도 과언이 아닐 정도로 제20대 대통령선거는 치열한 과정과 박빙의 결과로 막을 내렸다. 국민들의 부동산에 대한 분노의 결과라고 단언한 언론의 평가를 100% 수용하지 않는다 해도 문재인 정부의 부동산 정책의 실패가 정권을 바꾸는 결정적인 원인 중의 하나였음을 부인할 수는 없었을 것이다.

이는 문재인 정부의 실망이 곧 윤석열 정부에 대한 기대가 된 것이며 실망이 클수록 기대도 크기 때문에 윤석열 정부의 부동산 정책에 거는 국민들의 기대는 그만큼 크고 중요하다고 할 것이다. 그럼에도 윤석열 정부의 부동산 정책이 우려되는 것은 왜일까. 그것은 윤석열 정부에서도 과거와 마찬가지로 시장진단이 자칫 부실할 수 있다는 점을 여러 군데에서 발견되기 때문이다. 그중에 가장 대표적인 것을 뽑으라면 무주택자들에 대한 정부의 대책이 미흡하다는 점이다.

작금의 대한민국 부동산문제의 핵심은 수도권의 국민 50%(서울의 경우 무주택의 비율이 58% 수준임)에 해당하는 무주택 임차인의 존재에 있다고 할 것이다. 임차인이 존재하는 한 임대수익이 발생할 것이고 임대수익이 금융비용(기회비용)보다 높다면 자본가들이 주택을 사재기하여 임대사업을 확대하려 할 것이고 이에 소요되는 모든 비용을 또다시 임차료에 반영할 것이므로 결과적으로는 임차인만 어려워지는 구조라고 할 것이다. 때문에 임차인이 존재하는 한 아무리 주택을 추가 공급한다 해도 자본가들의 독점물이 될 것이며 임차인의 임대료만 올라가는 결과가 될 것이다.

따라서 부동산 정책의 핵심은 무주택 임차인을 최대한 줄이는 정책이어야 할 것이다. 무주택자가 내 집 마련을 통해 유주택자가 될 수 있도록 지원하는 정책이 최우선적으로 수립, 추진되어야 할 것이다. 단순히 무주택에게 임대주택를 공급하는 정책보다는 무주택자를 유주택자로 전환하는 정책이어야 할 것이다. 그렇게 해야 시장의 수급불균형이 해소되고 다주택자와 무주택자가 상생하는 구조가 될 것이다.

무주택자를 유주택자로 전환하는 정책으로 무엇이 필요한가. 가장 보편적이고 타당한 정책은 주택공급확대정책이다. 주택공급확대정책은 부동산정책의 기본정책이므로 여야 가리지 않고 빠지지 않는 정책이다. 너무도 당연하기 때문이다. 다만 누구를 위하여 공급할 것인가라는 핵심적인 문제가 남는다고 할 것이다. 당연히 무주택자에게 최우선적으로 공급하여야 할 것이다.

사실, 무주택자에게 최우선적으로 공급한다고 하더라도 무주택자들의 의지나 능력에 한계가 있으면 실질적으로는 무주택에게 공급되지 않는다는 문제가 있다. 그러니 무주택자들에게 내 집 마련의 의지도 높여주고, 능력도 보강해주는 정책이 우선적이어야 할 것이다.

나열하면, 무주택자 우선공급정책, 무주택자 대출우대정책, 무주택자 금리우대정책, 무주택자 자금지원정책, 무주택자 조세지원정책 등등. 이와 같은 정책을 자본가들과 차별적으로 지원함으로서 무주택자 유주택전환정책으로 삼아야 무주택자들의 유주택화가 가능하다고 할 것이다. 무주택자들과 유주택 자본가들이 동등하게 경쟁한다면 유주택, 자본가들이 훨씬 경쟁에서 유리하기 때문에 유주택 자본가는 더욱 주택사재기가 커지며 무주택자들은 더욱 무주택자로서 남게 될 것이다.

그동안 부동산 시장에 대하여 규제를 완화하거나 강화하는 방법으로 부동산시장에 정부가 개입하여 왔으나 본질적인 부동산문제를 해결하지 못한 것은 바로 이러한 무주택자들의 내 집 마련 정책이 허술했기 때문이라는 결론이다. 부동산문제의 본질적인 해결방안은 무주택자를 내 집 마련을 통하여 얼마나 유주택자로 전환할 수 있게 하느냐에 달려있다고 할 것이다. 이런 점에서 윤석열 정부의 부동산 정책의 목표와 방향을 참고해 볼 때 이런 점이 보이지 않거나 보여도 그 비중이 낮고 다른 정책에 묻혀서 보이지 않는다는 점이 아쉽다고 할 것이다. 이 점이 해결되지 않으면 과거 정부와 같이 역시나 부동산 문제는 해결되지 못하고 남을 것이라는 우려가 커지는 이유인 것이다.

2. 고금리시대의 부동산정책

어쩌면 윤석열 정부는 부동산문제에 있어서 '행운아'가 될 수 있을 것이란 착각이 든다. 문재인 정부에서 그 뜨겁던 부동산 투자 열풍이 급속도로 식어가고 있기 때문이다. 문재인 정부의 실패를 규정하는 조건 중의 하나가 부동산 가격의 급등이었고 그로 인해 급기야 정권까지 교체되는 원인이 되었는데 윤석열 정부가 출범하자마자 부동산 시장이 정체 또는 침체되고 있기 때문이다.

부동산 시장의 침체 원인을 두고 문재인 정부의 정책이 윤석열 정부에 와서 그 효과를 가져왔다는 분석도 있고, 문재인 정부 내내 급등했던 부동산 가격이 윤석열 정부에 와서 조정기에 들었기 때문이라는 분석도 있는 등 많은 이유를 들 수 있지만 그중에서도 가장 큰 이유라면 '금리인상'이라 할 것이다. 문재인 정부 출범 당시(2017년 5월 10일) 기준금리는 1.5%였으나 2018년 11월 1.75%로 0.25%p 인상되었다가 이후로 계속 인하되어 2019년 10월 1.25%, 2020년 3월 0.75%, 2020년 5월 0.50%까지 내렸었다. 기준금리 0.50%는 유사 이래 가장 낮은 금리이며 '제로금리' 직전까지 하락한 것으로서 실질적으로는 제로금리의 효과를 가져올 수 있는 수준이다.

기준금리가 다시 오르기 시작한 것은 2021년 8월에 0.25% 인상하여 기준금리 0.75%를 적용하기 시작하면서부터이다. 이 이후로 계속 인상되어 2022년 4월 1.25%, 5월 1.50%, 6월 1.75%, 7월 2.25%까지 급등하기에 이르렀다. 이후로도 국내외적인 경제환경을 감안할 때 계속 상승할 것이라 예측되는 바 한동안 고금리 정책이 지속될 것으로 보인다.

요약하면 문재인 정부 기간 동안에는 저금리를 지속하다가 윤석열 정부에서는 고금리로 전환되었다는 점을 주목할 필요가 있다. 다른 여러 분야에서도 금리는 중요한 변수로서 작용하지만 특히 부동산 시장에서의 금리는 대단히 중요한 기능으로 작용하고 있다. 따라서 문재인 정부와 윤석열 정부의 부동산 시장은 상반된 현상으로 나타날 가능성이 무척 높다고 추정할 수 있을 것이다.

　금리가 부동산 시장에 미치는 영향력은 절대적이다. 왜냐하면, 부동산을 구입하거나 이용하는데 자기 자본만으로는 한계가 있어서 대부분 타인 자본에 의지하는 비중이 높으며 타인 자본 중의 대부분이 금융권으로부터 대출받은 자본이라 할 수 있기 때문이다.

　부동산 수요자가 자금을 빌려야 되는 이유는 간단하다. 우선 금액이 높기 때문(고가, 高價)이다. 웬만한 급여생활자는 100% 자기 자금만으로 부동산, 특히 주택을 구입하거나 이용하기에 한계가 있기 때문이다. 두 번째는 장기투자이기 때문이다. 한번 자금이 묶이면 단기간에 회수하기에 구조적인 한계가 있기 때문이다. 주택을 구입한다고 가정할 때 몇 개월에 한 번씩, 일 년에 여러 번, 사고판다는 것이 쉽지 않기 때문이다. 그렇다면 한 번 투자한 자금을 유동화하는데 상당 기간 소요되므로 가지고 있는 자금을 모두 투자했을 때 기회비용의 기회를 놓치거나 급한 자금의 운용이 불가능해지기 때문에 설혹, 100% 자기자금이 준비되었더라도 금융대출을 이용하려는 경향이 높다고 할 것이다.

　셋째, 인플레이션 때문이다. 인플레이션이 발생하면 실물자산인 부동산의 가치가 오르고 화폐자산의 가치가 내리는데 부동산은 실물자산으로서 인플레이션에 의해 가치상승을 가져오게 된다. 이런 이유로 금융자본을 이용하여 부동산에 투자하면 빌린 화폐가치는 떨어지고 그 자금으로 구입한 부동산의 가치는 올라가므로 구입한 부동산의 가치는 더욱 커지게 된다. 그러므로 자기자본에 의한 투자는 물론 인플레이션이 예상된다면 금융자본을 이용한 투자가 가장 현명한 투자가 되므로 자금을 대출받아 투자하는 것을 선호하게 되는 것이다.

　이와 같은 이유 등으로 금융권에서 자금을 대출받아 부동산 투자, 이용하는 것이 통례이기 때문에 금리와 부동산의 관계는 절대적인 것이다. 그래서 금리가 낮거나 내리면 자금조달이 용이해지면서 부동산 투자, 이용이 늘어나게 되고 금리가 높거나 오르게 되면 부동산 투자,

이용이 줄어들게 된다. 결과적으로 금리하락은 부동산 가격상승으로, 금리상승은 부동산 가격하락으로 나타나게 되는 것이다.

앞서 금리 변동을 볼 때 문재인 정부의 금리는 하락장세와 최저금리의 시대였기에 부동산 가격은 급등하기에 충분했던 여건이었고 윤석열 정부에서의 금리는 금리상승 장세가 시작되었기 때문에 부동산 가격의 하락추세가 시작된 것이라는 전망이 가능해진다고 할 것이다. '문재인 정부=금리하락=부동산가격상승'이란 공식이 성립되는 것처럼, '윤석열 정부=금리상승=부동산가격하락'이라는 공식이 성립되는 것이다.

부동산에 투자, 이용하고자 하는 경우, 기본적으로 금리 변동을 감안하여 결정을 하는 것이 바람직할 것이다. 다만, 문제는 금리의 하락과 상승의 과정이 짧은 시간에 급속히 진행될 때의 선택이다. 투자, 이용자들이 미처 대처할 시간적인 여유가 없기 때문이다. 유동성이 낮은 부동산 시장에서 금리의 급속한 변동은 그만큼 시장 위험성이 크다고 할 것이다. 이 과정에서 가장 최악의 경우는 낮은 금리에 가능한 최대로 대출받아 투자했다가 급격한 금리상승으로 이자는 늘고 가격은 하락하는데도 어떤 결정도 내리지 못하게 되는 경우이다. 소위 '끝물 영끌투자자'들에게는 심각한 문제를 안게 되는 것이다.

금리는 여러 가지 경제, 사회, 정치적 여건을 반영해서 결정한다. 부동산 시장은 그 중의 한 가지 조건일 뿐이다. 때문에 부동산 시장이 아닌 다른 이유로 금리가 변동된다면 부동산 시장의 변동은 전제조건이 아닐 수 있다. 이런 경우에 부동산 시장은 수요공급의 원리가 아닌 다른 이유로 급변하게 되어 예측이 어렵거나 상대적 희생자가 생기게 되는 것이다.

다만 금리는 영구히 특정금리만을 유지할 수 없기 때문에 저금리 시대와 고금리 시대를 반복하게 될 것이다. 그때마다 부동산 시장은 급격히 변동하게 될 것이며 그때마다 상대적으로 수익자와 손실자가 나타나게 될 것이다. 정부의 역할은 이러한 상대적 수익자와 손실자들에게 어떻게 형평성 있는 정책을 펼치느냐 하는 것이다.

고금리시대에는 부동산 가격이 하락할 것이므로 부동산 시장은 한동안 침체기로 빠지게 될 것이다. 이런 경우, 부동산 시장만 본다면 각종 규제 완화를 통해 부동산 시장을 활성화하려 할 것이다. 하지만 문재인 정부에서 저금리에 따른 부동산 가격이 급등하였기 때문에 부동산 시장의 침체는 오히려 당연한 과정일 수 있다. 이는 규제완화정책이 이 시점에서 합리적이냐라는 문제를 안게 된다는 의미이다. 금리와 관계없이 규제 완화를 주장한 것이 윤석열 정부였는데 금리 인상의 변동성을 맞이해서는 어떻게 대응할지 주목되는 것이다. 그런 점에서 고금리시대를 열고 있는 윤석열 정부의 부동산 정책은 무엇을 지향할지 궁금해지는 것이다.

3. 윤석열 후보의 대선 부동산 공약

"현 정부(문재인 정부)가 도입한 잘못된 규제와 세제를 정상화하여 원활한 거래와 주거 이동이 보장될 수 있도록 하겠습니다."

위는 윤석열 후보가 대선후보 때 공개적으로 주장한 부동산 정책의 핵심 줄거리이다. 내용을 분석해 보면 첫째, 문재인 정부의 규제정책을 완화하겠다는 의미가 있고, 둘째, 세제정책을 정상화하겠다는 내용이며, 셋째, 거래가 원활히 이루어질 수 있도록 하겠다는 것이며, 넷째, 주거이동을 보장하겠다는 것이다. 특히 주거이동을 보장하겠다는 의미는 아마도 임대3법에 대한 부정적인 시각이 나타난 듯하다.

구체적으로 공약을 살펴보면 첫째, 공급확대, 둘째, 재건축, 재개발 완화, 셋째, 부동산 세제완화, 넷째, 부동산 청약제도 개선, 넷째, 임대차3법폐지, 다섯째, 대출규제 완화 등을 들 수 있다.

먼저 공급정책을 보면 집권 5년간 250만 호(수도권 130만 호~150만 호)를 공급하겠다는 주장이며 공공택지, 도심역세권개발, 정비사업, 재개발, 재건축 등 공급할 수 있는 모든 방법을 다 동원하여 매년 50만 호 이상을 공급하겠다고 주장하였다.

재건축, 재개발 활성화 방안으로 30년 이상 노후화된 공동주택에 대하여 정밀안전진단을 면제하고 안전진단 시 구조안전성에 대한 비중을 낮추고 주거환경에 대한 비중을 높이는 것을 비롯하여 초과이익환수제를 완화하는 등 재건축 추진에 장애요인이라고 판단되는 요소를 제거하겠다는 주장이다.

부동산 세제완화는 주택공시가격을 2020년 수준으로 환원하고 종합부동산세와 재산세를 통합하며 양도소득세 중과세를 최대 2년간 유보하여 다주택자의 거래를 원할이 하겠다는 주장이다.

주택청약제도는 60㎡ 이하의 소형주택 기준을 신설하고 가점제를 개선하겠다는 것이다. 대출제도는 LTV상향을 추진하며, 임대차3법을 전면 재검토하겠다는 것이다. 이와 같이 추진하면 다주택자의 주택물량이 시중에 나오고 신규거래도 생기면서 거래가 다시 활성화될 것이라는 것이다. 종합해보면 규제완화를 통하여 부동산 시장을 정상화하겠다는 의미인 것이다.

일단은 윤석열 후보가 20대 대통령에 당선되었기 때문에 이러한 정책이 추진될 것이며 국민들의 지지를 얻었다는 점에서 의미가 있다고 할 것이다. 그런데 이러한 정책이 추진되면 부동산 문제를 근본적으로 해결할 수 있을까. 이에는 여러 가지 정황으로 봐서 의문을 갖지 않을 수 없다고 할 것이다.

왜냐하면 문재인 정부의 부동산정책의 실패가 윤석열 후보가 주장한 부동산규제만이 아니기 때문이다. 문재인 정부의 부동산 정책이 실패한 이유는 부동산 시장을 규제한다고 문제가 있는 것이 아니라 부동산 규제 내용과 방법이 현실적으로 정답이 아니었기 때문이다. 즉, 시장의 문제를 진단함에 있어서 잘못된 철학과 정치적 이념이 개입됨으로서 부동산 정책의 방향을 잘못 잡았기 때문인 것이다. 잘못된 진단은 더 잘못된 처방을 가져오는 법. 문재인 정부의 부동산 정책 실패의 근본적인 원인인 것이다.

이를 교훈 삼아야 하는데 윤석열 정부 또한 시장문제를 진단함에 있어서 문재인 정부의 실패만을 주장할 뿐 실패의 본질적인 원인분석이나 진단은 소홀함이 조금이라도 있다면 이 또한 그 결과는 문재인 정부와 다를 게 없을 것이다. 공약이 성공하려면 시장 진단이 제대로 되어야 하고 이를 토대로 목표와 방향이 분명하여야 하며 이때 앞선 정부와 차별적이어야 하며 이로 인해 처방 또한 차별적이고 철학과 이념이 아닌 시장지향적이어야 할 것이다.

4. 시장의 정상화

윤석열대통령이 후보 시절부터 강조해 온 키워드가 '부동산 시장의 정상화'이다. 급기야 대통령 인수위원회에서 발표(2022년 5월 4일)한 부동산 시장의 최종 정책 방향도 '부동산 시장의 정상화'였다. 이로써 분명한 것은 윤석열 정부가 집권 내내 지향할 목표와 방향이 '정상화'란 사실인 것이다.

정상화를 국정 과제로 설정, 강조한 것을 보면 문재인 정부의 부동산 정책은 '비정상적'이었다는 것을 강조하는 것과 같은 의미가 된다. 무엇이 비정상적이었으며 무엇을 정상화하겠다는 것일까. 인수위원회가 제시한 '정상화'를 구체적으로 보면 첫째, 공급확대를 통한 시장 안정화, 둘째, 시장기능회복을 통한 주거의 안정화, 셋째, 세제개편을 통한 부동산 세제의 정상화, 넷째, 주거복지 지원을 통한 주거의 안정화 등이다.

문재인 정부와 비교하면, 첫째 공급확대문제는, 문재인 정부에서는 공급보다는 수요억제를 주장하다가 집권 3년 차에야 공급확대를 주장한 데 비해 윤석열 정부는 처음부터 공급확대를 주장했다는 점이 다른데, 문재인 정부가 집권 내내 부동산 정책의 실패를 거듭한 것의 원인 중의 하나가 공급정책을 등한시했다는 점인 것으로 보면 결과적으로 공급확대는 만사(萬事) 원초적인 문제라는 점을 인정하지 않을 수 없을 것이다. 누가 대통령이 되어도 공급확대라는 주제는 가장 먼저 제시해야 할 과제인 것이다. 공급확대의 문제는 특정 대통령의 전유물이 아니라 모든 대통령의 공통된 과제인 것이다. 문재인 정부는 이를 놓친 것이며 윤석열 정부는 문재인 정부의 실수를 발판 삼아 가장 먼저 제시하였다고 할 수 있을 것이다.

둘째, 시장기능의 회복이라는 문제인데, 문재인 정부에서 강하게 규제했던 '정비사업'을 활성화하겠다는 것, 분양가상한제, 재건축 부담금, 안전진단 등 정비사업 관련 제도를 합리적으로 조정하겠다는 것, 인허가 등 행정절차를 단축하고, 주택 공급과 관련된 관행적인 규제를 발굴해 개선하겠다는 것, 공시가격 등 부동산 관련 제도의 운영과정에서 발생한 미비점은 보완하겠다는 것, '임대차3법'은 시장의 혼선을 최소화하는 선에서 제도 개선 방안을 마련하겠다는 것 등등 한마디로 정리하면 문재인 정부의 규제정책을 완화함으로써 시장기능을 정상화하겠다는 의미이다. 그런데 이런 방향 설정이 불안스러운 것은 규제는 비정상적이고 규제 완화는 정상적이라는 이분법적 판단 때문에 새로운 문제를 야기하지 않을까 하는 점이다.

셋째, 세제의 개편을 통한 시장의 정상화인데, 문재인 정부는 세제문제에서 만큼은 너그러움이란 없다고 할 정도로 강하게 개입해서 부동산 시장을 경색하게 만든 원인을 제공했었다. 흔한 말로 사지도, 팔지도, 보유하지도 못하게 했다고 할 정도로 빡빡했다는 공론이 지배적인데 이를 전면 개편하여 정상화한다고 하니 가장 궁금한 주제가 아닐 수 없다. 대표적인 세제 개편 방향으로서 1) 종합부동산세 개편을 들 수 있다. 공시가격, 공정시장가액비율조정(21년 수준인 95% 동결방안)하고 1세대 1주택 고령자 주택매각 상속 시까지 종부세 납부 유예제도 도입하며 중장기적으로 재산세, 종부세를 통합하는 방안을 마련하겠다는 것이다. 2) 다음은 양도소득세의 개편 방향이다. 다주택자들의 양도세 중과제도를 한시적 유예하겠다는 것이다. 3) 그리고 취득세를 완화한다는 내용이다.

윤석열대통령 인수위원회가 제시한 시장 정상화 방안 중에서 문재인 정부와 가장 차별적인 부분이 바로 이 세제 부분이다. 특히 정상화라는 단어와 가장 적합한 부분이 세제 부분이라 할 수 있다. 왜냐하면 문재인 정부의 세제정책은 '징벌적인 인상'을 주었기 때문에 이를 개편함으로서 상식적인 세제정책으로 전환한다는 의미를 강조하기 때문이다.

그러나 세제개편으로 시장이 정상화된다는 생각은 아닌 듯싶다. 왜냐하면 세제는 정답이 없다고 할 수 있기 때문이다. 가장 적합한 정도나, 수준이 어느 정도인지를 가늠할 수 없기 때문이다. 세금을 많이 거두는 정부는 국민들로부터 비판의 대상이 될 것이고 세금을 적게 거두는 정부는 운영에 문제가 발생할 수 있기 때문이다. 더구나 세금문제는 형평성과 차별성이라는 논제를 발생시키는 것으로 확대되기 때문에 정상화란 표현이 불가능하다고 할 수 있을 것이다. 차기 정부에서 이를 비판할 게 분명하기 때문이다. 따라서 정상화라기보다는 시기적으로 적합하게 합리적, 효율적으로 개편한다는 표현이 더 어울릴 수 있다고 할 것이다.

네 번째 주거복지의 문제인데 이는 어느 정부나 기본적으로 다루어야 할 문제이며, 영구과제라고 할 수 있다. 다만 그 비중이 다른 주제에 비해 높일 것인가, 낮출 것인가의 문제인 것이다. 그런 의미에서 정책 비중을 좀 더 높고 다양하게 다룬다는 표현이 옳은 것이다.

이상을 음미해 보면 윤석열 정부의 시장정상화란 정책방향은 '규제완화' 특히 '세제규제완화'와 '도시정비사업규제완화'에 초점에 있음을 알 수 있다. '규제완화=시장정상화'란 이미지를 강하게 천명한 것이라 할 것이다. 그러나 '규제완화=시장비정상화'도 가능할 것이므로 규제완화만으로 정상화를 규정하는 건 자칫 제 살 깎기가 되지 않을까 우려되는 것이다. 차라리 문재인 정부의 상식을 넘는 규제강화를 상식선으로 되돌리는 것이 목표라고 하는 편이 옳을 수 있을 것이다.

시장은 정부의 개입이 없을 때 가장 정상적인 것이다. 규제강화든, 규제완화든 정부가 시장에 개입한다는 것은 비정상적인 것이다. 정부의 역할은 시장이 제대로 존재하고 그 기능을 수행할 수 있도록 환경을 조성해주는 것이다. 시장의 정상적인 기능은 상식적인 거래가 활성화되는 것이다. 역사적으로 검증되었듯이 규제강화나, 규제완화는 비상식적인 거래가 발생하게 된다는 것이다. 때문에 부동산 시장을 정상화한다는 것은 규제 강약의 문제보다는 거래가 자유롭게 이루어지는 시장으로 환경을 조성해 주는 것이다.

5. 종합부동산세

윤석열 정부의 세제개편 방향이 발표(2022년 7월 21일)되었다. 부동산 분야만 간추려보면 종합부동산세가 주류를 이룬다. 취득세는 생애 최초 주택 구입 시 연 소득, 주택가격 제한 없이 현행 제도에서 최대 감면액인 200만 원의 취득세를 면제해 수혜 대상을 대폭 확대하겠다고 밝혔다. 취득세의 경우 지방세이기 때문에 정부가 발표한 취득세 부담 경감 정책이 시행되려면 '지방세특례제한법'의 개정이 선행돼야 한다.

양도소득세는 한시적(2년)으로 중과세를 배제함으로서 일반과세(45%)를 적용, 다주택자들이 물건을 내놓도록 유도한다는 방향이며 실거주 의무조항도 완화하며 '상생임대제도'를 도입하여 임대료를 자발적으로 5% 이내로 인상하는 임대인(상생임대인)에 대해서는 1가구 1주택 양도소득세 비과세 및 장기보유특별공제에 필요한 2년 거주 요건을 완전 면제해준다는 내용이다.

세제개편내용에서 가장 눈에 띄는 것은 종합부동산세제의 개편이다. 특히 다주택자를 중심으로 설계된 종합부동산세의 세율이 주택 수보다는 주택가액을 기준으로 바꾼다는 내용이다. 아마도 이 변경은 시장에서 상당한 논란이 예상된다. 종합부동세를 '부자징세'라고 규정한 세력과 다주택자들에 대한 '징벌세'라고 규정한 세력 간의 충돌이 팽팽할 것이기 때문이다.

종합부동산세는 노무현 정부에서 '다주택자들에게 부과하기 위해 도입된 제도'이다. 다주택자들이 주택시장을 교란한다는 전제하에 다주택자에게 세금을 중과함으로서 다주택사에 대한 부담을 높여 스스로 다주택자에서 벗어나게 하겠다는 취지와 다주택으로 인해 얻은 이익을 조세를 통해 환수하겠다는 취지에서 도입하였던 것이다. 특히 명색이 이름은 종합부동산세라고 하면서 여기에 주택과 토지만 적용하고 그 외의 부동산은 빠져 있기 때문에 다주택 견제용 세제라는 것이 확연이 증명되고 있는 것이다.

여기서 부자징세라고 하기에는 한계가 있음을 알 수 있다. 다주택자가 모두 부자라고 하기에는 한계가 있기 때문이다. 다주택이지만 총합계 가격이 10억 되는 소유자와 1주택이지만 30억 원이 넘는 소유자 중에서 누가 더 부자인가. 한편, 주택 3채의 가격이 30억 원인 다주택자와 무주택자이지만 '건물+상가=100억 원'인 부동산 소유자 중에서 누가 더 부동산 부자인가. 이를 곱씹어보면 종합부동산세의 모순을 금방 알 수 있다.

우선, 종합부동산세라고 한다면 주택, 토지뿐만 아니라 모든 부동산이 포함되어야 할 것이지만 그렇지 않는다는 점에서 주택 소유자만을 목표로 했다는 점이다. 만약 주택, 토지이외의 부동산은 재산세에서 부과한다고 변명한다면 더 웃기는 얘기가 된다. 토지, 주택도 재산세에서 부과하기 때문이다.

또한 재산세와 중복되는 부동산 보유세로서 종합부동산세는 이중과세라는 낙인이 찍힌 지 오래다. 둘 중 하나로 통합되어야 한다는 주장이 만만치 않으나 재산세는 지방세이고 종합부동산세는 국세이므로 다르다는 주장과 종합부동산세를 거둬서 지방 자치단체에 보조한다는 주장이 종합부동산세와 재산세의 이원화를 주장하는 명분이지만 아무리 생각해도 세금 더 걷겠다는 명분 외에는 상식적으로 들리지 않는 것이다.

한편, 다주택자에게 부과하는 것이라는 명분은 1주택이지만 고가인 주택에 비해 징세되고 있다는 점에서도 불합리적이라는 주장이 대두된다. 특히 이 부분은 부자징세라는 주장을 무색하게 하고 있다. 오직 주택이 많다는 점에 초점을 맞췄기 때문에 징벌세이지 부자세가 아니라는 것이다.

이러한 이유로 종합부동산세는 첫째, 모든 부동산이 대상이 되어야 한다는 점, 둘째, 재산세와 이중과세라는 숙제를 해결해야 한다는 점, 셋째, 징벌세가 아닌 부자세라는 점을 강조하기 위해서는 다주택자가 대상이 아니라 주택가액, 특히 부동산 총가액을 기준으로 해야 된다라는 점을 해결하여야 할 것이다.

조세는 시작할 때는 목적세였다가 과세가 양호하면 그 목적이 달성되었는데도 지우지 못하고 계속 부과함으로서 일반세로 자연스레 전환되는 특징이 있다. 정부가 더 잘 아는 내용일 것이다.

종합부동산세의 개편은 부동산 시장에 여러 가지 시사하는 바가 크다고 할 것이다. 그 방향에 따라서 주택시장이 확연히 다르게 전개될 것이기 때문이다. 예를 들면 다주택자 중심의 징벌적 조세라면 다주택자들은 주택을 팔고 똘똘한 주택(이른바 강남주택) 1채만 보유하려고 하기 때문이다. 그렇게 되면 강남의 주택가격은 더 오를 것이고 그 외 주택가격, 특히 지방의 주택가격은 보합이거나 내리게 되어 그 격차가 더 커질 것이기 때문이다. 반대로 주택가액에 종합부동산세를 부과한다면 주택가격이 낮은 주택을 집중매입해서 임대사업을 하려는 경우가 많아져서 오히려 다주택자들이 더욱 늘어날 것이기 때문이다.

따라서 윤석열 정부의 조합부동산세의 개편방향도 완벽하지 않을 것이란 전제하에 파생될 수 있는 또 다른 부작용이 우려되는 것이다.

6. 누구를 위한 정책인가

윤석열 정부의 부동산 정책을 두고 시장에서는 부자들을 위한 정책이라고 주장한다. 그에는 몇 가지 이유가 있다. 하나는 문재인 정부와 대비되는 주장이 많기 때문이다. 문재인 정부의 부동산정책은 다주택자를 대상으로 규제를 강화했던 정책이었는데 이에 대해 완화하는 정책을 펼치겠다고 하니 당연히 다주택자를 위한 정책이라고 해석할 수 있을 것이다.

또 하나는 규제완화, 조세완화, 재건축, 재개발완화 등 그 내용들을 보면 다분히 다주택자들이나 투자자들을 위한 정책으로 해석하기에 충분하기 때문이다. 그렇다면 윤석열 정부의 부동산 정책은 정말로 다주택자나 투자자를 위한 정책일까. 윤석열 정부의 부동산 관계자는 그렇지 않다고 주장할 것이다. 윤석열 후보가 주장했듯이 시장중심의 부동산정책이 정확한 정답이라고 주장하기 때문이다.

문제는 시장중심정책이란 무엇이냐는 것이다. 시장의 핵심은 '거래'다. 거래가 끊이지 않고 지속적으로 자유롭게 이루어지는 것이 시장의 기능이 정상적으로 이루어지는 것이다. 이것이 이루어질 때 시장중심 정책이라고 할 수 있다. 부동산 시장에 있어서 거래가 정상적으로 자유롭게 이루어지려면 몇 가지 전제조건이 있다.

첫째, 수요공급자의 태도가 정상적이어야 한다. 투기 또는 투자적 수요나 이에 편승한 공급이 시장을 지배할 때는 당연 비정상적이라 할 것이다. 실수요자 중심의 수요와 공급이 거래의 주류를 이룰 때 정상적인 시장이라고 할 것이다.

둘째, 거래에 장애가 되는 요인이 없어야 한다. 수요에 걸맞는 공급은 물론이요, 적정한 가격의 유지, 가중부과되는 거래세의 정상화 등이 필요하다.

이러한 전제조건을 정상화한다면 거래가 정상화될 것이며 거래가 정상화된다면 시장 중심으로 정책이 수립, 추진된다고 할 수 있을 것이다. 그런데 위 중에서 수요공급의 불균형에서 나타나는 수요공급자의 비정상적인 태도(사재기 등 투기적 태도)와 수요에 걸맞는(지역적, 시간적으로 적합한) 공급이 거의 불가능하다는 점, 그리고 이런 이유로 적정가격의 유지가 곤란하다는 점, 거래세 완화에 따른 부작용이 생긴다는 점 등에 의해 정상적 거래가 쉽지 않다고 할 것이다.

때문에 시장중심정책은 사실상 시장에 역행할 가능성이 높다고 할 것이다. 특히 시장중심적인 정책방향은 너무 포괄적인 개념이기 때문에 구체적인 추진방법이나 절차측면에서 장상궤도를 이탈할 가능성이 높다고 볼 수 있다. 결국 시장중심정책도 시장중심이 되지 못한 채 유야무야될 가능성이 높다고 할 것이다.

문재인 정부의 실패는 "다주택자를 규제하여 무주택자를 보호하자"는 기본방향을 이탈했기 때문이다. 다주택자도, 무주택자도 모두 불행한 정책이 되어 버렸기 때문이다. 때문에 윤석열 정부도 문재인 정부와 마찬가지로 정책의 방향과 목표가 불분명하거나 분명하더라도 방향과 목표를 이탈하게 되면 실패라는 결과를 가져올 게 뻔하다고 할 것이다. 그래서 목표와 방향을 분명하게 정하고 그에 대한 세부적인 정책을 수립하는 것이 옳다고 생각하는 것이다.

제언하자면 역사적으로 재점검해 본 결과, 부동산정책의 방향과 목표를 좀 더 구체적으로 제시할 필요가 있다고 본다.

첫째, 부동산 정책의 방향을 "다주택자도, 무주택자도 모두 행복할 수 있도록 정책방향이 수립되어야 한다.

둘째, 이를 위해 시장의 거래가 좀 더, 자유롭고 여유롭게 되도록 장애요인을 제거할 수 있어야 한다.

셋째, 무주택자들의 내 집 마련을 통하여 무주택자 비율을 지금의 절반 이하 수준으로 낮추는 것을 목표로 삼아야 한다.

넷째, 이외에도 다양한 방향과 목표가 제시될 수 있을 것이지만 그것이 결과적으로 누구를 위한 것인지는 분명하게 제시되어야 할 것이다.

부동산 정책은 민생정책이다. 정치적 이념이나 철학이 가중반영되어서는 안 된다. 민생은 민생으로 해결하여야 한다. 때문에 현실적으로 국민들이 원하는 해결방법을 모색하여야 한다. 그런데 그게 어려운 것이 부동산의 공급의 한계성 때문에 유주택자와 무주택자의 이원화가 불가피하다는 것이며 시장비정상화의 원인이 되고 있다는 것이 현실이다. 이를 극복하는 것이 윤석열 정부의 최대 숙제인 것이다.

7. 부동산은 민생이다

　부동산은 국민들의 생존권과 재산권이 달려있다. 생존권과 재산권을 유지하고 지키려는 것은 국민들의 당연한 권리인 것이다. 이것이 부동산이 절체절명의 민생이라는 첫 번째 이유인 것이다. 헌법에 의하면 정부는 국민의 생존권과 재산권을 보호해야하는 책임과 의무가 있다고 되어 있다. 따라서 정부는 국민들의 민생문제를 해결하는 것이 가장 중요한 과제인 것이다.

　언젠가 서울에 있는 국회와 청와대를 세종시로 이전하겠다고 민주당 원내대표가 선언한 바 있다. 이에 대해 정치권은 물론 일반 시민들까지도 찬반 논란이 시끄러웠다. 이 문제는 '수도 이전계획'이라는 이름으로 노무현대통령이 선거공약으로 내놓았던 이슈였으나 정치권과 국민들 간의 많은 이견을 낳은 채, 정부청사만 이전하고 위헌판정에 따라 일단락 됐던 문제였다. 그런데 부동산 시장이 심각하게 전개되던 때에 부동산 문제 해결책으로 민주당이 제시한 것이다. 이 시점에서 갑자기 국회와 청와대 이전문제가 부각된 원인은 뭘까?

　민주당에서는 서울의 부동산 문제를 해결하기 위한 것이라 하고 야당에서는 부동산 정책실패에 대한 부정적인 여론을 잠재우기 위한 국면전환용 또는 2022년 대선 및 지방선거에서 정권재창출을 위한 충청권 표심잡기 전략이라고 한다. 어쨌든 현재의 부동산 문제가 그 원인 중의 하나임은 분명한 것 같다.

　그렇다면 청와대와 국회를 세종시로 옮기면 서울 주택시장은 안정되는 것일까? 분석해보면, 청와대, 국회의 세종시 이전으로 서울에서 세종시로 전출할 서울시민은 얼마나 되며 청와대와 국회와 관련해서 서울로 전입하려다가 세종시로 방향전환을 하려는 인구는 얼마나 될까? 이 인구가 약 10만 명이라고 가정해보면 세종시 입장에서는 적지 않은 인구유입이 된다. 세종시 계획인구가 당초 50만 명이었으니 이 기준으로 전체의 약 20%의 인구가 새로 유입되므로 세종시 인구는 포화상태가 되며 덩달아 세종시 부동산 가격은 급등하게 될 것이다.

　아마도 세종시에 주택을 갖고 있는 국민, 특히 공무원들은 대박을 터트리게 된다. 이에 힘입어 그 주변 및 크게 보면 충청권 전체의 부동산 시장이 크게 요동칠 가능성이 높다. 충청지역은 느닷없는 호황을 맞이하게 되는 것이며 또 다른 부동산 투기지역, 투기과열지역이 생기는 것이다.

　그렇다면 서울은 어떤가? 세종시가 급등하는 거와 비례해서 서울의 주택가격은 떨어지거나 안정화가 가능한 걸까? 결론부터 말하자면 어림도 없다는 것이다. 서울인구가 1000만 명에 육박하는데 그중에서 10만 명이란 1%에 불과하며 현실적으로는 10만도 안될 가능성이 크므로 그보다도 더 미미할 것이란 결론이다.

　서울에는 무주택세대 수가 50% 이상, 세대수는 250만 세대, 인구수로는 500만 명 육박하는데 1% 이동한다고 갑자기 주택가격이 급락한다거나 안정화된다고 믿을 국민들이 있을까? 괜히 정치권에서만 떠들지.

　물론 단기적으로는 효과가 잠시 나타날 수도 있지만 장기적으로 보면 근본적인 문제해결이 아니므로 공급이 충분하지 않는 한 부동산 시장은 다시금 요동을 치게 될 것이다. 결국 부동산 시장을 잡지도 못하면서 세종시라는 또 하나의 부동산 과열지역만 만들게 되는 것이다. 그럼에도 수도이전을 외치는 정치권은 대체 무슨 생각일까?

　부동산을 정치적 수단으로 삼고 있기 때문일 것이다. 정치적 목적달성을 위한 수단으로 삼고 있거나 부동산을 철학적 사고로 판단하고 있기 때문일 것이다. 정치권의 한심한 판단으로 부동산 시장만 혼란하게 되는 것이라 할 것이다.

　부동산은 철학도 아니고 정치도 아니다. 부동산은 민생인 것이다. 국민들의 생명이 걸려있고 삶이 걸려 있는 것이다. 함부로 다룰 문제가 아니며 쉽게 판단할 문제가 아닌 것이다. 세종시로 수도를 옮기더라도 시민이 함께 옮겨가지 않는 한 국회, 청와대 이전만으로는 부동산 문제는 해결될 수가 없다. 그러니 국회, 청와대 이전의 문제는 부동산문제와 결합해서 주장해서는 안되는 것이다. 정치적인 문제로 주장하는 것이 당연한 것이다.

　오히려 서울에 있는 기업들을 옮기고, 초, 중, 고, 대학교를 옮기고 대형 종합병원을 옮기고, 백화점을 옮기고, 지하철 등을 옮겨야 서울의 부동산 문제가 해결될 것이다. 그렇지 않으면 누가 세종시로 가려 하겠는가. 세종시에 근무하는 공무원들마저도 서울서 출퇴근할 텐데. 왜냐고? 부동산은 민생이니까. 모두 옮긴다고 해도 서울은 해결될지 모르나 세종시는 서울보다 더 심각한 부동산 문제를 겪게 될 것이다. 오히려 서울보다 더 심각해질 것이다. 장소만 바뀌었지 부동산 문제는 해결되지 않는 것이다.

대체 이게 뭔가? 그럼에도 왜 세종시로 국회, 청와대를 옮기느니, 안 되느니 시끄럽단 말인가? 민생인 부동산 문제를 철학적, 정치적으로 해석하고 해결하려는 정치권이 한심하고 위험하게 생각되는 이유이다. 제발 민생 입장에서 심각하게 고민해줬으면 하는 바람이다.

8. 공급만이 능사가 아니다

2014년 박근혜 정부는 강남 재건축 전매허용을 골자로 한 부동산 시장 활성화 정책(규제완화)을 발표하였다. 이 정책은 시장에서 반응이 곧바로 나타나 2015년부터 서울을 중심으로 주택가격이 급등하기 시작하였다. 특히 정부의 대출규제 완화정책에 의해 시중 유동성 자금이 부동산 시장에 유입되면서 가격상승은 더욱 탄력을 받게 되었다. 사실, 박근혜 정부의 부동산 규제완화 정책은 부동산 시장의 활성화가 궁극적인 목적이 아니라 경제활성화가 목적이었다.

다시 말하면 부동산 시장을 부양해서 민간건설투자를 늘려 하락하는 GDP를 막으려는 의도였다. 이 전략은 결국 성공해서 GDP성장률 3%를 기록하는 성과를 얻었다. 문제는 GDP의 구성내용이 민간건설투자(내수)가 차지하는 비중이 80% 이상이었다는 점에서 주택분양 시장에만 너무 의존했다는 한계성과 그 이후 우리나라 부동산 시장이 급속히 격앙되는데 원인을 제공했다는 책임론에서 자유롭지 못하게 되었다.

부랴부랴 박근혜 정부 말기에 일부 규제정책으로 돌아섰지만 대통령 탄핵으로 더 이상 동력이 가동되지 못했다. 이러한 분위기로 인해 2017년 문재인 정부가 출범할 때는 부동산 시장이 정상궤도에서 벗어나 거품시장으로 진입하기 초입의 시기였다. 부동산 시장이 과도한 거품시장으로 진입하는 것을 차단하기에 가장 적합한 시기였던 것이다. 그런데 문재인 정부의 초대 국토부장관의 첫 번째 부동산 대책은 시장의 정곡을 제대로 찾지 못하고, 가려운 데를 긁지 못한 채 현실적인 시장의 문제와 다른 방향에서 진단하는 오류를 범했고 그 잘못된 진단으로 내린 처방인지라 그 처방 또한 잘못된 결과를 가져오게 하였다. 결정적인 시기에 결정적인 정책을 내놓지 못한 것이다.

　내용을 살펴보면, 작금의 부동산 시장의 가격급등의 문제는 공급부족의 문제가 아니라 투기자들의 주택사재기가 문제라는 것이다. 따라서 문재인 정부의 부동산 정책은 공급확대가 아니라 수요억제정책이라고 규정하였다. 아마도 주택보급률이 100%넘었던 것(당시 103% 수준)을 근거로 주장했거나 박근혜 정부의 부동산 시장 활성화 정책에 따른 일시적인 공급증가를 근거로 주장했을 것이다.

　특히, 수요억제 정책의 수단으로 세금을 왕창 올리고 대출자격과 조건을 강화하였다. 이 정책들이 겉으로 볼 땐 그럴 듯한데 좀 더 자세히 보면 부동산 시장의 문제를 해결하는 것이 아니라 오히려 문제를 더 키우고 소유의 편중화를 더 확대하고 유동자금의 유입을 더 확대하여 투기적 수요는 더 커지고 무주택 임차인과 실수요자들은 더 힘들게 하는 원인 된다는 점을 이해할 수 있을 것이다.

　한마디로 주택사재기의 원인은 주택투자수익이 높기 때문이며 주택수익이 높다는 것은 수요대비 공급이 부족하기 때문이니 주택사재기의 원인도 주택공급 부족 때문이므로 주택사재기를 잡는 방법도 주택공급을 늘리는 것이거늘 주택공급 확대는커녕 오히려 공급을 축소하는 정책을 추진했다는 얘기인 것이다.

　얼마나 어리석은 선택인가. 문제는 더 커지고 국민들과 야당이 질타를 하면 과거 정권을 탓하거나 시장에서 제대로 반영될 때까지 기다려 달라고 주장하였고 심지어 대통령은 여러 차례 기자회견 등을 통해 "반드시 잡겠다", "전쟁을 선포한다"는 등 자신 있는 시그널을 보냄으로써 내 집 마련을 꿈꾸는 사람들의 기회를 포기하게 만들어 왔었다. 이들이 포기하는 사이 자본가들은 오히려 더 사재기를 했으니 시장은 급격히 이원화돼버린 것이다.

　이렇게 문재인 정부의 부동산 정책은 잘못된 진단과 더 잘못된 처방으로 처음부터 꼬이기 시작하였다. 그리고 집권 4년 차에 이르기까지 무려 25번의 대책을 난무하기에 이르게 된 것이다. 대부분의 전문가들은 부동산시장이 과열된 원인을 1) 공급부족, 2) 유동성문제라고 진단한다. 전문가가 아니더라도 웬만한 관심자라면 그렇게 판단한다. 때문에 대책 또한 1) 공급확대, 2) 유동성 제거가 정답이다. 그럼에도 공급확대는커녕. 축소정책에만 몰두했다면 그 결과가 뻔할 뻔이었지 않았겠는가.

급기야 정부가 공급정책으로 전환하고 장관도 바꾸고 대통령도 사과하는 사태에까지 이르 렀는데 늦게나마 다행이지만 그 사이 너무 과열된 시장은 어떡해야 할지 답답해진다. 그리고 공급확대정책은 과연 부동산 시장의 만병통치약이 될 것인지가 걱정된다. 이제 정부와 정치 인들은 공급확대를 외치고 있다. 마치 만병통치약인 것처럼 공급량 확대경쟁을 하고 있다.

듣다보면, 공급만 되면 모든 것이 다 해결될 듯싶다. 실현 가능성을 떠나서 공급숫자를 최 대한 늘려 경쟁하듯 발표하고 있는데 얼마나 무책임한 짓인지 한 번만 깊이 분석해보면 알 수 있을 것인데. 이런 허무맹랑한 주장에 국민들이 현혹될까 두려운 것이다.

부동산 시장을 안정화시키는 데 가장 우선시되어야 할 것이 공급확대가 최상임은 맞다. 단, 공급확대 문제는 고질적인 문제이다. 과거도 그랬고 현재도 그렇고 미래도 그렇다. 공급확대 문제는 특단의 문제가 아니다. 정책이나 공약의 문제가 아니라 항시적인 문제이며 기초적이 고 본질적인 문제이다. 따라서 공급확대는 정권, 이념, 철학에 따라서 선택할 문제가 아닌 것 이다. 정치인들이 다투어 숫자놀음에 불과한 공약이 되어서는 안 된다. 부동산시장에서 자연 스럽게 해결되어야 문제인 것이다.

그냥 상수일 뿐이다. 이런 문제를 공급축소정책, 공급저해정책, 공급중단정책을 펼치는 위 정자들의 모순과 무지가 문제였던 것이며 마치 특단의 정책인 양, 너 나 할 것 없이 다투어 주 장하는 것이 문제인 것이다. 특히 공급문제의 핵심은 공급확대가 아니라 공급방법, 공급대상, 공급시기, 공급지역이 더 문제이다.

필요한 곳에 공급해야하고 국민들이 원하는 곳에 원하는 주택을 원하는 방법으로 공급되어 야 하는 것이다. 무턱대고 도심에 용적률을 올려서 공급하겠다는 아마추어적인 발상은 국민 들을 환상에 빠뜨릴 위험성이 크다. 앞뒤 가리지 않고 공급확대만 주장하다간 또 다른 문제를 가져올 것이다. 도시를 알고 도시를 고민하고 도시를 걱정하는 사람은 무작정 도심에 공급을 늘리는 것에 동의하지 않을 것이다. 도시를 망치는 지름길이기 때문이다.

오히려 도시기능을 분산하여 균형 잡힌 도시를 제공함으로써 수요를 분산하는 것이 훨씬 더 현명할 것이다. 또한 공급확대는 실현가능해야 하고 수요에 타깃화되어야 한다. 주거환경을 먼저 조성해야 하며 장기적으로 계획, 설계, 해결해야할 문제이다. 신도시를 그렇게 만들어도 부동산문제 해결되지 않는 이유를 안다면 공급만 주장할 것이 아닌 것이다. 그러니 공급확대만 주장하는 정부나, 정치인들을 절대 믿어서는 안 되는 것이다.

오히려 공급과정에서 개발에 따른 부동산 가격상승의 문제가 더 먼저 대두될 것이다. 공급확대가 부동산 문제의 모든 것을 해결할 것이라는 만병통치약으로 절대 믿어서는 안 되는 이유이다.

정치인들이여 제발, 국민들을 현혹시키는 비현실적인 주장을 남발하지 않기를 당부드리며 국민들이여 제발, 이들이 주장하는 허상에 속지 말기를 바랄 뿐이다.

그리고 유동성문제는 단기적으로 해결해야할 문제이다. 금리가 낮고 화폐발행액이 커지면 유동성문제가 커진다. 이를 해결하려면 경제가 활성화되어야한다. 시중의 유동성이 길을 찾아서 투자처를 제대로 찾았을 때 해소되기 때문이다. 이건, 순전히 정부의 몫이다. 유동성이 커지는 것도 정부의 정책에 원인이 있으며 유동성이 작아지는 것도 정부의 정책에 원인이 있는 것이다.

부동산 시장에 문제가 있어서 유동성문제가 생기는 것이 아니라 유동성 문제가 생겨서 부동산 시장으로 유입되는 것이다. 따라서 유동성문제가 해결되면 부동산시장의 과열문제가 해결되는 것이지 부동산 시장을 규제, 완화한다고 유동성 문제가 해결되는 것이 아닌 것이다. 근본적으로 유동성 요소를 제거하지 않으면 부동산시장은 여전히 폭탄인 것이다.

9. 부동산정책을 말하다

부동산은 국민의 생존권과 재산권이 달려있는 절체절명의 민생문제이다. 때문에 부동산 문제를 어설픈 철학, 이념, 정치적인 문제로 접근해서는 안 된다. 그런데도 문재인 정부는 처음부터 너무도 고집스럽게 이념과 철학으로 접근해 왔었다. 무주택 서민들 너무 힘들다는데도 민생보다는 이념으로 뻔뻔하게 버텨왔었다. 대부분의 사람들이 작금의 부동산 문제를 공급이 부족하기 때문이라고 했는데도 대통령과 청와대, 정부, 국토부, 민주당만은 공급이 문제가 아니고 과수요가 문제라고 고집스럽게 주장해 왔었다.

이렇게 진단이 잘못되었는데 어떠한 처방인들 잘될 리가 없을 것이다. 25번이나 정책을 쏟아냈지만 결과는 어떠하였는가. 한마디로 오발탄이었다. 전문가들은 25발의 오발탄이 오히려 부동산 시장을 혼란스럽게 만든 직접적인 원인이라 말한다. 심지어 정부가 부동산을 논하는 즉시 부동산 가격은 오른다고 한다. 그러니 정부는 아예 시장에서 손을 떼는 편이 국민을 위하는 것이라고도 한다.

급기야 장관이 바뀌고 대통령이 신년사에서 사과하기에 이르렀다. 그리고 이제 와서 공급을 하겠다고 한다. 공급하면 안정될 것이라 한다. 또 오발탄이 걱정된다. 오를 대로 올라서 웬만한 급여생활자는 내 집 마련을 꿈도 못 꾸게 시장을 뒤집어 놓고서 안정될 것이라 한다. 설사 오르는 기세가 멈춘다 해도 그걸 안정이라 할 수 있을까?

공급문제는 부동산 시장의 고질적인 문제이다. 그래서 역대 정부 중에서 공급확대 정책을 추진하지 않는 정부는 없었다. 오로지 문재인 정부만 공급이 문제가 아니고 과수요가 문제라고 주장했었다. 과수요가 문제인 것은 맞다. 그런데 그 과수요가 공급부족 때문이라서 생긴다는 점을 모른다는 게 문제인 것이다. 그러니까 아마추어 수준인 것이다.

그리고 부동산 문제는 비단 우리나라만의 문제도 아니다. 주택보급률이 120% 수준인 선진국도 주택가격 상승으로 고민을 한다. 우리나라가 현재 100% 수준이니 공급을 한다 해도 부동산 문제는 계속된다는 의미이다. 공급을 하려면 필요한 곳에 필요 이상으로 공급해야 겨우 해결될 것이다. 괜히 도심개발한다고 역세권 용적률 올리는 정책은 전시효과만 가져오게 할 뿐이며 부동산가격을 부추기는 원인만 제공할 것이다. 용적률 높아지면 토지가격 오르고 그 토지에 분양하는 건축가격이 오를 테니까.

그리고 도시는 개발한다는 순간부터 오른다. 역세권개발은 곧 가격상승으로 이어지는 이유이다. 그럴 바엔 재개발을 활성화해서 강남과 비강남간의 불균형을 해소하는 방법이 더 현실적인 방법이 아닐까. 왜 재개발에 대해서는 부정적일까? 도심 간 균형개발을 가능케 할 텐데. 이유는 전형적인 이념과 철학으로 정책을 측량하기 때문일 것이다. 부당이득이 두려우면 그에 맞게 제어하면 될 것이다.

대한민국 부동산 정책, 어떡해야 할까.

첫째. 장기적으로는 계속 공급해야 한다. 공급은 특단의 대책이 아니라 당연한 것이고 본질적인 문제이고 끊겨서는 안 될 문제이다. 특히 저소득자의 주거안정은 정부차원에서 책임져야할 문제이다. 그러니 정부는 민간시장의 간섭은 최소화하고 공공임대시장에 집중하는 것이 현명할 것이다.

둘째. 무주택자들이 내 집 마련을 할 수 있도록 지원해야한다. 자금도 지원해주고 우선적으로 공급받을 수 있도록 지원해야 한다. 문재인 정부는 오히려 대출규제, 대출한도 축소 등으로 저소득, 무주택자들의 내 집 마련 기회를 거의 박탈하다시피 하고 있다. 이들에게 내 집 마련의 기회를 확대시켜 주어야 한다. 그 결과로 임차인이 줄어들게 되면 자연스럽게 임대인도 줄게 된다. 일석이조의 효과다.

셋째. 다주택자들이 보유주택을 시장에 내놓을 수 있도록 유도할 수 있는 정책이 필요하다. 반드시 신규공급만이 공급정책이 아니다. 기존 주택이 시장에서 유통되는 것도 일종의 공급이다. 오히려 공급효과가 빠르고 더 안정적이다. 다주택자들이 보유주택을 매물로 내놓게 하기 위해서 세금을 감세해야 할 것이다. 특별한 기간을 두고 일시적으로 시행해야 한다.

그리고 더 중요한 건 다주택자들의 매물을 무주택자들이 매입할 때 감세혜택을 주고 무주택자들의 내 집 마련은 다주택자들의 매물에 한할 때 금융과 조세를 지원하는 맞춤형으로 제도화하여야 할 것이다. 그러면, 다주택자나 무주택자나 둘 다 기회가 생기며 함께 상생하는 것이며 시장에서 거래도 활성화될 것이다. 당연히 가격상승도 멈출 것이다.

넷째, 세금의 기준이 되는 과표를 과감히 개편하여야 한다. 매년 공시지가를 정부가 정하고 그 공시지가를 벗어나는 차액에 대해서 조세의 기준으로 적용하는 것이다. 그러면 함부로 공시가격의 이상의 거래를 하지 못할 것이다. 세금이 무서울 테니까. 지금은 과세의 표준으로 적용하고 있는데 거래의 표준으로 적용하는 방법으로 개념을 전환하여야 할 때라고 본다.

다섯째, 이밖에도 지금의 정부정책과 전혀 색깔이 다른 부동산 정책은 얼마든지 많다. 문재인 정부는 과거 써먹었던 낡은 정책을 반복했다. 시장에서는 금방 눈치챈다. 과거 경험상 그

것이 안 먹힌다는 사실을. 설사 먹히더라도 시간이 지나면 약발이 떨어질 것이라는 사실을. 이제 부동산 정책을 완전 새롭게 내놓아야 한다. 복합적으로 내놓아야 한다.

이념, 철학, 정치를 떠나서 오로지 민생이라는 점에서만 생각해야 한다. 정책이란 국민이 원하는 정책이어야 한다. 정치인이, 철학자가, 행정가가, 대통령이 원하는 정책이어서는 아니 될 것이다.

10. '주택상생거래제도'의 도입을 청원하다

집이 있어도 걱정, 집이 없어도 걱정인 사회. 부동산 문제로 하루가 편하지 못한 사회. 부동산 문제가 온 국민의 스트레스가 되어버린 나라. 작금의 대한민국 모습이다. 부동산 문제가 모든 국민에게 스트레스가 되었다는 것은, 그래서 국민이 좌불안석의 나날을 보낸다는 것은 그 목적의 정당성을 논하기 이전에 국민의 재산권과 생명권을 보호해야 하는 정부의 본질적인 역할의 미숙함을 탓하지 않을 수 없을 것이다.

아무리 좋은 정책도 국민을 스트레스로 몰고 가는 정책은 정당화될 수 없다고 생각한다. 아주 잘 설계된 정책일지라도 찬반은 있게 마련이다. 특정인들을 적대시하거나 배척한다고 문제가 해결되지는 않을 것이다. 극단적인 이원화 정책은 후유증을 낳게 될 것이다. 함께 공존하고 함께 상생하는 정책이 필요하다고 생각한다. 정책을 강하게 밀고 나가는 것도 중요하지만 대안도 없이 네거티브하게 극단적으로 몰아가서는 더 큰 부작용이 나타날 것이라 우려된다.

그래서 다음과 같이 '주택상생거래제도'의 도입을 청원해 본다.

'주택상생거래제도'란 다주택자들과 무주택자들의 주택거래를 말하는 것으로 다주택자가 무주택자에게 주택을 매도할 때는 일정한 기간의 종부세와 양도소득세를 감면해주고 이를 무주택자가 매입할 때는 DTI, LTV를 적용하지 않거나 시세의 80%까지 저리로 장기 융자해주면서 동시에 취득세를 면제해 주는 것이다. 조건은 반드시 다주택자와 무주택자의 거래에만 적용한다는 것이다.

이렇게 되면 종부세나 양도소득세가 부담이 되는 다주택자는 매물로 내놓을 것이며 무주택자에 부여되는 혜택이 있기 때문에 무주택자에게 매도하게 됨으로서 주택보급률의 범위 내에서 효율적인 주택분산이 가능해질 것이다.

주택의 신규공급은 시간적, 지역적, 물량적으로 한계가 있어서 시장의 불안정을 해소하기에는 한계가 있을 것이다. 따라서 기존 다주택자들의 보유 주택을 시장에 매물로 나오도록 하는 정책이 필요할 것이다. 주택 총량이 변하지 않는 한, 다주택자들에게만 조세 강화를 통해 규제로 간다면 단기적으로는 효과가 있을 수 있으나 장기적으로는 오히려 임차인에게 귀착되는 부작용이 발생할 가능성이 크므로 효과가 반감될 것이다. 따라서 일명 '주택상생거래제도(다주택자들과 무주택자들이 상호 맞거래 할 수 있는 제도)'를 도입하자는 것이다.

이는 네거티브적 규제정책에서 포지티브적인 규제정책으로 전환하는 것을 의미하므로 국민의 반응도 좋고 단기간 효과가 클 것이다. 이제는 네거티브 정책에서 포지티브 정책으로 규제를 전환하는 것이 절실하게 필요한 시점이다. 아무리 강한 바람도 나그네의 옷을 벗기기는커녕 더 두껍게 입혔다. 따스한 햇살이 오히려 옷을 벗게 했다는 우화를 참조할 시점인 것이다.

몇 번을 거듭 생각해 봐도 부동산 문제는 '민생의 문제'인 것 같다. 모든 국민의 생존권과 재산권이 달려 있기 때문입니다. 따라서 부동산 문제를 다룰 때는 정치적 이해관계나 철학적 이념이 선행되어서는 안 된다고 생각한다. 만약 이러한 이해관계가 개입된다면 문제를 제대로 진단하지 못할 것이고 그 처방 또한 올바르지 못할 것이기 때문이다.

부동산 경제학자 슈바베는 RIR이 25가 넘으면 그 사람은 절대 부자가 될 수 없다고 했다. 전, 월세 시장이 과열되면 임대가격은 물론 매매가격도 급등하게 되는데 이때 가장 힘들고 절망감을 느끼는 계층이 무주택자들이다.

또한 2021년 가을, 국회자료에 의하면 우리나라 PIR이 15.3으로 발표되었다. 이는 현 연봉을 한 푼도 안 쓰고 주택을 구입하는 데 걸리는 시간이 15년 걸린다는 얘기다. 만약 50%를 생활비로 쓴다면 30년 걸린다는 얘기인데 30살에 입사하면 60살 정년퇴직할 시기에 겨우 구입하게 된다는 것이다.

문제는 PIR이나 RIR이 점차 높아지고 있다는 것이다. 이런 추세가 계속된다면 가장 힘든 계층이 청년, 신혼, 무주택자, 실업자 등 사회 취약계층이다. 때문에 정부의 부동산 정책이 다주택자 중심에서 이런 청년, 신혼, 무주택자, 실업자 등 사회 취약계층에 집중해야 할 필요성이 크다고 할 것이다.

주택상생거래제도가 일시적으로 도입되면 가장 최대의 장점은 일시에 기존주택의 거래를 활성화함으로서 공급효과, 거래효과, 무주택자의 내 집 마련 효과가 발생한다는 점이다. 더 근본적인 문제는 공급확대를 신규공급이 아닌 기존주택의 공급방법을 선택함으로서 필요한 시기에 필요한 장소에 공급된다는 공급의 최대효과를 얻을 수 있으며 무주택자들의 내 집 마련을 용이하게 하여 임대수요를 줄이고 안정적인 주택보급률을 올림으로서 장기적으로 주택 시장을 안정화시킬 수 있다는 점이다.

11. 임대료 수입이 은행이자보다 높으면 집값 절대로 잡을 수 없다

집을 두 채 이상 매입하는 이유는 처분수익과 임대수익을 동시에 취할 수 있기 때문이다. 특히 임대수익은 금리보다 높고 물가상승률보다 높기 때문에 인플레이션 효과가 무척 크다. 그러니 임대수익이 보장되면 자금력이 좋은 투자자들은 주택을 사재기 하는 것이다. 자금력이 있다면 수익성과 안정성이 좋은 부동산에 투자하는 것을 꺼리지 않을 것이기 때문이다. 이는 선진국일수록 더 심하다. 선진국일수록 집값이 높고 비싸서 매입이 쉽지 않아 임대수요가 더 크게 증가하기 때문이다. 때문에 정부의 고민은 커질 수밖에 없다.

집값이 올라도, 임대료가 올라도 저소득 무주택자들만 힘들어지기 때문이다. 더구나 다주택자들은 주택가격 상승, 임대수익증가라는 이중효과를 누리며 부를 더 크게 확대할 수 있어서 빈익빈부익부가 더 커지게 되기 때문이다. 말이 될지 모르겠지만 주택가격과 임대료를 동시에 잡는 방법은 근본적으로 임대 시장을 정부가 책임지는 공공임대제를 전면 시행하는 것이다.

국민의 기본적인 주택의 문제를 주거복지 차원에서 정부가 해결해주는 것이다. 조건 없이 무주택 가계는 정부가 책임지는 방법이다. 그리고 이를 벗어난 시장은 민간시장에 맡기면 민간임대시장과 공공임대시장이 공존하게 되면서 안정된 임대시장이 이루어져 임대가격과 집 값이 안정될 것이다. 하지만 정부가 당장 이렇게 할 수 없는 이유는 가치관의 차이뿐만 아니라 예산문제와 정책의 영속성 때문이다. 막대한 예산의 확보도 어렵고 그 정책을 계속 지속하기도 쉽지 않기 때문이다.

특히 정권이 바뀌면 기존의 정책을 유지하기보다는 선심성, 홍보성 정책우선으로 변형되는 경우가 많기 때문이다. 그렇다면 장기적으로 이를 실현하기 위해서는 주거복지예산 우선편성과 정책의 영구화를 위한 국민적 합의가 도출하여야 할 것이다.

이것이 정치이다. 우리나라처럼 여야의 정략적 싸움이 우선일 때는 국민의 이익이 뒤로 밀려 실행이 어렵게 된다. 한마디로 정치의 왜곡이요, 정치력 부재인 것이다. 어쨌든 우리나라만 힘들어하는 줄 알았던 주택임대문제가 선진국에서도 크게 문제시되고 있다는 사실은 타산지석으로 이해해야 할 것이다.

제2장

문재인대통령과
부동산정책
(잘못된 진단과 더 잘못된 처방)

1. 부동산 투기와의 전쟁

"부동산 시장의 안정, 실수요자 보호, 투기 억제에 대한 정부의 의지는 확고합니다. 부동산 투기와의 전쟁에서 결코 지지 않을 것입니다. 주택 공급의 확대도 차질 없이 병행하여 신혼부부와 1인 가구 등 서민 주거의 보호에도 만전을 기하겠습니다."

문재인 대통령이 2020년 신년사(1월 7일 청와대 본관 중앙로비)에서 부동산에 대한 정부의 의지를 표현한 내용이다. 신년사에서 부동산분야를 하나의 주제로 삼았다는 점은 부동산문제를 중요한 정책과제로 다루고 있음을 의미하는 것으로 이해할 수 있을 것이다. 특히 '부동산투기와의 전쟁'이라는 표현에서 위 내용의 핵심을 알 수 있을 것이다. '전쟁'이라는 단어를 좀 더 자세히 들여다보면 부동산에 대한 문재인 대통령의 의중을 제대로 읽을 수 있을 것이다.

극심한 경쟁이나 혼란 또는 어떤 문제에 대한 아주 적극적인 대응을 전쟁이라 비유하는데 작금의 부동산 시장이 대단히 혼란스러우니 정부가 적극적으로 대응하겠다는 의지를 전쟁으로 표현한 것이라 할 것이다. 모든 수단과 방법을 다 동원해서라도 혼란스러운 부동산 시장을 바로잡겠다는 강한 의지의 표현인 것이다.

특히 부동산 시장이 혼란스러운 이유를 '투기 때문'이라 규정한 점이 주목된다. 원래 투기는 '단기간에 차익을 노리고 투자를 하는 행위'를 말한다. 때문에 작금의 부동산 시장을 투기라고 규정한 것은 실수요자들이 아닌 단기 차익을 노린 투기자들이 시장을 왜곡시킨 비정상적인 상황이라 인식한 것이다.

이와 같은 인식은 신년기자회견(2020년 1월 14일 오전 청와대 영빈관)에서도 계속된다. 부동산 대책을 묻는 기자들에게 문재인 대통령은 '부동산시장을 안정화시키겠다'라는 강한 의지를 나타냈다.

"부동산 가격을 잡고 안정화시키겠다는 정부의 의지는 확고합니다. 서민들의 위화감을 느끼는 급격한 가격상승은 원상회복 할 때까지 대책을 펼치겠습니다. 일부 서울의 특정

지역에 일부 고가 주택의 문제라고 하더라도 지나치게 높은 주택과 아파트 가격은 많은 국민에게 상실감을 주기 때문에 너무 이례적으로 가격이 오른 곳이나 아파트에 대해 가격을 안정화시키는 정도로는 만족하지 않겠습니다."

신년사에 이어 신년기자회견에서도 부동산 시장에 대한 강한 의지를 거듭 강조한 것이다. 신년기자회견에서 답변한 내용의 특징을 살펴보면 첫째는 원상회복될 때까지라고 강조한 점, 둘째는 일부 특정 지역과 일부 특정 고가주택이라고 한정한 점, 셋째는 가격을 안정화시키는 정도로는 불만족스럽다고 표현한 점 등이다.

여기서 문재인 대통령의 부동산에 대한 철학을 읽을 수 있다. 특정지역의 특정 고가주택에 대한 반감이 크다는 점이다. 그리고 가격을 안정화시키는 정도로 만족하지 않겠다는 표현은 자신감의 표현임과 동시에 시장에 대한 경고라고 볼 수 있다. 원상회복될 때까지라고 강조한 점은 철학과 자신감을 바탕으로 강조한 강한 의지라고 할 것이다.

하지만 좀 더 깊이 해석해보면 오히려 자충수가 될 수 있다는 생각이 든다. 철학과 의지는 좋은데 현실과는 괴리가 있기 때문이다. 첫째는 특정 지역의 특정 부동산을 언급하면서 그곳이 왜 그런지를 설명하지 못하고 '투기세력에 의한 투기화'라고 단정하고 있다는 점이다. 만약 그렇다면 그곳에 사는 사람들은 모두 투기세력이라 규정되며 그들이 사는 아파트는 모두 투기대상이라 규정하게 되는 것이다. 아주 순수하게 살고 있는 사람들조차도, 살다보니 그렇게 된 사람들조차도 모두 투기가 된다는 것은 모순인 것이다. 근본적인 것은 그 특정지역의 특정 부동산이 투기화되는 이유를 먼저 찾아야 할 것이다. 진단이 잘못되면 처방도 잘못되듯이 근본적인 문제를 해결하지 않고서는 그 어떤 정책도 오래 갈 수가 없기 때문이다.

두 번째는 자신감과 의지가 너무 강하다는 점이다. 이 점은 문재인대통령의 임기 중에는 부동산에 관한한 규제완화나 부양책은 없을 것이란 의미와도 같다고 할 것이다. 만약 경기부양책이 필요하다고 하더라도 부동산은 제외할 수밖에 없다면 정책 선택의 폭이 좁아짐으로서 스스로 부담이 될 것이기 때문이다. 넓게 본다면 다양한 정책을 복합적으로 활용하는 것이 더 효과적일 것인데 부동산은 제외하고 판단해야 된다는 벽을 스스로 쌓아버린 셈이기 때문이다.

세 번째는 원상회복 때까지라는 표현은 아주 애매하다. 원상이란 어느 정도를 의미하는 걸까. 이 점에서는 문재인대통령도 정확히 답변을 못했던 것 같다. 가늠하기 어렵기 때문에 오히려 부동산시장을 정상화시켜놓고도 여전히 규제해야하는 모순에 빠질 수 있게 될 것이다.

"지난 번(12·16대책) 부동산 대책으로 부동산 시장은 상당히 안정이 되는 것 같습니다. 단순히 집값이 인상되도록 하지 않는 게 목표가 아니라 서민들이 위화감을 느낄 만큼 급격한 가격상승은 원상회복 할 때까지 하겠습니다. 지난번 대책은 9억 이상 주택과 다주택 소유자에 초점을 맞췄는데 9억 원 이하 주택에 '풍선효과가 나타난다'든가, 전세 가격이 오르는 식의 정책 의도와는 다른 효과도 생길 수 있어 그 지점에 대해 예의주시하면서 추가대책을 강구하겠습니다."

어쨌든, 문재인 대통령의 강한 의지는 여차하면 추가 대책을 강구하겠다고 답변에서 계속 강조하고 있다. 그리고 부동산 가격이 폭등하게 된 원인에 대해서는 유동성이 원인이라고 진단했다. 갈 곳 없는 자금이 부동산 시장으로 유입되어 투기자금으로 움직인다는 것이다. 투기자본은 우회적인 투기수단을 찾는 것이 생리라면서 현재 '유동성이 워낙 과잉이고 저금리다 보니 부동산 시장의 폭등은 전 세계적인 현상이다'라고 진단한 뒤 '우리보다 부동산 가격이 폭등하는 나라가 많고 우리도 똑같은 양상을 보이고 있다'고 진단했다. 따라서 '지금의 대책이 실효를 다 했다고 판단되면 보다 강력한 대책을 끝없이 내놓을 것이다'며 재차 정부의 부동산 투기 세력과의 전쟁 의지를 내 비쳤다.

이와 같이 신년사와 신년기자회견의 내용을 접한 국민들과 부동산 전문가들의 반응은 기대 반 우려 반이었다. 기대하는 쪽은 문재인 대통령의 부동산정책이 성공할 것이란 기대보다는 당연히 그래야한다는 의미가 더 크다고 할 것이다. 왜냐하면 부동산 가격이 순식간에 폭등함으로서 무주택 서민들과 괴리가 더 커졌기 때문이다. 하지만 성공에 다소 회의적인 것은 부동산 시장이 급등할 때마다 강력한 규제정책으로 일관했지만 결국은 실패했던 과거 정부에서의 경험이 있기 때문이다.

그리고 우려하는 쪽은 시장원리와는 전혀 다른 정책으로 일관한다는 점을 강조한다. 부동산 가격이 근본적으로 오르는 이유는 수요공급의 불균형, 특히 공급부족이므로 공급 우선 정책이 필요한데 투기수요억제 정책에 더 큰 비중을 두었기 때문에 일시적인 효과는 있을지언정 기회가 되면 언제든지 다시 급등할 것이라는 점을 강조한다. 그래서 만약 문재인 정부의 부동산정책이 결과적으로 실패한다면 더 큰 혼란이 예상된다는 점을 우려하는 것이다.

전쟁은 생사가 달려있기 때문에 반드시 이겨야 된다. 만약 지게 되면 더 큰 혼란이 생기기 때문이다. 따라서 투기와의 전쟁에서 반드시 이겨야 한다. 그렇지 않으면 부동산 시장은 더 큰 혼란이 발생할 수 있게 되기 때문이다. 괜히 빈대 잡으려다 초가삼간 태우는 우를 범할 수 있다는 점, 단순한 우려가 아님을 지난 수십 년 동안 과거 정권에서도 보아오지 않았던가.

2. 문재인 정부의 출범

문재인 정부는 대한민국 제6공화국의 일곱 번째 정부이다. 6공화국에서의 대통령 선거는 보통 12월에 치러져서 다음 해 2월 25일 취임식을 갖고 임기를 시작하는데 5월 10일부터 시작된 이유는 박근혜대통령의 탄핵으로 조기선거가 치러졌기 때문이다. 2017년 5월 9일 대한민국 제19대 대통령 선거에서 더불어민주당 문재인 후보가 당선되었고 개표가 최종 완료된 오전 8시 6분 중앙선거관리위원회에서 대통령 당선자 선언과 동시에 대한민국의 대통령의 임기가 시작된 것이며 급작스럽게 치러진 선거였기에 인수위원회도 구성하지 못하고 문재인 정부가 출범하게 된 것이다.

2017년 5월 10일 정오. 국회의사당 내부 '로텐더홀'에서 500여 명의 인사가 참석한 가운데 문재인 대통령의 취임식이 약식으로 진행되었다. 당시 문재인 대통령의 취임사를 요약하면 다음과 같은 내용이었다.

1) 한 번도 경험하지 못한 나라를 만들겠다.

2) 통합과 공존의 새로운 세상을 열어갈 청사진으로 가득 차 있다.

3) 진정한 국민 통합이 시작되는 날로 역사에 기록될 것이다.

4) 구시대의 잘못된 관행과 과감히 결별하겠다(적폐청산).

5) 권위적 대통령 문화를 청산하겠다.

6) 권력기관을 정치로부터 완전히 독립시키겠다.

7) 국민과 눈높이를 맞추는 대통령이 되겠다.

8) 분열과 갈등의 정치도 바꾸겠다.

9) 전국적으로 고르게 인사를 등용하겠다.

10) 일자리를 챙기겠다.

11) 동시에 재벌개혁에도 앞장서겠다.

12) 차별 없는 세상을 만들겠다.

13) 기회는 평등할 것이고, 과정은 공정할 것이며, 결과는 정의로울 것이다.

14) 깨끗한 대통령이 되겠다.

15) 약속을 지키는 솔직한 대통령이 되겠다.

16) 특권과 반칙이 없는 세상을 만들겠다.

17) 상식대로 해야 이득을 보는 세상을 만들겠다.

18) 국민들의 서러운 눈물을 닦아드리는 대통령이 되겠다.

19) 소통하는 대통령이 되겠다.

20) 가장 강력한 나라를 만들겠다.

취임사에서 적폐청산을 강조한 것도 특징적이었다. 과거에 누적된, 잘못된 폐혜를 청산하겠다는 의지를 강조한 것이다. '한 번도 경험하지 못한 나라를 만들겠다. 기회는 평등할 것이고, 과정은 공정할 것이며, 결과는 정의로울 것이다. 특권과 반칙이 없는 세상을 만들겠다.' 등등 취임사에서 눈길을 끄는 대목들이었다.

그로부터 50일이 지난 2017년 6월 19일. 문재인 정부의 첫 번째 부동산 대책인 '주택시장의 안정적 관리를 위한 선별적·맞춤형 대응방안(6.19 부동산 대책)'이 발표되었다. 주요내용은 1) 조정대상지역[1] 추가 지정, 2) 서울 전역과 부산 일부 지역까지 분양권 전매 제한을 강화, 3) 대출규제 강화, 4) 재건축 조합원 주택 수 조정 등으로 요약할 수 있다.

조정대상지역은 대출제한, 전매제한 등의 규제를 받는 지역으로서 박근혜 정부 시절(2017년 11월 3일) 발표했던 11.3 부동산대책에서 선정된 37개 지역에 경기 광명, 부산 기장군 및 부산 지구 등 3개 지역 추가 조정지역을 선정하였으며 강남 4개구 외 21개구 민간택지에 적용되는 전매제한기간을 현재 1년 6개월에서 소유권이전등기 시까지로 강화하는 한편, 서울 전 지역의 전매제한기간을 소유권이전등기시까지로 적용하고 조정 대상지역에 LTV·DTI 규제비율을 10%p씩 강화한다는 등의 내용이다.

6.19대책은 몇 가지 특징이 있다. 첫째는 문재인 정부의 첫 번째 부동산 대책이라는 점이다. 하지만 문재인 정부의 색깔이 강하다기보다는 박근혜 정부의 11.3 부동산 대책의 연장선상에서 이루어진 것이라는 시각이 더 지배적이다.

11.3대책(실수요 중심의 시장형성을 통한 주택시장의 안정적 관리방안)은 박근혜 정부의 마지막 부동산 대책인데 저금리 기조에 따른 투자 수요가 주택시장으로 유입되면서 국지적인 불안 양상이 나타나고 있는데 대한 선별적·단계적 대응방안을 마련한 것이다. 전매제한, 청약 자격 등을 강화해 과열 현상과 주변 집값의 불안 소지를 완화해 나가는 한편, 실수요자의 내 집 마련 기회가 확대되도록 하는 데 역점을 뒀다는 평가다.

하지만 이와 같은 대책을 비웃기라도 하듯 부동산 시장은 더욱 가열되었기에 6.19대책을 내놓게 된 것이고 그 내용은 11.3대책의 연장선상에서 검토된 것이라 할 것이다. 동시에 문재인 정부의 출범이 급작스럽게 이뤄진 탓에 장관의 교체 없이 시작되었으므로 박근혜 정부 당시 국토교통부 장관의 주도하에 대책이 수립, 발표되었다는 점에서 11.3 대책의 연장선상임을 확인할 수 있는 대목인 것이다.

두 번째 특징은 투기지역, 투기과열지역 등의 지정이 빠졌다는 점이다. 강력한 규제정책이라는 명분이 붙으려면 투기지역, 투기과열지역의 지정이 조정대상지역과 병행되어야 하는데

---

1) 주택 가격 상승률이 물가 상승률의 2배 이상이거나, 청약 경쟁률이 5 대 1 이상인 지역을 말한다. 조정대상지역으로 지정되면 주택담보대출 시 LTV와 DTI의 제한을 받게 되는 것은 물론 분양권 전매와 1순위 청약 자격 등에서도 규제를 받는다.

조정대상지역만 발표하고 투기지역, 투기과열지역의 지정이 빠졌다는 것은 시장의 예측불가능한 변동성을 모두 반영하지 않았다는 것이고 이는 또 다시 대책발표를 해야 된다는 의미와도 같다고 보면 미완성 규제대책이라고 할 것이다.

세 번째 특징은 문재인 정부의 부동산정책이 본격적으로 등장할 것이란 예고와 그 방향에 대해서 나름 짐작된다는 점이다. 특히 강남지역을 중심으로 발표된 6.19 부동산 대책은 문재인 정부의 부동산정책의 지향점을 예측할 수 있을 것이다.

3. 김현미 장관의 등장과 18번의 부동산 대책

"서민 주거안정에 정책 역량을 집중하겠다."

부동산정책을 담당하는 대한민국 정부 부처가 국토교통부이다. 문재인 대통령의 초대 국토교통부장관으로 현역 국회의원인 김현미 의원이 내정되었고 인사 청문회가 6월14일~15일 국회에서 열렸다. 김현미 장관 내정자는 모두 발언에서 "저는 아직도 아파트 융자금을 갚고 있습니다. 아파트 한 채를 온전히 보유하지 못한 장관 후보자는 국토교통부 역사상 처음이라고 들었습니다."라고 자신을 설명하면서 "제가 최초의 여성 국토교통부장관 후보자라는 점에서 많은 기대와 우려가 있는 것을 잘 알고 있습니다. 여성도 국토교통부장관을 잘 할 수 있다는 것을 증명해야 하는 과제는 저의 몫입니다."라고 말했다.

모두발언의 주요내용을 요약하면 다음과 같다.

1) 높은 주택보급률에도 불구하고, 여전히 많은 국민들이 주거불안으로 고통 받고 있다.

2) 서민 주거안정에 정책 역량을 집중하겠다.

3) 임대주택 공급을 대폭 확대하고, 주거급여 수혜의 폭을 넓혀 가겠다.

4) 청년, 신혼부부에 대한 주거지원을 대폭 강화하겠다.

5) 주택가격의 안정화를 위해 시장을 적극적으로 관리해 나가겠다.

6) 주거복지와 함께, 균형발전과 교통편의 향상에 노력하겠습니다.

7) 세종시, 혁신도시가 지역의 성장거점이 될 수 있도록 다양한 방안을 강구하겠다.

8) 새만금의 잠재력이 조기에 가시화될 수 있도록 정책적 지원을 아끼지 않겠다.

9) 전면 철거방식이 아닌 도시재생 사업을 추진하겠다.

10) 미래형 신산업을 지속적으로 발굴해 새로운 성장 동력으로 키워내겠다.

11) 의원님들의 의견을 경청하고 전문가와 각계각층 국민의 목소리에 귀 기울이겠다.

청문회에서 김현미 장관은 전문성이 부족한 낙하산 인사라는 지적을 많이 받았다. 전문성 부족 지적이 잇따르자 '국토교통위는 못했지만 예결위원장으로서 사회간접자본(SOC) 사업을 논의했다', '정무위, 기재위 활동을 하면서 국가경제정책 전반을 다룬 경험이 있다' 등의 발언으로 자신을 방어했었다. 진통 끝에 국토교통부장관에 취임한 김현미 장관은 전문성 부족이라는 지적도 무색하게 제21대 총선(2020년 4월 15일) 출마를 포기한 채 국토교통부를 지키는 장수 장관이 되었다.

청문회 모두 발언의 내용에서 보듯 김현미 장관 내정자는 90% 이상을 부동산 문제를 거론했다. 마치 정책의 대부분을 부동산 관련 정책으로 일관하겠다는 의지처럼 보이는 대목이다. 재임기간 내내 부동산에 대한 김현미 장관의 발언은 대단히 강경했다. 그리고 수많은 부동산 정책을 쏟아냈다.

취임 후 처음 내놓은 정책인 '8.2 부동산 대책'을 시작으로 2019년 12월 16일에 발표한 대책이 17번째(문재인 정부입장에서는 18번째) 대책이었으니 대충 2개월이 채 못돼서 한 번 씩 쏟아냈다는 계산이 된다. 집권 2년 7개월 동안 18번의 부동산 대책을 발표했다는 것은 역설적으로 보면 제대로 된 부동산정책이 한 번도 없었다는 것을 말하는 것과 같고 부동산정책만큼은 문재인 정부가 아마추어 정부라고 야권에서 비아냥거리는 빌미를 준 것과 같으며 18번의 부동산정책으로 끝난 게 아니라 문재인 정부의 마지막까지 얼마나 많은 부동산 대책이 나올지도 모른다는 불신의 단초를 제공해 주었다는 것과 같은 의미라고 할 것이다.

『오마이뉴스』는 정부의 12.16 부동산 대책 발표 다음날인 17일 여론조사 전문기관 리얼미터에 의뢰해 전국 성인 500명(총 통화 1만 3명, 응답률 5.0%)을 대상으로 문재인 정부 부동산정책 신뢰도에 대한 여론 조사를 실시[2]했는데 국민 10명 가운데 약 6명에 이르는 다수는 현 정부의 부동산정책을 신뢰하지 않는 것으로 조사됐다. 이와 같은 이유는 집값을 잡기 위해 정부 출범 이후 18번의 부동산 대책을 내놨지만 집값 상승세가 계속되고 있기 때문으로 보인다.

[표 2-1] 문재인 정부 부동산 대책 리스트

연번	연도	월일	제목	주요내용
1		6월 19일	주택시장의 안정적 관리를 위한 선별적 맞춤형 대응전략	조정대상지역 추가
2		8월 2일	실수요자 보호와 단기수요 억제를 통한 주택시장 안정화 방안	투기지역, 투기과열지역 지정
3	2017	9월 5일	8.2대책 추가대책	투기과열지구 추가 지정
4		10월 24일	가계부채 종합대책	신 DTI 적용
5		11월 29일	사회통합형 주거 사다리 구축을 위한 주거 복지 로드맵	생애 단계별 소득 수준별 맞춤형 주거지원
6		12월 13일	집주인과 세입자가 상생하는 임대주택 등록 활성화 방안	임대사업 등록 활성화
7		7월 5일	행복한 결혼과 육아를 위한 신혼부부, 청년 주거 지원방안	신혼부부, 청년 주거 지원
		8월 12일	민간택지 분양가상한제 적용기준 개선 추진	민간택지 분양가상한제 실시
8	2018	8월 27일	수도권 주택공급 확대추진 및 투기지역 지정을 통한 시장 안정 기조 강화	수도권 30만 호 주택공급 투기지역, 투기과열지역 지정
9		8월 29일	실수요자 주거 안정을 위한 금융지원방안	
10		9월 13일	주택시장 안정 대책	종합부동산세, 양도세 강화
11		9월 21일	수도권 주택공급 확대방안 (1차)	30만 호 택지공급방안
12		12월 19일	수도권 주택공급 확대방안 (2차)	3기 신도시 예정지역 발표

---

2) 『오마이뉴스』 인터넷 기사 참조. 2019. 12. 18 07:33.

13		1월 9일	등록 임대주택 관리 강화방안	
14		5월 7일	제3차 신규택지 추진계획	3기 신도시 추가 발표
15		8월 12일	민간택지 분양가 상한제	
16	2019	10월 1일	최근 부동산 시장 점검 및 보완사항 (10.1대책)	
17		11월 6일	민간 택지 분양가 상한제 확대	
18		12월 16일	주택시장 안정화 방안	종부세 강화, 대출억제

(2017년 5월 10일~2019년 12월 31일)

조사 결과, 정부의 부동산정책을 신뢰하지 않는다는 응답이 57.6%로 나타났다. 반면 신뢰한다는 응답은 36.6%에 그쳤다(모름/무응답 5.8%). 두 응답의 차이는 21%p로 오차범위(±4.4%p)를 훌쩍 넘어섰다. 특히 4점 척도로 살펴볼 때 '전혀 신뢰하지 않는다'는 강한 불신 응답이 33.7%로 가장 높게 나타나 불신의 강도가 센 것으로 해석된다('별로 신뢰하지 않는다'는 약한 불신은 23.9%). 반면 '매우 신뢰한다'는 강한 신뢰 응답은 11.9%로 제일 낮았으며, '어느 정도 신뢰한다'는 약한 신뢰 응답도 24.7% 정도였다.

심리학에서 '학습된 무기력'이란 용어가 있다. '늑대와 소년'이라는 이솝이야기가 대표적인 사례이다. 양치기 소년이 심심해서 '늑대가 나타났다'고 외치자 마을사람들이 저마다 무기를 들고 뛰어 왔지만 정작 그 말은 거짓말이었다. 소년은 두 번째로 '늑대가 나타났다'고 외치자 이번엔 좀 더 적은 수의 마을 사람들이 나타났다. 하지만 이 역시 거짓말이었다. 그런데 진짜로 늑대가 나타나서 소년은 '늑대가 나타났다'고 외쳤지만 이 역시 거짓말이라고 믿는 마을 사람들은 한 사람도 나타나지 않았다는 이야기다. 이렇듯 마을사람들은 반복된(학습된) 무기력증에 빠져서 더 이상 믿지 않게 된다(효과가 없다)는 것이 학습된 무기력이다.

학습된 무기력은 정부의 정책에서 많이 볼 수 있다. 같은 내용은 아닐지라도 규제정책을 18번이나 발표하면 국민들의 정서는 어떨까. 분명한 것은 그 효과가 반감될 것이며 국민들은 학습된 무기력증에 빠져 더 이상 정부의 부동산정책을 믿으려 하지 않을 것이다. 짧고 강한 대책으로 효과가 확실하게 나타나야 최대의 효과를 얻을 수 있지 않을까.

4. 핀셋정책과 수요억제정책

2017년 8월 2일 13시 30분 '정부서울청사 브리핑룸'에서 정부는 김현미 장관의 첫 번째 대책이자 문재인 정부의 실질적인 제1호 부동산 대책이라 할 '실수요자 보호와 단기수요 억제를 통한 주택시장 안정화 방안'이라는 제목의 소위 '8.2 부동산 대책'을 발표하였다. 당시 발표문을 요약하면 다음과 같다.

6.19대책 이후에도 투기수요가 재건축·재개발 등 정비사업 예정지역을 중심으로 주택가격 상승폭이 확대되고 있는 상황이다. 이는 과도한 규제 완화, 저금리, 대내외 경제여건 개선과 맞물리면서 투기수요가 크게 늘어났기 때문이다. 투기수요의 증가로 인한 실수요자의 내 집 마련도 더욱 어렵게 하고 있다.

중요한 원칙은 공급된 주택이 실수요자에게 우선 돌아가야 한다는 것이다. 공급은 늘고 있는데 자기 집을 가진 가구는 늘지 않는 이유는 집을 많이 가진 사람이 또 다시 집을 사들이고 있기 때문이다. 특히, 2주택 이상 보유한 다주택자가 주택을 추가로 구매하는 비중은 불과 2년 새 2배 이상으로 늘어난 것으로 나타났다.

서민들은 평생 벌어도 내 집 마련은커녕, 전월세가격 인상율도 따라잡지 못하는데 한편에서는 '아파트 사재기'가 이뤄지고 있다. 정부는 집을 거주공간이 아니라, 투기수단으로 전락시키는 일은 용납하지 않겠다. 이를 위해 정부는 더 이상 주택시장을 경기부양의 수단으로 이용하지 않겠다는 확고한 원칙을 세웠다.

실수요자를 위한 적정수준의 주택은 지속적으로 공급하겠다. 정부는 실수요자와 청년 신혼부부 등 취약계층을 위한 임대와 분양주택 건설을 위한 공공택지를 개발하고 공급을 확대할 계획이다. 다주택자의 사회적 책임이 강화될 필요가 있다. 임대주택 등록은 하지 않은 채 시세차익의 목적으로 집을 사들이고 임대소득에 대한 투명한 납세의무는 다하지 않는 경우가 여전히 많다. 이러한 문제를 개선하기 위해 등록한 임대사업자에 대한 세제, 기금, 사회보험과 같은 인센티브를 강화하되, 자발적 등록이 저조할 경우, 임대주택 등록을 의무화하는 방안도 검토할 계획이다.

정부는 오늘 이러한 원칙에 따라 세제, 금융, 청약제도, 주택공급, 불법행위 엄정단속 등을 망라한 종합 대책을 마련하였다. 이번 대책은 지난 6.19대책에 이은 2단계 시장 안정화 조치이다.

이 발표문의 핵심은 투기수요에 대한 경고이다. 공급은 부족하지 않는데 투기수요가 사재기를 하는 바람에 시장이 비정상적으로 작동하고 실수요자들이 자기 집 사는 게 불가능해진다고 진단하고 그 원인을 과도한 규제 완화, 저금리, 대내외 경제여건 개선 등에 의해 이루어졌다고 판단한 것이다. 문재인 정부는 투기세력을 막기 위하여 세제, 금융, 청약제도, 주택공급, 불법행위 엄정단속 등을 망라한 종합 대책을 마련한 것이란 설명이다.

6.19 대책과 8.2 대책의 차이점은 6.19 대책은 청약시장 대책이고 8.2 대책은 단기적인 투기수요를 억제하기 위한 종합대책이다. 6.19 대책은 투기지역과 투기과열지역이 제외되었는데 8.2대책에는 투기과열지구나 투기지역 지정을 통해서 강도 높은 여러 가지 정책수단을 동원, 재건축규제라든지 또는 실수요자 중심의 주택공급방안이 포함돼 있다는 점에서 종합대책이라 할 수 있다. 이는 현재의 부동산 시장을 심각단계로 판단하고 있다는 증거이기도 한 것이다.

관계부처 합동으로 마련된 '실수요 보호와 단기 투자수요 억제를 통한 주택시장 안정화 방안'(8.2대책)은 크게 4가지로 요약된다.

첫째는 과열지역에 유입되는 투기수요를 억제하겠다는 것이다.
1) 재건축 및 재개발 예정지역을 중심으로 과열이 심화되고 있는 서울 25개구 전 지역, 경기도 과천시와 행복도시건설예정지역을 '투기과열지구'로 지정하였다. 투기과열지구가 지정됨에 따라 청약규제, 재건축 주택 공급 수 제한과 같은 기존의 조정대상지역 지정 효과뿐만 아니라, 재건축 조합원 지위 양도 제한, 오피스텔 전매제한 강화 등이 적용된다.
2) 3억 이상의 주택을 거래할 경우 자금조달계획서와 입주계획서도 제출하도록 하고, LTV

와 DTI를 대출만기 등에 관계없이 40%로 강화하는 등 '투기과열지구'의 실효성도 높여 나가기로 했다.

3) '투기과열지구' 지정과 더불어 강남4구와 용산, 노원, 영등포 등 서울 11개 구와 행복도시 건설예정지역은 '투기지역'으로도 지정하여 다주택자의 투기수요를 억제하겠다는 것이 다. '투기지역' 지정에 따라 이들 지역은 3주택 이상 보유세대의 양도소득세 10%p 가산, 세대 당 주택담보대출 1건 제한 등 세제와 금융제도가 강화된다.

4) 민간택지에 대한 분양가상한제 적용기준을 개선한다.

5) 정비사업이 실수요자 중심으로 진행될 수 있도록 재건축·재개발 규제를 정비한다. 우 선, 재건축 초과이익 환수제도는 추가 유예 없이 2018년 1월부터 예정대로 시행한다. '투 기과열지구'에서는 재건축뿐만 아니라 재개발 및 도시환경정비사업의 조합원 '분양권' 양도를 제한하여 시세차익을 목적으로 하는 투기수요 유입을 차단하겠다는 것이다. 이 와 함께, '투기과열지구' 내에서 정비사업의 일반분양 및 조합원 분양에 당첨된 세대는 5 년간 재당첨을 제한하고, 재개발 사업 시 의무적으로 공급해야 하는 임대주택 비율도 높 인다.

둘째, 실수요자 중심으로 주택시장이 관리될 수 있도록 세제, 금융 등 제도를 개선한다.

1) 서울·행복도시건설예정구역과 경기·부산 일부 지역 등 '조정대상지역'을 대상으로 다 주택자 양도세 중과 제도를 도입한다. 2주택 자는 기본세율 외에 10%p, 3주택 이상은 20%p의 가산세를 부과하고, 장기보유 특별공제 적용도 없앤다.

2) 조정대상지역에 소재한 주택에 대해서는 1세대 1주택 양도소득세 비과세 요건으로 2년 보유 외에 2년 이상 거주요건을 부과한다.

3) 조정대상지역 내 분양권 전매에 대해서는 주택을 매각할 때보다 더 높은 50%의 세율을 일괄 적용한다.

4) 다주택자에 대한 금융규제도 강화한다. 이미 주택담보대출을 받은 세대가 추가로 대출 을 받을 경우에는 LTV, DTI 비율을 10%p씩 낮추고, 아파트 분양에 따른 중도금 대출 보

증도 현재 1인당 2건 이하에서 세대 당 2건까지로 제한한다.

셋째, 실수요자를 위한 적정수준의 주택을 지속적으로 공급할 것이다.

1) 서울과 수도권의 최근 주택공급물량은 충분한 수준이다. 또한, 현재 수도권 내에 52만 호의 착공이 가능한 공공택지를 이미 보유하고 있으며, 앞으로도 그린벨트 해제 등을 통해 수도권 내 교통여건 등 입지가 양호한 지역에 새로운 공공주택지구 등도 확보해 나갈 계획이다.

2) 공적임대주택 연 17만 호 계획 중 60%에 해당하는 10만 호를 매년 수도권에 공급하고, 노후공공청사의 복합개발, 도심 유휴부지 활용도 적극 추진한다.

3) 신혼부부를 위한 분양형 임대주택을 맞춤형으로 저렴하게 공급할 것이다. 이를 위해 가칭 '신혼희망타운'를 조성하여 전국 5만 호, 이중 수도권에 3만 호를 공급할 것이다.

넷째, 공급된 주택이 실수요자에게 돌아갈 수 있도록 청약제도 등 제도를 정비한다.

1) 청약제도를 실수요자 중심으로 개편할 것이다. 투기과열지구 및 조정대상지역에서 1순위를 얻기 위한 청약저축 가입 기간을 2년으로 강화한다. 청약가점제의 적용비율을 투기과열지구에서는 100%, 조정대상지역에서는 75%까지 높인다.

2) 지방의 민간택지 공급주택은 전매제한을 신설한다. 부산 · 대구 · 울산 · 광주 · 대전 등 지방광역시 민간택지의 전매제한기간을 최소 6개월로 설정하고, 조정대상지역으로 지정된 부산광역시의 해운대구, 연제구 등은 1년 6개월 또는 소유권 이전등기 시까지 전매를 제한한다. 오피스텔에 대한 전매제한도 강화한다.

3) 관계기관의 긴밀한 협력을 통해 주택시장의 불법행위에 단호히 대처해 나갈 것이다. 특별사법경찰제도를 도입한다. 국세청 등 관계기관과 합동점검반을 구성하여 현장점검을 실시하고 국세청에서 탈루혐의를 검증하여 엄정하게 과세 조치 할 예정이다. 또한, 분양권 불법전매에 대한 벌금을 현재 3천만 원 이하에서 1억 원 이하로 대폭 올리는 등 처벌규정을 강화한다.

핵심내용은 크게 세 부분으로 나눌 수 있다. 첫 번째 부분은 2014년 말 박근혜 정부 때 통과됐던 '부동산 3법[3]'을 실질적으로 무력화하는 것이다. 두 번째는 핀셋정책이다. 다주택자, 재건축, 재개발 지역 등 특정지역에 대한 집중적인 규제를 펼쳤다고 하여 이를 '핀셋정책'이라 부른다. 그리고 공급은 여유가 있는데 다주택자의 주택 사재기가 문제이므로 이들의 투기적 수요를 억제하는 정책을 펼치겠다는 것이다. 다른 의미로 해석하면 공급보다는 수요의 문제라고 본 것이다. 문재인 정부가 공급보다는 수요억제 정책을 펼치겠다는 의지를 읽을 수 있는 대목이다.

이렇게 강력한 투기수요억제정책을 특정지역 중심으로 핀셋정책을 펼친 결과 더 이상은 추가정책이 필요 없어야 마땅한데 시장에서는 아무런 반응이 나타나지 않고 오히려 더욱 과열되어 버렸으니 과연 핀셋정책과 투기수요억제정책은 적합한 정책이었을까 라는 의구심이 생기는 건 잘못된 진단과 이로 인한 잘못된 처방이 그 원인이지 않나 싶다.

5. 잘못된 진단과 더 잘못된 처방

8.2 대책이 중요한 이유는 문재인 정부에서 앞으로 펼쳐 나갈 부동산정책의 방향이자 바로미터가 되기 때문이다. 종합처방이라 할 정도로 관계부처가 모두 동원된 전방위적인 대책이므로 그 효과가 시장에서 나타나 주어야 집권기간 내내 부동산 문제를 자신 있게 다룰 수 있을 것이기 때문이다.

모든 정책이 그렇듯 처음 방향을 어떻게 잡느냐에 따라 그 결과가 완전히 달라지며 처음 단추를 잘못 꿰면 되돌리기가 어렵듯이 첫 정책의 방향이 잘못되면 바로잡기가 어렵기 때문이다. 그만큼 문재인 정부에서는 중요한 의미와 타이밍으로 '8.2대책'을 수립 발표하였을 것이고 강력한 메시지를 전달하려고 하였을 것이다.

그런데 '8.2대책'은 처음이자 끝이 아니라 시작에 불과하였던 것이다. 그 뒤로 18번의 정책

---

3) 2014년 말 박근혜 정부 때 분양가상한제, 재건축초과이익환수, 재건축분양을 가구당 수도권에서 3채까지 분양을 받을 수 있도록 했던 내용들이다.

이 발표되었으니 누가 뭐래도 '8.2대책'은 뭔가 잘못된 대책이었음이 분명해졌다고 할 것이다. 아마 잘되었다면 추가 대책이 필요하지 않았을 것이다. 그렇다면 뭐가 잘못된 것일까.

정부가 시장에 개입할 때는 시장이 기능을 상실할 때이다. 시장의 기능이란 수요, 공급의 기능, 거래의 기능, 유통의 기능, 가격결정의 기능, 경제원천의 기능 등 여러 가지가 있다. 그 기능을 상실했다는 의미는 수급이 불균형하거나, 거래가 중단되었거나, 가격이 터무니없이 오르거나 내리는 등 불안한 환경을 보여주는 것이다. 이런 비정상인 시장을 시장의 실패라고 부른다. 따라서 정부의 시장 개입은 시장이 실패할 때이다.

정부의 개입은 시장의 실패를 정확히 분석하고 그 결과에 따라 최적의 시기에, 적합한 내용으로 짧고 강하게 끝내야 한다. 그래서 시장이 자발적으로 돌아갈 수 있도록 환경조성을 목표로 하여야 한다. 만약 시장의 실패라는 범위를 벗어나서 정부가 시장을 주도하려 한다면 자본주의 시장을 벗어나 사회주의 시장으로 변질될 수 있다. 때문에 최적합한 범위 내에서 개입하고 그 목적이 이루지면 신속히 빠져 나와야 한다. 왜냐하면 시장실패를 이유로 정부가 시장에 개입했는데 본질적인 문제 해결이 안 된 상태에서 정부도 실패하게 되면 정부의 실패로 파급되는 시장은 더 큰 혼란을 가져오게 되기 때문이다.

부동산 시장이 제 기능을 발휘하지 못한 지는 오래되었다. 고질적인 수급불균형, 거듭되는 가격 급등과 급락 등 부동산 문제는 하루아침의 문제가 아니었다. 그러기에 지금까지의 모든 정부가 부동산 시장에 깊이 관여해 왔었다. 그리고 그때마다 정부 개입으로 일시적인 정상화를 가져왔지만 고질적인 문제는 해결하지 못했다. 그러니 다음 정부에서도 그렇고, 그 다음 정부에서도 해결하겠다고 강력한 드라이브를 걸지만 마찬가지로 시간이 지나면 다시 시장실패가 시작되는 것이 우리나라 부동산 시장이었던 것이다.

이런 시장을 두고 문재인 정부가 종합적이고 강력하게 개입하기 시작하였다. 그런데 그 정책이 처음부터 방향타를 잃고 추가대책을 남발하고 있으니 뭔가 잘 못돼도 한참을 잘못되었다고 할 것이다. 무엇이 잘못되었을까? 가장 먼저 꼽을 수 있는 것이 진단의 문제라고 생각한다.

모든 문제는 정확한 진단을 해야 처방도 정확해진다. 만약 진단이 잘못되면 처방은 더 잘못되기 때문이다. 때문에 시장이 비정상적인 원인에 대해 정확한 진단이 선행되어야 최적의 처방이 나오게 되는 것이다. 그런데 '8.2대책'처럼 거래, 가격, 조세, 자금 등 온갖 제도를 백화점 식으로 발표했었는데도 시장에서 먹히지 않았다는 것은 발표한 내용이 적합한 처방이 아니었다는 것을 증명하는 것이라 할 것이다.

부동산 문제는 첫째 부동산 그 자체가 가지고 있는 본질적인 문제가 있고, 둘째, 수요와 공급, 즉 수급의 문제가 있으며 셋째 시장의 특성상 문제 등이 있다. 여기까지는 부동산이 가지고 있는 고유의 문제이며 부동산 시장의 문제이다. 그리고 부동산 및 시장의 문제를 환경적으로 첨삭하는 것이 경제, 행정, 사회, 문화 등의 환경이다.

부동산 및 부동산 시장문제로 인하여 부동산 시장이 비정상적일 수 있고 부동산 및 부동산 시장은 정상적인데 그 주변 환경이 비정상적일 수 있다. 어느 분야에서 비정상화가 발생했는지를 분석하는 것이 부동산 문제 진단의 출발점이다. 정부의 개입, 즉 정책은 이 진단에 따라 처방차원에서 개입하게 된다. 이것이 처방의 출발점이다.

이를 근거로 우리나라 부동산 시장의 문제를 접근하면 시장의 고질적인 문제와 환경의 현실적인 문제가 있다고 본다. 시장의 고질적인 문제는 다시 1) 부동산 그 자체, 2) 수급불균형의 문제, 3) 수요자, 공급자의 문제, 4) 부동산 시장의 문제로 구분할 수 있다.

부동산 그 자체의 문제를 보면 인간의 생존권과 관련성을 갖고 접근해 볼 필요가 있다. 인간은 누구나 부동산과 관련을 맺고 있고 그것은 곧 생존권과 관련이 있다. 따라서 인간에게 부동산, 특히 주택은 생존을 위한 필수재이다. 그런데 이 필수재가 유한하기 때문에 모든 인간들에게 동일하게 공급될 수가 없다. 따라서 능력(특히 자본력)에 의해 지배될 수밖에 없기 때문에 자본력이 부동산에 유입되는 것을 막기 전에는 부동산 사재기를 막을 수 없다는 결론에 도달한다.

또 한 가지, 주택이 필수재이기 때문에 어떤 형태로든 이용하게 되는데 대체적으로는 소유, 전세, 월세 등으로 선택할 수 있다. 이 세 가지 방법 중 소유하는 것이 다른 방법에 비해서 훨씬 경제적, 법률적, 심리적으로 유리하다는 것이다. 특히 소유가 많을수록 비소유자들로부터 사회적 이익을 이전받게 되기 때문에 경제적으로 더욱 이익이 된다는 것이다. 그러니 당연 자본력이 좋다면 소유하려 할 것이고 이것이 사재기의 동기가 된다는 것이다.

이것이 부동산 그 자체가 가지고 있는 본질이다. 곧 주택은 인간의 필수재인데 그것은 가지려면 반드시 반대급부가 있어야 하니 당연히 자본력이 사재기를 하게 된다는 의미인 것이다. 그렇다면 결국은 부동산의 본질에 투기적 성향이 강하게 잠재되어 있다는 점을 주시할 필요가 있는 것이다.

인간의 욕구만큼 공급하면 문제가 해결되지만 그렇지 못하다면 어떤 형태로든 결국은 부동산 투기가 살아 있다는 의미이다. 그렇다면 본질적으로 이 문제를 해결하여야 하고 그렇지 못한다면 언제든지 투기적 자금 유입은 가능해 진다는 결론이다.

이에 덧붙여 자본력이 부동산을 선택하는 것은 부동산 자체의 본질적인 투자요소인 안정성과 수익성을 가지고 있다는 점도 부동산에 자본이 몰리는 이유 중의 하나이다. 경기가 안 좋을 때는 안정성이 있으니 안정자산을 원하는 투자자에게 유리하고 경기가 호황일 때는 수익성이 있으니 투자자에게 유리한 수익자산인 것이다. 이것이 부동산의 본질이니 이 본질적인 요소를 제거하지 않는 한 부동산의 자본 유입을 막을 수 없다는 결론이다.

그러니 부동산을 투자자산으로 보지 말고 이용자산으로 보라는 권고도 들리지 않으며 언제든지 기회이다 싶으면 유입된다고 할 것이다. 아마 추측컨대 국민 1가구당 1주택이 실현될 때까지는 이런 현상은 계속될 것이다. 그런데 이런 접근 없이 주택시장에 정부가 개입해서 장악한다고 할 때 과연 해결될 것이냐는 의구심을 갖게 되는 것이다. 지금까지 모든 정부의 실패 원인이 바로 이러한 본질적인 문제가 해결되지 않았기 때문이다.

그렇다면 공급을 늘리면 되지 않겠는가. 그렇다. 공급을 최대한 늘리면 된다. 하지만 이 또한 부동산 시장에서 나타나는 독특한 특징에 의해 완성되기가 쉽지 않다는 것이다. 부동산은 본질적으로 수요와 공급이 균형을 이루기가 불가능한 구조로 되어 있다. 이에는 두 가지 이유가 있다.

첫째는 시차불균형 현상이다. 예를 들면 2020년 필요수요량이 10만 세대라면 이를 공급하려면 5년 이상은 소요된다. 그래서 5년 뒤에 비교했더니 10만 세대가 그대로 부족한 채 남아 있다면 다행이지만 수요량이 작아졌거나 많아졌다면 공급이 넘치거나 부족하다는 결론이 난다. 어떤 형태로든 수급불균형 현상인 것이다.

둘째는 지역불균형 현상이다. 만약 2020년 서울에서 10만 세대가 부족하고 지방에서 10만 세대 남는다면 우리나라 주택은 평균적으로 공급이 완료되었다고 할 것이다. 그러나 특정지역에 따라서는 공급부족과 공급초과로 나타날 것이다. 만약 공급부족 지역이 있다면 그곳은 공급이 부족한 것이다. 다른 지역과는 상호 교차수요가 거의 불가능하기 때문이다. 그러니 공급부족지역은 여전히 수익 가능성이 크므로 자본가들에게는 매력적인 투자자산인 것이다.

그렇다면 공급부족지역에 집중적으로 공급하면 된다고 할 수 있겠지만 이론과 현실이 다르다. 예를 들면 서울은 공급부족지역이므로 서울에 집중적인 공급이 필요하지만 그럴 여유가 없다. 서울은 공급 가능 토지가 거의 없기 때문이다. 통계청 통계에 의하면 서울은 도시외지역(관리지역, 농림지역, 자연환경보전지역 등) 토지가 단 한 평도 없다. 통상적으로 신도시를 만들 때 이용되는 토지의 용도지역은 도시외지역인데 이 용도지역이 한 평도 없다는 것은 서울에는 신도시를 건설할 수 없다는 것과 같은 결론이다.

그렇다면 서울은 공급불가능지역이나 다름이 없다는 것이다. 물론 다른 용도지역을 이용하여 공급하면 되지만 그 외 용도지역이란 주거지역, 상업지역, 공업지역, 녹지지역인데 녹지지역을 모두 주거지역으로 변경한다고 해도 수요를 충족시키기에는 사실상 불가능한 구조이다. 참고로 서울의 주택보급률은 2020년 현재 아직 100%에 미달한 것으로 나타나기에 서울은 전형적인 공급부족 및 추가공급의 한계지역인 것이다.

이상을 놓고 보면 서울에는 투기적 자본이 유입될 가능성이 무척 크다. 그리고 사재기도 어느 지역 못지않게 많다. 동시에 수익률도 높은 지역이다. 서울에 부동산 투기자본 유입을 강제적으로 또는 감정적으로 막는다고 잡히겠느냐는 물음이 생기는 이유다. 정확히 말하면 투기자본의 유입이 문제가 아니라 투기자본의 유입을 불러들이는 부동산의 본질과 수급의 불균형 현상이 문제인 것이다.

여기에 경제적 환경이 투기적 자본의 갈 곳을 만들어주지 못하고 부동산에의 유입을 더욱 부채질 한다면 더 한 층 부동산 투기는 기승을 부리게 된다. 경제적 환경이란 경제의 침체 속에 경기 부양책으로 금리를 내리고 화폐발행을 늘리며 소비를 진작시키려는 이른바, 내수부양정책을 말한다. '부동산의 본질적인 투기적 성향 + 내수부양책 = 부동산 투기자본 유입'이란 근본적인 공식이 성립되는 것이다. 여기서 본질적 성향이 선순위이고 내수부양책은 후순위이다.

이에 정부는 후순위에 문제의 원인을 두었다. 그래서 다시는 부양정책은 없을 것이라고 단호하게 선언했다. 사재기 하는 투기세력에 대해 강력한 경고도 했다. 그러려면 부양책을 쓰지 않을 경제 환경을 먼저 만들어야 한다. 내수부양책은 경제가 악화될 때 어쩔 수 없이 쓰는 정책인데 부동산 투기가 무서워서 경기부양책을 안 쓴다면 설사 부동산은 잡는다고 해도 경기는 어떻게 할 건가. 그러니 먼저 경기가 좋아진다는 믿음을 선행하여야 하는 것이 맞을 것이다. 더구나 경기가 어려워도 안정자산인 부동산에의 자금유입이 되는 현상은 어떻게 해석할 것인가.

그리고 본질적인 부동산 그 자체의 문제와 수요공급 문제는 어떻게 해결할 것인가. 정부는 공급은 넉넉하니 사재기를 하지마라면서 공급우선이 아닌 수요억제정책을 발표하였다. 만약 공급이 넉넉하다면 사재기를 하겠는가. 이건 아주 상식적인 문제이다. 그러니 수요억제 정책을 펼치려면 공급확대를 먼저 선행하고 '이렇게 많은 공급이 이루어질 것이니 괜히 사재기하지 마라. 사재기하면 오히려 손해 볼 것이다'라고 경고하는 것이 현실적이고, 효과적이며 적합한 방향이었던 것이다.

결론적으로 분명 '8.2정책'은 진단의 실수이다. 그러니 당연 처방도 잘못된 것이다. 진단이 잘 못되면 처방은 더 잘못된다는 것은 진리이다. 특히 시장실패에 대한 정부의 시장개입일 때는 더더욱 그렇다. 이는 탁상공론, 행정의 결과로 여겨진다. 현장 전문가들과 더 긴밀한 협의 과정이 필요했던 듯싶은데 그렇지 않았던 것 같다.

늘 상 그렇지만 부동산정책은 발표할 때 완벽하다고 생각하지 않는 것 같다. 그리고 그건 확실히 맞다. 왜냐하면 항상 추가 대책을 발표하기 때문이다. 이것도 문제이다. 국민들이 더 이상 믿지 않게 되기 때문이다. 과거 정부도 그래왔듯이 문재인 정부도 부동산 문제 해결에 너무 큰 소리 치는 것 같다는 생각이 든다. 큰소리 쳤으니 해결해야 하고 해결하려니까 약간의 억지 같은 정책이라도 써야하고 그리고 그 정책에 올인(All-In)하게 되는 것이라 생각된다. 하다가 아니면 한발 물러서서 냉정하게 판단하는 것도 중요하거늘 잘못된 진단과 더 잘못된 처방을 고집하는 것은 부동산에 대한 믿음이 사라지고 오히려 정부의 의도와는 달리 역으로 시장이 움직인다는 사실을 직시하여야 할 것이다.

6. 잘못된 진단과 처방이 가져오는 파장

문재인 정부의 부동산 시장은 왜 강력한 정부개입을 불러들였을까. 자유경제시장에서 시장의 문제는 시장에서 풀어야 마땅하나 부동산과 부동산시장의 특성상 시장의 실패를 반복하는 것이 부동산 시장의 특징인 바, 정부개입을 항상 불러들이는 속성을 가지고 있다. 때문에 어느 정부에서나 부동산 시장에 개입하여 왔는데 그 방법은 규제완화 또는 규제강화 등 2가지 방법이었다. 문재인 정부는 규제강화라는 방법으로 개입하는데 규제강화란 시장이 정상적인 범위를 벗어나 초호황을 누리고 있다는 점을 기준으로 각종 규제를 강화한다는 것이다.

문재인 정부는 그 당시 부동산 시장이 초화황기를 보여주고 있었다고 판단한 것이고 그 이유를 이전 정부인 박근혜 정부의 부동산 규제 완화, 부양책에 근원한다고 판단한 것이다. 아래 표를 참조하면 공동주택 실거래가격의 현상을 관찰할 수 있을 것이다. 간단히 해석하면 이명박 정부에서는 연평균 증가율이 전국평균 1.4%이며, 서울은 1.0%, 지방은 6.0% 상승하였고 수도권은 오히려 0.9% 하락하였음을 알 수 있다. 한마디로 수도권 하락, 지방 상승이라는 구조를 형성하였던 것이다. 지가변동률은 0.1%하락하였으니 지방의 공동주택 시장을 제외하고는 부동산 시장이 침체 또는 답보상태였다고 할 수 있을 것이다.

이어 받은 박근혜 정부는 불행히도 4년만 집권하게 되는데 4년 평균 4.2%, 서울은 4.6%, 수도권은 3.7%, 지방은 4.7% 상승하였으니 이명박 정부에 비해 부동산 시장이 호황기를 맞았다고 할 것이다. 이에는 박근혜 대통령의 부동산 3법, 즉 규제 완화정책이 주효했음을 부인할 수 없을 것이다. 박근혜 정부 4년 중 초기 2년은 이명박 정부 때와 마찬가지로 침체기였으나 2014년 말 국회에서 통과된 부동산 3법의 영향력이 있었음을 증명한다고 할 것이다.

이에 대해 박근혜 정부에서도 2016년 11월3일, 부동산 규제정책으로 전환하여 부동산 3법에 대한 후속조치로 규제정책을 발표하였지만 탄핵 중에 묻혔고 2017년 6월19일에 문재인 정부 첫 번째 정책에서 보강 발표하게 된 것이다. 그렇다면 2016년 말 부터는 우리나라 부동산 시장이 규제중심으로 전환하게 된 것으로 판단되는데 그 이후의 부동산 시장의 가격 동향을 보면 2017년에는 서울 6.9%, 수도권 4.8%, 전국적으로 3.1% 상승하였고 지방은 1.4%하락한 것으로 나타났다.

풀어보면 서울 급등, 지방 답보상태라는 특징을 가져온 것이다. 특히 규제 강화정책을 펼쳤던 문재인 정부의 시작점에서 오히려 상승 국면으로 급등하고 있는 점은 아마도 박근혜 정부의 규제완화 정책이 아직 시장에 잠재되어 있었기 때문일 것으로 풀이할 수 있겠다. 그러나 중요한 것은 그로부터 2년 7개월 동안 18번이나 발표한 규제 정책에도 불구하고 오히려 가격 상승이 더 크게 확대되고 있음을 어떻게 해석하여야 할까. 표를 참고로 문재인 정부 집권 기간인 3년 기간 동안의 통계를 보면 서울지역의 경우 2017년 6.9%, 2018년 8.2%, 2019년 13.6%로서 오히려 시간이 경과할수록 더 크게 상승하고 있음을 알 수 있는데 규제가 강화될수록 더 큰 폭으로 가격이 올랐다는 결론이니 쉽게 이해할 상황이 아니란 것을 알 수 있을 것이다.

[표 2-2] 공동주택 실거래가격 변동 상황

구분		이명박 정부						박근혜 정부					문재인 정부			
		08	09	10	11	12	평균	13	14	15	16	평균	17	18	19	평균
전국	지수	76.4	82.7	82.5	85.9	83.2	82.1	85.6	89.6	95.0	97.9	92.0	99.8	102.0	106.3	102.7
	증가	9.4	-1.9	8.2	-0.2	4.1	1.4	-3.1	2.9	4.7	6.0	4.2	3.1	1.9	2.2	2.8
수도권	지수	85.3	94.6	90.9	88.7	83.0	88.5	83.4	86.1	91.5	95.9	89.2	100.1	106.5	113.4	106.7
	증가	14.0	-2.4	10.9	-3.9	-2.4	-0.9	-6.4	0.5	3.2	6.3	3.7	4.8	4.4	6.4	5.8
지방	지수	63.5	67.0	72.8	82.9	83.4	73.9	87.7	92.9	98.6	100.0	94.8	99.5	97.0	98.3	98.3
	증가	2.8	1.4	5.5	8.7	13.9	6.0	0.6	5.2	5.9	6.1	4.7	1.4	-0.5	-2.5	-0.6
서울	지수	74.3	87.2	85.0	83.2	77.6	81.5	78.4	81.2	86.9	92.9	84.9	100.5	114.2	124.9	113.2
	증가	12.1	-5.5	17.4	-2.5	-2.1	1.0	-6.7	1.0	3.6	7.0	4.6	6.9	8.2	13.6	10.4

이것은 확실히 진단의 오류에서 야기된 잘못된 처방이었음을 강조하지 않을 수 없다고 할 것이다. 변명할 여지가 없는 것이다. 규제할수록 오히려 오른다고 하는 것은 규제방법이 잘못되었거나 내용이 잘못되었거나 지역이나 대상이 잘못되었거나 시기가 잘못된 것이다. 문재인 정부는 부양정책으로 인한 투기자금의 유입이 가장 큰 이유라는 점을 강조했다. 투기자금의 사재기로 인한 정상적인 시장가격을 벗어난 비정상적인 주택가격의 급등이 실수요자들의 내 집 마련의 기회를 상실케 하는 것이 가장 큰 문제라고 강조했다.

때문에 대출규제 강화했고 다주택자를 대상으로 종합부동산세 올렸고, 공시가격도 올렸고, 투기자금의 유입을 차단하기 위하여 전매제도도 제한했으며 특히 가장 심각한 투기대상이라는 서울지역의 재건축에 대한 안전진단도 강화했으며 박근혜 정부의 재건축 관련 규제 완화 정책도 원상복귀 시켰는데도 규제 완화를 했던 박근혜 정부 때보다도 더 오른다는 것은 무슨 의미인가.

시장은 정부의 정책에 허점이 많다는 것을 눈치 챘다고 할 수 있다. 때문에 웬만한 정책은 그냥 무시하고 가도 된다고 판단한 것이다. 대출을 막으면 자기 돈으로 구입하면 되고 세금을 내라면 내면 되고 전매를 하지마라면 안하면 되고 재건축을 규제한다 해도 언젠가는 될 것이고. 그런데 이렇게 판단하고 부동산에 투자할 수 있는 사람은 실수요자일까 아니면 투기자일까, 그것도 아니면 자본력이 풍부한 자본가일까. 특별히 설명하지 않아도 실수요자는 아니다. 그러면 투기자나 자본가인데 이들은 왜 규제 중에도 뛰어들까.

간단하다. 무조건 남는 장사라는 것이다. 부동산이란 무조건 남는다는 것을 철칙처럼 판단하기 때문이다. 그렇게 과거 경험이 말해주고 있고 그 경험이 미래의 시장에도 반영될 것이란 생각 때문이다. 이들은 이미 부동산 시장의 관점에서 판단하는 것을 아예 기본적인 조건으로 두고 한참을 더 멀리 더 높이 보고 있는 것이다. 과거에도 규제를 했는데 그 이후에는 오르더라는 것을 알고 있는 것이다. 즉 부동산의 본질에 더 비중을 두고 있는 것이다. 더구나 경제가 어려울수록 사재기를 통해 부의 증식이 훨씬 쉽더라는 것을 알고 있는 것이다.

그리고 증가하는 세금, 이자 등은 사회적 비용으로 이전시키는 방법으로 대체하려는 것이다. 쉽게 말하면 세금, 이자 등이 오르는 것은 임대시장이나 매매시장에서 원가에 반영하겠다는 것이다. 이러면 최종적으로 모든 비용의 전가는 누구에게 돌아갈 것인가. 없는 사람에게 돌아가게 된다. 자본이 있든 없든 간에 부동산은 인간의 필수재이므로 어떤 형태로든 확보되어야 하는데 대부분 자본가들이 가지고 있다면 무소유자, 즉 임차인들은 울며 겨자 먹기로 원하지 않는 선택을 하여야 한다는 점에서 안타까운 결론인 것이다.

만약 정부의 강력한 규제정책에 의해 부동산을 팔아야 하는 상황에 이르면 가장 먼저 팔 사람은 어쩌다 2주택을 갖게 된 계층일 가능성이 크다. 빚내서 2주택에 투자했는데 정부의 규제에 의해 그 빚을 버티지 못하고 결국은 팔 수밖에 없는 상황이 된 것이다. 이때 이 사람이 파는 주택을 사려는 사람이 무주택자, 실수요자라야 되는데 그렇지 않다는 것이 현실이다.

무주택자나, 실수요자가 못사는 이유는 크게 두 가지다. 하나는 일단 자본력이 안 된다. 됐으면 진즉 샀을 것이다. 그래서 빌려 사야 되는데 규제정책의 강화로 대출이 쉽지 않기 때문이다. 두 번째는 규제정책의 강화로 가격도 내릴 것이라 하니 투자를 할 수가 없다. 없는 자본으로 투자할 기회를 찾고 있고 찾았어도 엄청 많은 분석을 해야 하는데 정부가 가격을 내릴 것이니 기다려라'고 한다면 어느 실수요자가 투자를 하겠는가.

그런데 이는 참으로 많은 문제를 가져오게 된다. 대표적인 것이 만약 '가격이 안 내렸을 때 어떻게 할 것이냐'는 문제이다. 그보다도 더 심각한 것은 정부가 가격이 내릴 것이라 강조했는데, 그래서 실수요자들이 가격이 내리기를 기다렸는데 만약 오히려 가격이 오르면 어떻게 할 것이냐는 문제이다. 이렇게 되면 결과적으로는 실수요자들의 수요나 투자의 기회를 놓치게 만드는 원인제공이 된다는 것이다. 이런 결과를 어떻게 사회적으로 안전장치를 하여야 할 것인가.

더 심각한 것은 그렇게 해서 어쩌다 2주택이 된 사람들이 못 버티고 파는 주택을 실수요자가 매입하지 못하면 가격이 하락할 것이고 이것을 자본력이 있는 계층에서 매입할 것이란 점이다. 그러면 있는 사람들은 더 있게 되고 없는 사람들은 더 없게 되는 빈익빈부익부의 현상이 더욱 가중된다는 점, 이런 결론을 만들게 된다는 것이 상상이 아닌 현실이라는 사실이다.

결국은 정부가 시장에 깊이 개입하는 이유는 시장의 실패 때문인데 시장에 개입한 정부가 잘못된 진단과 더 잘못된 처방으로 그 목표와 방향과 달리 정책 실패를 하게 된다면 시장은 더 큰 혼란이 오며 특히 부동산 시장의 경우에는 자산 사재기가 더 심각해지면서 빈익빈부익부라는 자본주의 시장의 가장 큰 모순을 부채질하는 기회를 제공하게 된다는 점에서 심각한 것이다. 그러니 부동산 시장만큼은 정말 제대로 된 진단과 처방으로 접근하여야 할 것이다.

7. 조세 정책의 모순

문재인 정부의 부동산 관련 조세 정책은 메시지가 간단하다. 다주택자에게 중과세하여 다주택 소유를 부담스럽게 하겠다는 것이다. 그리하여 다주택자들이 주택을 팔면 무주택자, 실수요자가 이를 매입하도록 한다는 것이다. 그러면 굳이 공급을 급하게 하지 않아도 된다는 생각이다. 즉, 오늘날의 부동산 문제는 다주택자들의 사재기가 문제이므로 이를 근본적으로 허용하지 않겠다는 의지이다.

그래서 가장 강력하게 추진했던 것이 종합부동산(종부세)의 세율인상이다. 종합부동산세는 노무현 정부에서 신설한 조세로서 부동산 과다보유자에게 부과하는 조세였고 그 당시 과표기준이 6억 원 이상의 부동산 소유자에게 부과하는 조세였다. 더구나 종부세는 재산세와 중복되는 이중과세라는 점에서 논란이 있었고 결과적으로 급등하는 부동산 시장을 잡는데 실패했다는 평가를 받았다.

종부세율의 인상은 부동산 과다보유자에게는 부담이 크다. 때문에 빨리 처분할수록 유리하다고 할 것이다. 가지고 있을수록 세율이 인상되어 공정시장가액비율(공시가격에 곱해지는 비율)이 2022년에는 100%를 적용하기 때문이다. 종부세는 12월에 납부하므로 12월말이 되면 종부세 부과를 알게 되는 것이다. 이렇게 부동산 시장에서는 종부세 부담을 느끼는 분위기가 높아졌는데도 정부의 생각대로 부동산이 대량 매물로 쏟아지는 게 아니라 오히려 가격상승이 지속되는 현상이 나타났다.

부동산 과다보유자들은 도대체 무슨 생각을 하는 걸까. 종부세 부담이 엄청 커졌는데도 오히려 파는 것보다 사는 것에 더 관심이 높아졌으니 그 이유가 뭘까. 이런 현상을 크게 2가지로 해석할 수가 있다.

첫째는 추가되는 세금부담에 대해서 사회비용으로 전가시키려는 의도가 있기 때문이다. 세금, 이자는 매매가, 임대가의 원가라고 생각하는 것이다. 그러니 세금이 오른 것 이상으로 가격이 오르면 된다는 생각을 갖게 되는 것이다. 특히 자본력이 풍부할수록 이런 생각은 더 많이 갖게 된다. 종부세 부담이 되는 계층은 거꾸로 생각하면 버틸 자본력이 약한 사람들이다. 종부세가 부담되는 사람들이 내놓는 부동산을 자본력이 있는 계층에서 흡수한다면 문재인 정부가 원하는 방향과 정 반대방향인 결과가 되는 것이다. 이런 결과는 종부세 정책에 있어서 가장 위험한 결과인 것이다.

둘째는 종부세가 무서운 것이 아니라 양도소득세가 무서워서 가지고 있는 경우이다. 양도소득세는 거래과정에서 발생하는 조세이다. 부동산 거래과정에서 취득한 이익을 조세로 회수하는 제도이므로 거래과정에서 이익이 발생하여야 한다. 부동산은 경험적으로 판단할 때 대부분 매입 때와 비교해서 이익이 나는 결과를 가져왔기 때문에 대부분의 거래 부동산은 양도소득세의 대상이 되었다. 특히 전매 등 단기 거래를 목적으로 할 때는 양도소득세의 조세 위력이 꽤나 높았다고 할 것이다.

그런데 그 양도소득세가 너무 높아서 팔자니 거의 세금으로 납부하게 생겼으므로 가지고 있는 것이 차라리 좋겠다고 생각하는 것이다. 하지만 종부세가 있으니 가지고 있으면 종부세를 납부해야 하는 부담이 생기므로 부동산 과다 보유자는 종부세와 양도소득세 중에서 세금이 더 낮은 쪽을 선택하려 할 것이다. 그런데 최근 부동산 가격이 급등하였음을 감안하면 현 조세구조상 종부세보다 양도소득세가 훨씬 많다는 것은 자명한 일이다. 특히 문재인 정부는 양도소득세도 인상하였으므로 그 결과로 더욱 양도소득세의 비중이 높아졌으니 종부세를 내더라도 그냥 보유하는 것이 유리하다고 판단하게 된 것이다.

여기서 문재인 정부의 조세정책에 모순이 있는 것이다. 조세의 목적이 세금을 많이 걷겠다는 것이라면 종부세도 올리고 양도소득세도 올리면 되겠지만 부동산 과다보유자, 특히 다주택보유자들의 주택과다보유를 부담스럽게 할 목적이며 그들이 과다보유주택을 팔게 하려는 의도였다면 종부세와 양도소득세의 동시 인상은 결과적으로 잘못된 정책인 것이다. 오히려 팔지 말고 보유하라고 권유하는 것과 같은 결론이기 때문이다.

양도소득세의 완화는 부동산 시장을 부양하고자 할 때 주로 이용하는 조세정책이지만 때에 따라서는 규제 강화할 때도 이용되는 정책이라고 할 것이다. 특히 다른 정책과 연동할 때는 더욱 그렇다. 종합부동산세가 바로 그런 경우이다. 종합부동산세는 보유세이므로 그 자체가 보유를 부담스럽게 하는 조세이다. 따라서 문재인 정부의 부동산정책의 방향과 목표처럼 보유하려는 욕구를 축소하고 거래를 유도하려면 종합부동산세는 높이고 양도소득세는 낮추어야 그 구색이 맞는다고 할 것이다.

그런데 종합부동산세도 올리고 양도소득세도 올렸으니 문재인 정부의 부동산정책의 목표와 방향은 무엇을 지향하는 건가라는 의구심이 생기는 것이다. 단지 세금을 많이 걷자는 목표로밖에 이해되지 않는다고 할 것이다. 결국 18번째 대책에서 양도소득세를 한시적으로 인하하는 조치를 내렸는데 이미 시장에서는 가격 상승이 거의 최고점에 도달한 후이니 그 효과가 과연 적합한 것인지는 여전히 의문인 것이다.

종부세를 올리고 양도소득세를 무작정 내린다고 부동산 과다 보유자들이 모두 매물을 내놓는다고 생각하면 그 또한 오산이다. 양도소득세가 부담이 되었는데 일시적으로 감면해 준다하니 기회가 왔다라고 생각하는 사람들이 많을 수 있으나 실제 시장에서는 그 효과가 미미할 것이다. 왜냐하면 양도소득세의 감면은 거래를 활발하게 하는 요소가 되기 때문이다. 파는 사람이 있으면 사는 사람도 있다는 의미이다. 즉, 양도소득세 감면 시기에 양도소득세 부담을 느낀 사람들이 매물로 내 놓으면 가격 하락이 일시적으로 올 수 있으므로 이를 매입의 타이밍으로 보는 사람들도 존재하기 때문이다.

이에는 두 가지 이유가 있다. 하나는 양도소득세의 감면은 가격하락 효과가 있으며 자칫 '면세품'이라는 이미지를 얻을 수 있기 때문이다. 매각도 선택의 기회이지만 매입도 선택의 기회가 될 수 있기 때문이다. 둘째는 양도소득세의 일시적 감면은 일시적이라는 이유가 오히려 매입의 타이밍이 된다고 할 것이다. 모든 사람들이 그렇게 생각하는 것이 아니라 자본가들이 그렇게 생각한다는 것이다. 이들은 원가에 반영하려는 계층이므로 조세가 곧 원가라고 생각하는데 매입원가가 일시적으로 낮아졌으니 당연히 매입의 시기로 판단하는 것이다. 그래서 만약 일시적으로 양도소득세가 0이라고 한다면 매각보다는 매입이 더 많아질 수 있다는 것이다. 특히 전매가 허용되면 더욱 그런 현상은 확대된다고 할 것이다. 따라서 양도소득세를 낮추려면 종부세를 양도소득세 이상으로 올려야만 문재인 정부의 부동산정책이 아귀가 맞는 것이다.

취득세도 마찬가지이다. 부동산을 취득, 등록하려면 납부해야 될 세금이 취득세인데 부동산정책 때 마다 등장하는 단골 조세 중 하나이다. 그런데 이명박 정부시절 취득세를 과거 5.8% 수준에서 1~3% 수준으로 낮추었다. 목적은 부동산 거래 활성화를 위해서였다. 그런데 박근혜 정부 시절에는 단서가 붙었다. 일시적이 아니라 영구적이라고. 그렇다면 취득세를 통한 부동산정책은 앞으로 어떻게 전개하여야 할까. 취득세를 낮추는 이유가 부동산 시장 부양책이었다면 일시적으로 낮추는 것이 맞을 것 같은데 그 시기를 정하지 않았으니 부양정책으로서는 그 효과가 반감되었다고 할 수 있다. 그렇다면 부동산 시장의 부양책으로 취급하지 말고 조세제도로서 도입, 시행되었어야 맞을 것 같은데 당시에는 부동산 부양정책이라 했으니 이해가 되지 않는 것이다. 이를 문재인 정부에서 그대로 적용하고 있는 것이며 문재인 정부에서는 취득세를 통한 부동산정책은 반영하지 않고 있는 이유일 것이다.

더 중요한 것은 과세표준이 되는 공시가격이다. 국가에서 인정하는 공식적인 가격을 공시가격이라 하고 주로 조세의 기준으로 삼는다. 토지는 '공시지가', 주택은 '주택공시가격'이라 부른다. 공시가격은 1년에 한 번 정부의 주도하에 감정평가사가 평가를 통해 전국의 토지 및 주택을 결정하여 공시하는 시스템이다. 통상적으로 공시가격은 매매가격을 넘지 않고 통상적으로는 50~60% 수준에서 이루어지며 오랜 과거에는 심지어 20% 수준에서 결정되는 경우도 있었다.

그런데 문재인 정부는 공시가격을 현실화한다는 명분으로 계속 올려서 시세의 80%까지 육박하게 되었다. 이렇게 되면 세율을 군이 올리지 않더라도 자연스럽게 세금인상이 된다. 그러니 문재인 정부의 부동산정책의 특징을 찾으라하면 '세금 인상이다'라고 말하는 것이다. 문제는 부동산 가격이 계속 오르면 모르는데 내릴 때 어떡할 것이냐는 문제이다. 그때는 공시가격도 내려야 하는데 그럴 가능성이 있겠느냐는 의문이 드는 것이다. 그걸 예상하지 않았다면 정부는 부동산 가격이 앞으로도 계속 오를 것이란 전제를 했거나 공시가격을 통해서 세금인상을 노렸다는 이유가 된다. 문재인 정부의 국세징수 증가율을 보면 그 이전 정부에 비해 유독 높게 나타나는 것을 알 수 있다.

[그림 2-1] 국세증가율

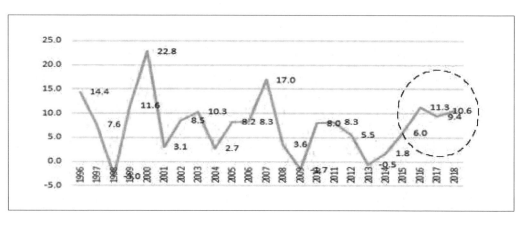

조세정책은 기본적으로 일관성이 있어야 된다. 시장을 부양할 때는 낮추고 규제할 때는 높이는 등 융통성도 있어야 한다. 그러나 그것이 자주 발생하면 조세정책에 대한 믿음이 약해진다. 그리고 조세정책간의 역할도 분명히 하여야 한다. 부동산 시장에서처럼 자주 규제와 완화를 반복하는 것도 효과가 낮아지고 조세 간 중복되거나 불분명한 역할이 주어질 때는 시장 전체의 혼란을 부추기는 결과가 된다는 것을 전제하여야 할 것이다.

8. 분양가 상한제

2019년 11월 6일 문재인 정부는 '민간택지 분양가상한제 서울 27개 동 지정, 조정대상지역 부산 3개구 전부 해제, 고양·남양주 부분 해제' 등의 부동산정책(17번째)을 발표하였다. 분양가 상한제는 필수요건(시세 2배 초과지역)과 선택요건(① 직전 12개월 분양가격상승률이 물가상승률의 2

배 초과, ② 직전 2개월 모두 5:1(국민주택규모 10:1) 초과, ③ 직전 3개월 주택거래량이 전년 동기 대비 20% 이상 증가)이 있는데 필수요건에 선택요건 1개가 추가되면 지정할 수 있도록 되어 있었다.

그러나 이것이 너무 엄격하여 시장에 빠른 대응이 불가하니 필수요건의 내용을 주택가격상승률이 물가상승률보다 현저히 높아 투기과열지구로 지정된 지역으로 수정하고 선택요건 중 ①번에 해당하는 내용을 '직전 12개월 평균 분양가격상승률이 물가상승률의 2배 초과(단, 분양실적 부재 등으로 분양가격상승률 통계가 없는 경우 주택건설지역의 통계를 사용)를 사용'한다는 내용으로 개정한다고 발표하였다.

그리고 민간택지 분양가상한제 지정효력 적용시점도 개선하기로 했다. 현재 주택법 시행령에는 분양가상한제 적용지역 지정 시 지정효력은 '일반주택사업의 경우 지정 공고일 이후 '최초로 입주자모집승인을 신청한 단지'부터 적용'하는 반면, 재건축 · 재개발 사업의 경우 예외적으로 '관리처분계획인가를 신청한 단지'부터 적용하도록 되어 있다. 따라서 재건축 · 재개발 사업의 경우 입주자모집승인 신청 전에 분양가상한제 적용지역으로 지정하더라도, 이미 관리처분계획인가를 신청한 단지에 대해서는 분양가상한제 적용이 불가한 문제가 발생하게 되므로 민간택지 분양가상한제 지역 지정에 따른 효력의 적용 시점을 일반주택사업과 동일한 '최초 입주자모집승인 신청한 단지'부터로 일원화한다고 발표하였다.

수도권 분양가상한제 주택 전매제한기간도 개선하기로 했다. 수도권 투기과열지구 내 민간택지 분양가상한제 적용 주택의 전매제한기간은 현재 3~4년에 불과하여 단기 시세차익을 노리는 투기수요의 유입을 막기에는 한계가 있는 상황이기에 수도권 투기과열지구 내 민간택지 분양가상한제 적용 주택의 전매제한기간을 인근 주택의 시세 대비 분양가 수준에 따라 5~10년으로 확대한다는 계획이다.

이상의 내용을 간략하게 정리하면 고분양가의 문제는 재건축, 재개발 사업에서 그 원인이 있고 특히 서울 강남 지역 등의 재건축, 재개발이 문제의 진원지인데 일반분양분은 최초로 '입주자모집승인을 신청한 단지'부터 적용하는 반면, 재건축 · 재개발 사업의 경우 예외적으로 '관리처분계획인가를 신청한 단지'부터 적용하도록 되어 있으니 이를 '최초 입주자모집승인 신청한 단지'부터로 일원화한다는 것이다. 한마디로 재건축, 재개발 단지를 대상으로 핀셋

정책을 발표한 것이다. 이를 두고 강남 집중 규제 정책이라 칭하는 것도 이런 이유 때문이다.

이 발표에 대해 강남 지역의 재건축 단지도 문제가 됐지만 그 외지역의 재건축 재개발 사업에도 당장 문제가 생겼다. 특히 건설회사와 이미 계약이 체결되어 진행 중인 단지와 관리처분계획이 끝나고 일반분양을 계획 중인 단지는 바로 직격탄을 받게 되었다. 왜냐하면 재건축, 재개발사업은 관리처분이 되면 이미 조합원의 지분이 결정 나는데 이는 일반분양분의 분양가를 결정해 놓고 결정하기 때문이다. 그런데 관리처분 이후에 진행되는 일반분양분에 분양가 상한제를 적용한다면 관리처분계획을 전부 수정해야 하고 심지어는 조합원들의 지분이 축소되거나 조합원 분담금이 발생할 수도 있게 되기 때문이다.

그런데 분양가 상한제의 실시는 제도의 의도는 분명하지만 현실적으로 두 가지 벽에 부딪치게 되었다. 하나는 경제여건이고 다른 하나는 문재인 정부 내 다른 부처의 반발이다. 경제상황이 어렵고 GDP성장률이 하락하는 등 여건이 안 좋은데 분양가 상한제를 하면 시장이 위축되므로 분양가 상한제를 급하게 서두르지 말자는 것이다. 사실 2019년도의 한국경제는 침체기를 겪고 있고 연말 GDP성장률이 2% 밑으로 내려갈 것이란 우려가 많았기 때문이다. 그렇기 때문에 경제관련 부처에서는 당연히 반발할 수밖에 없었을 것이다.

결국 분양가 상한제는 몇 번의 수정을 거쳐서 11월 6일에 당초의 계획에서 다소 축소된 내용과 2020년 4월로 유예를 둔다는 내용으로 수정 발표하게 된 것이다.

9. 분양가 상한제와 GDP

분양가 상한제를 시행함에 있어 국토교통부의 계획안에 대해 다른 정부부처의 반대의견이 왜 생기는 걸까. 답은 간단하다. 경제가 어렵기 때문이다. 그럼 경제와 분양가 상한제는 어떤 관련이 있고 당시 한국경제는 어느 정도의 수준이었을까.

분양가상한제를 하는 목적은 시장의 분양가가 상식적인 선을 너무 벗어나 터무니없이 상승하기 때문이며 이런 추세는 투기세력의 과다유입이라고 판단하고 이를 제지하고자 하는 것이다. 다시 말하면 분양가 상한제를 도입함으로서 시장가격을 낮추고 투기세력의 유입을 차단하겠다는 의지이다.

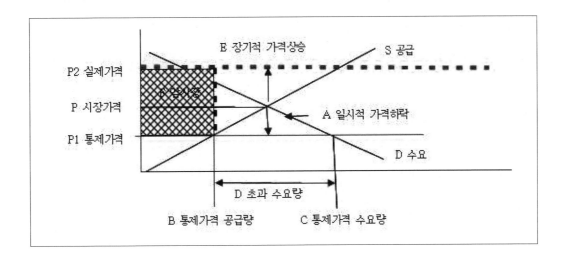

그런데 과연 분양가 상한제가 가격 상승을 억제하는 결정적인 한방이 될 것인가라는 의구심이 든다. 만약 가격상승을 억제하지 못한다면 재건축, 재개발 시장만 표적이 되었고 결과적으로 실패했다는 정책의 편협성, 부당성을 지적받을 수 있을 것이다.

분양가 상한제를 이론적으로 설명한다면 경제학의 가격통제이론과 같다. 그래프를 설명하면 시장가격 P가 너무 높아서 정부가 최고 가격을 P1으로 제한한다면 가격은 일시적으로 P1 수준까지 내려갈 것이다. 이 지점으로 내려가면 일단 가격통제 정책은 의도대로 이루어진 것이다. 그런데 가격이 하락하면 생산자의 이익이 작아지면서 생산을 축소할 것이다. 그래서 공급량은 'B 통제가격 공급량'까지 줄어든다. 반면 가격이 하락하였으므로 수요는 'C통제가격 수요량'까지 증가할 것이다. B와 C사이의 수요량을 'D 초과수요량'이라 한다.

초과 수요자들은 부족한 공급량을 확보하기 위하여 초과 가격을 지불하려고 할 것이다. 따라서 가격통제선 이상을 주고도 공급량을 확보하려 하는데 이는 통제선에 있기 때문에 공식적으로는 할 수 없다. 따라서 암시장이 형성될 것이다. 그러면서 수요경쟁이 붙어 가격 우위선을 제시하는 수요자에게 돌아갈 것이다. 이런 'F 암시장'이 형성되면서 실제가격은 시장가격을 초월하게 될 것이다. 결과적으로 시간이 갈수록 가격은 오히려 암시장을 통해서 시장가격보다 더 높은 가격이 형성 되는 것이다. 이 부분은 대부분 투기자본이 들어온다. 따라서 장기적으로는 분양가 상한제가 오히려 투기자본을 불러오는 기회를 제공하게 되는 것이다. 만약 언젠가 분양가 상한제를 해제한다면 그땐 시장 가격이 일시적으로 'P2 실제 가격'까지 급등하게 된다. 이것이 통제가격의 한계이다. 이것이 분양가 상한제의 한계인 것이다.

결국 분양가 상한제는 암시장을 형성하게 하고 장기적으로는 실제 거래가격을 올리는 효과가 있는 것이다. 분양가 상한제는 일시적으로 가격이 급등할 때 그것을 일시적으로 억제하기 위해서 하는 것이다. 만약 길어지면 길어질수록 분양가 상한제에서 예상되는 문제점들이 현실화 될 수 있기 때문이다. 그보다 더 현명한 것은 공급을 늘려서 가격을 조절하는 것이다. 수요의 증가에 맞춰 공급을 늘려주면 가격이 안정을 찾을 수 있는데 그렇지 못한 이유는 공급을 늘리는데 한계가 있기 때문이다.

결국 분양가 상한제를 선택했다는 것은 어떤 이유로든 공급으로 대체할 수 없는 환경이라는 것을 의미한다. 그렇다면 문재인 정부가 주장한 '공급은 넉넉한데 수요가 문제'라는 주장은 이미 본질적인 문제보다는 파생적인 문제에 더 큰 비중을 둔 잘못된 판단이란 것을 스스로 인정하는 셈이 되는 것이다.

또 하나, 경제부처들로부터 반대의견이 나왔다는 점이 주목된다. 같은 정부 내에서 다른 부처 간 반대의견이 나올 수도 있는데 문재인 정부의 부동산정책은 사활을 걸고 추진하는 정책의 일환인 바 반대하기가 쉽지 않았을 것인데 반대의견이 특히 경제부처에서 나왔다는 것은 그만큼 경제상황이 만만치 않았다는 반증이다.

분양가 상한제와 경제상황은 어떤 관계에 있기에, 만만치 않는 반대를 받아야만 했을까. 그림에서 볼 수 있듯이 우리나라 2019년도 GDP성장률은 전년대비 2.0%를 달성했다. 이는 1998년 IMF와 2008년~2009년 국제글로벌 금융위기 등 특수 상황을 제외하고 최근 20년 사이 가장 낮은 수치이다. 2017년 집권 첫해 3.2%를 달성하고 계속 하락하였다. 특히 2019년의 2% 달성은 자칫 경험하지 못한 1%대 GDP시대를 맞이할 뻔 했다는 측면에서 경제부처는 심각한 위기감을 느꼈을 것이다.

더구나 2019년 하반기는 점점 떨어지는 GDP 성장률에 경제부처가 스트레스를 받고 있을 때인데 GDP에 악영향을 미칠 분양가 상한제를 실시한다고 하니 당연히 반대의견을 개진하였을 것이다. 분양가 상한제 실시가 GDP에 악영향을 미치는 이유는 간단하다. 분양가 상한제는 공급이 줄어드는 결과로 이어진다. 공급이 줄어든다는 것은 건설투자가 줄어든다는 것이고 건설투자가 줄어든다는 것은 곧 GDP 성장률이 낮아진다는 의미이기 때문이다.

[그림 2-2] 국내총생산

(실질성장률, %)

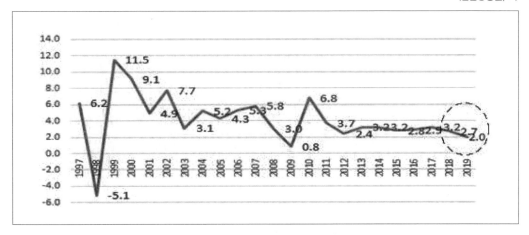

'외환위기 후 최악인 건설투자, 올해 성장률 0.65%P 깎아먹어[4]'라는 한 인터넷 신문 기사 제목은 건설경기가 GDP에서 어떤 역할을 하는지를 알 수 있는 제목이다. 그 기사내용을 좀 더 자세하게 인용해 보자.

한때 '외끌이'로 성장세를 이끌었던 건설투자가 이제는 성장률을 깎아먹는 천덕꾸러기로 전락했다. 올해 건설투자의 성장기여도가 -0.65%포인트(P)로 추정돼, 성장률이 10년 만에 최저치로 떨어지는데 가장 큰 영향을 미친 것으로 보인다. 부동산 호황기에 집행된 사업들로 공급과잉이 예고됐는데도 강도 높은 부동산 규제, 사회간접자본(SOC) 예산 감

---

4) 『조선비즈』 인터넷 기사(조은임 기자) 참조. 2019. 12. 05 06:00.

축 등을 감행한 결과다. 정부는 뒤늦게 생활형 SOC 확대에 나섰지만 사업집행의 시차가 있어 향후 1~2년은 건설투자가 성장세를 끌어내리는 상황이 지속될 가능성이 크다.

25일 한국은행에 따르면 올해 성장률이 연 2.0%로 전망되는 가운데 건설투자의 연간 성장 기여도는 -0.65%P로 예상된다. 지난해 우리나라의 실질 GDP(1,807조 7,400억 원)에서 건설투자가 차지하는 비중이 15%였다는 점, 올해 건설투자 성장률 전망치가 전년대비 -4.3%라는 점을 고려해 한은이 추정한 것이다. 건설투자 성장기여도가 세로(0) 수준만 됐어도 올해 성장률 전망치는 2.6~2.7%를 기록했을 것으로 보인다.

이처럼 건설투자가 성장률을 깎아먹는 요인이 된 건 아주 최근의 일이다. 2016년만 해도 연간 성장률이 2.9%, 그중 건설투자 성장기여도가 1.4%P였다. 성장의 절반을 건설투자가 이끌었던 것이다. 2017년에도 성장률(3.2%)의 3분의 1(1.1%P)을 건설투자가 기여했다. 흐름이 바뀐 건 2018년부터다. 건설투자의 기여도가 -0.68%P로 6년 만에 마이너스(-)로 돌아섰다. IMF 외환위기가 왔던 1998년(-2.8%P) 이후 20년 만에 가장 저조한 기여도로, 올해도 유사한 수준을 이어갈 것으로 예상된다. 건설투자 지표는 지난해 하반기부터 악화일로를 걸었다. 한은이 발표한 올해 3분기 건설투자 성장률은 -6.0%로 금융위기 후 최저였던 지난해 3분기(-6.0%)와 동일했다. 3분기 성장률(0.4%)에 대한 건설투자의 기여도는 -0.9%P다.

건설투자 침체는 거시경제 악화, 과도한 규제, 예산 감축이 맞물려 빚어진 결과다. 2014년 하반기 경기부양을 위한 부동산 규제완화로 2015~2017년 건설투자는 최대 호황을 맞았다. 당시 주택, 비주거건축 등 시장 전반에 공급과잉이 있었던 만큼 2018년부터 사이클 상 건설투자의 둔화가 예견됐었다. 대한건설협회에 따르면 국내 건설수주액은 2017년 160조 5,000억 원에서 2018년 154조 5,000억 원으로 감소했다. 더군다나 미 · 중 무역 분쟁으로 글로벌 교역시장이 위축되고 반도체 업황 부진으로 수출발(發) 성장둔화가 겹쳤다.

정부가 강도 높은 부동산 규제책을 펼치면서 주택거래도 쪼그라들었다. 지난해 9월 대출규제, 다주택자 종부세 중과, 청약제도 강화 등을 총망라한 9 · 13 부동산 대책이 단행되면서다. 한국감정원에 따르면 지난해 9월 5만3754건에 달했던 전국 아파트 매매량은 같은 해 12

월 3만3584건으로 3분의 1 가량 감소했다. 서울은 같은 기간 1만2395건에서 1771건으로 85% 넘게 줄어든 바 있다. 정부는 민간 주택시장에 대한 규제책뿐만 아니라 SOC 예산 감축도 밀어붙였다. 2017년 22조 1,000억 원이었던 예산은 2018년 19조 원으로 14% 줄었다.

조영무 LG경제연구원 연구위원은 "건설투자는 정부쪽 SOC와 함께 민간의 주택·비주거용 건축 등으로 나눠지는데 모든 부분이 상당히 좋지 않은 모습"이라며 "여타 경제부문의 성장여력이 미진한 상황에서 건설투자도 마이너스 폭을 키우고 있는 것"이라고 말했다.

건설투자 부진에 대한 우려가 높아지자 정부는 뒤늦게 '생활형 SOC' 카드를 꺼내들었다. SOC 관련 예산을 올해 19조 8,000억 원, 내년 22조 3,000억 원으로 점차 예년 수준으로 회복시켰다. 하지만 전문가들은 정부의 대응이 시장 상황에 비해 상당히 늦어 건설투자 침체가 한동안 이어질 것으로 보고 있다.

정부가 사업계획을 발표해도 설계와 기본계획을 수립하는 등 일련의 과정에 1~2년의 시간이 필요하기 때문이다. 경제전반의 성장둔화가 나타나는 데도 '건설로는 경기부양 안 한다'는 몽니를 부려 때를 놓쳤다는 비판도 뒤따른다. 블룸버그는 최근 '문재인 정부의 부동산정책이 경제성장률을 짓눌렀다'고 지적하기도 했다.

이홍일 건설산업연구원 연구위원은 "박근혜, 이명박, 김대중 정부 등 역대 정권은 거시경제가 부진하면 SOC, 즉 토목 쪽 사업을 늘려 민간 주택 쪽에서 성장세가 내려가는 걸 상쇄했다"며 "특별한 위기 상황도 아닌데 과거 금융위기, 외환위기 때만큼 건설투자가 부진한 흐름을 나타내는 건 정책 실패가 큰 영향을 미쳤다고 본다"고 했다. (이상은 2019년 12월 05일 06:00. 『조선비즈』 인터넷 기사(조은임 기자) 내용임)

[표 2-3]은 건설경기 활성화를 선택한 이명박 정부, 박근혜 정부와 건설경기 위축을 선택한 문재인 정부의 경제 성적표이다. 일단 GDP성장률을 보면 집권기간이 서로 다르기 때문에 평균성장률로 살펴보면 이명박 정부는 연평균 3.3%, 박근혜 정부는 3.2%, 그리고 문재인 정부는 2.6%이다. 시간이 갈수록 점차 낮아지는 모습이다. GDP성장률이 낮아지면 생산이 침체되고, 고용이 침체되고 소득이 침체되며 소비가 침체되고 있음을 의미하는 것이다. 특히 2%를 한계선으로 봐야하는 이유는 1% 성장률은 물가상승률 등을 감안하면 0% 성장이라 간주할

수 있기 때문이다. 그러니까 2019년 경제성장률은 한계점이라 할 수 있을 것이다. 그런데 분양가 상한제를 한다고 하면 어찌 두 손 들고 환영할 수 있단 말인가.

[표 2-3] 주요경제지표

(전년대비 증가율(금리는 당년도 기준), 12월 말 기준)

구분		이명박 정부						박근혜 정부					문재인 정부			
		'08	'09	'10	'11	'12	평균	'13	'14	'15	'16	평균	'17	'18	'19	평균
경제성장률		3.0	0.8	6.8	3.7	2.4	3.3	3.2	3.2	2.8	2.9	3.0	3.2	2.7	2.0	2.6
물가상승률		4.1	2.8	3.0	4.2	1.4	3.1	1.1	0.8	1.1	1.3	1.1	1.4	1.3	0.7	1.2
화폐발행액		4.9	21.4	16.0	12.4	11.7	13.3	16.6	18.3	15.8	12.2	15.7	10.8	6.9	8.9	8.9
지가변동률		-2.7	0.3	0.1	0.1	0.1	-0.4	0.2	0.2	0.3	0.2	0.2	0.3	0.3	0.3	0.3
실거래지수[5]		76.4	82.7	82.5	85.9	83.2	82.1	85.6	89.6	95.0	97.9	92.0	99.8	102.0	106.3	102.7
실거래증가[6]		-1.9	8.2	-0.2	4.1	-3.1	1.4	2.9	4.7	6.0	3.1	4.2	1.9	2.2	4.2	2.8
금리	총수신	4.8	3.2	2.9	3.1	2.7	3.3	2.2	1.9	1.4	1.2	1.7	1.2	1.4	1.2	1.3
	총대출	7.5	5.9	5.7	6.0	5.3	6.1	4.7	4.2	3.5	3.4	4.0	3.5	3.7	3.4	3.5
	예대차	2.7	2.7	2.9	3.0	2.6	2.8	2.5	2.3	2.2	2.3	2.3	2.3	2.3	2.2	2.3
경상수지		-83.3	1787.5	-15.5	-40.5	193.2	368.3	58.3	7.5	26.6	-6.8	21.4	-23.2	3.0	-22.6	-14.3
국세증가율		3.6	-1.7	8.0	8.3	5.5	4.8	-0.5	1.8	6.0	11.3	4.6	9.4	10.6		10.0
GDP대비 국가채무		26.8	29.8	29.7	30.3	30.8	29.5	32.6	34.1	35.7	36.0	34.6	36.0	35.9		36.0

GDP구성이 크게 내수, 정부지출, 수출 등으로 나누어 분석할 때 수출시장이라도 좋으면 그나마 부동산 규제가 상쇄될 수 있을 텐데 수출시장도 문재인 정부에서는 경상수지가 마이너스임을 볼 수 있다. 내수도, 수출도 안 좋은데 2%를 달성했다는 것은 결과적으로 정부지출 분야로 달성했다는 결론이 된다. 정부지출은 결국 세수와 연결되는데 조세징수를 통해 지출을 확대함으로서 2%를 달성했다는 분석이 타당할 것 같다. 실제로 국세증가율을 보면 이명박 정부는 연평균증가율이 4.8%, 박근혜 정부는 4.6%인데 반해 문재인 정부는 10%로서 거의 두

---

5) 전국 공동주택실거래가 지수(2017.11=100) 기준
6) 전국 공동주택실거래가 전년대비 증가율

배에 해당한다는 것이 의미심장한 결과라고 할 것이다.

그렇다면 이 시점에서 경기부양책을 펼쳐야 할 것인가라는 의문과 경기부양책으로 부동산 시장 부양책을 펼쳐야 할 것인가라는 의문이 든다. 문재인 정부가 만약 경기부양책을 펼친다면 아마도 부동산은 제외할 것으로 보인다. 그만큼 부동산에 대한 규제의지가 강하기 때문이다. 그러니 마땅한 출구전략이 없는 것이다. 유일하게 경기부양책이 될 수 있는 것이 금리부분이다,

금리를 보면 총수신 금리 및 총대출 금리 기준으로 이명박 정부는 연평균 3.3%, 6.1%이며 박근혜 정부는 1.7%, 4.0%였고 문재인 정부는 1.3%, 3.5%이니 비교된 정부 중에서 가장 낮은 수준이다.

[그림 2-3] 금리

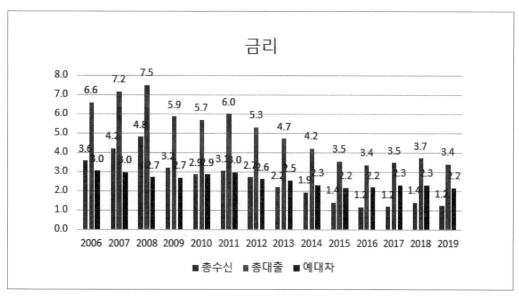

* 총수신이 첫 번째 막대, 순서대로 확인

그런데 금리의 경우 1%대가 무너지면 실질적으로 마이너스 금리 수준이 되어 경기부양책의 수단으로 이용하더라도 더 이상 효과가 나타나지 않을 것이란 의견이 지배적이다. 그렇다면 금리 인하를 통한 경기부양도 한계에 도달했다고 봐야할 것이다. 그런데 금리가 낮아지면 부

동산 시장은 오히려 부양되는 효과를 가져온다. 자금 조달이 용이해지며 투자수익률이 유리하기 때문이다. 부동산을 규제하기 위해 금리를 올릴 것인가, 아니면 경기부양을 위해 금리를 내릴 것인가를 결정하여야 하는데 부동산이 걸림돌이 되고 있으니 결정이 쉽지 않을 것이다.

정부가 선택할 수 있는 것은 금리는 낮추되 부동산 규제는 더 강화한다는 것이다. 금리인하, 경기부양, 부동산 규제라는 함수에서 과연 부동산 시장이 정부 의도대로 이루어질 것인가. 결론적으로 보면 쉽지 않다. 설사 이루어진다하더라도 일시적일 것이다. 그러니 문재인 정부 이후의 부동산 시장은 더 큰 혼란으로 빠져 들 가능성이 높은 것이다.

10. 부동산정책의 발표와 실현 시기의 격차

문재인 정부의 부동산 시장 동향을 보면 투기와의 전쟁을 선포할 정도로 심각한 상황임을 부인할 수가 없을 것 같다. 그리고 아주 강한 규제정책을 일관하는 것도 이해되는 대목이다. 부동산 시장이 정상적인 범위를 벗어나면 시장이 왜곡됨으로써 빈익빈부익부가 커져 힘들고 어려운 사람들이 살기가 더 힘들고 어려워지기 때문이다. 그러니 시장에 대한 정확한 진단과 더 정확한 처방이 절실한 것이다. 구호만 거창하고 내용만 다양하다고 해결될 수는 없는 것이다.

문재인 정부의 부동산 시장의 동향을 거시적으로 살펴보면 먼저 지가변동률은 연평균 0.3% 상승하였다. 이명박 정부의 마이너스 0.4%였고, 박근혜 정부의 0.2%보다 약간 높은 수치이다, 공동주택 실거래가 증가율을 보면 이명박 정부에서는 연평균 1.4% 상승하였고 박근혜 정부에서는 연평균 4.2% 상승했으며 문재인 정부에서는 연평균 2.0% 상승하였다. 단순 수치로만 보면 박근혜 정부 때 가장 높은 것으로 나타난다. 이명박 정부는 국제 글로벌 금융위기 극복 과정에서 부동산 부양책을 펼쳤는데 수도권은 과거 노무현 정부 때의 규제를 유지해 오되 지방은 규제를 완화함으로서 전체 부동산 시장에는 반쪽만 반영되어 낮게 나타나지만 박근혜 정부에서는 이명박 정부의 기조에 더 보태서 수도권 중심의 부동산 부양책을 펼쳤으므로 가격 급등의 원인 제공을 하였다고 할 수 있을 것이다.

[그림 2-4] 지가변동률

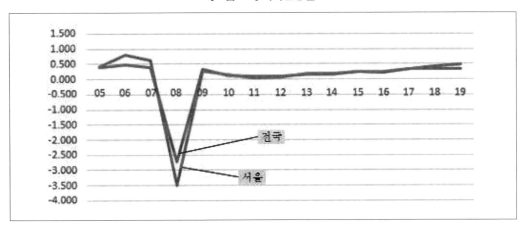

그리고 그런 추세가 문재인 정부에까지 이어져 왔기 때문에 문재인 정부에서도 상승세가 이어졌다고 할 수 있을 것이다. 다만 문재인 정부는 강력한 규제정책을 펼치는데도 시간이 지날수록 더 큰 폭으로 상승하느냐는 것이 문제가 된다는 것이다. 주택 실거래가 그래프를 보면 2017년부터 서울지역의 증가세가 급등하는 모습을 보이고 있음을 알 수 있다. 이는 박근혜 정부 때보다 상승률은 낮지만 금액으로 보면 무척 높은 단계에 있음을 의미하는 것이다.

[그림 2-5] 주택실거래가

('07.11 = 100)

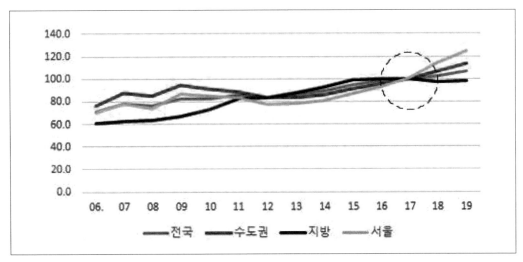

이런 의미에서 문재인 정부의 부동산정책을 한마디로 표현하면 '규제할수록 오른다'라고 할 수 있다. 규제하는데도 오르는 이유를 혹자는 과거 정부의 부양책 때문이며 과거의 부양책 요소가 꺼지면 규제 효과가 나타날 것이라는 희망론을 말하기도 한다. 충분히 일리가 있는 설명이다. 왜냐하면 정책은 발표시기와 실제 시장에서 적용시기가 다른 경우가 많기 때문이다. 예를 들면 신도시 계획을 발표할 때 발표시점보다 최소한 5년 정도 후에 신도시가 조성되기 때문에 발표시점보다는 실현 시점에서 시장에 직접 반영된다고 할 것이다. 이런 점에서 당장 시장에 경고를 주는 정책으로서 신도시 정책은 현실적이라기보다는 메시지 역할이 더 크다고 할 것이다.

조세정책의 경우에도 국회의 동의와 법률개편 등의 과정이 있기 때문 그만큼의 시간이 지난 다음에 시장에서 효과가 나타난다고 할 수 있을 것이다. 대출규제나 금리문제 등은 가장 빠르게 대응할 수 있는 정책이다. 이런 기준으로 볼 때 공급정책은 장기정책이 되며 조세정책 및 거래정책은 중기 정책이 되고 금융정책은 단기 정책이 된다는 것을 알 수 있을 것이다. 여기서 단기란 1년 이내를 기준으로 하며 중기란 1년 이상 3년 이내를 말하고 장기란 3년 이상을 말한다고 할 때 현실적으로 눈앞에 있는 문제를 당장 시급하게 해결하려면 금융 정책이 최상이고 중기적으로 해결하려면 조세정책이나 거래정책을 펼치면 될 것이고 장기정책을 펼칠 때면 공급정책을 펼치는 게 효과적이라고 할 수 있는 것이다.

예를 들어 주택 가격이 급등하니까 당장 불을 끄려고 신도시를 발표한다면 그 효과가 나타나지 않는다는 것과 같다. 이를 기준으로 볼 때 정부가 추진하고자 하는 계획을 해당 정부에서 그 효과를 얻으려고 하면 장기정책부터 발표하고 단기정책을 나중에 발표하는 것이 가장 이상적이라 할 것이다. 그런데 당장 급하니까 단기정책부터 발표하고 시간이 지나면서 추가 문제가 생기면 이번에 중기정책을 발표하고 점차로 장기정책을 발표하면 시장에서 실현되는 시기는 엇박자를 내게 되는 것이다.

규제를 하면 할수록 오른다는 것은 현재 시장에서 적용 중인 정책은 과거 정부의 부양정책 중 아직 시장에서 실현되고 있는 정책이 남아 있어서 그럴 수도 있고 현 정부의 정책이 단기 정책이 아닌 중장기 정책 중심으로 이루어져서 현재 상황에서 반영되지 못하기 때문에 그럴 수도 있는 것이다. 그러니까 시기별로 선택해야 할 정책이 있음을 의미하며 그것이 효과가 클 것이란 의미인 것이다. 이런 기준으로 보면 문재인 정부의 부동산정책은 모두 문재인 정부 시절에 반영되는 것이 아니라 다음 정부에서 반영될 확률이 높다는 것이다. 이것이 정책의 실현 타이밍인 것이다. 그렇다면 발표시기와 실현시기가 거의 유사하지 않으면 당장의 문제는 구호처럼 남아서 중장기적으로 이월된다는 의미인 것이다.

이런 모습은 과거 노무현 정부와 거의 흡사하다. 노무현 정부도 부동산 규제에 있어서는 역대 어느 정부 못지않게 강했다. 왜냐하면 노무현 정부 때 역대 어느 정부보다도 부동산 시장이 크게 요동을 쳤기 때문이다. 노무현 정부의 부동산 시장이 호황을 이룬 이유는 김대중 정부의 부동산 부양책이 그 원인이었다. 김대중 정부의 부동산 부양정책이 노무현 정부 출범 이후에도 시장에서 실현되고 있었기에 가격 급등의 현상이 계속 되었고 규제를 해도 올랐던 것이다. 그래서 노무현 정부도 온갖 대책을 다 동원하였는데도 임기가 끝날 때까지도 시장을 안정화시키는 데는 실패했다.

하지만 그런 규제정책이 이명박 정부 시기에는 시장에 반영되어서 부동산 시장이 침체기로 변하게 되었다. 물론 외부의 글로벌 금융위기라는 환경 반영이 더 크다고 하지만 정책적으로도 규제 중이었기 때문에 장기 침체에 빠지게 된 것이다.

문재인 정부도 마찬가지이다. 박근혜 정부의 부양정책과 문재인 정부의 규제정책이 엇갈리는 시기에 그 대책이 단기, 중기, 장기 여부에 따라 실현되는 것도 있고 잠재되는 것도 있게 된다는 의미인 것이다. 발표하는 모든 정책이 바로 시장에 반영될 것이라는 생각은 스스로 자가당착에 빠질 가능성이 크기 때문에 반복적인 정책을 남발하게 되는 것이다. 가장 적합한 정책을 가장 적합한 시기에 짧고 강하게 내놓아야 가장 좋은 정책인 것이다.

이를 기준으로 문재인 정부의 부동산정책을 평가한다면 첫째는 너무 서둘렀다는 점이고 둘째는 해당 시점에서 시의 적절하게 필요한 정책이 아니고 백화점식으로 온갖 정책을 나열한 것이고 셋째는 이런 이유가 단기, 중기, 장기적인 로드맵이 없이 그때그때 대응하는 임기응변식이었다는 것이며 넷째는 부동산 시장의 패턴은 항상 장기적 패턴인데 이를 단기에, 임기 중에 반드시 잡겠다는 과잉의지 때문이며 다섯째는 시장에 대한 진단을 오직 투기세력에 집중했다는 점이다. 번외로 하나 덧붙이면 그 모든 것이 다 조세를 위한 목적이었고 조세 목적을 달성하기 위해 부동산정책을 수단으로 활용했다고 누군가 느낀다면 전형적인 정부실패가 되어 부동산 시장은 더욱 혼란에 빠질지도 모른다는 사실이다.

돌이켜 보면 문재인 정부의 부동산정책은 잡겠다는 의지보다는 장기적으로 안정화를 가져오겠다는 전략으로 로드맵을 계획하고 출범 초기에 신도시 공급계획을 수립, 발표했으면 어땠을까 라는 아쉬움이 많이 남는다고 하겠다.

11. 공급정책과 수요억제정책

'우리나라 부동산 시장의 문제는 투기수요 때문이다. 공급은 완성되었으나 일부 투기수요자들이 사재기를 하면서 실수요자들에게 기회가 가지 않고 있다. 따라서 강력한 규제정책으로 반드시 투기수요를 근절하겠다.'라고 김현미 국토부 장관은 강조하였다. 공급문제가 아니라 수요문제라는 것이다. 정말 그럴까.

사실 투기수요가 생기는 것은 공급이 부족하거나 쉽지 않아서 전체시장에서 나눠야 할 물량이 한정적이기 때문이다. 한정적인 물량을 나눠 가지려면 누군가는 더 갖고 누군가는 덜 갖게 되어 있다. 따라서 투기적 자본가들에게 더 갈 수밖에 없는 구조인 것이다. 이것이 본질적인 부동산의 문제인 것이다.

만약 공급이 넘쳐서 남아돈다면 시장가격을 하락할 것이고 그런 시장에 투기자본이 들어올 이유가 없는 것이다. 공급이 완성되었다면 투기자본이 절대 들어오지 않을 것이다. 따라서 투기자본의 유입을 막는 방법은 공급을 넘치게 하는 것이다. 공급이 부족한 시장일수록 투기자본이 사재기를 하는 것이 본질인데 그런 문제를 너무 가볍게 판단한 것이 아닌가 싶다. 진단의 출발점부터 오류가 발생한 것이다.

문재인 정부가 주장하는 공급 완성의 기준은 바로 주택보급률이다. 주택보급률이 100%가 넘었으니 숫자로 따지면 1가구 1주택이 완성된 것이다. 우리나라 주택보급률이 100%를 넘어선 것은 이미 10년 전의 일이다. 때문에 문재인 정부의 논리대로라면 이미 10년 전부터 완성된 것이다. 하지만 지난 10년 동안 부동산 시장은 어떠하였는가. 더구나 최근 5년 정도는 어떠하였는가. 주택보급률로 공급의 완성을 논하기에는 뭔가 이상하지 않은가.

주택보급률에는 여러 가지 모순이 있다. 주택보급률의 공식은 주택 수를 가구 수로 나눈 것인데 이때 주택 수에는 다가구주택 거주자들의 주택여부와 오피스텔의 주택 포함 여부에 따라서 다르게 나타난다. 특히 등록된 주택을 기준으로 하기에 철거 후에도 남아있는 등록주택, 또는 비주거용주택, 무허가 주택 등을 반영하지 않고 있다는 점에서 정확성이 떨어진다고 할 것이다. 가구 수도 마찬가지이다. 등록된 가구 수를 기준으로 하기 때문에 주민등록상의 가구와 실제 거주하는 가구가 다를 수 있기 때문이다. 특히 전에는 1인 가구는 제외되었으나 이를 포함하는 방식으로 수정되기도 하였다.

아무튼 주택보급률에 의하면 전국 104.2%(2018년 기준), 수도권 99.0%, 서울 95.9%이다. 서울을 포함한 수도권이 중요한 이유는 부동산 시장의 핵심이기 때문이다. 문재인 정부의 핀셋정책의 대상지역이기도 하다. 지방의 주택보급률도 의미가 있지만 수도권은 우리나라 부동산 시장의 바로미터이다. 그런데 이곳은 아직도 공급이 부족한 지역이다. 수요가 더 많고 집중되는 곳이며 오히려 공급이 부족하니 투기자본의 유입이 빈번할 수밖에 없다. 이런 곳에 투기하지마라고 외친다고 고맙다할 투기세력은 거의 없다. 제도적으로 막으면 비제도적으로 참여한다. 그래서 암시장과 같은 비공식적 공간이 넓어지는 것이다.

구분	연도별 주택 보급률										
	2008	2009	2010	2011	2012	2013	2014	2015	2016	2017	2018
전국	100.7	101.2	100.5	100.9	101.1	101.3	101.9	102.3	102.6	103.3	104.2
수도권	95.4	95.4	96.4	96.8	97.3	97.3	97.7	97.9	98.2	98.3	99.0
지방	-	-	104.3	104.6	104.7	105.1	105.8	106.5	106.8	107.9	109.1
서울	93.6	93.1	94.4	94.7	94.8	95.1	96.0	96.0	96.3	96.3	95.9
부산	100.0	99.7	99.7	100.1	100.8	101.7	102.6	102.6	102.3	103.1	103.6
대구	103.0	104.4	101.5	101.3	101.0	101.2	100.5	101.6	103.3	104.3	104.0
인천	99.7	100.2	99.8	101.8	102.7	101.7	101.3	101.0	100.9	100.4	101.2

광주	101.5	103.7	101.8	102.4	101.9	102.6	103.9	103.5	104.5	105.3	106.6
대전	98.5	97.6	101.0	102.6	102.6	102.0	102.6	102.2	101.7	101.2	101.6
울산	104.9	104.7	105.1	105.3	105.0	105.4	106.3	106.9	107.3	109.3	110.3
세종	-	-	-	-	-	-	-	123.1	108.4	111.5	110.0
경기	96.0	96.5	97.3	97.6	98.3	98.1	98.3	98.7	99.1	99.5	101.0
강원	110.5	111.0	108.1	107.4	106.8	106.3	106.0	106.7	106.4	107.7	109.6
충북	109.3	110.3	107.5	108.0	107.9	108.8	109.5	111.2	110.7	111.4	113.8
충남	110.5	113.0	104.6	105.1	105.6	105.8	107.9	108.3	109.2	110.5	112.7
전북	110.7	113.4	106.7	107.2	107.1	106.9	107.5	107.5	107.3	107.7	109.4
전남	109.9	111.1	107.6	107.7	107.8	108.5	109.6	110.4	110.7	111.3	112.5
경북	109.9	112.0	108.9	109.5	109.6	110.2	111.2	112.5	113.0	114.7	116.1
경남	104.4	105.6	104.4	104.4	104.3	105.0	105.8	106.4	106.7	108.6	110.1
제주	96.7	96.0	96.2	95.6	96.4	98.4	98.7	100.7	103.1	105.2	107.0

주택보급률을 다른 관점에서 분석해 보면 좀 더 재미있는 결과를 얻을 수 있다. 실제 현장을 전수 조사하여 분석한 자료가 5년마다 한 번 씩 하는 '인구 · 주택총조사'이다. 이 조사는 5년에 한 번씩 하는 것이기 때문에 가장 가까운 자료로 활용하는 데는 한계가 있다. 다만 이를 추정으로 볼 때 통계청 통계자료를 활용하면 주택보급률과 상반되는 정보를 얻을 수 있다. 위 표에서 '2018년 인구 · 주택 총조사'[7]에 의한 보급률을 참조하면 전국이 86%, 서울 72.7%, 수도권 80.3%, 지방권 91.5%이다.

이를 기준으로 하면 주택공급은 터무니없이 부족한 상황이다. 두 통계의 차이는 가구 수는 비슷한데 주택 수에서 많은 차이가 났다. 주택보급률에서는 2천만 호인데 인구 · 주택 총조사에서는 1.7천만 호로 차이가 컸다. 아마도 주택을 구분하는 방법에서 차이가 난듯한데 이런 결과로 볼 때 주택보급률의 의미가 점차 무의미해지는 것 같다.

중요한 것은 정작 인구의 이동이 가장 많은 수도권의 주택보급률이다. 위 두 가지 연도별 주택보급률 표를 보면 수도권과 서울은 아직 100%에 미달하고 있다는 점을 주시하여야 한

---

7) 통계청 자료, 등록센서스 전수조사. 이하 같음

다. 문재인 정부가 그렇게 투기자본의 진원지라고 지적했던 수도권, 서울, 강남 등지의 주택보급률은 아직 100%가 되지 않았으니 주택공급의 완성이라고 할 수 있을 것인가. 수요는 다른 지역에 비해 더 높은데 공급은 다른 지역에 비해 더 낮은 상태이니 당연히 기회만 되면 언제든지 투기자본의 유입이 가능한 지역인 것이다.

여기에 대고 '투기하지 마라'고 한들 누가 안 하겠다고 장담할 것이며 공급이 완성되었다고 장담해도 된다는 것인가. 부동산의 특성상 다른 지역에서 옮겨 올 수도 없으니 전국 평균 주택보급률 100%는 단지 통계숫자에 불과한 것인데 이를 기준으로 공급이 완성되었다고 하면 어느 누가 믿을 것인가. 더구나 100% 넘는 지역은 투기자본이 망설일 것이고 100% 이하의 공급 부족한 지역에는 투기자본이 집중되는 것이 현실인 것이다.

이 부분을 정확히 이해한다면 공급완성이라는 분석은 잘못된 것임을 알 수 있을 것이다. 그런 분석 결과로 문재인 정부의 출범 초기 정책에 공급정책이 빠지게 된 것이 아닌가라고 추측해 보는 것이다. 이처럼 주택공급이 부족한 지역에 투기자본이 들어와서 사재기까지 이루어졌으니 가격 급등은 항상 예고된 것이고 역대 정부에서도 이를 결국은 막지 못한 과제가 된 것이다. 그런데 그런 현상을 문재인 정부에서 뿌리 뽑겠다는 의지를 보여줘 기대가 컸지만 진단의 오류와 그 오류로 인한 처방으로 막상 뚜껑을 여는 정책마다 허탕을 치고 있으니 어떤 정책이 나와도 신뢰하기 어려운 것이다.

| 구분 | 2018년 인구 · 주택 총조사에 의한 보급률 | | | | | | 주택보급률 A | 주택보급률 B | B-A |
	총인구(명)	비율	가구(가구)	비율	주택(호)	비율			
전국	51,629,512	100.0	20,499,543	100.0	17,633,327	100.0	86.0	104.2	18.2
서울	9,673,936	18.7	3,981,741	19.4	2,894,078	16.4	72.7	95.9	23.2
부산	3,395,278	6.6	1,378,164	6.7	1,220,782	6.9	88.6	103.6	15.0
대구	2,444,412	4.7	968,265	4.7	792,998	4.5	81.9	104.0	22.1
인천	2,936,117	5.7	1,122,041	5.5	997,959	5.7	88.9	101.2	12.3
광주	1,490,092	2.9	586,263	2.9	514,767	2.9	87.8	106.6	18.8
대전	1,511,214	2.9	608,260	3.0	486,764	2.8	80.0	101.6	21.6

울산	1,150,116	2.2	439,930	2.1	379,741	2.2	86.3	110.3	24.0
세종	312,374	0.6	120,629	0.6	118,959	0.7	98.6	110.0	11.4
경기	13,103,188	25.4	4,934,208	24.1	4,169,100	23.6	84.5	101.0	16.5
강원	1,520,391	2.9	634,847	3.1	603,644	3.4	95.1	109.6	14.5
충북	1,620,935	3.1	656,101	3.2	607,686	3.4	92.6	113.8	21.2
충남	2,181,416	4.2	877,628	4.3	835,752	4.7	95.2	112.7	17.5
전북	1,818,157	3.5	743,341	3.6	712,850	4.0	95.9	109.4	13.5
전남	1,790,352	3.5	747,681	3.6	777,966	4.4	104.1	112.5	8.4
경북	2,672,902	5.2	1,113,008	5.4	1,060,505	6.0	95.3	116.1	20.8
경남	3,350,350	6.5	1,331,278	6.5	1,226,708	7.0	92.1	110.1	18.0
제주	658,282	1.3	256,158	1.2	233,068	1.3	91.0	107.0	16.0
수도권	25,713,241	49.8	10,037,990	49.0	8,061,137	45.7	80.3	99.0	18.7
지방권	25,916,271	50.2	10,461,553	51.0	9,572,190	54.3	91.5	109.1	17.6

주택보급률을 보완하는 자료로 '인구 천 인당 주택수'를 통계로 이용하기도 한다. 외국의 여러 나라에서는 주택보급률을 이용하지 않고 주로 인구 천 인당 주택수를 이용한다. 인구 천 명당 몇 명 수준이냐를 판단하는 것인데 우리나라도 2014년부터 인구 천 인당 주택수를 더 많이 이용하고 있다. 인구 천 인당 주택수를 보면 2018년 전국적으로 100명 중 403명이고 서울은 380명, 수도권이 373명 수준이다.

외국과 비교하면 일본은 476.3호('13), 미국은 419.4호('15), 영국은 434.6호('14)이다. 네덜란드는 430호였다.[8] 스페인은 462호('01), 프랑스 462('01), 독일은 445호('00) 등이다. 우리나라와 비교하면 대부분 높다. 이를 기준으로 하면 한국은 40% 수준인데 반해 미국은 42%, 네델란드 43%, 영국 44%, 일본 48%, 스페인은 46% 수준이다. 비슷한 연도를 기준으로 비교했을 경우이므로 우리나라의 주택보급은 아직도 외국에 비해 현저히 낮은 수준으로 보인다. 우리나라의 경우 주택보급률이 100%를 초과할 때 인구 천 인당 주택수가 400을 넘었으니 이를 주택보급률 수준으로 환산하면 외국의 위에 열거한 나라들은 대부분 주택보급률이 110%를 초과한

---

8) [출처] 부동산시장변화 · 부동산투자의 새로운 패러다임, 작성자 하영수

나라들이다. 이런 나라들 대부분도 주택보급률이 100%를 훨씬 초과한 나라들인데도 주택가격도 심상치 않게 상승하고 있으며 세계적으로 주택 가격이 높기로 소문난 나라들이다.

구분	인구 천 인당 주택수					
	95	00	05	10	15	18
전국계	214.5	248.7	330.4	363.8	383.0	403.2
수도권	191.2	221.6	314.7	342.9	356.8	372.9
서울	168.9	199.4	315.9	347.1	366.8	380.7
부산	177.5	226.7	329.5	364.0	397.3	416.1
대구	178.2	219.7	316.4	362.6	382.6	407.5
인천	227.4	255.4	322.1	351.7	365.1	377.3
광주	198.1	249.9	308.8	357.8	390.4	413.7
대전	220.7	243.8	321.9	356.9	386.9	404.9
울산	0.0	235.6	321.7	357.6	388.0	413.9
경기	210.0	236.6	311.8	337.2	346.9	419.0
강원	268.9	307.8	369.8	407.1	426.1	366.2
충북	256.6	288.0	356.1	396.5	421.2	452.9
충남	270.3	317.1	362.7	398.0	409.2	450.2
세종	-	-	-	-	453.7	439.8
전북	260.8	300.7	357.9	399.0	420.3	441.1
전남	293.4	324.1	380.4	417.6	442.4	463.3
경북	270.2	302.7	370.2	420.1	446.0	475.5
경남	233.5	276.1	347.5	380.0	401.4	429.5
제주	226.0	248.5	323.4	343.0	366.4	404.7

그럼에도 문재인 정부가 수요억제정책을 고집할 수밖에 없는 이유를 추측한다면 첫째는 투기수요의 경고성 정책이 그 목표이기 때문일 것이고 둘째는 공급의 한계 때문일 것이다. 부동산 시장은 이미 수요자가 원하는 이상의 물량을 공급할 수 없는 구조라는 것을 잘 알고 있는 것이다. 그러기 때문에 공급보다는 수요를 억제하는 것이 더 빠르고 효과적이라 판단한 것이

다. 더구나 100% 주택보급률을 나타냈으니 주택 사재기만 제거하면 자연적으로 공급효과와 시장 안정화를 동시에 가져올 수 있기 때문이다.

도대체 사재기 수준이 어느 정도 일까. 자가소유율을 통해서 살펴보자. 우리나라 가구수의 자가소유율은 얼마나 될까. 통계를 살펴보면 2018년 현재 기준으로 전국은 56.2%이며 서울은 49.1%이다. 수도권의 기준인 서울과 인천 58.7%, 경기도는 54.2%이다. 절반수준이다. 그러니까 주택보급률 100%에서 절반은 자가를 소유하고 있고 절반은 무주택이라는 의미이다. 그렇다면 대략적으로 자가소유자들의 평균 사재기는 2채라는 설명이 된다.

한편, 주택 자가점유율을 보면 2018년 기준 전국 57.7%, 서울 43.3%이다. 상대적으로 임대점유율은 전국 42.3%, 서울 56.7%이다. 이 중에서 전세거주자는 전국 15.2%, 서울 25.7%이다. 나머지는 월세를 비롯하여 아주 미미하지만 무상으로 거주하는 것까지 포함하는 결과이다. 다시 말하면 우리나라 절반의 가구는 임대로 거주하고 있다는 얘기이다. 타인소유 주택에서 살고 있다는 근거이다. 이 의미를 주택의 보급차원보다는 필수재라는 본질적인 개념에서 접근해보면 자가점유자 외는 모두 주택소유자에게 전, 월세를 지불하고 있는 것이다. 만약 전, 월세의 거주자가 소득 하위계층이라고 가정한다면 소득하위계층이 소득 상위계층에게 소득의 일부를 생존 유지를 위해 지불하고 있는 것이다.

이런 구조하에서 투기수요를 억제한다고 갑자기 사라질 수가 없다. 적당한 시기에 적당한 정도의 규제는 가능할지라도 완벽하게 사라진다고 볼 수가 없다. 그러면 무주택자들에게 돌아갈 공급을 최대한 확대하는 것이 장기적으로는 더 현명할 것이다. 특히 임대주택을 최대한 공급하여 임대시장을 축소시킴으로서 임대수익이 기대치 이하로 낮춰지는 것이 투기수요 유입을 차단하는 결정적인 계기가 될 것이다.

하지만 그게 쉽지 않으니 문제이다. 공급확대인가, 수요억제인가. 둘 중 하나를 선택하는 것은 어리석은 일이다. 정책적으로는 둘 다 선택하여야 하는데 공급을 늘리는 것은 장기적인 관점에서 선택하여야 하고 투기수요억제는 단기적인 관점에서 선택하여야할 정책인 것이다. 만약 둘 중 하나에 치중한다면 시장은 반드시 눈치를 챌 것이다. 시장에서 정부의 정책 실책을 눈치채면 정책의 효과는 오히려 반대로 나타난다. 투기하지 마라 그러면 오히려 투기가 더 극성인 이유인 것이다.

구분	총 가구 수		주택 보급률		주택 소유율		자가 점유율		전세 거주율	
	가구 수	증가율	보급률	증가율	소유율	증가율	점유율	증가율	전세율	증가율
전국	19,979,188	1.6	104.2	0.9	56.2	2.1	57.7	0.0	15.2	0.0
서울	3,839,766	0.7	95.9	-0.4	49.1	0.5	43.3	0.4	25.7	-0.1
부산	1,363,608	0.7	103.6	0.5	58.4	0.6	62.3	0.6	11.0	-0.1
대구	957,516	1.0	104.0	-0.3	58.3	1.4	59.4	0.0	12.3	0.0
인천	1,094,749	1.3	101.2	0.8	58.7	2.0	59.6	0.0	15.8	0.0
광주	578,559	0.5	106.6	1.3	57.7	1.7	62.4	-0.1	9.5	0.0
대전	602,175	0.7	101.6	0.4	54.0	1.5	53.4	-0.5	15.7	0.2
울산	431,391	0.6	110.3	1.0	63.7	1.4	64.0	0.5	8.8	-0.1
경기	119,029	14.1	110.0	-1.5	54.2	15.4	53.0	0.0	19.4	-0.1
세종	4,751,497	3.2	101.0	1.5	55.6	3.9	52.7	0.6	16.7	-0.2
강원	628,484	1.2	109.6	1.9	56.2	2.0	64.2	0.1	8.5	0.0
충북	640,978	1.9	113.8	2.4	57.9	2.3	66.3	0.2	9.7	0.0
충남	851,124	1.9	112.7	2.2	57.9	3.1	66.8	-0.3	9.2	0.0
전북	732,980	0.6	109.4	1.7	59.2	1.5	69.3	0.2	7.3	-0.1
전남	737,406	0.5	112.5	1.2	59.9	1.4	74.2	-0.6	7.5	0.2
경북	1,094,534	0.6	116.1	1.4	60.8	2.1	70.8	-0.1	5.7	0.0
경남	1,306,394	1.0	110.1	1.5	62.5	2.0	68.0	0.2	7.7	-0.1
제주	248,998	3.7	107.0	1.8	55.1	3.7	58.4	-0.5	3.3	0.0

　문재인 정부 초기에 공급이 완성되었는데 투기수요가 문제라고 한 발언은 분명 잘못된 것이다. 이를 시장에서 눈치챈 것이다. 공급 없이는 절대 수요를 억제 시킬 수 없다는 사실을. 그래서 초기에 장기적인 공급계획과 임대시장에 대한 방향을 분명히 해놓고 투기수요에 대해 경고성 정책을 냈어야 한다. 결국 정부는 1년이 지난 후에 부랴부랴 신도시 공급계획을 발표하지만 타이밍을 놓쳤고 동시에 정책적 신뢰까지 잃게 된 것이다. 특히 임대주택에 대해서 장기적인 방향제시가 있어야 한다. 물량적인 공급계획만이 전부가 아니다. 대한민국 임대주

택종합계획과 로드맵이 있어야 한다. 그것이 주택시장을 안정화시킬 것이다.

12. 갭투자

부동산 시장에 투기자본이 몰려오는 이유는 분명하다. 돈이 되기 때문이다. 그것도 확실하게 안정적으로 이루어시기 때문이다. 그 원인 중 첫 번째는 매매차익(captal gain)이다. 주택을 매입해서 원하는 대로 이용하고 팔 때면 이용한 만큼 감가상각 재고처리를 해서 매입대비 가격이 낮아지는 현상이 일반적인데 부동산은 오히려 시간이 지날수록, 그동안 이용했는데도 오르더라는 것이 통상적인 경험이다.

왜냐하면 첫째는 항상 수요공급의 불균형 상태에 있기 때문이다. 앞서 설명했듯이 시차불균형, 지역불균형 상태가 항존하고 있기 때문이다. 만약 공급이 부족하다면 주어진 물량으로 많은 수요자가 나누어 이용해야 하는데 당연히 자본력 우위에 있는 세력이 선점하거나 독점하려 할 것이다. 총물량의 확대가 아니면 최종적으로는 힘(자본력) 있는 세력이 차지하게 되는 것이다. 그리고 그 세력은 힘없는 세력에게 수익을 내면서 이용케 하는 것이다. 더구나 필수재이므로 힘없는 세력은 울며 겨자 먹기로 어쩔 수 없이 따를 수밖에 없다. 이런 것이 부동산 본질적 성격 및 부동산 시장의 특성인 것이다. 그러니 투기시장을 이해하려면 이 본질적인 문제를 해결할 수 있어야 한다는 것이다. 해결방법은 총물량을 늘려서 개별가치를 줄임으로서 균등 있게 배분되어야 한다는 것이다. 총물량이 늘지 않으면 균등 있는 배분은 어렵게 되기 때문이다. 공급을 늘려야 하는 절대적인 이유이다.

둘째는 특히 토지 때문이다. 주택은 생산이 가능하지만 토지는 생산이 불가능하니 추가공급이 사실상 불가능하다. 때문에 토지는 항상 수급불균형 상태에 있다. 어떤 경우에든 부동산 수요가 발생하면 토지가격은 오르고 토지가격이 오르면 부동산 기초원가가 오르므로 전체적인 부동산 가격은 오르게 된다.

예를 들면 만약 30평형 신축 아파트를 건설, 분양한다고 할 때 평당 5천만 원이라면 15억 원

정도 된다. 공사비만 개략적으로 적용하면 평당 5백만 원 정도 소요된다고 가정하면 총공사비가 1억5천만 원이다. 15억짜리 아파트이니 13억 5천만 원은 토지 비이다. 평단가로 환산해보자. 용적률 300%라고 전제하고 20%가 기반시설이라 하면 해당 아파트의 토지면적은 6평이 된다((30평/용적률 300% = 10평) - 감보율 20%에 해당하는 토지면적(4평) = 6평). 그러면 토지가격은 평당 225백만 원인 것이다.

즉 주택가격보다는 토지가격이 더 큰 문제인 것이다. 그러니 정부는 싼 토지를 대량 확보하여 주택공급을 늘려야 가격상승을 막고 안정적인 시장을 이룰 것이다. 사정이 이러한대 주택 사재기 하지 마라 한다고 문제해결이 되는 것이 아닌 것이다.

셋째는 인플레이션이다. 인플레이션이 발생하면 화폐가치는 떨어지고 실물가치는 오르게 된다. 특히 부동산 가격은 오르게 된다. 더구나 자금을 빌려서 부동산에 투자했는데 인플레이션이 이자보다 높아지면 무조건 남는 장사가 된다. 인플레이션은 장기적으로 부동산 가격이 오르는 요소인 것이다. 인플레이션이 발생 안하면 되겠지만 그렇다면 생산이 작아지고 고용이 작아지고 소득이 낮아지고 소비가 둔화되어 다시 생산이 작아지는 악순환이 반복됨으로서 경기침체로 변하게 된다. 이런 이유로 정부에서는 때에 따라서 강제적으로 인플레이션을 만들기도 한다.

넷째는 고액의 자본이 필요하기 때문이다. 부동산은 그 자체가 고액이 필요하다. 일반인들이 순수한 자기자본으로 매입하기에는 한계가 있다. 그러니까 자본력이 있는 투자자들이 기회가 되면 먼저 투자를 선택하게 되는 것이다.

다섯 번째는 내구성이 좋기 때문이다. 시간이 지나도 변하지 않고 보존가치가 높으며 아무리 이용해도 마모되거나 소멸되지 않으며 파손되거나 상실되어도 복원될 수 있기 때문이다. 이용가치가 높은데도 보존가치가 있고 매매할 때는 매매이익이 발생하고 재건축, 재개발 등을 통하여 복원이 가능해진다면 투자가치로서는 더할 나위가 없는 것이다. 여기에 강제적인 규제가 어느 정도는 반영될 수 있겠지만 항구적이지는 못할 것 같다는 것이 지배적이다.

그리고 결정적으로는 임대수익(Income Gain)이 발생하기 때문이다. 임대수요자가 많으면 주택 가격은 오르게 된다. 왜냐하면 임대료가 금융비용보다 높기 때문이다. 임대료가 금융비용보다는 높은 이유는 주택수요가 많기 때문이다. 더구나 주택수요의 대부분은 생존을 위한 수요인 것이다. 이런 환경 때문에 금융대출로 주택을 매입하려는 의도가 많은 것이다. 그런데 금융비용이 임대료보다 낮으니 당연 이익이 되는 투자처인 것이다. 자금을 빌려서 주택에 투자해두면 금융비용보다 높은 임대료 수익을 얻을 수 있고 후에 되팔 때 다시 매매차익을 얻을 수 있으니 일석이조의 효과를 얻을 수 있는 것이다.

임대는 전제와 월세로 나뉘는데 일단 전세는 전형적인 투기자본의 유입이 쉽도록 도와주는 기능을 한다. 전세금이 비금융자본이 되어 매입을 원활하게 해준다. 매입 자본의 기초를 바닥에 깔아주는 역할을 하는 것이다. 특히 이자가 한 푼도 들지 않는 자금이다. 따라서 시세가격과 전세가격의 차이만 있으면 구매가 가능하기 때문에 매입자본이 쉽게 유입될 수 있는 구조이다.

통상 전세금을 바닥에 깔고 매매가격과 전세가격의 차이만을 준비해서 투자하는 것은 우리나라의 대표적인 부동산 투자방법이다. 전세제도가 우리나라밖에 없으니 당연하다할 것이다. 이를 '갭투자(Gap-Investment)'라고 한다. 갭투자는 전형적인 투기형 모델이다. 갭투자의 이유는 작은 자본으로 많은 이익을 얻기 때문이다. 특히 전세금액이 지렛대 자본 역할을 해주고 있는 것이다. 따라서 매매가격이 한동안 답보상태일 때 나타난다. 이때 전세가격도 답보상태이어야 하는데 앞에서 설명했듯이 전세는 수요가 많고 끊어지지 않기 때문에 계속적으로 가격이 오르는 현상이 나타나서 답보상태의 매매가격에 근접해 가면서 이 지점이 70%를 넘어설 때부터 갭투자 자금의 유입이 시작되는 것이다.

갭투자는 임대수요가 많고 주택가격이 높은 지역에서 이루어지며 매매가격이 오르지 않고 상당기간 정체되는 과정에서 전세가가 올라 매매가의 70% 이상 근접할 때 나타나는 유형이다. 그래프에서 볼 때 2015년 5월 이후부터 2019년 1월 이전까지(검정색 원)가 갭투자가 시장에서 활기를 띄고 주도했던 기간인 것이다.

갭투자를 없애려면 전세제도가 사라져야 한다. 만약 정부의 의지가 강하다면 전세제도 자체를 불법화하는 방법도 있다. 하지만 전세제도는 우리나라에서 유일하게 존재하는 임대방법이면서 임차인들이 가장 선호하는 방법이기도 한다. 임차인 입장에서는 비용이 되는 월세보다는 저축이 되는 전세가 훨씬 유리하기 때문이다. 따라서 법제화를 했을 경우 만만치 않는 저항을 받을 가능성이 큰 것이다.

그렇다면 전세가 존재하는 상태에서 정부가 분양가 상한제 등 규제를 강화했을 때 매매가가 주춤하게 될 텐데 이렇게 되면 전세 가격이 상승하면서 갭투자의 타이밍이 시작될 가능성이 커지게 되는 것이다. 결과적으로 정부의 부동산 규제가 갭투자의 기회를 제공하는 것과 같아진다는 의미가 되는 것이다. 참으로 아이러니가 아닐 수 없다.

[그림 2-6] 아파트 매매가 대비 전세가 비율

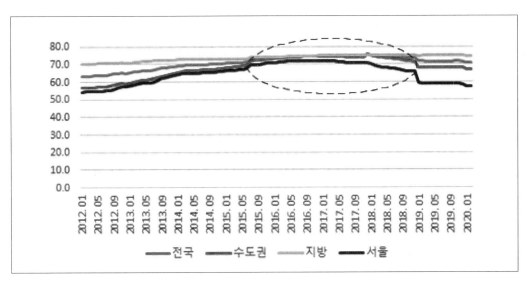

이런 이유들로 주택에 투자하고 사재기를 하는 것이다. 이런 구도가 깨지지 않으면 투기자본을 타겟팅한 그 어떤 규제정책도 먹히지 않는다고 할 것이다. 부동산의 이러한 본질적인 특성을 인정하고 그 수익성을 최소화시키는 것이 더 현명하고 빠른 대책이 될 것이다.

13. 대출 제한 조치의 효과

2018년 9월13일, 문재인 정부는 '주택시장 안정방안'이라는 초강력 부동산 대책을 내놓았다. 다주택자, 고소득자, 고가의 부동산 소유자, 주택임대사업자 등의 부동산 투기를 막기 위해 주택 담보 대출 요건을 강화하는 내용이다. 8.2대책 발표 이후에도 걷잡을 수 없이 끓고 있는 부동산 시장의 과열을 가라앉히기 위해 다주택자와 임대사업자의 대출을 제한하고, 종합부동산세 등 조세 제도를 강화해 투기를 막고 집값을 잡겠다는 의지를 강하게 드러냈다.

'주택시장 안정방안'에 따르면 2주택 이상 세대는 규제지역의 주택을 구입하거나, 비거주 목적의 고가 주택을 구입할 때 주택담보대출을 원칙적으로 받을 수 없게 된다. 주택임대사업자는 지금까지는 금융회사가 통상 60~80% 정도 수준에서 담보인정비율(LTV)을 자율적으로 적용해 왔으나 투기지역, 투기과열지구 내 주택담보대출의 담보인정비율(LTV)이 40%로 제한된다. 대출을 받을 수 있는 금액이 절반 정도로 떨어지게 되면 주택임대사업자의 자금력이 크게 떨어지게 된다. 정부가 기대하는 것은 주택임대사업자들의 투기 행각으로 부동산 시장이 교란되는 상황을 억제할 수 있을 것으로 판단한 것이다.

정부는 관계부처 합동으로 대출 제한을 받는 규제지역인 투기지역, 투기과열지구, 조정대상지역을 조정하고 '집중모니터링지역' 발표했다. 우선 투기지역은 주택담보대출이 세대 당 한 건으로 제한되고, 만기 연장이 제한되고, 신규 아파트 취득 목적의 기업자금 대출이 제한되는 지역으로 15곳이다. 2017년 8월 3일 지정된 투기지역 11곳(서울 강남구, 서초구, 송파구, 강동구, 용산구, 성동구, 노원구, 마포구, 양천구, 영등포구, 강서구)에 2018년 8월 27일 4곳(서울 종로구, 중구, 동대문구, 동작구)이 추가됐다. 이곳에서는 주택임대사업자도 신규 주택 구입을 목적으로 담보 대출을 받을 때 LTV 40% 제한을 받게 된다. 다주택자는 아예 주택담보대출을 받을 수 없다 (LTV=0).

다주택자가 주택담보대출을 받을 수 없고, 주택임대사업자가 LTV 40%를 적용받는 '투기과열지구'는 7군데다. 기존의 서울시, 과천시, 성남시 분당구, 대구시 수성구, 세종시(행정복합도시 건설예정지)에 경기도 광명시와 하남시가 추가됐다. LTV가 70%에서 60%로 떨어지게 된 '조정대상지역'은 9곳이다. 경기도 구리시, 안양시 동안구, 광교택지개발지구가 새로 지정됐다. 기존 조정대상지역은 부산 해운대, 수영, 남, 동래, 연제, 부산진, 기장군 일광면이다.

언제든지 규제지역에 포함될 수 있는 '집중모니터링지역'은 서울 10개구(구로, 금천, 관악, 광진,

중랑, 성북, 강북, 도봉, 은평, 서대문), 경기도 성남시 수정구, 용인시 기흥구, 대구시 수성 중·남구, 광주시 광산·남구다.

이어서 2019년 12월 16일 문재인 정부는 다시금 대출규제 강화를 발표하였다. 이번에는 지역이 아니라 금액으로 그 한계를 적용하였다. 주택가액이 15억 원 이상의 경우에는 대출은 전혀 없으며 9억 원 이상은 LTV 20% 9억 원 미만은 LTV 40%를 적용하는 것이 그 방안이다. 이로서 지역과 금액으로 동시에 대출을 막음으로서 단기 투기적 자금의 유입을 절대적으로 차단하게 되었다.

그런데 이렇게 대출을 막음으로서 얻게 되는 긍정적 효과도 있겠지만 부정적 효과가 만만치 않음을 인지하고 있었는지 궁금해진다. 우선 대출을 규제함으로서 부동산 시장이 안정화를 찾아야 한다. 만약 대출을 규제하는데도 가격이 급등한다면 오히려 현금 확보가 가능한 계층에게는 투자환경이 유리해지는 것이다. 이때 대출을 못 받는 계층에서 급하게 물건을 시장에 매도한다면 현금 확보 가능한 사람들이 이삭줍기처럼 줍게 될 것이다. 상대적인 편중화가 더욱 커지는 것이다.

두 번째는 풍선효과가 나타난다는 점이다. 풍선효과란 한 곳을 누르면 다른 곳에서 부풀어 오르는 효과를 말한다. 지역을 차별적으로 적용하면 해당되지 않는 지역에는 투자가 몰리게 된다. 앞의 투기지역, 투기과열지역, 조정구역 외의 지역으로 옮겨가는 것이다. 그리고 금액으로 규제하면 해당되지 않는 금액의 주택으로 이전하는 것이다. 예를 들면 12.16대책을 적용하면 9억 원 미만의 주택으로 수요가 이전하게 되어 오히려 잠잠하던 9억 원 미만의 주택시장이 갑자기 활기를 띠면서 가격을 9억 원까지 끌어올리게 된다.

대출규제로 인하여 투기자본의 유입을 차단할 수 있어 시장의 안정화를 꾀할 수 있겠지만 오히려 자본력이 약한 실수요자에게는 그만큼 기회를 상실하는 계기가 된다는 점도 부정적인 효과이다. 주택 가격이 너무 비싸니까 내 집 마련을 위해는 어쩔 수 없이 자금을 차입하여야 하는데 대출규제로 차입이 막히면 내 집 마련은 불가능해지기 때문이다.

흔히 실수요자는 4가지 유형으로 나눌 수 있다. 첫째 유형은 의지도 있고 능력도 있는 유형이다. 사실 많지는 않지만 이런 계층은 언제든지 시장에 참여할 수 있는 능력이 되기 때문에 대출과는 무관하다. 둘째 유형은 의지 없고 능력도 없는 유형이다. 이런 유형은 부동산 자체에도 관심이 없기 때문에 실수요자 시장에서는 열외되는 계층이다. 셋째 유형은 의지는 없으나 능력이 탁월한 유형이다. 이 또한 그다지 부동산에 관심이 없는 유형이다. 이상의 세 가지 유형은 우리나라에서는 많지 않는 극소수의 유형이다.

가장 많은 유형은 넷째 유형으로 의지는 있으나 능력이 없거나 부족한 유형이다. 우리나라에서는 거의 대부분 이런 유형에 속한다. 이들이 시장에 참여하려면 능력이 있어야하는데 그 능력의 기준이 대출이라고 해도 과언이 아니다. 그런데 그 대출을 규제하면 능력이 꺾이는 것이고 능력이 꺾이면 의지도 꺾이게 된다는 것이 가장 중요하게 판단해야 될 문제이다.

이들에게 대출의 기회를 주려면 DTI, LTV 등의 규제가 완화되고 낮아져야 한다. 그래야 능력이 보충되기 때문이다. 그런데 문재인 정부는 이들을 포함해서 DTI, LTV 등의 기준을 높이고 규제를 강화하였으니 결과적으로 실수요자들의 능력을 낮추는 계기가 되고 의지를 꺾는 대책이 되었으니 아귀가 맞지 않음을 이해할 수 있을 것이다. 문재인 정부가 지향하는 것이 실수요자에게 기회가 가도록 한다는 것인데 과연 이런 구도하에서 실수요자에게 기회가 갈 수 있는 가라는 의문이 드는 것이다.

또 하나, 실수요자들도 대출이 필요할 때는 시장이 호황기일 때이다. 주택가격이 하락하는 단계에 있다면 매입보다는 임대를 선택할 것이기 때문이다. 따라서 실수요자들이 주택을 매입하기 위한 조건은 부동산 시장이 상승기에 접어든 시기이다. 이 시기에 오히려 대출을 확대하여야 하는데 그때는 모두에게 확대함으로서 시장의 경쟁만 높이는 계기를 만들게 된다. 따라서 이 시점에서는 선제적으로 실수요자에게만 집중적으로 주택담보 대출을 확대하는 것이 훨씬 시장의 균형을 잡기가 유리하다고 할 것이다.

그런데 금융기관의 입장에서는 이들의 신용도가 낮으니 대출을 높여줄 수 없는 것이 현실이다. 때문에 대출 규제를 한다면 오히려 이런 실수요자들에게 더 냉정하게 평가하게 되는 것이다. 그리고 자본가들에는 더 많은 기회가 생기는 것이다. 그러니 대출규제 효과가 오히려 자본가들에게 기회가 편중되는 현상이 발생할 가능성이 높다는 우려가 생기는 것이다. 만약 그렇게 된다면 부동산 시장은 있는 사람이 더 많이 가질 수 있는 기회가 된다. 예를 들어 시장에 시세보다 낮은 주택이 매물, 또는 분양으로 나왔다고 가정할 때 대출규제가 강화되어 있다면 자본력이 큰 계층에서 선점하게 될 것이다. 진정한 실수요자는 대출규제로 기회를 잡지 못하는 것이다.

사실 부동산 시장에서 소유의 편중성을 해소하려면 실수요자에게는 대출을 확대해주고 자본가들에게는 대출을 억제하는 정책이 되어야 한다. 무주택자가 생애최초로 주택을 구입한다고 할 때는 DTI, LTV의 비율을 올려주고 규제를 완화하여 대출을 용이하게 해줌으로서 내 집 마련의 기회를 확대해 주는 것이 현실적인 방향이 될 것 같은데 금융기관이 이를 어떻게 받아들일 것인지에 달려 있다고 할 것이다.

14. 공급정책과 신도시의 한계

2018년 9월 13일 발표한 '주택 안정화 방안'은 관계부처가 합동으로 발표한 광범위한 분야와 범위였다. 기본방향이 "투기수요 근절, 맞춤형 대책, 실수요자 보호"라는 3대원칙 아래 서민주거와 주택시장 안정에 전력을 다하겠다는 의지를 나타낸 계획이다. 요약하면 다음과 같다.

1) 종부세 세율인상(고가 주택 세율 인상 : 과표 3억 원 초과구간 +0.2~0.7%p), 3주택 이상자 · 조정 대상지역 2주택자 추가과세(+0.1~1.2%p)

2) 다주택자 주택담보대출 금지 : 2주택 이상 세대의 규제지역 내 주택구입, 규제지역 내 비거주 목적 고가주택 구입에 주담대 금지 등

3) 주택임대사업자 대출 축소 및 대출 용도 관리 : 투기지역 · 투기과열지구내 주택담보 임대사업자대출 LTV 40%, 임대업 대출 용도외 유용 점검 강화

4) 주택공급 확대 : 수도권 공공택지 30곳 개발(30만 호), 도심 내 규제완화(상업지역 주거비율 및 준주거지역 용적률 상향 등)를 통해 공급 확대

5) 지방주택시장 미분양 관리지역 지정기준 완화 등이다.

이상의 내용에서 가장 눈에 띄는 것이 주택공급확대 부분이다. 문재인 정부의 부동산정책 방향을 요약하면 다주택자에 대한 조세강화 및 대출축소라고 할 수 있다. 특히 이들을 투기적 세력으로 규정하고 우리나라 부동산 시장의 문제점을 이 투기적 세력에 1차적 원인이 있다고 판단한 후 이들의 투기수요를 억제하면 부동산 시장의 문제는 해결된다는 것이 주된 정책의 방향이었다.

2017년 8월 2일 대책 발표 당시 국토부장관은 공급의 문제가 아니라 투기적 수요가 문제라고 분명하게 규정했었는데 2018년 9월 13일 '주택 안정화 방안'은 그런 기류에서 공급확대와 수요억제라는 투톱 정책으로 전환함을 의미하기 때문이다. 8.2대책 발표 때 함께 투톱정책으로 계획했더라면 훨씬 짜임새를 갖추었을 것이란 아쉬움이 큰 것은 결과적으로 정책기조가 자주 바뀐다는 것으로 이미지만 흐려지고 신뢰성만 떨어뜨리는 점이기 때문이다. 당시 한 경제신문 기사[9]를 참조해본다.

'정부가 치솟는 집값을 잡기 위해 서울과 1기 신도시 사이에 3기 신도시 4~5곳을 개발하기로 했다. 수요 억제 일변도였던 정부 부동산 대책이 공급 확대 병행 쪽으로 돌아섰다는 평가가 나온다.

김현미 국토교통부 장관은 21일 세종로 정부서울청사에서 이 같은 내용을 담은 '수도권 주택공급 확대 방안'을 발표했다. 국토부는 내년 상반기까지 30만 가구를 공급할 수 있는 택지 30곳을 선정하기로 했다. 이 중 20만 가구는 330만㎡ 이상의 신도시 4~5곳을 조성해 공급하기로 했다. 3기 신도시는 서울과 경기 성남 분당, 고양 일산 등 1기 신도시 사이에 들어설 예정이다.

10만 가구는 중소 규모 택지 25~26곳을 조성해 공급한다. 이날 1차로 중소 규모 택지 17곳(3만 5000가구)의 위치를 공개했다. 서울 11곳(1만 282가구), 경기 5곳(1만 7160가구), 인천 1곳(7800가구) 등이다. 서울에선 옛 성동구치소 부지와 개포동 재건마을이 포함됐다. 다른 9개 부지 위치는 사전협의 등을 거쳐 서울시가 공개하기로 했다.

---

9) 『한국경제신문』 인터넷 기사 참조, 입력 2018.09.21 16:23, 수정 2018.09.21 23:13, 지면A1.

경기도에선 광명 하안2, 의왕 청계2, 성남 신촌, 시흥 하중, 의정부 우정 등이 포함됐다. 인천에선 검암 역세권(인천지하철 2호선)이 선정됐다. 나머지 6만 5000가구 공급을 위한 중소 규모 택지는 서울과 경기 일대의 국공유지, 철도부지, 군부대·체육시설 등에서 확보하기로 했다. 이문기 국토부 주택토지실장은 "연내 신도시 1~2곳을 포함해 10만 가구 물량을 추가 발표한 뒤 내년 상반기까지 모든 신규 택지 선정을 마무리 하겠다"고 말했다.

국토부는 또 서울 도심의 주택 공급을 확대하기 위해 400% 이하로 돼 있는 상업지역과 준주거지역 용적률을 각각 600%와 500%로 올리기로 했다. 심교언 건국대 부동산학과 교수는 "무주택자의 불안 심리를 안정시키는 효과가 나타나겠지만 아파트 분양 시점이 2021년 이후로 먼 게 변수"라고 말했다.

문재인 정부의 주택 공급정책은 곧바로 2018년 9월 21일, 12월 16일에 연달아 후속 조치를 발표하였다. 이 기사는 2018년 9월 13일 발표된 '주택 안정화 방안'의 후속조치로 2018년 9월 21일 발표된 '수도권 주택공급 확대방안'에 대한 내용이다.

주된 내용을 살펴보면 3가지로 요약된다. 1) 양질의 저렴한 주택이 충분히 공급"될 수 있도록, 입지가 우수한 공공택지(30만 호) 확보를 2019년 상반기까지 완료하고, 2) 신혼희망타운(10만 호)은 사업 단축 등을 통해 금년부터 분양착수하며, 3) 도시규제 정비 등을 통한 도심 내 주택공급 확대한다는 내용이다.

먼저 수도권 공공택지 확보를 통한 30만 호 추가공급은 1) 1차 17곳, 3.5만 호(서울 : 11곳 약 10,000호, 경기 : 5곳 17,160호, 인천 : 1곳 7,800호) 선정하고 2) 향후 26.5만 호 택지(서울과 1기 신도시 사이 대규모 택지 4~5개소 20만 호, 중소규모 택지 약 6.5만 호 공급) 확보 계획이다.

그리고 신혼희망타운(10만 호)은 1)전국 목표 10만 호 중 택지 8.0만 호를 이미 확보 완료(확보율 80%)했으며 수도권 공급목표 7만 호 중 택지 6.0만 호 확보 완료(확보율 86%)하였고 2) 2018년 첫 분양(위례, 평택 고덕)을 시작으로, 2022년까지 수도권 5.4만 호 분양할 계획이다.

도시규제 정비 등을 통한 도심 내 주택공급 확대한다는 내용은 1) 도시규제 완화를 통한 상업지역 등 주택공급 확대하기 위하여 ① 상업지역의 주거용 비율 80%로 상향, 주거용 용적률 상향(400 → 600%)하며 ② 준주거지역의 초과용적률의 50% 이상 임대 공급 시 용적률 상향(400 → 500%)할 계획이며, 2) 개발사업의 기부채납 시설을 공공임대주택까지 확대 개선하고 3) 역세권 분양·임대주택 공급확대를 위하여 ① 역세권 용도지역 종 상향을 통해 주택공급 확대를 추진하고 ② 주차장 설치 기준을 지자체 조례로 완화할 수 있도록 위임범위 확대 검토하겠다는 내용이다.

이밖에도 소규모 정비 활성화 대책으로 1) 공적임대주택이 세대수의 20%인 경우에도 인센티브를 부여하고, 기반시설 설치 시에도 인센티브 제공하며 2) 사업 대상에 연립주택 추가 및 가로구역을 인정하는 내용으로 요건을 완화하고 3) 일반분양분 전량 매입 임대 리츠 설립 및 기금 융자기간을 연장하겠다는 내용이다.

공급측면에서 보면 서울 등 도심권의 공급과 대규모 신도시 4~5개의 건설계획이 눈에 띈다. 그런데 도심권 공급의 방법이 주거비율을 높여주고 용적률을 상향해주는 방법으로 추진한다는데 대해서는 의아함이 커지면서 동시에 부동산정책에 대해서만큼은 문재인 정부의 한계를 느끼게 한다.

도심의 밀도를 높일 뿐만 아니라 주거 인프라가 부족한 환경도 문제이고 용적률이 상향되면 토지가격이 덩달아 오르기 때문에 당연 주택가격도 오를 것인데 그런 결론에 도달하면 문재인 정부가 지금까지 주장한 거와 상반되기 때문이다. 또한 문재인 정부의 트레이드마크처럼 정착된 재건축, 재개발 규제 정책과 상반되는 내용이기도 하기 때문이다.

재건축, 재개발이 투기의 진원지라는 시각 때문에 강력한 규제조치를 단행함으로서 재건축, 재개발 사업이 연기되거나 포기하는 등 재건축, 재개발 시장이 거의 전멸하였는데 주거환경이 더 열악한 도심의 상업지역 등에 용적률을 올려주고 주거비율을 높여서 주택을 공급을 늘리겠다는 것은 뭔가 앞뒤가 맞지 않는 정책임을 누구나 짐작할 수 있는 것이다. 이 계획을 보면 장기 계획을 바탕으로 단기적으로 추진해야할 로드맵은 전혀 없거나 있어도 그 로드맵을 따를 여유가 없다는 의미와 같다고 할 수 있다. 언젠가는 다시 수정될 만한 내용이라 판단되는데 그렇다면 정부가 다급해진 나머지 임기응변식으로 내놓는 대책이라 판단되는 것이다.

그리고 향후 26.5만 호 택지(서울과 1기 신도시 사이 대규모 택지 4~5개소 20만 호, 중소규모 택지 약 6.5만 호 공급)를 확보한다는 계획은 소위 3기 신도시를 말한다. 정부는 2018년 12월과, 2019년 5월 등 두 번에 걸쳐 제3기 신도시 계획을 발표하였다.

대규모 택지공급을 기준으로 보면 2018년 12월에 3곳(왕숙, 교산, 계양)을 발표했고 2019년 5월에 다시 2곳(창릉, 대장)을 발표하였다. 가장 큰 지역은 남양주 왕숙 지역으로 346만 평, 6.6천 세대이다. 크고 작은 지역을 모두 포함하면 약 30만 세대 규모인데 단위당 세대규모를 보면 1만 세대~2만 세대 수준의 중소형 신도시라 할 수 있겠다.

문재인 정부의 신도시는 이전의 신도시에 비해 훨씬 규모가 작다는 특징과 함께 정작 서울은 없고 서울과 근접한 지역에 마치 지역적인 형평성을 고려하는 모습으로 발표되었다.

[표 2-4] 제3기 신도시 현황

구 분	남양주 왕숙	하남 교산	인천 계양	과천	고양 창릉	부천 대장
면적(만평)	343	196	101	47	247	104
주택(만호)	6.6	3.2	1.7	0.7	3.8	2.0
인구(만명)	-	-	-	-	-	-
개발기간	-	-	-	-	-	-

문재인 정부의 신도시 계획에는 세 가지 의문이 생긴다. 첫째는 정작 필요한 서울에는 왜 신도시가 없을 까라는 것이고 두 번째는 서울을 기준으로 동서남북으로 굳이 형평성 있게 고려하는 이유는 뭘까 라는 것이다. 그리고 신도시 계획은 과연 부동산 시장을 안정시키는데 최적의 방안일까라는 의문이다.

신도시 계획은 그동안 2차례 있었다. 노태우 정부의 신도시를 1기, 김대중 정부의신도시를 2기라고 칭하고 문재인 정부의 신도시를 3기라 칭하는 것이다. 그때도 대규모 신도시를 공급함으로서 주택난을 해소하고 부동산 시장의 안정화를 가져오는 것을 목적으로 하였다. 하지만 20년~30년이 지난 지금도 여전히 주택난과 시장의 불안정화는 지속되고 있으니 과연 신도시 정책은 성공했다고 할 수 있는 것일까.

1기 신도시 현황						
구분	합계	분당	일산	평촌	산본	중동
면적(만평)	1516	594	476	154	127	165
인구(만명)	116	39	27	16	16	16
주택(만호)	29.2	9.7	6.9	4.2	4.2	4.1
용적률(%)		184	169	204	205	225
개발기간		'89.8~'96.12	'90.3~'95.12	'89.8~'95.12	'89.8~'95.1	'90.2~'96.1

　원래 신도시는 강남 대체성을 목적으로 개발되었다. 그 목적대로라면 강남의 인구가 분산되고 수요가 분산되어서 강남의 편중성이 완화되어야 하는데 전혀 그렇지가 않다. 이유는 간단하다. 강남의 대체 기능을 갖지도 못할뿐더러 오히려 보완적인 기능을 하기 때문이다. 보완적 기능이란 강남에서 누리고 싶은 편익을 보완적으로 누리게 된다는 의미이다. 강남으로 진입을 위한 교두보 정도의 기능이라는 것이다.

　만약 기회가 되면 강남으로 진입을 언제든지 노리는 지역인 것이다. 서울에서 강남으로 가기 전, 지방에서 서울로 진입하기 전에 선택할 수 있는 지역인 것이다. 강남은 아니지만 강남 같은 지역(?)이라는 느낌. 신도시가 당초 목적대로 이루어지려면 강남보다 더 좋은 지역이어야 하고 강남의 대체성이 확실해야 하는데 그렇지 못하니 결과적으로는 신도시 계획은 실패한 것이라 할 것이다. 그런 신도시를 계속 만들면 신도시끼리 대체재가 되어서 다투게 된다. 그러니 신도시 주변에 신도시가 들어서는 것을 기존의 신도시가 바라지 않는 것이다.

　지역별 형평성 있게 개발하는 것은 더 이상한 대책이다. 강남의 수요를 지역별로 분산시키겠다는 건지, 아니면 각 지역별로 강남처럼 개발하겠다는 건지, 그것도 아니면 강남의 보완지역으로서 베드타운화하겠다는 건지, 도대체 그 목적을 알 수가 없는 것이다. 그냥 신도시공급이라는 전제만 있을 뿐, '왜, 여기인가'라는 것에서는 지역 간 형평성 외에는 뚜렷한 목적이 안 보이는 것이다.

　지역적 형평성이라는 차원에서 본다면 굳이 신도시를 만들지 않아도 되는 지역이 있고 꼭 필요한 지역이 있을 수 있는데 그렇게 접근하지 않았다면 어떤 지역은 오히려 과잉 공급지역이 되어 불필요한, 또는 시기적으로 너무 빠른 신도시개발이 되기 때문에 주변 지역으로부터 반발을 사게 되는 것이다.

가장 심각한 것은 왜 정작 필요한 서울은 없을까 하는 것이다. 가장 필요한 곳이 서울인데도 서울은 도심개발 등 소규모 공급만 하고 신도시는 빠졌을까. 이 답도 간단하다. 신도시를 건설할 만한 토지가 없기 때문이다. 문재인 정부의 3기 신도시 면적을 보면 최소 47만 평에서 최대 343만 평에 이른다. 그 정도의 면적이라면 기존에 형성된 도시지역에서는 불가능하고 도시외지역에서 개발하여야 하는데 도시외지역이 서울은 단 1평도 없는 것이다.

이 문제는 대단히 중요하다. 왜냐하면 서울은 주택보급률이 100%가 안 된 지역이고 수요가 많은 지역이다. 그렇기 때문에 어디 지역보다도 우선적으로 공급되어야 할 지역이다. 어디 지역보다도 신도시 공급이 선행되어야 하고 도시외지역의 토지가 많아야할 지역이다. 그런데 그런 서울에 도시외 지역 토지가 단 1평도 없다는 사실은 서울에서 신도시 공급은 불가능하다는 얘기와 같은 것이다.

이런 결과로 보면 서울의 부동산 시장, 특히 수급불균형의 전형적인 서울의 부동산 시장을 정부가 수급계획으로 정상화시킬 수 없다는 결론이다. 수요를 억제하는 수밖에 별 뾰쪽한 방법이 없는 것이다. 그러니 재건축, 재개발이 유일한 답이라고 생각하는 전문가들이 많은 것이다. 소위 투기적 수요자들도 이런 내용을 누구보다 더 잘 안다. 그래서 재건축, 재개발에 투기자본이 몰리는 것이다. 정부는 그런 재건축, 재개발에 유입되는 투기자본을 철저히 규제하고 있는 것이다.

그런데 뭔가 앞뒤가 맞지 않다는 것을 알 수 있을 것이다. 공급하는 방법이 재건축, 재개발밖에 없는데 규제했으니 향후의 공급 물량은 더욱 낮아져서 가격의 급등 요인은 커져만 가고 있고, 토지가 없으니 신도시급 공급방법은 어렵고 실수요자뿐만 아니라 투기수요까지 몰려들고 있으니 도대체 서울지역의 부동산 시장을 정상화시킨다는 것은 거의 불가능한 처지가 된 것이다.

[표 2-5] 용도지역 현황

구분	합계	도시지역						비도시지역			
		소계	주거지역	상업지역	공업지역	녹지지역	미지정지역	소계	관리지역	농림지역	자연환경보전지역
합계	100.0	16.7	2.5	0.3	1.1	11.9	0.9	83.3	25.6	46.4	11.2
서울	100.0	100.0	53.7	4.2	3.3	38.8	0.0	0.0	0.0	0.0	0.0
부산	100.0	94.7	14.5	2.5	6.5	55.0	16.2	5.3	0.0	0.0	5.3
대구	100.0	90.3	13.7	2.1	4.6	69.9	0.0	9.7	0.0	4.2	5.5
인천	100.0	50.1	10.3	2.0	5.5	24.9	7.4	49.9	27.3	22.6	0.0
광주	100.0	95.8	17.4	1.8	5.0	71.6	0.0	4.2	3.5	0.7	0.0
대전	100.0	91.8	13.1	1.6	2.5	74.6	0.0	8.2	1.7	5.2	1.2
울산	100.0	66.0	5.9	0.7	7.1	45.0	7.4	34.0	5.4	24.7	3.8
세종	100.0	30.7	6.0	1.2	1.9	21.2	0.3	69.3	37.4	31.4	0.6
경기	100.0	32.5	5.5	0.6	1.3	25.1	0.1	67.5	29.1	34.2	4.2
강원	100.0	6.1	0.8	0.1	0.2	4.7	0.2	93.3	19.3	64.3	10.3
충북	100.0	9.9	1.3	0.2	0.8	7.6	0.0	90.1	30.5	48.4	11.2
충남	100.0	10.3	1.5	0.2	1.3	6.7	0.6	89.7	35.9	45.8	7.9
전북	100.0	10.9	1.5	0.2	0.8	7.5	0.9	89.1	31.5	49.2	8.4
전남	100.0	11.1	1.1	0.1	1.1	7.6	1.2	88.9	22.3	41.2	25.4
경북	100.0	9.8	1.1	0.1	0.8	7.1	0.5	90.2	26.0	58.3	5.9
경남	100.0	17.0	1.9	0.2	1.2	12.5	1.2	83.0	24.5	42.0	16.5
제주	100.0	22.9	2.6	0.3	0.3	19.0	0.8	77.1	52.9	5.3	18.9

그래서 신도시를 서울과 근접한 곳에 개발한다고 하지만 서울과의 거리는 근접해도 접근성은 불량하니 접근성을 위해서 도로, 교통 등을 신설하는 등 수도권이 온통 개발만 되고 있지 효용성은 의문인 것이다.

신도시는 계속 개발되어야 하지만 지금처럼 콘셉이 애매한 신도시는 오히려 부동산 시장에 혼란만 가중시키는 역할을 하지 않을까 우려되는 것이다. 서울에 인구를 분산시키는 정책이 필요하거나 서울에 신도시를 개발하거나 재건축, 재개발을 양성화하거나 해서 본질적인 문제를 해결하는 것만이 답인 것이다. 그 전에는 어떤 정책도 임기방편적인 정책이 되어 다시금 지금과 같은 반복적인 부동산정책이 이어질 것이란 추측이 가능해진다고 할 것이다. 이것이 공급정책과 신도시의 한계이며 여기에 정부의 고충이 있는 것이다.

15. 서울 부동산 시장은 과연 안정화가 가능할까

서울에 얼마나 많은 주택이 필요할까. 주택보급률에 적당한 소요주택은 얼마나 될까. 그리고 그 수요에 맞는 공급은 과연 가능할까. 전국적인 부동산 문제의 진원지가 서울이라는 사실을 부정할 사람은 없다. 그래서 정부는 소위 핀셋대책이라는 이름으로 거의 '올인'하듯이 서울에 집중하고 있다. 과연 서울의 부동산 시장은 안정될까. 서울을 분석해 보자.

서울의 현재(2018년 기준) 인구는 9,674천 명이다. 총가구수는 3,813천 가구이다. 주택수는 3,682천 호이다(이상 2018년 주택보급률 기준). 그리고 1년간 멸실 주택은 33천 호이다. 이에 따라서 주택과부족은 약 164천 호가 부족한 실정이다. 2019년 준공된 주택이 75천 호이다. 따라서 과부족은 89천 호이다.

89천 호가 부족하고 이것을 일시에 공급한다고 했을 때 필요한 토지는 1만 세대당 약 50만 평(3기 신도시 계획안 참조) 정도로 추정한다면 약 450만 평이 필요하다. 450만 평은 제1기 신도시 기준으로 분당 또는 일산 정도의 규모이다. 그런 정도의 토지가 서울에 있어야 하는데 앞서 설명했듯이 서울에 도시외지역은 단 1평도 없다. 따라서 이 정도 규모의 신도시를 서울에 만든다는 것은 거의 불가능하다. 그러면 서울은 항상 공급 부족의 지역인 것이다.

여기에 1년간 가구 증가를 보면 2018년 주택보급률 기준으로 볼 때 전년도에 비해 26.5천 가구가 증가 했다. 하지만 같은 기간 주택 공급은 10.9천 가구 증가했다. 한 해 동안 15.6천 호의 주택이 추가로 부족한 것으로 나타났다. 그렇게 누적된다고 가정하면 서울은 점차 시간이 지날수록 공급부족의 현상이 커진다고 할 것이다.

이것이 의미하는 것은 분당 또는 일산 1개 수준의 신도시를 서울 시내에 건설한다고 해도 공급이 충분하지 않다는 것을 의미하는 것이다. 그렇다면 우선적으로 토지를 확보하거나 그렇지 않다면 기존의 토지를 좀 더 효율적으로 이용하는 방법밖에 없다는 결론이다. 극단적으로 표현한다면 서울인구 유입을 최대한 막고, 가구증가율도 막으며 서울이외의 지역으로 이동하도록 유도하는 방법이 있지만 신도시 개발의 한계에서 살폈듯이 쉽지도 않을뿐더러 오히려 역효과가 난다는 것을 알 수 있었기에 최선의 방법은 아니라고 할 것이다.

[표 2-6] 주택 수요 · 공급 추계

구분	19. 수요						19. 공급	수급차
	총인구	총가구	주택	과부족	멸실주택	소계	당년도 준공	
전국	51,629,512	19,979.2	20,818.0	-838.8	115.1	-723.7	518.1	1,241.8
서울	9,673,936	3,813.3	3,682.4	130.9	33.5	164.4	75.4	-89.0
부산	3,395,278	1,354.4	1,412.9	-58.5	8.2	-50.3	30.5	80.8
대구	2,444,412	948.0	996.1	-48.1	6.4	-41.7	10.7	52.4
인천	2,936,117	1,080.3	1,107.8	-27.5	6.4	-21.1	13.7	34.8
광주	1,490,092	575.7	616.5	-40.8	2.1	-38.7	16.3	55.0
대전	1,511,214	597.7	611.9	-14.2	5.3	-8.9	6.8	15.7
울산	1,150,116	428.7	476.0	-47.3	1.3	-46.0	13.1	59.0
세종	312,374	104.3	130.9	-26.6	0.9	-25.7	11.2	36.9
경기	13,103,188	4,603.0	4,798.0	-195.0	22.5	-172.5	175.9	348.4
강원	1,520,391	620.7	688.7	-68.0	2.8	-65.2	23.0	88.1
충북	1,620,935	629.1	729.7	-100.6	3.2	-97.4	16.2	113.7
충남	2,181,416	835.0	959.5	-124.5	2.6	-121.9	15.0	136.9
전북	1,818,157	728.9	802.0	-73.1	3.6	-69.5	16.9	86.5
전남	1,790,352	733.8	829.5	-95.7	3.4	-92.3	13.7	106.0
경북	2,672,902	1,087.8	1,271.0	-183.2	5.0	-178.2	25.3	203.4
경남	3,350,350	1,293.0	1,438.8	-145.8	6.9	-138.9	47.2	186.1
제주	658,282	240.2	266.4	-26.2	1.0	-25.2	7.3	32.5
수도권	25,713,241	9,496.5	9,588.1	-91.6	62.4	-29.2	264.9	294.1
지방권	25,916,271	10,177.4	11,229.9	-1,052.5	52.7	-999.8	253.1	1,252.9

기준 : 2018년 주택보급률

서울의 토지 용도지역을 자세히 분석해 보면 도시지역과 도시외지역의 비율이 100% : 0% 이다. 도시지역은 다시 주거지역이 53.7%, 상업지역이 4.2%, 공업지역이 3.3%, 녹지지역이 38.8%이다. 전 국토 321억 평 중 1억 8천 평이 서울의 면적이다. 그중에서 53.7%가 주거지역 이니 약 1억 평(96,660천 평)이 주거지역이며 상업지역은 756만 평, 공업지역은 594만 평, 그리고 녹지지역이 6,984만 평 등이다.

본질적으로 토지 면적은 증가할 수 없으니 주어진 면적으로 수요량을 충족해야 하는데 면 적으로만 보면 공업지역 전체가 필요한 신도시 규모가 되는 것 같으니 이를 아예 주거지역으로 변경함이 어떨까라는 참으로 바보스런 생각을 해 본다. 그런데 한편으로는 그것도 하나의 대안이 될 수 있을 것 같은 게 우리나라의 용도지역제는 60년 가까이 유지되어 오고 있어서 시대적 환경과 거리감이 있는 것도 사실이다. 한 번쯤 전면적인 개정이 필요하다고 할 것이며 지금이 그 시점이 아닌가 고민해본다.

예를 들면 79~80년대는 공업화 과정에서 공업지역의 필요성이 절대적이었으나 지금은 공 장도 많지 않을뿐더러 있더라도 소프트 산업의 발달에 따라 굴뚝 없는 공장의 시대이고 더구 나 일반 사무실에서도 충분히 생산이 가능한 분야가 증가하고 있기 때문에 굳이 공업지역이 라는 용도지역을 유지할 필요가 있을까라는 합리적 의문을 갖는 것이다.

다음에는 녹지지역이 있는데 이는 환경차원에서는 대단히 중요한 용도지역이니까 가급적 철저히 보존하는 것이 좋다. 그린벨트도 녹지지역에 포함되는데 역시 환경보존 차원이다. 다 만 2002년부터 그린벨트 해제 분위기가 계속 되고 있기 때문에 그린벨트로 지정하여 계속 유 지하기에는 현실적으로 용도폐기 된 지역은 가능할 것이다. 이 또한 용도지역 개편 방안을 포 함하여 검토하여야 할 것이다.

그렇지 않다면 이번엔 상업지역인데 상업지역은 주거환경으로서는 그다지 선망스럽지가 않다. 왜냐하면 고밀도 건축물과 유흥업종이 함께 배치되어 있을 가능성이 높고 학교 등 주거 기반시설이 열악하기 때문이다. 문재인 정부는 도심지 상업지역의 주상복합건물에 주거비율 을 80%(기존 70%)로 높이고 용적률을 높여주는 방법으로 주택공급계획을 발표했는데 이런 의 미에서 공급에만 급급한 나머지 주거환경을 후순위에 밀린 듯싶다.

더구나 상업지역의 용적률을 올려주는 것은 토지가격의 상승과 연관성을 갖게 된다. 토지가격의 모든 부동산의 원가가 되는 기초가격이므로 토지가격 상승은 곧 주택 분양가격 상승과 같다고 할 것이다. 때문에 도심지에 주거비율을 높이고 용적률을 올려주는 것도 한계가 있다고 할 것이다. 때문에 상업지역 공급으로 서울의 부동산 문제를 해결할 수가 없다. 단지 부분적으로, 또는 일시적으로 메시지 전달수준에 머물 것이다. 그렇다면 굳이 상업지역을 건드릴 필요가 있겠는가. 무분별한 도심지 개발이 될 것이 뻔하고 부동산 시장 안정화에 크게 도움 되지도 않을 것이 분명하다고 할 것이다.

[표 2-7] 주택보급률

(단위 : 천 호, 천 가구)

구분	2016			2017			2018		
	가구수	주택수	과부족	가구수	주택수	차이	가구수	주택수	과부족
전국	256.7	318.0	61.3	306.2	436.3	130.1	305.3	504.6	199.3
수도권	117.4	144.6	27.2	164.5	174.1	9.6	189.5	252.6	63.1
지방	139.3	173.4	34.1	141.7	262.3	120.6	115.8	251.9	136.1
서울	0.2	11.1	10.9	28.6	27.4	-1.2	26.5	10.9	-15.6
부산	8.3	5.3	-3.0	10.2	20.5	10.3	9.2	16.9	7.7
대구	7.3	22.8	15.5	12.2	22.2	10.0	9.5	7.7	-1.8
인천	17.4	17.5	0.1	17.5	11.3	-6.2	14.4	23.6	9.2
광주	2.2	8.2	6.0	6.3	11.2	4.9	2.9	10.3	7.4
대전	8.2	5.4	-2.8	7.0	4.3	-2.7	4.5	7.0	2.5
울산	2.6	4.4	1.8	2.7	11.4	8.7	2.7	7.6	4.9
세종	15.2	5.4	-9.8	13.9	18.3	4.4	14.7	14.6	-0.1
경기	99.7	115.9	16.2	118.6	135.4	16.8	148.5	218.2	69.7
강원	10.2	8.8	-1.4	4.4	13.1	8.7	7.8	19.9	12.1
충북	16.0	14.9	-1.1	11.2	16.5	5.3	11.9	28.9	17.0
충남	17.5	26.4	8.9	21.3	33.9	12.6	16.1	36.7	20.6
전북	7.4	6.9	-0.5	4.2	7.3	3.1	4.1	16.9	12.8
전남	6.6	9.2	2.6	6.6	11.2	4.6	3.6	13.2	9.6

경북	13.9	21.2	7.3	11.2	30.6	19.4	6.7	23.7	17.0
경남	15.0	19.9	4.9	19.5	45.6	26.1	13.4	34.8	21.4
제주	8.9	14.5	5.6	10.9	16.2	5.3	8.8	13.8	5.0

그렇다면 마지막으로 주거지역에 대한 징책이 필요한데 주거지역의 장점은 주거기능과 주거 인프라가 갖추어진 지역이라는 것이다. 따라서 기존 환경에 편승하는 것이므로 다른 용도지역에 비해 훨씬 용이하다. 약 1억 평에 가까운 주거지역을 확대하는 정책이 적합하다고 할 것이나 양적 증가는 불가하므로 질적 증가를 통해 토지 공급을 늘리는 효과를 얻는 것이다.

[표 2-8] 용도지역 면적 현황

소재지 (시도)별(1)	합계	도시지역	관리지역	농림지역	자연환경 보전지역
전국	32,151,324,561	5,381,126,100	8,234,777,960	14,928,608,884	3,606,811,617
서울특별시	183,183,893	183,183,893	0	0	0
부산광역시	300,543,213	284,598,299	0	0	15,944,913
대구광역시	267,263,376	241,369,513	70,253	11,214,251	14,609,359
인천광역시	349,810,376	175,370,665	95,453,874	78,970,123	15,714
광주광역시	151,608,474	145,215,611	5,319,924	1,072,939	0
대전광역시	163,311,537	149,984,361	2,789,323	8,556,487	1,981,366
울산광역시	346,240,241	228,551,442	18,839,781	85,646,641	13,202,378
세종특별자치시	140,804,537	43,171,368	52,642,410	44,206,380	784,379
경기도	3,140,275,157	1,021,239,378	913,431,993	1,074,377,685	131,226,102
강원도	5,112,884,554	311,204,065	987,511,295	3,287,395,976	526,773,218
충청북도	2,240,581,109	221,127,539	682,994,980	1,084,913,441	251,545,149
충청남도	2,645,092,190	273,732,778	950,190,876	1,211,309,779	209,858,757
전라북도	2,459,715,006	268,157,214	774,341,290	1,210,782,942	206,433,559
전라남도	4,668,828,670	519,822,685	1,040,710,582	1,923,090,326	1,185,205,076
경상북도	5,786,398,862	564,700,371	1,506,010,764	3,373,455,129	342,232,598
경상남도	3,574,270,494	607,332,513	876,002,685	1,500,963,615	589,971,682
제주특별자치도	620,512,872	142,364,404	328,467,931	32,653,170	117,027,366

방안을 제시하면 모든 주거지역의 용적률을 100%~200% 상향 조정하고 높이에 대해서도 초고층을 허용하여 공중의 개발을 허용하며(엘리베이터의 발달로 기술적으로는 가능함) 지하의 활용도를 높이게 해서 다양한 공간을 만들 수 있도록 하는 것이다. 1억 평에 100% 용적률을 높이면 지금의 1/3~1/4의 추가 토지 확보의 효과를 얻을 수 있는 것이다. 왜냐하면 지금의 용적률이 150%~250%인데 이를 250%~350%로 상향하면 지금의 1/3을 더 확보하게 되기 때문이다. 용적률이 높아지면 토지가격도 오르겠지만 모든 토지에 적용하면 오르는 효과가 반감할 것이며 오히려 주택 공급가격은 더 많은 공급이 이루어지므로 가격이 하락할 것이다.

또 다른 방법으로는 재건축, 재개발을 촉진하는 것이다. 지금처럼 규제하는 것이 아니라 역설적으로 더 장려하고 촉진하는 것이다. 단, 그 차익이 발생하면 공공임대주택, 공공임대상가. 공공임대업무빌딩 등으로 대물케 함으로서 부당이득을 회수하는 장치를 마련하는 것이다. 주택을 건설할 수 있는 토지를 확보하는 것이 우선이라면 장기적으로는 검토해 볼 필요가 있다고 할 것이다.

통계적으로 심각하게 검토해야 될 것은 2018년 인구주택총조사 등록센서스 기준으로 본 서울의 주택 과부족 현황 분석의 결과이다. 주택보급률과 이 자료의 차이점은 주택수이다. 주택보급률은 주택수가 전국적으로 20,818천 호이고 2018년 인구주택총조사 등록센서스 기준 17,633천 호로서 약 300호가 차이가 난다. 서울의 경우에는 주택보급률 통계는 3,682천 호이고, 2018년 인구주택총조사 등록센서스 기준으로는 2,894천 호이다. 약 100만 호가 차이가 난다. 이 통계에 의하면 과부족은 1,045천 호이다. 100만 호라면 1만 호가 50만 평이 필요하다는 기준으로 보면 5,000만 평이 필요하다는 얘기가 된다. 서울이 1억 8천 평인데 추가로 5,000만 평이 필요하다면 현재의 서울의 1/3이 더 필요하다는 것과 같다. 서울을 더 확대해서 경기도 일원을 흡수하기 전에는 도저히 불가능한 숫자이다. 이 통계를 반영한다면 서울은 아예 전면 개편해야 한다는 결론이다. 지금처럼 상업용지 용적률 확대와 같은 정책으로는 어림도 없다고 할 것이다.

부동산 이론에는 '공가현상'이라는 것이 있다. 주택보급률 100%에 대한 모순을 설명하는 이론이다. 예를 들면 주택보급률 100%일 때 모든 가구가 1가구 1주택이었다고 가정하자. 그러면 추가 공급이 필요할 것인가, 불필요할 것인가. 정답은 추가 공급이 필요하다는 것이다. 왜냐하면 어떤 사람이 이사를 간다고 할 때 이사 갈 집의 거주자도 어딘가로 이사를 가주어야 그 집이 비어서 이사가 가능할 것이다. 그렇다면 그날은 모든 사람들이 동시에 이사를 가주어야 막힘없이 이사가 마무리 된다는 것이다. 만약 단 1명만이라도 이사를 안 가면 처음부터 이사를 할 수 없게 된다. 이를 해소하려면 중간에 '공가가 있어야 한다는 것이다. 이를 '공가현상 또는 공가연쇄현상'이라 한다.

주택보급률 100%는 공급이 완성된 것이 아니다. 외국의 주택보급률을 인구천인당 주택수로 환산해보면 110%~120% 사이에 있다. 이들 나라도 주택시장이 호황기가 있고 불황기가 있다. 가격이 급등하여 정부가 주택시장을 진정시키기 위해 골머리를 앓을 때도 있다. 하지만 이들 국가들은 주택공급이 완성되었다고 하지 않는다. 대부분 공급확대를 주장한다.

[표 2-9] 인구 · 주택 총조사로 본 주택 수요 · 공급 추계

구분	19. 수요						19. 공급	수급차
	총인구	총가구	주택	과부족	멸실주택	소계	당년도 준공	
전국	51,629,512	20,499,543	17,633,327	2,866,216	115,119	2,981,335	518,084	-2,463,251
서울	9,673,936	3,981,741	2,894,078	1,087,663	33,459	1,121,122	75,373	-1,045,749
부산	3,395,278	1,378,164	1,220,782	157,382	8,234	165,616	30,476	-135,140
대구	2,444,412	968,265	792,998	175,267	6,350	181,617	10,650	-170,967
인천	2,936,117	1,122,041	997,959	124,082	6,433	130,515	13,679	-116,836
광주	1,490,092	586,263	514,767	71,496	2,065	73,561	16,263	-57,298
대전	1,511,214	608,260	486,764	121,496	5,261	126,757	6,809	-119,948
울산	1,150,116	439,930	379,741	60,189	1,331	61,520	13,051	-48,469
세종	312,374	120,629	118,959	1,670	891	2,561	11,233	+8,672
경기	13,103,188	4,934,208	4,169,100	765,108	22,522	787,630	175,894	-611,736
강원	1,520,391	634,847	603,644	31,203	2,845	34,048	22,982	-11,066
충북	1,620,935	656,101	607,686	48,415	3,152	51,567	16,245	-35,322
충남	2,181,416	877,628	835,752	41,876	2,622	44,498	14,981	-29,517
전북	1,818,157	743,341	712,850	30,491	3,563	34,054	16,933	-17,121

전남	1,790,352	747,681	777,966	-30,285	3,434	-26,851	13,740	+40,591
경북	2,672,902	1,113,008	1,060,505	52,503	5,045	57,548	25,250	-32,298
경남	3,350,350	1,331,278	1,226,708	104,570	6,935	111,505	47,201	-64,304
제주	658,282	256,158	233,068	23,090	977	24,067	7,324	-16,743
수도권	25,713,241	10,037,990	8,061,137	1,976,853	62,414	2,039,267	264,946	-1,774,321
지방권	25,916,271	10,461,553	9,572,190	889,363	52,705	942,068	253,138	-688,930

기준 : 2018년 인구주택총조사 등록센서스

16. 공직자는 2주택 이상이면 1주택은 팔아야 한다

2019년 12월 16일 문재인 정부의 18번째 부동산 대책은 새로운 메시지를 내놓았다. 다주택자에게 경고성 메시지이면서 동시에 공직자에게 던지는 메시지였다. 내용인즉 공직자가 2주택 이상이면 1주택은 팔아야 한다는 것이다. 다주택자를 대상으로 끝없는 메시지를 던졌고 금융, 조세 등을 통해 수많은 정책을 쏟아냈지만 만족할 만한 성과가 없자 급기야 공직자에게도 먼저 처분을 권고하게 된 것이다.

다음은 당시의 신문기사[10] 내용이다.

청와대가 16일 수도권에 2채 이상의 주택을 보유한 비서관급 이상 소속 공직자에게 1채를 제외한 나머지 주택을 처분하라고 권고했다. 주택시장 안정화를 위해 청와대 고위공직자부터 '1가구 1주택'의 솔선수범을 보이라는 것이다. 투기 과열지구 등에 두 채 이상의 주택을 보유한 청와대 비서관급 이상 공직자는 11명인 것으로 알려졌다.

청와대는 권고사항의 이행 여부를 향후 인사에도 반영할 방침이다. 청와대 권고는 비단 청와대 소속 고위공직자뿐만 아니라 공직사회 전반에 상당한 파급효과를 줄 것으로 보인다. 부동산 투기와의 전면전에 나선 청와대가 공직사회부터 칼을 대기 시작했다는 관측

---

10) 「청와대 다주택 청 고위급, 1주택만 보유하라」, 『경향신문』 원문 l, 입력 2019. 12. 16 22:53, 수정 2019. 12. 17 09:28.

이 나온다. 청와대 윤도한 국민소통수석은 서면브리핑에서 "노영민 비서실장은 오늘 대통령비서실과 안보실의 비서관급 이상 고위공직자들이 정부의 부동산 가격안정 정책에 적극적으로 동참할 것을 요청했다"고 밝혔다.

이어 "노 실장은 수도권 내 2채 이상 집을 보유한 청와대 고위공직자들은 불가피한 사유가 없다면 이른 시일 안에 1채를 제외한 나머지를 처분할 것을 권고했다"며 "노 실장은 청와대 고위공직자들의 솔선수범이 필요하다고 강조했다"고 설명했다.

윤 수석은 춘추관 브리핑에서 "서울 강남 3구 그리고 부동산 투기지역 또는 투기 과열지구에 주택을 두 채 이상 보유 중인 청와대 비서관급 이상 공직자는 지난 공직자 재산신고 기준으로 11명으로 파악하고 있다"며 "(처분 시한은) 6개월 정도로 보고 있다"고 말했다. 또 "(권고 이행 여부는) 청와대 임용에 하나의 잣대가 되지 않을까 판단하고 있다"면서 "다른 부처 고위공직자에게도 파급 영향을 미치지 않을까 생각하고 있다"고 했다.

윤 수석은 "청와대 고위공직자들이 솔선수범하는 자세를 보여야 오늘 발표한 집값 안정대책의 실효성을 높이는 데 도움이 될 수 있다는 판단 하에 이런 결정을 한 것"이라고 덧붙였다.

경제정의실천시민연합은 지난 11일 현 정부 출범 후 대통령비서실 재직 고위공직자 65명의 부동산 현황을 분석한 결과, 이들이 소유한 부동산 가격이 3년 새 평균 3억 2000만 원, 상위 10명은 9억 3,000만 원이 올랐다고 밝혔다.

다음은 또 다른 신문의 기사[11] 일부 내용이다.

청와대와 총리실을 비롯한 정부 부처 등에 재직 중인 재산공개 대상 고위공직자 중 3분의 1은 다주택자인 것으로 나타났다. 다주택자 중 20%는 3주택 이상을 보유하고 있었다. 정부 공직자윤리위원회가 26일 공개한 2019년 12월 31일 기준 정기 재산변동 사항에 따르면 부처 고위공무원과 공직유관단체장 등 재산이 공개된 중앙 부처 재직자 750명 중 다

---

11) 『연합뉴스』 원문 I, 입력 2020.03.26 00:00, 수정 2020.03.26 07:29.

주택자는 248명이었다. 248명 중 2주택자는 196명이었고, 3주택자는 36명, 4채 이상의 주택을 보유한 공직자는 16명이었다. 이는 상가 등을 제외하고 공직자 자신과 부인 명의로 된 아파트와 다세대주택, 연립주택 등을 집계한 결과다.

이 정도 되면 청와대에서 다주택자에 대한 초강력 경고성 대책을 발표한다 해도 시장에서 쉽게 반영될 수 없는 구조라는 사실을 인지할 수 있을 것이다. 사실 부동산에 대한 본질적인 성향을 이해한다면 고위공직자라도 투자하지 않을 수 없을 것이다. 하지만 문재인 정부의 부동산에 대한 반감은 결국 고위 공직자들의 사적 재산에까지 영향을 미치게 되었다. 공직을 선택하려면 팔아야 하고 다주택을 보유하려면 공직을 버려야 하는 기로에서 어떤 선택들을 할지 주목된다. 실제로 우리나라의 다주택 보유자는 어느 정도일까. 그림을 설명하면 전체 가구 중에서 43%는 무주택자이고 1가구 1주택자는 40%(815만 가구)이며 1가구 다주택자는 15.4(307만 가구)이다. 즉 전체 국민의 15%가 다주택자인 것이다. 주택 소유자 중에서 1주택자는 약 73%이고 2주택자는 19.9%, 3주택은 4.7%, 4주택자는 1.3%, 5주택자는 0.5%, 6주택 이상은 0.9%이다.

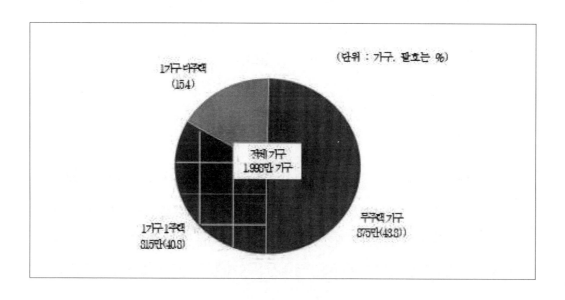

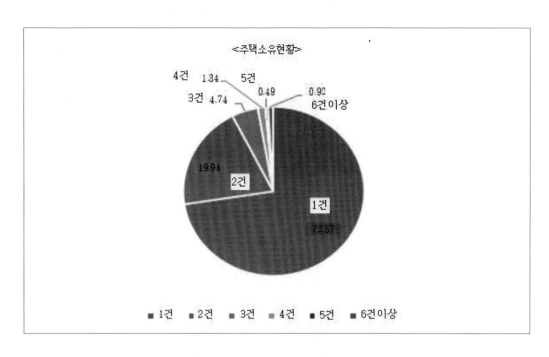

<주택소유현황>

구분	총가구	무주택 가구	소유가구	1건	2건	3건	4건	5건 이상
전국	19,979,188	8,745,282	11,233,906	8,152,590	2,239,622	532,641	151,014	158,039
서울	3,839,766	1,955,343	1,884,423	1,364,418	363,068	87,994	26,534	42,409
부산	1,363,608	567,337	796,271	585,877	151,551	35,809	10,310	12,724
대구	957,516	399,549	557,967	413,193	107,617	24,804	6,929	5,424
인천	1,094,749	452,004	642,745	481,748	120,428	26,196	7,260	7,113
광주	578,559	244,706	333,853	248,931	63,130	14,272	4,028	3,492
대전	602,175	276,947	325,228	239,147	63,533	14,709	4,177	3,662
울산	431,391	156,602	274,789	201,699	55,361	11,893	3,115	2,721
세종	119,029	54,485	64,544	43,688	14,841	3,835	1,192	988
경기	4,751,497	2,109,413	2,642,084	1,943,814	513,583	116,392	32,611	35,684
강원	628,484	275,449	353,035	252,996	71,840	17,663	5,300	5,236
충북	640,978	269,754	371,224	266,991	74,580	18,882	5,674	5,097
충남	851,124	358,560	492,564	338,251	108,746	29,308	8,817	7,442
전북	732,980	298,879	434,101	313,734	88,287	21,671	5,710	4,699
전남	737,406	295,766	441,640	312,746	94,693	23,668	6,404	4,129
경북	1,094,534	428,712	665,822	469,431	144,858	35,601	9,422	6,510
경남	1,306,394	489,952	816,442	584,907	172,301	41,103	10,608	7,523
제주	248,998	111,824	137,174	91,019	31,205	8,841	2,923	3,186

구분	총가구	무주택 가구	소유가구	1건	2건	3건	4건	5건 이상
전국	100.0	43.8	56.2	40.8	11.2	2.7	0.8	0.8
서울	100.0	50.9	49.1	35.5	9.5	2.3	0.7	1.1
부산	100.0	41.6	58.4	43.0	11.1	2.6	0.8	0.9
대구	100.0	41.7	58.3	43.2	11.2	2.6	0.7	0.6
인천	100.0	41.3	58.7	44.0	11.0	2.4	0.7	0.6
광주	100.0	42.3	57.7	43.0	10.9	2.5	0.7	0.6
대전	100.0	46.0	54.0	39.7	10.6	2.4	0.7	0.6
울산	100.0	36.3	63.7	46.8	12.8	2.8	0.7	0.6
세종	100.0	45.8	54.2	36.7	12.5	3.2	1.0	0.8
경기	100.0	44.4	55.6	40.9	10.8	2.4	0.7	0.8
강원	100.0	43.8	56.2	40.3	11.4	2.8	0.8	0.8
충북	100.0	42.1	57.9	41.7	11.6	2.9	0.9	0.8
충남	100.0	42.1	57.9	39.7	12.8	3.4	1.0	0.9
전북	100.0	40.8	59.2	42.8	12.0	3.0	0.8	0.6
전남	100.0	40.1	59.9	42.4	12.8	3.2	0.9	0.6
경북	100.0	39.2	60.8	42.9	13.2	3.3	0.9	0.6
경남	100.0	37.5	62.5	44.8	13.2	3.1	0.8	0.6
제주	100.0	44.9	55.1	36.6	12.5	3.6	1.2	1.3

　지역별로 분석해 보면 서울의 경우 무주택자가 50.9%, 유주택자가 49.1%이다, 절반은 집이 없고 절반은 집이 있다는 것이다. 1주택자는 35.5%, 2주택자는 9.5%, 3주택자는 2.3%, 4주택자 0.7%, 5주택 이상자는 1.1%이다. 무주택자가 50% 넘는 곳은 서울뿐이다. 그러니 서울이 가장 심각한 것이다. 역으로 서울이 가장 투자하기 좋은 곳이고 서울이 가장 불균형적인 시장인 것이다.

　문재인 정부가 추진하는 부동산 대책, 이른바 핀셋 정책은 다주택자, 특히 서울의 다주택자를 대상으로 한다는 점에서 국민의 약 15% 다주택자를 대상으로 펼치는 부동산정책인 것이며 그 정책에 의해 그 외 85%의 실수요자, 무주택자들이 힘들어하는 것은 무슨 이유인가. 족

집게처럼 해당자와 대상지역 만 집중적으로 규제하는 진짜 핀셋정책은 안 되는 걸까. 다주택자들에게 다 팔고 1주택만 가지고 있으라며 규제를 계속 강화한다면 그들은 과연 다 팔까, 판다면 어느 지역, 어느 주택부터 팔까.

부동산 이론에 블루칩효과(Blue-Chip Effect)라는 이론이 있다. 블루칩이라는 용어는 원래 주식용어이다. 일반적으로 상당기간 동안 안정적인 이익창출과 배당지급을 실행해 온 기업의 주식을 일컫는 말로서 우량주라고 불리기도 한다. 우량주는 통일된 기준이나 개념이 정립되어 있는 것이 아니나 일반적으로 수익과 재무내용이 좋고 업계에서 유력한 직위를 갖고 있는 회사의 주식을 말한다. 통상 우량주는 경기변동에 강하고 고수익 및 고배당을 유지하기 때문에 신용도가 매우 높으며 지명도도 높은 것이 현실이다. 블루칩의 기원은 트럼프의 포커에서 쓰이는 세 종류(흰색, 빨간색, 청색)의 칩 가운데 가장 높은 것이 블루칩이라는 대서 유래[12]되었다.

부동산에서 블루칩이란 부동산 가격이 전체적으로 상승할 때는 다른 부동산에 비해 상승폭이 훨씬 크고 전체적으로 하락할 때에는 다른 부동산에 비해 하락 폭이 월등히 작게 나타나는 부동산을 말한다. 반대의 경우를 레드칩이라 한다. 특히 전체적으로 가격이 하락하는데도 유독 하락하지 않고 오히려 상승하는 부동산의 경우에는 초블루칩이라 한다.

만약 1가구 2주택자가 있는데 정부에서 강제적으로 1주택을 팔도록 정책을 펼쳤다면 어떤 주택을 팔아야 할까. 첫 번째 주택은 소위 블루칩이고 두 번째 주택은 일반적인 주택이라면 대부분 일반주택을 팔고 블루칩주택은 보유하려 할 것이다. 그러면 일반주택의 매물은 시장에 쏟아지고 가격은 더욱 하락할 것이다. 그러나 블루칩 주택은 팔지 않고 보유하려 하기 때문에 공급은 현저히 줄어들게 될 것이다. 때문에 블루칩은 공급이 현저히 줄어들면서 상대적으로 수요를 증가시키기 때문에 가격은 오히려 더욱 올라가게 된다. 이것을 블루칩효과라고 하는 것이다.

블루칩 효과에 의하면 주택 가격이 너무 올라서 가격의 하락을 목적으로 정부가 강력히 규제한다면 부동산 가격이 내리겠지만 시장에서는 블루칩보다는 레드칩 부동산이 더 많이 내릴 것이다. 또한 정부가 시장을 활성화하기 위하여 규제완화를 단행할 때 시장 가격은 오를

---

12) 네이버 백과사전, 2010. 11. 29, 검색 및 편집.

것이다. 이때 레드칩보다는 블루칩 부동산이 훨씬 많이 오를 것이다. 때문에 정부가 규제를 하던 규제 완화를 하던 혜택을 보는 것은 블루칩 부동산인 것이다.

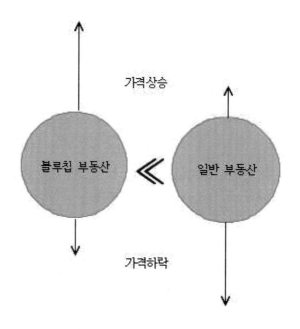

블루칩효과는 지역적으로 나타날 수 있고 같은 지역 내에서도 나타날 수 있고 같은 아파트 단지 내에서도 나타날 수 있다. 극단적으로 블루칩 그룹 안에서도 나타날 수 있다. 부동산을 투자한다는 관점에서 보면 블루칩을 많이 보유하는 것이 유리하다. 주식시장에서 우량주를 많이 보유하는 것이 안정적인 것과 같다. 1주택보유자라면 블루칩을 보유하는 것이 현명하다. 나중에 대체 거래 시에도 유리한 위치를 가질 수 있기 때문이다.

우리나라에서 블루칩 부동산의 전형적인 지역은 서울이고 서울에서도 강남임을 모르는 사람은 없을 것이다. 그렇다면 부동산 시장을 정부가 개입해서 규제를 할 때도 규제 완화를 할 때도 서울과 강남은 혜택을 봤다는 얘기가 된다. 결론은 서울, 강남이었던 것이다. 그래서 만약 정부가 강제로라도 모든 공직자에게 1주택만 남기고 팔라한다면 아마도 강남의 주택만 남기고 다 팔 것이다. 그래서 결국 강남은 공급이 끊기면서 가격상승의 잠재력만 키우게 되는 것이다. 그러니 지금의 방법대로 공직자 1주택만 남기고 다 팔라는 것은 강남만 남기라는 것과 같은 의미인 것이다. 다주택이 문제가 아니라 서울, 강남이 문제인데 다주택만 내리 패면 최종적으로는 강남 소유자들만 남는 장사가 되는 것이다. 이것을 정부가 바라는 게 절대 아닐 것이라면 반드시 시장 진단을 제대로 다시 하고 정확하고 적합한 처방을 내려야 할 것이다.

17. 특징 : 노무현 정부의 재생판

문재인 정부의 부동산정책의 특징은 한마디로 노무현 정부 부동산정책의 '재생판'이라 할 것이다. 정책의 내용도 그렇고 추진하는 과정도 그렇고 정책을 입안하는 청와대 및 관계부처 도 그렇다. 하물며 담당하는 고위 공직자들도 노무현 정부 당시에 부동산을 담당했던 공직자 들로 이루어져 있으니 그 사람이 그 사람이고 그 정책이 그 정책인 것이다. 신선함도 없고 특 별한 것도 없다.

어느 기자가 이를 두고 물었다. '노무현 정부 때와 뭐가 다르고 그때 이미 실패한 경험이 있 는데 그걸 반복하는 것 같지 않느냐'고. 돌아온 답은 간단했다. '그때는 대응하는 시간이 너무 늦어서 실패했는데 그 경험을 기반으로 이번에는 선제 대응할 것이며 반드시 잡겠다'고.

그리고 2019년 12월 16일까지 18번의 대책 발표가 있었다. 여전히 의문을 품는 사람들이 많아서 대통령께 질문했다. '무슨 자신감이냐'고. 대통령은 답했다. '이번엔 자신 있다. 반드시 정상적인 가격으로 환원하겠다'고.

사실 부동산 시장 환경도 노무현 정부 때와 유사했다. 노무현 정부는 급등하는 부동산 시장 을 잡기 위해 온갖 제도를 다 도입했다. 부동산 시장이 급등한 이유는 이전 정부인 김대중 정 부의 부동산 시장 규제 완화 때문이었다. 김대중 대통령은 IMF 극복 방법으로 시장 경제를 중 시했고 부동산 시장 활성화를 기반으로 경제 살리기에 총력을 펼칠 때였다. 그래서 가급적 모 든 규제는 완화하는 것이 옳다고 판단하고 부동산 시장의 규제를 역대 정부에서 찾아볼 수 없 을 정도로 과감하고 광범위하게 완화하였다.

대표적인 것만 열거하면 제2기 신도시 건설, 전매제도 허용, 양도소득세율 0%, 취득세 완화, 분양가 자율화, 대출확대, 금리인하 등이다. 부동산 시장은 바로 반응했다. 거래가 살아나고 가격은 급등했다. 시장이 너무 급하게 타오르니까 김대중 대통령 집권말기에는 오히려 규제정책으로 전환하기도 했다. 이런 추세가 노무현 정부에까지 이어졌다. 오히려 노무현 정부에서 더 크게 올랐다. 그래서 노무현 대통령은 당선되자마자 강력한 규제정책을 들고 나왔다.

그 당시 노무현 정부에서 부동산정책을 설계했던 청와대 참모들이 문재인 정부에서 부동산정책을 설계하게 되었으니 그 시절, 그 사람, 그 정책이라는 말이 시중에 떠도는 것이다. 노무현 정부의 정책은 김대중 정부의 정책과 극과극의 내용을 담고 있었다. 대표적인 것을 나열하면 전매제도 불허, 양도소득세율 강화, 취득세 원상복귀, 종합부동산세 신설, 분양가상한제 신설, 대출축소, DTI신설, LTV 강화 등이다. 김대중 정부의 정책과 상대적으로 비교가 될 것이다.

그런데 노무현 정부의 정책은 시장에서 정 반대로 반응했다. 규제를 아무리해도 한 번 호황기에 진입한 부동산 시장은 쉽게 가라앉지 않고 더 급등했다. 노무현 대통령은 이 문제를 강남 재건축 시장이 주된 진앙지라 판단하고 버블7지역을 발표하고 투기지역, 투기과열지구 등으로 지정한 '핀셋정책'을 집중하였다. 하지만 임기 만료까지 끝내 잡지 못하고 말았다. 그래서 규제는 역대 정부 중에서 가장 강하게 했는데 실패하고 말았다는 평가를 받게 된 것이다.

문재인 정부도 비슷하였다. 이전 박근혜 정부에서 수출부진에 따른 경기침체를 극복하기 위해 부동산 부양책을 내 놓았다. 특히 강남 재건축 시장의 규제를 완화하고 전매허용, 조세감면, 대출확대, 금리인하 등을 내용으로 하는 부동산 부양책을 펼쳤다. 시장은 즉각 반응했다. 강남 시장을 중심으로 부동산 가격이 급등하기 시작하였고 갭투자라는 투기적 자본이 유입되어 급속도로 뜨거워지기 시작하였다. 집권말기에 다시 규제정책으로 전환할 수밖에 없을 정도였다. 박근혜 대통령이 탄핵되어 임기를 다 채우지 못하게 됨으로서 부동산 시장은 다시 또 새로운 환경을 맞게 된다.

그것은 문재인 대통령의 등장이다. 탄핵으로 급하게 선거하고 당선되자 급하게 청와대와 정부 조직을 구성하게 되었다. 그래서인지 당시 노무현 정부 당시의 청와대 인사들로 다시 꾸려서 부동산정책을 발표하게 된다. 문재인 정부에 앞서 박근혜 정부의 부양책에 따른 호황기에 대해 강력한 규제정책을 펼치기 시작했다. 주된 내용을 열거하면 전매금지, 강남중심 규제

강화(핀셋정책), 양도소득세 인상, 종합부동산세 확대, 대출억제 등이다.

이를 과거 김대중, 노무현 정부 때와 비교해 보면, 그 내용에 과소 차이는 있지만 달라진 것이 거의 없다는 것을 알 수 있을 것이다. 한마디로 노무현 정부의 재생판인 것이다. 새로운 것은 고사하고 부동산 시장과의 전쟁을 선포할 정도로 반드시 잡겠다는 의지도 똑같다. 시장은 금방 눈치를 챘다, 이미 경험한 바 있기 때문이다. 그래서 정부의 의지와는 정반대로 반응했다. 아무리 강한 정책이라도 노무현 정부의 정책 범위에서 벗어나지 못했고 어떤 정책이라도 노무현 정부처럼 시장은 역으로 반응했다. 이게 도대체 뭔가. 15년 전의 현상이 똑같이 벌어지고 있는 상황인 것이다.

시장은 경험에 의해 이미 알고 있는 것이다. 문재인 정부의 부동산정책은 특별하게 새로운 것이 없었던 것이고 부동산 시장의 근본적인 문제를 해결할 수 없을 것으로 판단하고 있는 것이다. 여기서 문재인 정부의 가장 큰 실수를 꼽자면 과거 노무현 정부의 참모들을 다시 선택한 것이고 그들이 실패한 정책을 다시 들고 나온 것이며 그때의 경험을 교훈삼아 새롭고 다른 정책을 내놓아야 하는데 그렇지 못한 것이며 그 실패한 경험에서 보여준 '잘못된 진단은 더 잘못된 처방을 가져 온다'는 사실을 간과한 것이다.

새로운 아이디어가 필요하고 좀 더 노련하고 숙련된 진단이 필요하고 시장에 적합한 처방이 필요할 때는 새로운 인물과, 새로운 의지, 새로운 제도가 필요했던 것이다. 중요한 것은 아마도 집권만기 때까지도 이런 분위기는 바뀌지 않을 것이란 전망이다. 부동산 시장은 부동산의 문제부터 접근해서 부동산 시장, 부동산 환경 등을 먼저 진단하고 처방하여야할 것이다. 그러기 위해서는 부동산 전문가, 현직 부동산 종사자, 투기자본가 등 수많은 사람들과 충분한 교감과 교류와 아이디어 등을 모아서 단기관점이 아닌 장기 관점에서 설계되어야 할 것이다.

18. 국민기초주택제도(가칭)의 제안

국민의 50%는 임대 거주를 하고 있다. 이는 임대시장이 매매시장 이상으로 크다는 것을 의미한다. 그리고 부동산 시장에서 차지하는 비중이 크다는 것을 의미한다. 임대시장은 투기적 자금의 유입을 용이하게 한다. 때문에 극단적으로 표현하자면, 부동산 시장이 안정적으로 유지되려면 임대시장이 사라져야 한다. 임대시장에 발생한, 전세의 지렛대효과를 포함한 임대수익이 존재하기 때문에 결과적으로 투기성 자금이 유입되기 때문이다. 또한 임대시장은 소득재분배 차원에서 볼 때 오히려 빈익빈부익부 현상을 높여서 사회적으로 악순환을 가져오기 때문이다. 특히 영세한, 저소득자, 청년, 신혼, 노년의 임대시장은 자유시장이 되면 이런 현상은 더욱 심각해진다.

극단적인 표현이라 했듯이 현실적으로는 임대시장이 사라질 수 없다. 하지만 국민으로서 누려야할 최소한 주거공간을 국가차원에서 해결할 수 있다면 영세한, 저소득자, 청년, 신혼, 노년의 임대시장은 사라질 수도 있을 것이다. 이들의 주거문제는 국가에서 주거복지 차원에서 해결할 수 있는 방안으로 '국민기초주택제도(가칭)'를 제안한다.

최근 우리나라 청년들의 고민 중의 하나가 결혼을 하고 싶어도 마땅한 신혼주택을 마련하기가 쉽지 않다는 것이다. 취업도 어렵지만 어렵게 취업해도 막상 주택을 매입하기에는 너무 고가여서 처음부터 전세, 아니면 월세를 얻어야 하는데 그나마도 비싸서 감당하기 어렵다는 고민이다. 차라리 결혼을 미루거나 결혼을 하더라도 주택마련을 위해 출산을 미루는 경우가 많다는 것이다.

한편 그런 자식을 가진 부모는 이미 사회적 은퇴를 해서 벌이는 없고 겨우 집 하나 갖고 노후를 보내지만 그런 자식의 결혼을 위해 살던 집을 팔고 전세로 이전하거나 월세로 전환함으로서 노후 생활을 불안하게 하는 경우가 있다는 것이다. 이런 문제들이 사회적 문제로 대두되고 있다. 시간이 흐른 뒤에 이 문제가 고착되면 처음부터 주택이 없는 사람들은 주택매입이 점차 더 어려워짐으로서 사회적 이원화는 더 커지는 등 국가적 폐해가 심각해진다고 할 것이다.

이렇게 점차로 심각해지는 주택문제, 특히 청년, 신혼, 노년의 주택문제를 해결하기 위한 방안으로 주거복지 차원의 '국민기초주택제도(가칭)'를 제안하고자 하는 것이다. '국민기초주택제도(가칭)'란 요람에서부터 무덤까지 국민으로서 가장 기초적인 주거문제는 주거복지차원에서 국가에서 해결해준다는 개념이다. 주택이 필요한 시기를 청년, 신혼, 사회, 노년 등 4단계로 나누고 그중 사회는 민간임대시장에서 해결하기로 하고 사회를 제외한 3단계는 국가에서 해결해 준다는 내용이다.

청년주택은 부모에서 독립하는 나이인 만 18세 이상이 되는 청년들에게 부모가 2주택 이상이거나 일정소득 이상이면 제외한다는 전제를 하고 '기숙사형 임대주택(원룸 3~5평형)'을 제공하는 것이다. 최저 관리비와 감가상각비만 받는 조건이면 후에 다시 재건축 자원으로 확보하는 조건이면 충분할 것이다.

[표 2-10] 자가 비율

구분	2006		2008		2010		2012		2014		2016		2017		2018	
	자가	전세	자가	전세	자가	전세	자가	전세	자가	전세	자가	전세	자가	전세	자가	전세
전국	55.6	22.4	56.4	22.3	54.3	21.7	53.8	21.8	53.6	19.6	56.8	15.5	57.7	15.2	57.7	15.2
서울	44.6	33.2	44.9	33.5	41.2	32.8	40.4	32.5	40.2	32.1	42.0	26.3	42.9	25.8	43.3	25.7
부산	56.7	22.1	59.2	19.6	57.9	18.7	57.6	18.7	57.7	14.6	61.3	11.4	61.7	11.1	62.3	11.0
대구	53.9	21.1	55.9	19.3	55.5	20.0	55.4	20.9	55.1	17.7	59.3	12.3	59.4	12.3	59.4	12.3
인천	60.6	21.4	61.2	21.2	55.7	22.9	55.3	22.8	55.0	23.3	58.4	16.1	59.6	15.8	59.6	15.8
광주	53.6	21.5	57.4	17.6	59.0	15.3	58.7	15.3	59.5	13.7	61.8	9.8	62.5	9.5	62.4	9.5
대전	52.0	23.1	54.3	23.5	50.9	19.6	50.7	19.5	51.2	15.2	53.7	15.5	53.9	15.5	53.4	15.7
울산	58.8	17.5	58.8	21.1	59.8	14.7	59.1	14.7	59.0	16.7	62.8	9.1	63.5	8.9	64.0	8.8
경기	53.2	26.9	53.7	27.8	49.3	27.9	48.3	27.9	48.7	25.6	52.7	19.9	53.0	19.5	53.0	19.4
세종	-	-	-	-	-	-	-	-	-	-	-	-	52.1	16.9	52.7	16.7
강원	57.9	13.1	61.1	11.8	59.1	13.4	58.9	14.3	59.8	9.9	61.4	9.0	64.1	8.5	64.2	8.5
충북	60.2	14.5	62.4	12.8	61.9	14.1	62.2	13.8	61.3	14.3	64.9	10.1	66.1	9.7	66.3	9.7
충남	62.9	14.1	64.0	12.9	61.2	15.0	63.1	16.1	60.3	10.3	63.9	10.3	67.1	9.2	66.8	9.2
전북	65.7	12.8	64.2	13.7	67.6	10.5	69.7	10.3	67.1	6.0	68.2	7.5	69.1	7.4	69.3	7.3
전남	69.5	14.6	66.6	14.7	70.7	11.7	69.4	12.3	69.5	6.3	73.4	7.8	74.8	7.3	74.2	7.5
경북	66.6	11.4	68.5	11.6	66.4	10.7	65.9	10.6	66.3	8.3	69.3	5.9	70.9	5.7	70.8	5.7
경남	62.6	14.4	61.7	16.6	63.2	12.8	62.5	12.8	63.3	10.2	66.8	7.1	67.8	7.8	68.0	7.7
제주	54.8	6.7	56.8	5.6	56.6	5.7	56.9	6.7	56.2	4.6	57.5	3.3	58.9	3.3	58.4	3.3

신혼주택은 출생신고를 하면 기초주택 입주 쿠폰을 남, 여 각각 1/2을 부여하고 이들이 혼인신고를 하면 신혼주택(15평형 투룸형)을 국가에서 제공하는 것이다. 마찬가지로 부모가 2주택 이상이면 제외하고 관리비와 감가상각비만 받는 조건이면 충분할 것이다.

사회주택은 자녀가 유치원 입학 시부터 부모가 사회에서 은퇴할 때까지를 기준으로 민간주택시장에서 스스로 해결하도록 하는 것이다. 물론 주택청약을 통해 분양을 받거나 민간주택을 매매하거나 민간임대시장에서 임대하는 방법이다. 민간 주택시장도 동시에 존재, 활성화하는 방안으로 이 시장을 인정해 줘야 하며 사회활동을 통하여 얻어지는 소득에 의존하는 방안이므로 국가보다는 민간시장에서 해결하도록 하는 것이다.

노년주택은 사회은퇴 후 취약계층, 무소득, 무주택자들에게 제공하는 실버주택이다. 본인들의 주택을 팔아도 되고 주택연금으로 선택해도 된다. 의료시스템이 갖춰진 실버주택을 국가차원에서 제공하되 사후에는 국가에 반납하고 국가에서 운영하는 공동묘지형 수목장 등으로 사후를 보내게 하는 것이다.

이렇게 요람에서 무덤까지 주택만큼은 걱정 없는 시스템을 구축하는 것을 '국민기초주택제도(가칭)'라고 하고 이를 도입함으로서 요동치는 부동산 시장을 안정화시키고 국민들의 주거문제를 복지차원에서 해결하고자 하는 것이다. 다주택 문제는 해결될 수 있을 것이다.

조금 허황된 제안일 수 있지만 깊이 연구하고 국민들의 합의와 지혜를 모아서 제도적으로 정착시키면 부동산 시장만큼은 세계적으로 가장 안정된 나라가 될 수 있다는 희망으로 제안하는 것이다.

19. 소득주도성장 전략의 한계와 부동산 시장

'소득이 늘어나면 그만큼 소비도 늘어나고 소비가 늘어나면 생산이 늘어나서 고용이 증가할 것이다. 이를 위해 최저임금제를 도입하고 집권 3년 차에는 시간당 10,000원까지 확대해 갈 것이다.'

이것이 문재인 대통령의 대선 공약이기도 한 소득주도성장의 기본 구도이다. 문재인 정부의 경제정책의 핵심 키워드 중의 하나인 소득주도성장은 집권 1기 내각에서 강력하게 추진하여 2016년에 6,030원이었던 시급이 2020년 시급 8,590원(2016년 대비 42.45%)까지 인상하였다.

원래 2020년에 10,000원 목표로 진행하였으나 업계의 강력한 반발과 소득주도성장에 대한 부정적인 시각, 그리고 침체되고 있는 경제성장 추세 등을 감안, 일단 8,590원으로 후퇴하게 되었다. 2019년 07.12일 최저임금위원회에서 2020년 최저임금을 8,590원으로 결정하고 난 직후 문재인 대통령은 '3년 내 최저임금 1만 원' 공약을 지키지 못한 데 대해 대국민 사과를 했다고 2019년 7월 14일 김상조 청와대 정책실장이 문대통령의 입장을 전하며 청와대에서 브리핑을 진행했었다.

만약 2021년에 10,000원이 되려면 2020년 대비 대략 16.5% 정도의 인상이 이루어 져야 한다. 2018년도 인상률이 16.4%(6,470원 → 8,540원)로 가장 높은 인상률이었는데 2021년 16.5 %의 상승률은 가장 큰 폭의 인상률이 될 것이므로 사실 추진하기에 상당한 무리가 있다고 볼 수 있어서 '임기 내 최저임금 1만 원' 대선공약 이행이 어려워졌다고 한 것이다.

최저임금제는 근로자입장에서는 환영하지만 자영업 등 급여 제공자 입장에서는 강력한 반발을 받았다. 갑자기 인건비를 최근 3년 사이에 거의 40% 수준 올려야만 했으므로 매출 증가 없이 인건비 지출의 부담감만 커졌기 때문이다.

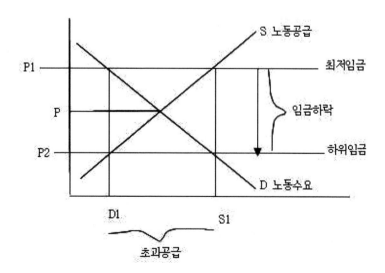

위 그래프에서 볼 수 있듯이 노동공급과 노동수요가 만나는 '시장임금가격 P'보다 더 높은 지점에서 최저임금제를 실시하면 'S1-D1 = 노동의 초과공급량'이 발생하면서 기 고용된 근로 자 중에서 일부가 퇴직하게 된다. 이때 퇴직한 근로자는 하위임금시장으로 이동하게 된다. 하위임금은 실질적인 시장임금보다 낮은 분야이다. 이 분야는 우리나라의 경우 외국인 근로 자들이 차지하고 있는 분야가 많아서 이들과 일자리 경쟁을 하게 되는 것이다.

따라서 고용주들은 늘어나는 인건비를 감당할 수 없으니까 근로자를 해고하는 경우가 늘어 나며 신규일자리가 확대되기보다는 오히려 축소되는 현상으로 나타나게 된다. 이게 장기화 되면 실업률도 높아질 뿐만 아니라 자영업자, 영세업자 등 산업의 폐, 휴업이 늘어날 수 있게 된다. 그러면 연쇄적으로 실업자가 늘어나게 된다.

이런 현상이 나타나지 않으려면 노동의 수요가 많아져야 한다. 즉 고용률이 높아지는 과정 에서 발생하여야 한다. 만약 고용률이 불변이거나 시장임금의 총액이 불변일 때는 오히려 실 업률이 높아지는 역효과가 나타나는 것이다. 그렇다면 최저임금제가 시행되는 기간 동안의 한국경제는 어떤 변화가 있었을까. 2016년~2019년의 GDP 변화를 살펴보면 2.9 → 3.2 → 2.7 → 2.0 등으로 낮아지고 있는 추세이며 특히 2019년에는 겨우 2%를 유지했다는 점에서 최저 임금제의 실시 타이밍이 아닌 시점에서 실시하고 있다는 점이 한국경제를 좀 더 어렵게 하는 요인이라 할 수 있다.

이렇게 되면 부동산 시장은 두 가지 현상이 예측된다. 하나는 인플레이션이다. 소득증가에 따른 인플레이션이 발생하게 될 것이고 이는 부동산 가격이 오르는 원인이 될 것이다. 하지만 실업률이 높아지므로 부동산 수요의 능력이 하락하게 된다. 결국 빈익빈부익부의 격차가 커 지게 되는데 부동산의 소유와 비소유의 격차도 커지게 되며 양극화가 더욱 극단화될 요인으 로 작용하게 될 것이다.

최저임금제는 문재인 정부의 경제정책의 3대 기조 중 하나인 소득주도성장정책에서 출발 하였다. 경제순환과정이 '소득 → 소비 → 생산 → 고용 → 소득 → 소비 → 생산 → 고용 → 소 득'의 과정을 순환하는데 소득이 높아지면 소비가 높아지고 소비가 높아지면 생산이 높아지 고 생산이 높아지면 고용이 높아진다는 원리이다. 이 순환과정을 소득이 주도한다고 해서 소득주도성장이라는 명분을 갖게 된 것이다.

그런데 여기에는 반드시 전제조건이 필요하다. 즉 소득을 뒷받침할 생산과 고용이 먼저 선행되어야 한다는 점이다. 만약 생산과 고용이 답보상태이거나 하락하고 있다면 소득도 답보상태이거나 하락할 수밖에 없기 때문이다. 생산과 고용이 답보상태이거나 하락 중에 소득을 올린다면 이는 시장의 총규모가 축소되는데 소득만 올리게 되므로 결과적으로 최저임금제에서 설명한 것과 같이 실업률만 높아지게 되는 것이다.

소득주도성장정책으로 인하여 부동산 시장도 덩달아 불안해지고 편중성이 커지게 되었다. 만약 소득주도성장을 생산주도, 고용주도 성장으로 먼저 주도했다면 정책방향과 방법이 다르게 전개되었을 수도 있었을 것으로 판단되는 대목이다. 타이밍이 적절하지 못했던 것 같다.

20. 코로나 19가 부동산 시장에 미치는 영향

과거 경험을 토대로 부동산 '마켓 싸이클'을 분석해 보면 몇 가지 특징을 얻을 수 있다. 오를 때는 단기간에 급등하는 것이며 급등한 이후에는 한동안 답보상태로 가다가 다시 급등하는 모습을 보인다는 점이다. 연결하면 계단과 같은 모습을 보여주었다는 것이다. 그리고 그 주기가 때로는 7년, 때로는 3년 정도의 기간을 유지하며 평균적으로 약 5.5년 정도의 수준을 나타내더라는 것이다. 이를 우리는 흔히 주기설이라 불러왔었다.

주택시장과 토지시장은 좀 다르게 나타났다. 주택시장이 위와 같이 계단과 같은 모형이라면 토지시장은 거의 직선모형으로 상승곡선을 보여주었다. 주택시장처럼 급등하는 모습도 드물었지만 답보상태도 그다지 많지 않았다는 점이 달랐다.

공통점은 크게 하락한 경우가 3번 정도 있었는데 시기적으로 거의 일치하다는 점이다. 79년도 제2차 오일쇼크, 98년도 IMF, 2009년도 국제금융위기 직후에 하락 폭이 크게 나타난 점이다. 3번의 하락 시점은 부동산의 본질적인 문제라든가, 부동산 시장의 자체문제라기보다는 부동산 시장의 외부 환경이 그 원인이었다는 것이 특징이었다. 즉 외부 충격에 의해 부동산 시장이 크게 하락하게 된 것이라는 것이다.

　종합해 보면 부동산시장은 그 추세선이 항상 우상향의 모습을 보이는데 한동안 오르다가 너무 올랐다 싶은 지점이 되면 한계점에 이르게 되어 거부감이 생기면서 답보상태에 빠지게 되다가 어느 정도 시간이 지나면 다시 상승곡선으로 진입하게 되더라는 것이다.

　이런 추세에 변형을 주는 것은 부동산이나 부동산 시장의 문제가 아니라 외부의 환경변화 즉, 외부충격(부동산 시장 외부의 환경 변화를 총칭)이라는 것이다. 외부충격은 크게 2가지로 구분할 수 있다. 하나는 정부의 정책이다. 일상적인 싸이클을 인위적으로 변형시킬 수 있는 것이 정부의 정책이라는 것이다. 너무 오르면 그 추세선을 제지하기 위해 강력한 규제정책을 펼치고 너무 낮거나 답보상태가 길어지면 규제완화를 통해서 그 추세선을 부양하는 방법이다. 중요한 것은 규제나 부양의 배경이다. 부동산 또는 부동산 시장의 문제를 명분으로 하지만 실제로는 경제 또는 그와 관련된 것이 더 우선이었던 것이다. 즉, 경제 또는 그와 관련된 문제를 부동산 시장으로 끌어들여 부동산 시장의 추세선을 흔들어 변형시키더라는 것이다.

　다른 하나는 이와는 전혀 별개로 국내외의 문제, 예기치 못한 국제적, 정치적, 경제적, 사회적인 급변하는 환경 때문이었다. 오일쇼크, IMF, 서브프라임 등이 그것이다. 이런 충격은 예방할 준비도 안 되어 있고 정부 정책과도 무관하게 진행되며 전혀 예측할 수 없다는 점에서 더욱 심각하다고 할 것이다.

　위 상황들을 묶어서 정리하면 부동산 시장이 호황기에 진입하면 5년 가까이 급등한다. 정부는 이런 추세에 제동을 걸기위해 규제정책을 내놓는다. 하지만 이때는 웬만한 정책은 잘 먹히지 않는다. 다만 4~5년쯤 되면 시장에서 스스로 조정기에 들어가는 시점이 되는데 이때부터는 규제정책이 먹히기 시작한다. 조정기에 규제정책이 먹히니까 그 효과가 탄력이 붙어서 답보상태가 상당기간 길어지게 된다, 4~5년쯤 조정기가 끝나면 다시 가격이 상승기에 진입하려 하는데 이때 정부는 경제여건 등을 감안하여 부양책이라는 명분으로 부동산 시장에 개입한다. 그러면 다시 급등하게 된다.

　여기까지는 예측이 가능한데 여기에 외부의 충격적인 사건이 개입하면 예측도 불가능할뿐더러 통제도 안 되고 대처도 못하게 되어 시장은 급락으로 빠지게 되는 것이다. 이러한 외부

충격 사건이 약 3번 있었다는 것, 오일쇼크, IMF, 서브프라임이다.

이제 예상할 수 있는 외부충격사건으로 디플레이션을 들 수 있다. 디플레이션은 GDP와 물가가 동시에 하락하는 현상이다. 이런 현상이 3년 정도 지속되면 디플레이션을 선언하게 된다. 디플레이션이 되면 부동산 시장은 장기 침체기에 빠지게 되며 무리하게 부동산을 보유한다는 것은 경제적으로 오히려 짐이 된다. 가격은 급락할 것이기 때문에 시장은 깊은 수렁으로 들어가게 된다. 잃어버린 20년이라 외쳤던 일본의 경우가 대표적인 모델이다.

우리나라가 디플레이션의 위험이 있느냐를 놓고 경제학자들이 논란을 펼치기 시작했다. 그 이유가 2019년 GDP 성장률이 2%를 겨우 달성했기 때문이다. GDP성장률 2%는 외부충격이 있었던 위 3개년도(오일쇼크, IMF, 서브프라임)를 제외하면 역대 가장 낮은 성장률이다. 그만큼 2019년 우리나라 경제가 심각했다는 근거이다.

더 심각한 것은 2%성장의 내용이다. 통상 GDP는 내수부분, 정부지출부분, 수출부분으로 나누는데 내수는 마이너스였고 수출은 거의 유지수준이었다는 점이다. 결과적으로 1%대 성장률을 기록할 뻔 했는데 2%를 지킨 것은 정부지출로 커버했다는 것이다. 정부지출은 세수를 통한 것이기 때문에 결과적으로 국민세금으로 2%를 지켰다는 것이 된다. 이런 결과를 두고 우리나라 경제의 한계를 주장하며 디플레이션을 우려하기 시작한 것이다.

문제는 2020년인데, 경제성장에 대한 전문가의 의견이 엇갈린다. 2%도 어렵다는 의견과 2% 이상은 충분하다는 의견이다. 정부는 2.4%를 예상하고 있다. 디플레이션을 우려하지 않아도 된다는 것이다. 그렇게 되어야 한다. 우리나라의 국민들의 역량으로 보면 충분히 극복할 수 있다고 보는 것이다, 그래서 우려는 할 수 있어도 비관하지는 않는다고 할 것이다.

그런데 복병이 발생했다. 바로 '코로나19'이다. '코로나19'. 감기인 줄 알았는데 단순 감기가 아니라 바이러스였다. 금세 끝날 줄 알았는데 그 끝을 예측할 수가 없다. 더구나 전 세계로 확산되었다. 생명을 위협하는 코로나 바이러스가 길어질수록 전 세계의 인구의 삶이 심각해지고 경제는 더 심각해진다는 것이다. 우리나라 GDP성장률도 1%대로 수정했다는 것이다. 1% 경제성장률은 심각한 수준이다. 더구나 코로나 바이러스 후유증으로 2021년까지 이어질 가능성도 높다고 보면 최소 1~2년은 심각한 수준으로 진입할 가능성이 높다고 할 것이다. 다만 기대되는 것은 코로나19로 인하여 재택근무, 온라인 쇼핑, 인터넷 수업 등이 늘어나면서 반도체 등 관련 산업이 오히려 호황을 누릴 수 있다는 점이다.

코로나19가 발생한 시점인 2019년 12월 이후 부동산 시장은 조정기로 들어갈 타이밍이었다. 2015년부터 급등하기 시작했으니까 주기설에 의하면 조정기 진입 직전에 있었다고 할 수 있다. 그래서 2020년부터는 급등보다는 답보상태로 진행될 타이밍이었던 것이다. 더구나 정부이 강력한 규제정책이 최정점에 도달하고 있었기에 조정기를 지나 장기 답보상태로 진입할 가능성이 무척 높은 시기였다. 특히 정부가 3년 가까이 규제 일변도로 시장에 개입했기 때문에 부동산 시장은 답보 상태로 진행될 가능성이 커졌다.

그런데 그런 환경에 외부충격이 터진 것이다. '조정기+정부규제+경제하락+코로나19'가 동시에 겹친 것이다. 2020년 부동산 시장의 급락이 예상되는 이유이다. 웬만한 맷집으로 버티기 힘들 수도 있으며 그 기간이 길어질 수도 있다. '조정기+정부규제+경제하락+코로나19' 중에서 어느 하나 해결된다고 하더라도 회복되기는 쉽지 않을 수 있다. 만약 부동산 침체 또는 급락이 계속된다면 정부는 어떤 정책을 펼쳐야 할 것인가. 문재인 정부는 다시는 부동산으로 부양책을 사용하지 않겠다고 장담했으니 문재인 정부 집권기간 중에는 부동산이 침체방향으로 지속될 것이고 한번 지속되면 4~5년은 간다고 보면 다음 정부에서도 회복될 가능성을 낮을 것이란 전망이 가능해진다.

제3장

박근혜대통령과
부동산정책

1. '탄핵사태'

제18대 대한민국 대통령에 취임(2013년 2월 25일)한 박근혜대통령은 헌법과 법률 위반을 이유로 탄핵소추 되었다. 2016년 12월 3일 오전 4시 10분, 더불어민주당, 국민의당, 정의당과 무소속 의원 171명이 "대통령(박근혜) 탄핵소추안"을 국회에서 발의했다.

헌법 위반 행위로는 최순실을 비롯한 측근들이 정책에 개입하고 국무회의에 영향력을 행사토록 했다는 점에서 대의민주주의 의무를 위배했으며, 이들이 인사에 개입하여 직업공무원제 위반, 사기업에 금품 출연을 강요하고 뇌물을 수수했다는 점에서 국민 재산권 보장·시장경제질서 및 헌법수호 의무를 위반했다고 지적했다.

또한 2014년 4월 16일에 발생한 세월호 침몰 사고에 대한 대응 실패로 헌법 10조인 '생명권 보장'을 위반했으며, 국민의 생명과 안전을 보호하기 위한 적극적 조치를 취하지 않아 직무유기에 가깝다고 적시했다. 법률 위반 행위로는 재단법인 미르와 재단법인 케이스포츠에 삼성과 SK, 롯데 등의 기업이 출연한 360억 원을 뇌물로 판단했고, 롯데가 70억 원을 추가 출연한 것 등에 대해 뇌물죄와 직권남용, 강요죄를 적용했다.

2016년 12월 9일, 탄핵 소추안이 국회에서 가결되었고 같은 날 오후 7시 3분, 박근혜 전 대통령은 국회로부터 탄핵 소추 의결서를 받는 동시에 헌법상 대통령 권한 행사가 정지되었다. 이로 인해 앞과 같은 시각부터 황교안 국무총리가 대통령 권한대행을 맡게 되었다.

2017년 3월 10일, 헌법재판소는 재판관 전원일치로 박근혜 대통령 탄핵 소추안을 인용하여 박근혜대통령은 대통령직에서 파면되었다(사건명 전 대통령(박근혜) 탄핵, 사건번호 2016헌나1, 선고일자 2017년 3월 10일(11:21 KST)). 이로써 박근혜 정부는 5년 임기를 다 채우지 못하고 4년 만에 그 막을 내리고 말았다.

2. '불어터진 국수'와 재건축

2015년 2월 열린 대통령 주재 청와대 수석비서관회의.

박근혜 대통령은 국회에 오랫동안 묶여있는 '경제활성화 법안'의 조속한 통과를 강조하며 이를 불어터진 국수에 비유했다. 당시 대통령 주재 수석비서관회의에서의 박근혜 대통령의 발언은 이렇다.

> "여러 노력이 필요하지만 지난 번 부동산 3법도 작년에 어렵게 통과가 됐는데 비유를 하
> 자면 퉁퉁 불어터진 국수입니다. 우리 경제가 참 불쌍하다. 그런 불어 터진 국수를 먹고도
> 힘을 차리는구나. 앞으로는 좀 제때 그런 거 먹일 수 있도록…."

이 말은 국회에 계류 중인 '경제활성화 법안' 처리를 당부하면서 처음 나온 말이다. 입법 타이밍을 강조한 재미있는 표현이었다.

불어터진 국수! 때를 놓쳐서 불어 터져버린 국수는 맛이 없다. 가장 맛있는 시기는 국수를 삶아서 바로 먹는 것이다. 시간이 지나면 국수의 면발이 불어터져서 맛이 없어진다. 이런 이유로 제때에 법안이 처리 안 된 경제법안을 두고 불어터진 국수에 비유한 것이다. 특히 부동산 3법이라고 하는 부동산시장 활성화 관련법이 야당의 반대로 처리가 지연된 것에 대한 불만을 나타냈었다.

부동산 3법과 비슷한 일은 2013년에도 일어났다. 2013년에 나온 주택 거래 활성화 법안 중 1) 취득세 영구 인하, 2) 리모델링 수직 증축 허용 법안 등도 우여곡절 끝에 2013년 12월 10일 국회 본회의를 통과했다. 당시 여야는 9월 정기국회 문을 연 후 3개월 동안 단 한건도 법안 처리를 하지 않다가 정기국회 종료 마지막 날에서야 부랴부랴 벼락치기로 법안을 처리했다.

리모델링 수직증축 허용 법안은 4.1대책이 나온 지 무려 8개월 만에 처리됐고, 취득세 영구 인하 법안은 8.28대책이 나온 후 3개월이 지나서야 통과됐다. 업계전문가는 "당시 4.1대책이 주택시장 봄 성수기를, 8.28대책이 가을 성수기를 앞두고 내놓은 정책이라는 점에서 제때 처

리됐으면 시장 활성화에 더 도움이 됐을 것"이라며 "국회 리스크가 주택시장의 발목을 여전히 잡고 있다"고 말했다.

3. '부동산 3법'이란

박근혜 대통령이 '불어터진 국수'로 비유한 '부동산 3법'이란 1) 분양가상한제 탄력적용(주택법), 2) 재건축 초과이익 환수제 유예(재건축 초과이익 환수에 관한 법률), 3) 조합원 보유 주택 수만큼 분양 허용(도시·주거환경정비법) 등이다.

당시 '주택법 개정안'으로 민간택지의 분양가 상한제가 폐지됐으며, '재건축 초과이익 환수에 관한 법률 개정안'으로 재건축 초과이익 환수가 3년 유예됐고, '도시 및 주거환경 정비법 개정안'으로 수도권 과밀억제권역에서 재건축 조합원 분양주택수를 1주택으로 제한하는 규정이 3주택까지 분양을 허용하는 것으로 변경됐다.

부동산 3법 중 대표적인 분양가상한제 탄력적용의 경우 지난 2012년 9월 정부 입법 발의한 뒤 무려 2년 3개월 동안 국회에서 낮잠을 잔 뒤에나 통과돼 2015년 4월 시행하게 되었다.

재건축초과이익환수제의 경우는 여야가 줄다리기를 한끝에 유예기간 종료를 코앞에 두고 가까스로 3년 연장에 합의했다.

이의 늑장처리를 놓고 '퉁퉁 불어터진 국수'에 비교했던 것이다. 부동산 3법의 국회 처리가 빨랐다면 주택시장이 좀 더 빨리 활성화될 수 있었음을 우회적으로 비판한 말이다.

주택시장은 2014년 연말 국회에서 부동산 3법이 통과된 후 2015년 연초부터 주택거래가 급증하는 등 회복세를 나타냈었다. 국토교통부 통계에 따르면 2015년 1월 주택 매매거래량이 7만9320건으로 2014년 1월보다 34.1% 증가했다. 이는 국토부가 주택 거래량 조사를 시작한 2006년 이후 최대치다. 주택경기가 좋았던 2007년 1월의 7만8798건보다도 많은 거래량이다.

이에 대한 반대론자들도 만만치 않다. 부동산 3법에 대해 "집값을 올리는 것으로는 주거안정대책도 안 되고 서민들은 죽으라는 얘기"라며 "효과는 강남에 집중될 수밖에 없다"는 것이

기존 부동산 3법 반대론자들의 입장이다.

우선 민간택지의 분양가 상한제가 폐지되면 아파트들의 고급화를 유도하는 효과가 있어 일반 주택 수요자들 입장에서는 선택권이 오히려 줄어들게 될 것이라는 지적이 있었다. 재건축 초과이익 환수가 3년 유예된 것은 어차피 재건축을 통해 초과이익을 얻을 수 있는 '강남지역' 정도만 수혜를 얻게 된다는 주장이 제기돼 왔다. 또한 조합원 분양주택수를 3주택까지 허용하는 것은 강남지역처럼 물량이 부족한 곳의 분양가를 오히려 상승시키는 효과가 있다는 비판을 받아왔다.

4. 주요 경제 지표와 부동산 시장의 특징

박근혜 정부는 탄핵에 의해 임기가 4년(2013년 2월 25일~2016년 3월 10일)으로 끝나고 말았다. 4년 동안 GDP성장률을 살펴보면 연평균 2.9%를 달성하였다. 2014년에는 3.3%수준을 달성하였고 소비자물가상승률도 1.5% 이하를 보여줌으로서 경제성과는 비교적 안정적인 모습을 나타냈었다. 다만 내수부진으로 인하여 특정 기업이나 집단에 성과가 편중되는 현상을 나타냄으로서 일반 서민이 느낄 수 있는 실질적인 경제성장의 모습이 되지 못한 아쉬움이 많았던 것도 사실이다.

부동산 분야를 살펴보면, 토지가격은 꾸준한 상승세를 나타냈으며 특히 2015년에는 지방에서 공장용토지 가격의 상승세가 두드러졌다는 점이 특징이다. 아울러 주택가격도 2014년 이후 상승세를 타기 시작했다. 이명박 정부시절 수도권 가격하락, 지방권 가격상승이라는 추세가 박근혜 정부에서는 서울마저 상승추세로 전환되는 계기가 된 것이다.

동시에 이명박 정부에서는 전세가격이 크게 오르던 것이 박근혜 정부에서는 월세가격이 크게 오르는 현상으로 변하게 된다. 토지가격, 주택가격, 전월세 가격이 동시에 상승세를 보여준 시기라는 점에서 박근혜 정부의 부동산 시장의 특징이라 할 수 있을 것이다.

5. 서민 주거안정을 위한 주택시장 정상화 종합대책 발표(2013. 4. 1)

박근혜 정부는 2013년 4월1일 출범 후 처음으로 '서민 주거안정을 위한 주택시장 정상화 종합대책'을 마련, 발표 하였다. 박근혜 정부가 출범할 당시에 주택시장은 이명박 정부에서부터 나타난 글로벌 금융위기 이후 침체국면을 벗어나지 못하고 있었고 거래가 극도로 위축되고, 주택구입수요가 대거 전세수요로 전환되면서 선세가격 불안이 지속되는 상황이 계속되고 있었다.

주택시장의 침체로 인해 서민경제의 어려움이 가중되고 있고 집을 가진 사람들은 집을 팔려고 해도 팔지 못하고, 집이 없는 사람들은 높은 전세 값 부담 때문에 고통을 받는 등 국민들은 2중고를 겪고 있었다. 특히 과도한 대출금 상환부담으로 가계운용에 어려움이 초래되고 많은 가구가 경매위기로 내몰리는 현상이 확대되고 있었다.

만약 주택시장의 위기상황이 계속되면 민생과 금융시스템, 나아가 거시경제 전반에 위험요인으로 작용할 가능성이 높아진다. 이 같은 위기상황을 조기에 극복하고, 궁극적인 정책목표인 서민의 주거안정을 이루기 위해 박근혜 정부는 세제 · 금융 · 공급 · 규제개선 분야를 망라한 '주택시장 정상화 종합대책'을 발표하게 된 것이다.

주요 내용을 보면 1) 과도한 정부의 개입과 규제 완화, 2) 수급 측면의 시장 자율조정기능 복원, 3) 세제 · 금융지원을 통한 조속한 시장 회복, 4) 하우스푸어와 렌트푸어에 대한 실효성 있는 지원대책을 강구, 5) 저소득 무주택가구를 위한 맞춤형 주거지원서비스 제공 등으로 요약할 수 있다.

좀 더 구체적으로 살펴보면,

첫째, 주택공급물량을 시장상황과 수요에 맞게 적정 수준으로 조절한다는 계획이다. 공공 분양주택의 공급물량을 기존 연 7만 호에서 2만 호로 축소하고, 수도권 그린벨트 내에서 새로운 보금자리 지구를 더 이상 지정하지 않겠다는 내용이다. 현재 추진 중인 공공택지 등 개발지구에 대해서도 지역별 수급여건을 면밀히 분석하여 주택 공급물량과 시기를 조절하며 민간주택의 착공시기와 사업물량 또한 탄력적으로 조정되도록 유도하겠다는 내용이다.

둘째, 세제·금융·청약제도를 개선하여 주택구입자에 대한 지원을 강화하겠다는 내용이다. 생애최초로 주택을 구입하는 사람들에게는 2014년 12월 말까지 취득세를 면제하고 생애최초 주택구입자금의 지원규모를 당초 2조 5천억 원에서 5조 원으로 확대하며 금리도 최저 3.3% 수준까지 대폭 낮추겠다는 내용이다. 이의 대책으로 2014년 말까지 9억 원 이하의 신규분양주택이나 미분양주택, 또는 1세대 1주택자가 보유하고 있는 9억 원 이하·85㎡ 이하 주택을 구입하는 경우, 향후 5년간의 양도소득세를 전액 면제하겠다는 내용이다.

또한 민영주택에 대한 청약제도도 도입당시와 크게 달라진 현 시장상황에 맞게 개선하여 85㎡ 초과 중대형 주택에 대해서는 '청약 가점제'를 폐지하고, 85㎡ 이하 주택의 경우에는 가점제 적용비율을 현행 75%에서 40%로 낮추는 방안이다.

셋째, 시중 여유자금을 활용하여 민간임대시장을 활성화시는 방안이다. '토지임대부 임대주택'과 '주택임대 관리업' 제도를 도입하고 민간의 임대주택에 대해서도 세제상 인센티브와 의무를 함께 부여하여 공공임대주택처럼 활용하는 '준(準)공공임대주택' 제도를 신설하는 내용이다.

넷째, 과도하고 불합리한 규제를 적극 개선하여 분양가 상한제의 신축적 운영, 불합리한 토지거래허가구역의 해제, 주택정비사업에 대한 규제개선 등을 추진한다는 내용이다. 노후아파트의 주거환경 개선과 내구연한 증대를 위해 15년 이상 경과된 아파트에 대하여 안전성이 확보되는 범위 내에서 '수직증축 리모델링'을 허용하는 방안이다. 다만, 안전상의 문제가 발생하지 않도록 전문가그룹을 통해 구체적인 허용범위를 정하고, 개별사업에 대한 구조안전성 검토를 의무화할 계획이다. 또한, 동시다발적인 사업추진으로 도시과밀문제나 전세난이 초래되는 일이 없도록 지자체별로 리모델링 기본계획을 수립한 후 중앙도시계획위원회의 심의를 받도록 하겠다는 내용이다.

다섯째, 하우스푸어·렌트푸어에 대한 지원방안이다. 과도한 대출원리금 상환부담으로 어려움을 겪는 하우스푸어 가구에 대해 채무조정, 보유주택 지분매각제도, 임대주택 리츠 매각 등 맞춤형 지원책을 추진하겠다는 내용이다. 경제적 자활의지가 있는 하우스푸어를 선별하여 지원하고, 시장원리와 책임분담의 원칙을 통해 재정부담과 도덕적 해이를 최소화하고 '목돈 안드는 전세제도'를 통해 전세금 마련에 부담이 큰 렌트푸어 가구의 고충을 덜어주며 이를 위해, 신용대출 성격의 전세대출을 대체할 수 있는 담보력이 강화된 새로운 대출구조를 마련, 세입자의 금리부담을 줄이겠다는 방안이다. 집주인과 세입자의 선택의 폭이 넓어지도록 집주인 담보대출 방식, 임차보증금 반환청구권 양도방식 등과 같은 다양한 방식을 제공하고, 주택기금을 통한 전세자금 지원도 확대하겠다는 내용이다.

여섯째, 무주택 저소득가구는 누구라도 자신의 형편에 맞는 주거지원서비스를 받을 수 있도록 하는 '보편적 주거복지'를 실현하고 2017년까지는 소득 5분위 이하 520만 무주택가구의 64%가 2022년까지는 550만 가구 모두가 공공 주거지원 서비스를 제공받을 수 있도록 하겠다. 이를 위해 매년 공공임대주택 11만 호, 공공분양주택 2만 호 등 총 13만 호의 공공주택을 공급하고, 장기저리의 전세·구입 자금을 융자 지원하겠다. 내년 하반기부터는 주택바우처 제도를 본격 도입하여 민간주택에 월세로 살고 있는 저소득가구에게 임대료를 지원할 계획이다.

특히, 공공임대주택은 도시외곽지역보다는 수요자의 직장과 학교에서 가까운 도심 내에 더 많이 공급하고 앞으로 5년간 총 20만 호의 '행복주택'을 도심 내 철도부지, 유휴 국·공유지에 건설하며 행복주택은 왕성한 사회활동을 하고 있는 사회초년생, 신혼부부, 대학생과 주거취약계층에게 부담 가능한 저렴한 임대료로 공급하며 2014년 중에는 6개 내지 8개 지구에서 1만 호의 시범사업을 추진할 계획이다.

위와 같이 '서민 주거안정을 위한 주택시장 정상화 종합대책'의 주요 내용의 특징은 한마디로 부동산 시장의 규제를 완화하여 침체된 부동산 시장을 활성화시키겠다는 의지를 나타낸 것이다.

[그림 3-1] 박근혜 정부 경제지표 및 부동산 시장 동향

(GDP 성장률(실질, %)

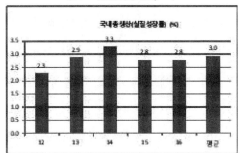

(GDP, 소비자물가 비교표)

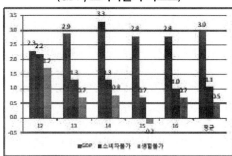

(지가상승지수)

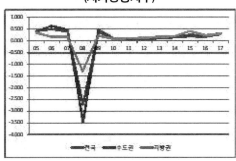

(박근혜 정부 당시 지가 상승지수)

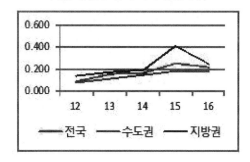

(아파트 실거래 가격 지수)

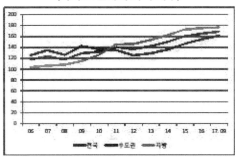

(박근혜 정부 당시 아파트 실거래가 지수)

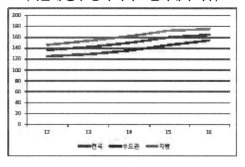

(박근혜 정부 당시 주택(종합) 매매가격 지수)

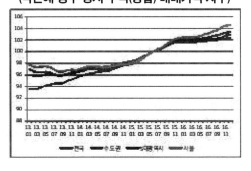

(박근혜 정부 당시 주택(종합) 전세가격 지수)

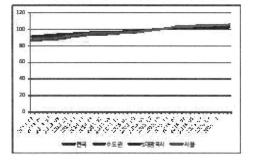

6. 서민·중산층 주거안정을 위한 전월세 대책(2013. 8. 27)

박근혜 정부는 전셋값 상승으로 인한 서민들의 주거비 부담을 완화하기 위해, 2013년 8월 28일 전월세 시장안정을 위한 대응방안을 발표하였다. 2013년도 전셋값은 7월까지 전국적으로 2.1% 상승하였고 6월 이후 거래 부진과 맞물려 비수기임에도 불구하고 상승폭이 확대되고 있는 실정이었다. 최근의 전월세시장은 월세시장은 안정적인 반면, 수도권 아파트 중고가 전세를 중심으로 상승폭이 큰 것이 특징이다. 그동안 누적된 전세가 상승으로 전세보증금의 절대수준이 높아졌으며, 이에 따라 재계약 시(2년) 체감상승률이 더욱 높아진 상황이다.

박근혜 정부는 최근의 전셋값 상승은 매매시장 부진에 따른 전세수요 증가, "전세 → 월세" 전환이라는 임차시장의 과도기적 현상에 따른 수급 불균형이 심화된 데서 비롯된 것으로 분석하고 전세 수급불균형 등 임차시장의 구조 변화에 대응하기 위한 개선방안으로 1) 전세의 매매수요 전환을 위한 주택시장 정상화 대책 지속 추진, 2) 전세수급 불안 해소를 위한 임대주택 공급 확대, 3) 전셋값 상승, 급격한 월세 전환 등으로 인한 임차인 부담완화 방안을 마련하였다.

구체적인 내용을 보면 크게 4가지 방안을 제시하였다.

첫째, 전세수요를 매매수요로 전환토록 유도하여 주택시장을 정상화하겠다는 것이다. 주택시장 침체로 전세수요로 머물러 있는 주택구입 가능계층의 주택구입을 촉진하기 위해 1) 4.1대책 후속법안의 차질 없는 추진 2) 취득세 인하 3) 저리의 장기모기지 공급 확대 등을 추진할 계획이다. 무주택자뿐 아니라, 교체수요 지원을 위해 1주택자가 대체주택을 취득한 경우에도 과세종료일 기준으로 기존주택을 처분한 경우까지로 공제대상을 확대키로 하였다.

둘째, 전월세 수급불균형 완화를 위하여 임대주택의 공급을 확대하겠다는 계획이다. 기존주택 매입·전세임대를 하반기에 집중 공급(9~12월 중 총 2.3만 호, 수도권 1.3만 호 목표)하고 단기적인 공급확대뿐 아니라, 시장 구조변화에 대응하여 중장기적인 공공임대주택 재고 확충도 지속 추진한다. 공공뿐 아니라 민간의 임대주택 공급도 활성화해 나간다는 계획이다.

셋째, 서민·중산층의 전월세 부담을 완화하겠다는 계획이다. 서민·중산층의 전월세 부담완화를 위한 방안도 강화된다. 먼저, 월세 전환에 따른 월세 세입자의 주거비 부담 완화를 위해 공제율을 현행 50% → 60%로, 소득공제한도는 현행 연 300만 원→ 500만 원으로 확대된다. 임차보증금 미반환 불안으로부터 임차인을 보호하기 위한 방안도 강구된다. 주택임대차보호법상 우선변제권 적용대상 보증금 가액기준과 우선변제액 확대를 추진하고 계약 종료 후 임차보증금 미반환시, 임대인을 대신해 보증금을 상환하는 공적 보증 프로그램을 신설(대한주택보증)할 계획이다.

넷째, 가을 이사철 임차인 애로사항을 해소하는 방안이다. 임대차 관계의 예측가능성을 높이고, 임차인 보호와 분쟁방지 예방 제고를 위해 법무부가 마련한 "표준임대차 계약서" 홍보를 강화하고, LH에서 운영중인 '전월세 지원센터'를 통한 상담서비스 등을 강화하는 한편, 이사철 불공정 중개 행위에 대한 집중단속으로 세입자 피해를 예방키로 하였다.

7. 규제합리화를 통한 주택시장 활력회복 및 서민 주거안정 강화방안(2014. 9. 1)

박근혜 정부는 2014년 9월 1일, '규제합리화를 통한 주택시장 활력회복 및 서민 주거안정 강화방안'을 확정·발표하였다. 최근의 매매시장은 큰 틀에서는 침체국면에서 회복국면으로 이동 중에 있으나, 시장회복에 대한 기대심리가 견고하지 못해 본격 회복에는 한계가 있는 상황으로 인식하고 과거 시장과열기에 도입되어 국민들과 민간부문에 과도한 부담으로 작용하고 있는 오래되고 낡은 규제를 과감하게 개혁하기로 하였다.

전월세시장은 가격흐름으로는 전반적인 안정세이나 전세수요의 매매수요 전환이 아직 미흡하고, 전월세 수급불일치가 여전하여 수도권 등에서 국지적인 전셋값 불안도 우려되는 상황이므로 서민 주거안정을 위해 우선 매매시장 활력 회복을 통해 전세수요를 매매수요로 전환하여 전월세 시장의 안정을 도모하고 국민의 체감도를 높이기 위해서 우선 하위법령 개정 등을 통해 정부가 자체적으로 추진 가능한 과제들을 속도감 있게 추진하고 법률개정이 필요한 일부 과제들은 국회의 협조를 얻어 추진해나갈 계획임을 발표하였다.

주요 내용을 살펴보면 1) 재건축 연한을 완화(최장 30년)하고, 안전진단 시 주거환경평가 비중을 강화하고, 2) 85㎡ 이하 민영주택에 대한 청약가점제를 '2017년. 1월부터 지자체 자율운영으로 전환하고, 청약통장도 일원화하며, 3) 그린벨트 해제 수도권 공공택지 내 전매제한·거주의무 기간을 단축할 것이며, 4) 택지개발촉진법 폐지함으로서 2017년까지 3년간 LH 공공택지 지정 중단한다. 5) 이사철에 공공주택, 입주 시기 단축, 미분양주택 전세전환 촉진하며, 6) 임대리츠 8만 호 공급(2017년까지), 순공공임대 세제·금융지원 확대, 7) 주택기금 대출 '유한책임 대출' 도입하며, 디딤돌 대출은 0.2%p 금리를 인하한다는 등의 내용이다.

8. 서민 주거비 부담 완화 대책(2014. 10. 30)

박근혜 정부는 2014년 10월 30일, 경제혁신 3개년 계획의 일환으로, '서민 주거비 부담 완화 대책'을 확정·발표하였다. 최근 전세가격은 예년에 비해 완만한 상승세를 보이고 있으나, '09~'11년 급등에 따른 상승분 누적으로 서민들의 체감 부담이 높고, 전세가격 상승으로 전월세 전환이 빠르게 진행되고 있는데 이는 저금리 지속, 낮은 집값 상승 기대감 등 거시경제 여건변화와 임대차 시장 구조 변화 등에 따라 장기간에 걸쳐 나타나는 구조적인 현상이라 진단하였다.

전세가격 상승 및 전월세 전환 과정에서, 상대적으로 자산여력이 있는 계층은 대출 등을 통해 전세에 계속 거주하게 되나, 다수의 서민들은 비자발적으로 보증부 월세로 전환하거나 외곽지역으로 거주지를 이전하는 주거하향이 발생하고 있으며 특히, 사회취약계층은 주거비 부담이 지속적으로 늘어나는 반면, 공공임대 부족으로 주거불안 위험에 노출되고 있는 실정이다.

이에, 박근혜 정부는 전세에서 월세로의 구조적 변화를 감안하여 전월세 전환과정에서 상대적으로 주거비 부담이 커지는 사회취약계층이나 보증부 월세가구를 보호하는 데 정책목표를 두고, 서민 주거비 부담 완화 대책을 마련하였다. 단기적으로는, 전월세 불안우려 지역에 즉시 입주 가능한 매입·전세 임대 주택을 집중 공급하며, 재건축 이주시기 분산을 추진하고, 사회취약계층의 주거안정을 위해서는, 다양한 방식으로 공공임대주택을 공급하며, 보편적 점유형태로 등장하고 있는 보증부 월세 가구에 대한 지원도 강화한다는 방안이다.

9. 기업형 주택임대사업 육성을 통한 중산층 주거혁신방안(2015. 1. 13)

박근혜 정부는 2015년 1월 13일 '기업형 주택임대사업 육성을 통한 중산층 주거혁신방안'을 확정·발표하였다. 집에 대한 인식이 '소유'에서 '거주'로 이동함에 따라, 자가점유율은 지속 감소하는 반면, 임대주택 수요가 꾸준히 증가하고 있으나, 임대주택 공급은 저금리, 낮은 집 값 상승 기대감 등으로 인해 전세에서 월세로 빠르게 전환하고 있으며 월세시대에 진입하면서, 주거비 부담 증가 및 잦은 이사로 인해 서민 및 중산층의 주거 불안이 증가하는 상황이다.

주거불안을 줄이기 위해서는 장기간 거주 가능하고 임대료도 안정적으로 관리되는 등록(제도권) 임대주택 재고가 충분히 확보될 필요가 있으나, 현실적으로는 매우 부족한 상황이다. 특히, 중산층을 대상으로 하는 민간부문의 등록 임대주택 재고는 '06년 84만 호에서 '13년 64만 호로 오히려 23.8% 감소하였다.

중산층을 대상으로 하는 민간 임대주택은 재고도 부족하지만, 각종 규제로 인해 품질도 떨어져 중산층이 거주를 기피하고 있어 임차거주를 희망하는 중산층은 상대적으로 사적인 임대시장*에 더 많이 의존하게 되어 주거불안이 더 커지는 상황이다. 이에, 정부는 서민층을 위한 공공임대주택 재고를 지속 확충하되, 민간의 활력을 활용한 임대주택 공급 확대 방안을 마련하였다.

주요내용으로 우선, 서민층을 위해 2015년에 공공임대주택 입주물량을 연 11만 호에서 12만 호로 늘리고 2016년 이후에도 입주물량을 지속 확대하며 그동안 상대적으로 지원이 부족

했던 중산층에 대해서는 공유형 모기지, 디딤돌 대출 등 자가보유 지원을 지속하되 자가구매 여력이 없는 가구들을 위해 민간의 활력을 통해 임대주택 재고를 획기적으로 늘려 나갈 계획이다. 특히, 규모의 경제를 갖추고 수준 높은 주거서비스를 제공할 수 있는 기업형 주택임대 사업을 집중적으로 육성한다는 계획이다.

10. 서민 · 중산층 주거안정강화 방안 발표(2015. 9. 2)

박근혜 정부는 2015년 9월 2일 '서민 · 중산층 주거안정강화 방안'을 마련하였다. 최근 주택 매매시장은 그간의 지속적인 규제 합리화 노력, 전세수요의 매매전환 등의 영향으로 거래는 활발하면서도 가격은 안정세를 나타내는 등 실수요 중심의 회복세를 보이고 있는데 반해 전월세 시장은 저금리 등에 따른 전세공급 부족으로 전세가격 상승세가 지속되고, 월세 전환이 빠르게 진행되면서 서민 · 중산층이 체감하는 주거비 부담이 전반적으로 증가하고 있다.

그동안 공공임대 공급 확대, 행복주택, 뉴스테이, 주거급여 등 맞춤형 주거지원을 강화해 왔으나, 아직 성과를 체감하기에 부족하며 특히, 상대적으로 주거비 부담이 높은 독거노인, 대학생 등 저소득 1인 가구에 대한 주거 지원이 미흡한 상황이다.

한편, 2014년 9.1 대책 이후 정비사업 규제합리화를 지속 추진 중이나, 복잡한 절차, 투명성 부족, 과도한 공적부담 등이 여전히 애로요인으로 작용함에 따라 정비사업 정상화에 한계가 있는 상황이어서 정부는 임대차시장 구조변화에 따라 증가되는 서민 · 중산층의 주거비 부담을 완화하고 지속적인 규제 합리화 등을 통해 도심내 주거환경 개선을 유도하는데 정책목표를 두고, 이번 대책을 마련하였다.

주요 내용을 보면 1) 저소득 독거노인, 대학생 등 주거취약계층 지원 강화, 2) 특별법 공포 (8.28)를 계기로 중산층을 위한 뉴스테이 본격화, 3) 원스톱 주거지원 안내시스템 구축, 4) 정비사업 활성화를 통해 도심 내 주거환경 개선 등이다.

11. 실수요 중심의 시장형성을 통한 주택시장의 안정적 관리방안(2016. 11. 3)

박근혜 정부는 2016년 11월 3일 '실수요 중심의 시장형성을 통한 주택시장의 안정적 관리방안'을 마련하였다. '서민·중산층 주거안정'과 '주택시장의 안정적 관리'를 주택정책의 핵심 기조로 견지하며 일관된 정책을 추진 중에 있음으로서 역대 어느 정부보다 많은 총 54만 호의 공공임대주택을 공급하고 있으며 행복주택·주거급여제도 등을 도입하고 '뉴스테이' 정책을 통해 주거문화도 혁신해 나가고 있다.

또한, 불필요한 규제를 개선하고 세제·금융지원 등을 통해 실수요자 중심의 주택시장 활력회복에 기여하였으며 '8.25, 가계부채 관리방안'을 통해서는 수급 불균형 우려에 대해 선제적으로 대응하였다.

그러나, 국내외 저금리 기조가 지속되고 늘어난 유동성이 주택시장으로 유입되면서 일부 지역에서 국지적인 불안 양상이 나타나고 있는 것이 사실이다. 특히, 일부 재건축 예정 단지를 중심으로 집값이 단기간에 많이 오르고, 서울, 경기, 부산, 세종 등지의 일부 청약시장에서는 이상 과열 현상이 발생하였다.

국지적이지만 이 같은 과열 현상이 더 심화되거나 다른 지역으로 확산될 경우 장래 주택경기의 조정 과정에서 가계와 경제 전반에 부담이 커질 우려가 있음을 감안하여 정부는 국지적 과열이 발생한 지역에 대한 선별적·단계적 대응을 통해 시장 질서를 실수요자 중심으로 강화함으로써 주택시장을 안정적으로 관리하기 위한 대책을 마련하게 되었다.

이번 대책은 지역 주택시장에 대한 정밀한 분석을 통해 과도한 단기 투자수요 등에 의해 이상 과열이 발생하고 있는 지역을 선별하고 이들 지역에 대하여는 전매제한 제도, 청약 자격 등을 강화하여 과열 현상과 주변 집값의 불안 소지를 완화해 나가는 한편, 실수요자의 내 집 마련 기회가 확대되도록 하는데 역점을 두었다.

12. 월세파동

박근혜 정부 부동산 정책의 특징 중에 가장 대표적인 것이 월세파동이다. 갑자기 월세가 급등하게 된 것이다. 이의 원인은 이명박 정부에서 발생한 전세파동의 연장선상이다. 따라서 박근혜 정부의 월세파동을 이해하려면 이명박 정부의 전세 파동을 먼저 이해하여야 한다.

이명박 정부 때는 부동산 시장이 침체기였다. 이유는 이전 정부인 노무현 정부 때의 부동산 시장 호황기가 조정기로 전환되는 시기였고, 노무현 정부의 부동산 규제정책이 시장에 적극적으로 반영되던 시기였기 때문에 호황기에서 조정기로 전환되었다. 이때 예기치 않는 외부충격이 발생하였다. 이른바 미국발 국제금융위기이다. 이런 이유로 한국 경기는 침체기로 전화되었고 이명박 정부 집권 내내 경기 침체가 계속 되었다.

부동산 시장도 침체되었다. 주택가격은 오르지 않고 내리거나 보합이었다. 하지만 전세가격은 상대적으로 급등하였다. 주택가격이 오르지 않으니까 매입을 희망하던 잠재수요자들이 전세로 돌아섬으로서 전세수요가 급등하였기 때문이다. 전세가격이 급등하다 보니 매매가격에 근접하게 되었다. 그리하여 매매가 대비 전세가율이 80%까지 육박하게 되자 이번에는 월세가 문제가 생겼다. 전세금을 더 이상 올리게 되면 매매가와 비슷해지니 올릴 수는 없고 안 올리자니 그동안의 지불했던 세금, 이자 등을 반영할 수 없으니 이 부분을 임대비용으로 반영하는데 바로 월세가 제격인 것이다. 그만큼 월세가 커지게 된 것이다.

전세는 보합으로 돌아서고 월세는 급증하는 추세가 이명박 정부에서 박근혜 정부로 넘어온 것이다. 여가저기서 월세가 급등하자 견디지 못한 서민들이 탈서울을 외치기도 하는 등 하위 지역으로 이동도 많이 늘어나는 추세였다. 서민들의 월세문제는 박근혜 정부의 첫 번째 고민거리였다. 박근혜 정부의 부동산 정책이 '서민 주거 안정과 월세 대책'이라는 주제인 것을 보면 그때의 정부 고민을 알 수 있을 것이다.

박근혜 정부의 월세 대책은 아주 간단했다. 저금리 대출이었다. 당장 급한 세입자들을 위해서 저금리 대출을 지원한다는 내용이다. 그런데 겉으로는 지원하는 것 같지만 깊이 생각해 보면 월세를 더욱 키우는 결과가 돼버렸다. 왜냐하면 월세시장의 사이즈를 키웠기 때문이다.

그래서인지 박근혜 정부 당시 월세시장은 크게 확대되었고 전세에서 월세로 전환하는 임대자들이 늘게 되었다.

이 와중에 정부는 금리를 1.25%까지 인하한다. 여러 가지 이유가 있지만 경제회복이라는 대외명분이 가장 컸다. 금리인하는 부동산 시장에서 그 효과가 바로 나타났다. 가장 눈에 띄는 것이 갭투자이다. 자금 조달이 용이하고 월세가 높으며 이자가 낮은데 주택매매가격은 담보상태이니 갭투자가 자연스럽게 부동산 시장으로 유입된 것이다. 월세파동이 갭투자로 확대되는 과정을 그대로 드러낸 것이다. 동시에 부동산 시장은 급등세로 전환할 수 있는 계기를 만들게 된다. 이후의 부동산 시장의 변화에 절대적으로 기여하게 된 것이다.

13. 강남 재건축 전매허용

박근혜 정부의 강남재건축 전매허용은 정책적으로 대단한 결단이었다. 노무현 정부의 부동산 시장 규제정책의 핵심이 버블세븐지역에 대한 재건축 규제이고 그 핵심내용이 전매 불허이었다. 이를 이명박 정부에서 해제하기를 원했으나 그 당시 야당에서 거부하는 바람에 포기했던 사항이었다. 그런데 그것을 단행했으니 정치적으로는 대단히 결단이었던 것이다.

하지만 부동산 시장에서 볼 때는 상당히 무모한 결단이었다. 강남재건축 시장이 차지하는 비중을 감안할 때 부동산 시장에 미치는 파장이 만만치 않을 것이란 사실을 염두에 두었을 것인데도 재건축 전매허용을 시행한 것은 무모한 판단이라 평가하는 것이다. 결국 이후의 부동산 시장은 급등하기 시작하였고 2008년 이후 침체된 부동산 시장이 호황기로 진입하는 계기가 되었다,

여기에 저금리, 월세파동까지 겹치고 갭투자가 기승을 부리는 등 부동산 시장은 약 5년간의 침체에서 급격히 호황기로 전환하게 되었다. 더구나 정부의 책임 있는 관계자는 '돈을 빌려서라도 집을 사라'고 여기에 기름을 붓는다. 때문에 부동산은 박근혜 정부가 스스로 걱정을 하는 수준까지 치솟게 되었다. 그래서 임기 후반에 규제정책으로 전환하는 등 급등하는 부동

산 시장의 급한 불을 끄기에 바쁘게 되었다. 하지만 탄핵으로 박근혜 정부는 중도에 하차하고 만다.

박근혜 정부가 재건축 시장의 전매를 허용한 것의 본질적인 배경은 경기 침체이다. 특히 수출시장의 불안으로 경기회복이 어려울 것을 감지하고 내수확대 및 부동산 시장 활성화로 방향을 바꾼 것이다. 이는 두고두고 다음 정부에 부담이 되는 것이었다. 문재인 정부에서 부동산 시장의 호황세를 박근혜 정부에 책임을 두는 것도 이런 이유이다.

박근혜 정부의 부동산 정책은 한마디로 철학의 부재라고 할 것이다. 부동산 시장을 경제회복의 수단으로 이용함으로서 부동산 시장에서 발생할 수 있는 부작용은 전혀 반영하지 않았기 때문이다. 그러니까 철학의 부재라고 한 것이다. 만약 철학이 있었다면 부분적으로 활성화를 시켰을 것이고 특히 투기적 성향의 대표적인 요인인 전매허용은 처음부터 시도하지 않아야 했을 것이다.

그런데 처음부터 전매허용을 들고 나왔으니 부동산 시장을 투기화하겠다는 생각이 밑바탕에 깔렸다고 본 것이다. 이것은 의도적으로 부동산 시장을 투기화했다는 얘기가 되는데 정부가 부동산 시장을 의도적으로 투기화했다는 것은 명분도 그렇거니와 과정과 결과도 지혜롭지 못하다고 할 것이다. 결국 그 혜택은 월세입자나 영세 서민들이 아니라 투기자본이 본 것이다.

박근혜 정부의 GDP성장률 중에서 주택투자 부분의 비중이 높은 것은 박근혜 정부의 주택정책이 경제회복의 효과를 견인한 것이라 해석되는데 이는 분명 언발란스한 것이며 그 다음 정부에 큰 부담을 주는 결과라고 할 것이다. 부동산 투기를 정책적으로 전면에 내세워놓은 박근혜 정부의 부동산 정책은 안타깝지만 부동산 시장에서 볼 때는 부정적인 평가가 크다고 할 것이다.

제4장

이명박대통령과
부동산정책

1. 미분양아파트 속출

이명박대통령은 선거에서 압도적인 승리를 거두어 취임(2008년 2월 25일)한다. 제17대 대한민국 대통령으로 임기 5년(2008년 2월 25일~2013년 2월 24일)을 시작한다. 이명박대통령은 선거기간 내내 우리나라 경제를 살릴 수 있는 기대를 갖게 했고 당선된 후에도 '경제살리기'에 정책을 몰두하였다. 그러나 결과적인 얘기지만 우리나라 경제가 그다지 좋아지지 않은 채 임기를 끝내고 다음 정권으로 넘어가게 된다.

이명박대통령 재임기간 중 부동산 시장은 미분양아파트 때문에 상당한 어려움을 겪었다. 유사 이래 최대물량의 미분양 아파트가 쏟아졌기 때문이다. 취임 첫해(2008년)의 미분양아파트를 분석해 보면 전국적으로 166천 호([표 4-1] 참조) 규모였다. 이는 전년대비 47.5% 증가([표 4-2] 참조)한 것이다.

지역별로 보면 특히 서울과 인천 등 수도권의 증가율이 높았다. 증가 세대수로 보면 경기도가 23천 호로 가장 많았고 대구 21천 호, 경남 17천 호, 경북 16천 호, 충남 16천 호, 부산 14천 호 등 부산, 대구, 경상 남·북도가 높았다. 전국적으로 미분양이 넓게 분포된 것이지만 특히 수도권과 경상도에 편중된 현상을 발견할 수 있다. 수도권과 지방권으로 구분할 경우에는 지방권이 훨씬 높은 분포를 나타내고 있다([표 4-3] 참조).

아파트 규모로 구분할 때는 전용면적 85㎡ 초과 규모의 아파트가 85㎡ 미만 규모의 아파트보다 더 높은 것으로 나타났다([그림 4-3] 참조).

요약하면 이명박대통령 취임 첫해의 아파트 미분양 현상은 1) 역대 가장 많은 미분양이 발생했다. 2) 부산, 대구, 경남, 경북 지역에 편중되었다. 3) 대형 평형대가 더 많았다 등으로 요약된다.

이명박대통령 재임기간(2008년 2월 25일~2013년 2월 24일) 동안 미분양 아파트는 점차 감소하기 시작하여 퇴임 직전 해(2012년)에는 취임 첫해 미분양 물량(166천 호)대비 45.2%(70천 호)까지 줄어든다([그림 4-4] 참조). 신규분양분까지 감안하면 상당량의 미분양아파트가 분양된 것이다.

물량 기준으로 가장 많이 분양(미분양 감소)된 지역은 경기(19천 호), 대구(18천 호), 충남(16천 호), 경남(13천 호)의 순이다. 미분양이 많았던 대구지역과 경기지역의 감소가 두드러진다. 수도권의 감소량이 지방보다 높고 대형의 감소량이 소형보다 높다([표 4-2] 참조).

비율(2008년도 미분양 아파트 물량 대비 2012년도 미분양아파트 물량)로 보면 가장 높게 감소한 지역은 강원(91%), 대구(86%), 경기(83%), 경북(81%), 전북(80%), 광주(75%), 대전(75%) 순이다. 이 중에서 물량과 비율이 동시에 높게 나타난 지역은 대구, 경기, 경북지역이다. 따라서 이 세 지역은 이명박대통령 집권기간 중에 가장 미분양이 가장 높았다가 미분양 분양률도 가장 높은 지역이었음을 알 수 있겠다.

[그림 4-1] 미분양 아파트 현황

(연도별, 지역별)

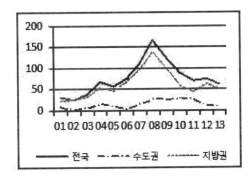

(규모별)

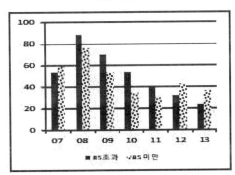

[표 4-1] 미분양 아파트 현황

(단위 : 천 호)

지역	'01	'02	'03	'04	'05	'06	'07	'08	'09	'10	'11	'12	'13
전국	32	25	38	69	57	74	112	166	123	89	70	75	61
(증감)	-	-7	13	31	-12	17	38	54	-43	-34	-19	+5	-14
서울	2	-	1	1	1	1	-	2	2	3	2	3	3
부산	4	2	4	7	5	9	12	14	9	3	4	6	4
대구	1	2	4	3	3	9	12	21	16	13	9	3	1
인천	-	-	-	2	1	-	1	2	5	4	4	4	5
광주	1	1	2	6	2	7	8	12	5	2	1	3	-

지역													
대전	1	1	1	2	-	1	2	4	3	2	2	1	1
울산	2	3	1	1	2	1	8	10	7	6	4	4	3
세종	-	-	-	-	-	-	-	-	-	-	-	25	25
경기	7	1	6	13	10	4	14	23	19	22	22	4	3
강원	1	2	3	4	4	5	8	11	7	4	2	1	1
충북	1	2	2	5	2	3	4	6	5	3	1	3	4
충남	3	2	4	10	7	8	13	16	14	9	7	-	-
전북	-	1	1	5	2	5	4	5	3	1	-	1	1
전남	1	1	2	2	4	5	4	7	6	3	2	2	2
경북	2	3	4	3	3	6	9	16	13	8	4	3	1
경남	5	3	3	7	7	12	15	17	7	5	6	10	5
제주	-	-	-	-	-	-	-	-	-	-	-	1	1
수도권 (증감)	9	1	7	15	12	5	15	27	26	29	28	12	11
	-	-8	6	9	-3	-7	10	12	-1	3	-1	-16	-1
지방권 (증감)	22	24	31	54	45	69	98	139	98	59	42	63	50
	-	2	7	23	-9	24	29	41	-41	-39	-17	21	-13
85초과 (증감)							53	88	70	54	40	32	24
							-	35	-18	-16	-15	-8	-8
85미만 (증감)							59	77	54	35	30	43	37
							-	18	-23	-19	-5	13	-6

요약하면 미분양아파트 감소는 1) 미분양이 많은 지역, 특히 경기, 대구, 경북 지역의 '미분양해소율(미분양해소율 = 잔여미분양분/기준년도 미분양분)'이 높았다. 2) 수도권이 높았고, 3) 대형이 높았다 등으로 요약된다.

[표 4-2] 전년대비 미분양 아파트 증감률 비교

지역	'03	'04	'05	'06	'07	'08	'09	'10	'11	'12
전국	53.5	80.7	-17.2	28.9	52.2	47.5	-25.5	-28.1	-21.3	7.2
서울	1,313.5	-16.7	-6.2	-7.8	-14.2	447.6	-27.5	51.4	-31.8	87.
부산	88.9	88.5	-23.2	70.1	27.7	21.7	-34.3	-62.4	21.3	37.9

대구	84.8	-21.9	0.7	166.7	39.7	75.3	-25.1	-17.8	-34.1	-62.1
인천	2,647.1	279.	-32.4	-64.4	23.7	212.5	175.6	-6.	-14.6	10.5
광주	115.4	199.9	-61.6	201.8	22.	56.	-62.2	-61.3	-56.7	327.
대전	10.8	105.1	-81.8	50.	215.1	102.1	-18.4	-28.9	-29.4	-7.5
울산	-74.8	-3.8	149.	-52.3	670.3	24.7	-25.7	-21.5	-37.	4.2
세종	-	-	-	-	-	-	-	-	-	-
경기	368.	112.	-19.9	-64.	262.	67.1	-15.2	16.	-0.2	-80.2
강원	79.4	30.3	23.8	18.3	33.9	48.7	-32.4	-46.4	-41.5	-73.9
충북	22.	130.2	-56.8	29.7	67.7	46.6	-20.	-33.2	-69.9	185.4
충남	61.9	164.4	-30.9	15.6	64.5	24.7	-10.3	-36.8	-17.2	-100.
전북	44.1	217.5	-45.6	107.9	-20.9	13.1	-24.2	-62.5	-72.9	77.2
전남	51.5	36.6	78.2	18.8	-1.3	46.5	-12.9	-56.	-39.	62.3
경북	34.4	-32.	18.9	80.1	45.1	85.9	-20.5	-37.2	-48.9	-22.1
경남	-1.8	114.2	24.6	36.	26.1	15.1	-49.2	-45.	33.4	49.9
제주	123.2	5.3	-37.9	-68.6	36.	122.3	4.1	-42.1	-40.1	883.5
수도권	431.4	109.7	-20.8	-61.4	209.6	84.1	-4.7	14.6	-5.2	-57.2
지방권	31.3	73.8	-16.2	53.5	41.4	42.0	-29.6	-39.3	-29.3	50.
85 초과	-	-	-	-	-	66.9	-21.2	-22.3	-25.5	-19.8
85 미만	-	-	-	-	-	30.2	-30.5	-35.5	-14.7	44.

미분양아파트가 증가하는 이유는 첫째, 수요가 줄어들기 때문이다. 가격이 상승하면 수요가 줄어든다. 따라서 가격상승이 수요를 줄어들게 했기 때문이다. 둘째 공급이 크게 증가했기 때문이다. 가격이 상승하면 공급이 증가한다. 때문에 전국적으로 가격상승에 따른 공급증가로 미분양이 발생하게 된 것이다. 이는 시장원리에 입각한 자연스런 현상이다. 셋째, 인위적으로 수요를 줄였기 때문이다. 정부의 강력한 규제정책, 특히 수요억제정책을 강하게 펼침으로서 수요를 인위적으로 줄였기 때문이다. 이처럼 미분양이 급격히 증가한 것은 시장원리도 작용했지만 정부정책도 작용했다고 할 것이다. 따라서 정부가 강력한 규제정책을 펼치게되면 공급자는 스스로 공급을 줄여야 하는데 그렇지 못한 데 더 큰 이유가 있다고 할 것이다.

미분양물량이 늘어나면 시장은 급격히 침체된다는 것을 알 수 있다. 일반적으로 경제적 공황의 발생은 공급이 수요에 비해 턱없이 많을 때 나타난다. 특히 수요공급의 균형여부는 현시점에서 발생하는데 비해 주택의 경우에는 수요공급의 시차적 불균형 때문에 언제든지 과열 또는 침체가 반복될 수 있다. 그때마다 정부가 개입하여 수급을 조절함으로서 인위적인 과열과 침체를 반복하게 된다. 이 점에서 미분양의 발생도 인위적인 개입이 크다고 할 수 있다. 다시 말하면 미분양이 증가함으로써 발생한 인위적인 공황인 것이다.

[그림 4-2] 미분양 아파트 증감 현황

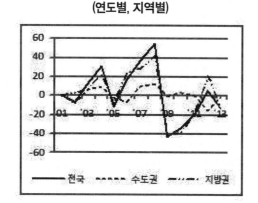

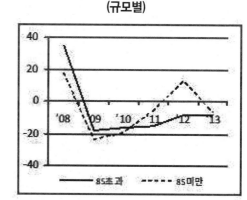

[그림 4-3] 규모별 미분양 현황

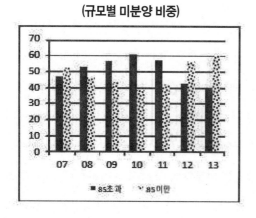

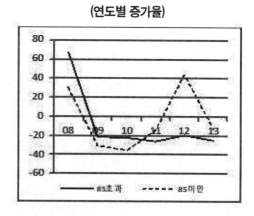

미분양아파트는 이명박대통령의 취임초년도(2008년)에 가장 높은 수준을 보인다. 그 이후로

는 계속적으로 감소하여 퇴임 시에는 상당량이 감소하게 된다. 특히 지방권의 미분양아파트가 상당히 해소된다. 이명박대통령의 재임기간 동안 부동산 시장에서는 나름대로 수요공급의 균형을 맞춰가고 있었다고 보인다. 다만 너무 많은 물량이 미분양 상태였으며 수요를 유도하는 정부의 정책도 부족하였고 수요를 확대할 수 있는 환경(특히 경제적 환경)이 조성되지 못하여 시장 자체적으로 수급균형을 유지하는 데는 한계가 있었다고 할 것이다.

[표 4-3] 지역별 미분양 아파트 비중

지역	01	02	03	04	05	06	07	08	09	10	11	12	13
전국	100.0	100.0	100.0	100.0	100.0	100.0	100.0	100.0	100.0	100.0	100.0	100.0	100.0
서울	5.6	0.2	1.9	0.9	1.0	0.7	0.4	1.5	1.5	3.1	2.7	4.7	5.2
부산	12.0	7.8	9.6	10.0	9.3	12.2	10.2	8.5	7.5	3.9	6.0	7.7	7.0
대구	3.8	9.0	10.9	4.7	5.7	11.8	10.9	12.9	13.0	14.8	12.4	4.4	2.0
인천	1.0	0.1	1.2	2.6	2.1	0.6	0.5	1.0	3.7	4.8	5.2	5.4	8.6
광주	1.8	3.5	4.9	8.1	3.8	8.8	7.1	7.5	3.8	2.0	1.1	4.5	0.5
대전	3.4	3.9	2.8	3.2	0.7	0.8	1.7	2.3	2.5	2.5	2.2	1.9	1.9
울산	5.4	13.9	2.3	1.2	3.7	1.4	6.8	5.8	5.8	6.3	5.0	4.9	5.4
세종	-	-	-	-	-	-	-	-	-	-	-	33.5	40.5
경기	23.0	5.3	16.1	18.9	18.3	5.1	12.2	13.8	15.7	25.3	32.1	5.9	5.0
강원	4.2	6.2	7.3	5.2	7.8	7.2	6.3	6.4	5.8	4.3	3.2	0.8	1.0
충북	3.0	6.6	5.3	6.7	3.5	3.5	3.9	3.9	4.2	3.9	1.5	3.9	5.8
충남	9.0	9.1	9.6	14.1	11.7	10.5	11.4	9.6	11.6	10.2	10.7	-	0.1
전북	1.4	4.0	3.8	6.6	4.3	7.0	3.6	2.8	2.8	1.5	0.5	0.8	2.4
전남	3.0	4.1	4.1	3.1	6.6	6.1	4.0	3.9	4.6	2.8	2.2	3.3	3.2
경북	7.1	12.3	10.7	4.0	5.8	8.1	7.7	9.7	10.4	9.1	5.9	4.3	2.3
경남	15.1	13.3	8.5	10.1	15.1	16.0	13.2	10.3	7.1	5.4	9.1	12.8	8.0
제주	1.0	0.8	1.1	0.7	0.5	0.1	0.1	0.2	0.2	0.2	0.1	1.3	1.0
수도권	29.7	5.6	19.3	22.4	21.4	6.4	13.0	16.3	20.8	33.2	39.9	15.9	18.8
지방권	70.3	94.4	80.7	77.6	78.6	93.6	87.0	83.7	79.2	66.8	60.1	84.1	81.2
85 초과	-	-	-	-	-	-	47.2	53.4	56.5	61.0	57.7	43.2	39.5
85 미만	-	-	-	-	-	-	52.8	46.6	43.5	39.0	42.3	56.8	60.5

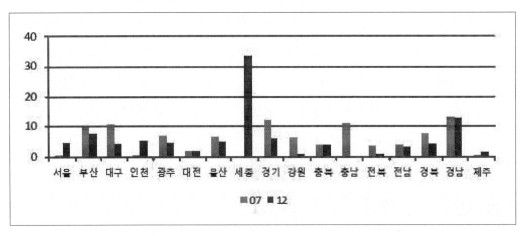

[그림 4-4] 이명박대통령 집권 초와 말의 미분양 비교

이명박대통령 취임 당시 미분양아파트가 가장 많았던 이유, 특히 지방권에서 미분양아파트가 많았던 이유는 직전 정권인 노무현대통령 재임기간 동안의 부동산 시장의 현상에서 찾을 수 있다. 노무현대통령의 재임기간 동안의 부동산 시장은 '과열기'였다. 수요는 넘쳤고 가격은 상승하였다. 노무현대통령 재임기간 동안 주택 매매가격은 서울지역 아파트 가격을 기준으로 12.17% 상승하였다. 전국 평균 아파트 가격은 30.83% 상승하였다. 이를 보면 수도권보다는 지방권의 과열현상이 더욱 확연하게 나타나는 것을 알 수 있다. 주택 종합을 기준으로 볼 때 전국 평균 누적 상승률은 22.45%였다. 같은 기준의 수도권 가격 상승률은 5.62%였다. 수도권보다 지방권의 주택 매매가격 상승률이 월등히 높다는 것을 알 수 있다. 때문에 지방권의 미분양이 당연히 많아지는 이유이다.

노무현대통령의 재임기간 미분양아파트 현황과 이명박대통령 재임기간 동안의 미분양 현황을 보면 두 가지 특징이 있다. 하나는 노무현대통령은 임기 후반으로 갈수록 미분양이 증가한데 비해 이명박대통령의 재임기간 동안은 미분양이 점차 감소한다는 사실이다. 이는 노무현대통령의 규제강화정책과 이에 대한 이명박대통령의 규제완화정책이 있었기 때문이라 할 것이다. 즉, 인위적인 수요억제에 대한 상대적 시장수요가 존재하기 때문이다. 또 하나는 미분양 발생의 원인인 공급량을 볼 때 이명박대통령은 지방권보다는 수도권의 주택 공급량이 더 많은 데 비해 노무현대통령은 지방권이 수도권보다 더 많았다는 점이다.

[그림 4-5] 수도권, 지방권 미분양 현황

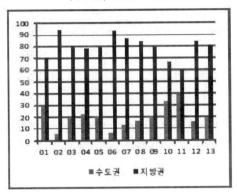

(수도권, 지방권 비중)

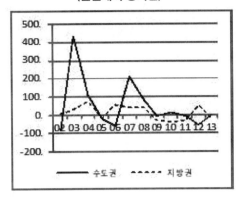

(전년대비 증가율)

[그림 4-6] 재임기간 중 지역별 미분양 아파트 변화

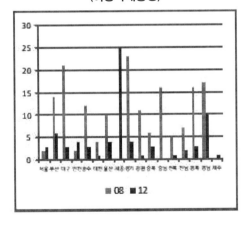

(이명박대통령)

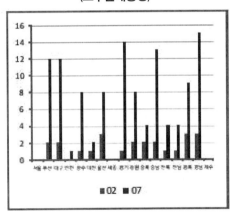

(노무현대통령)

　노무현대통령은 재임기간 동안에는 지방권의 주택공급이 수도권에 비해 훨씬 많다는 특징이 있다. 인허가를 기준으로 공급동향을 보면 노무현대통령은 재임당시 전체공급량의 46.3%가 수도권에 공급된 반면, 김대중대통령은 55.9%, 이명박대통령은 54.7%를 각각 수도권에 공급하였다(표 4-4] 참조). 상대적으로 노무현대통령은 약 10% 수준 이상을 지방권에 더 많이 공급한 것으로 분석할 수 있다.

[표 4-4] 주택 공급(인허가 기준) 현황

구분	김영삼			김대중			노무현			이명박		
	총공급량	연평균	비중	총공급량	연평균	비중	총공급량	연평균	비중	총공급량	연평균	비중
전국	3,125,797	625,159	100.0	2,340,629	468,126	100.0	2,538,118	507,624	100.0	2,276,092	455,218	100.0
서울	476,740	95,348	15.3	463,747	92,749	19.8	328,210	65,642	12.9	327,880	65,576	14.4
인천	161,048	32,210	5.2	148,321	29,664	6.3	126,867	25,373	5.0	198,665	39,733	8.7
경기	735,447	147,089	23.5	695,684	139,137	29.7	720,441	144,088	28.4	717,857	143,571	31.5
수도권	1,373,235	274,647	43.9	1,307,752	261,550	55.9	1,175,518	235,104	46.3	1,244,402	248,880	54.7
부산	208,869	41,774	6.7	165,027	33,005	7.1	179,380	35,876	7.1	118,020	23,604	5.2
대구	186,421	37,284	6.0	95,901	19,180	4.1	147,174	29,435	5.8	59,723	11,945	2.6
광주	124,199	24,840	4.0	52,242	10,448	2.2	93,386	18,677	3.7	49,099	9,820	2.2
대전	80,460	16,092	2.6	49,297	9,859	2.1	71,297	14,259	2.8	46,883	9,377	2.1
울산	8,154	8,154	1.3	43,525	8,705	1.9	73,241	14,648	2.9	40,426	8,085	1.8
세종		-	0.0		-	0.0		-	0.0	17,588	17,588	3.9
강원	120,648	24,130	3.9	61,727	12,345	2.6	96,921	19,384	3.8	60,004	12,001	2.6
충북	122,888	24,578	3.9	63,622	12,724	2.7	92,184	18,437	3.6	72,838	14,568	3.2
충남	196,057	39,211	6.3	83,617	16,723	3.6	135,250	27,050	5.3	151,092	30,218	6.6
전북	128,311	25,662	4.1	60,157	12,031	2.6	82,329	16,466	3.2	76,401	15,280	3.4
전남	107,978	21,596	3.5	70,915	14,183	3.0	67,086	13,417	2.6	75,230	15,046	3.3
경북	187,064	37,413	6.0	104,465	20,893	4.5	113,401	22,680	4.5	85,530	17,106	3.8
경남	257,926	51,585	8.3	145,335	29,067	6.2	189,572	37,914	7.5	143,827	28,765	6.3
제주	23,587	4,717	0.8	37,050	7,410	1.6	21,379	4,276	0.8	35,029	7,006	1.5

여기서 시사하는 바는 두 가지다. 규제정책을 펼치거나 규제완화정책을 펼칠 경우에는 시장 수요와 공급을 잘 살펴서 이의 균형유지를 전제로 펼쳐야 한다는 점이다. 그렇지 않으면 반드시 그 정책에 대한 역효과가 나타나게 된다는 점이다. 당장(현시점)의 과열 또는 침체에 대응해서 규제 또는 규제완화정책을 펼칠 경우 '약발효과'가 떨어지면 다시금 시장은 과열 또는 는 침체기로 반동해서 나타나게 되며 그럴 경우 다시금 반복적으로 규제 또는 규제완화 정책을 펼치게 된다. 이렇게 연쇄적으로 반복되면 정책의 신뢰가 떨어지고 부동산 시장은 영구히 안정화를 이룰 수 없게 된다.

또 하나는 이를 지역에 따라 차등화하여야 한다는 점이다. 특정 지역에 따라서는 공급과 수요가 다르기 때문에 지역에 따른 차별적 정책이 필요한 것이다. 특히 공급측면에서 더욱 그렇다. 수요는 인위적으로 조정했지만 공급을 조정하지 못하면 공급초과는 언제든지 나타나서 과잉공급에 따른 미분양이 나타나기 때문이다. 따라서 인허가제도를 활용해서 적절한 공급량의 조정이 필요하다고 할 수 있다.

[그림 4-7] 주택공급동향

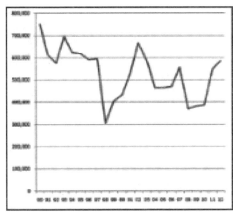

(전년대비 증감률)

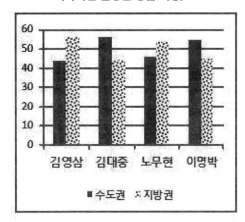

(지역별 연평균 공급 비중)

미분양이 발생하면 자원의 낭비, 비효율성, 시장 수급의 왜곡 등 부작용으로 나타난다. 이의 파급효과도 상당하다. 파급효과란 부동산과 건설산업과 관련된 전후방 산업에의 파급효과 등을 포함한다. 예를 들면 미분양에 따른 건설회사의 자금난이 발생하여 부도가 나고 그러면 관련 하도업체의 부도가 연달아 발생한다. 실업은 늘어나고 수요는 줄어든다. 수요가 줄면 다른 산업의 생산도 줄고 결과적으로 전 산업의 침체로 연결된다.

이러한 환경은 결코 좋지 않다. 수요를 억제한 노무현대통령의 정책은 공급도 억제해야할 필요성이 여기에 있는 것이다. 그런데 노무현대통령은 분양가상한제를 통해 공급을 억제했다. 나름 적합한 타이밍이었다. 하지만 지방은 그렇지가 못했다. 마침 그 당시 추진했던 혁신도시, 기업도시, 행복도시 등 '국토의 균형발전'이라는 정책목표가 있었기 때문이다. 이를 보면 국토 전체를 기준으로 모든 정책이 통합되는 큰 그림이 아니라 부동산은 억제, 국토는 균형개발이라는 이원적 개념으로 추진했다고 볼 수 있다. 미시적 접근방법인 것이다. 만약 부동산시장과 국토의 균형발전을 일원적인 개념에서 접근했다면 그 당시 '무엇이 우선이었을까'라는 의문이 생긴다. 아무튼 노무현대통령은 지방권 중심의 개발 추진과 수도권 중심의 규제추진이 불균형을 가짐으로서 결과적으로 지방권미분양이 급격히 증가하게 된 것으로 해석할 수 있겠다.

[그림 4-8] 지역별 공급 동향

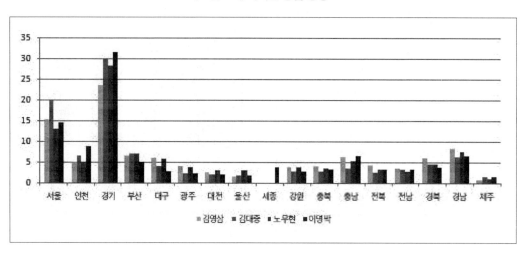

2. 서브프라임(Sub-Prime)사태

제17대 대한민국 대통령에 취임한 이명박대통령은 취임 첫해(2008년)에 미국에서 발생한 '서브-프라임' 사태를 맞이하게 된다. 대통령 취임 직전에 맞이한 'IMF관리체제'하의 김대중대통령과 흡사한 환경이다. 다만 차이점은 김대중대통령이 맞은 IMF체제는 우리나라 국민경제의 혼란이라면 '서브프라임'은 미국의 경제혼란이란 점이다. 또 다른 차이점은 IMF관리체제에 대해서는 김대중대통령이 이미 발생(김영삼대통령 때 발생)한 상태에서 맞게 된 것이라면 '서브프라임'에 대해서는 이명박대통령이 취임한 이후에 맞이한 것이다. IMF 사태 이후 꼭 10년 만에 발생한, 성격이 전혀 다른 사건이지만 이 두 가지 사건은 우리나라 경제에 미친 그 파장효과가 엄청났다는 점에서 공통점이 있다.

'서브(sub : 낮은 수준)-프라임(prime : 신용)'은 낮은 신용을 가진 주택, 차입자를 의미한다. 신용이 낮으므로 위험은 그만큼 높은 수준에 있다. 이는 증권화가 되어 높은 위험을 분산하는 과정으로 유통되었고 그 과정에서 세계적인 금융사태로 확산된 사건이다. 다시 말하면 '서브프라임'이란 2008년에 미국에서 발생한 '서브 프라임 모기지 사태(subprime mortgage crisis)'를 말한다.

서브프라임은 미국의 초대형 모기지론 대부업체들이 파산하면서 시작된다. 사태의 발단은 2000년대 초부터 시작된다. 2000년대 초 'IT버블붕괴', '911테러', '아프간 · 이라크 전쟁' 등으로 경기가 악화되자 미국은 경기부양책으로 초 저금리 정책을 펼쳤다. 이에 따라 주택융자 금리도 인하되었다. 그러자 부동산가격이 상승하기 시작했다. 주택가격은 주택담보대출인 '서브프라임모기지'의 대출금리보다 높은 상승률 보였다. 신용 때문에 주택금융 차입자가 파산을 하더라도 주택가격 상승으로 보전되었다. 이는 금융회사가 손해를 보지 않는 구조를 가지고 있었다. 따라서 주택담보대출은 계속 증가하였고 주택 거래량도 대폭 증가하였다. 부동산 버블화가 진행되었던 것이다. 증권화된 서브프라임 모기지론은 높은 수익률이 보장되었다. 오히려 신용등급이 높은 상품으로 알려져 거래량이 증폭했다.

그런데 2004년 미국이 저금리 정책을 종료하면서 상황은 완전히 반전되었다. 미국의 부동산 버블이 꺼지기 시작한 것이다. '서브프라임모기지론'의 금리가 올라갔고 저소득층 대출자들은 원리금을 제대로 갚지 못하는 상황에까지 이르게 된다. 증권화되어 거래된 서브프라임 모기지론을 구매한 금융기관들은 대출금 회수불능사태에 빠지게 되고 손실이 발생하게 되었다. 그 과정에 여러 기업들이 부실화된다. 미 정부는 개입을 공식적으로 부정했고 미국의 대형 금융사, 증권회사의 파산[13]이 이어졌다. 특히 리먼브러더스에 대해서는 미국 '연방준비제

---

13) 미국 2위의 서브프라임 모기지 대출회사인 '뉴센추리 파이낸셜'이 파산신청(2007년 4월)을 하였고 미국 10위권인 '아메리칸 홈 모기지 인베스트먼트(AHMI)'사가 델라웨어주 웰밍턴 파산법원에 파산보호를 신청(2007년 8월)하였다. 또한 세계 3위 은행인 'HSBC'는 미국 주택시장에 뛰어 들었다가 107억 달러(약 10조 1,000억 원)를 회수 못 할 위기에 놓였다. 미국 보험사인 CAN 파이낸셜이 서브프라임 투자로 9,100만 달러의 손실을 입었다. 'AIG'는 최악의 경우 50억 달러의 손실을 기록할 것으로 추정되었다.

도이사회(FRB)'와 미재무부가 '구제금융' 요청을 거부했던 입장을 고수했다. 미국 정부의 이런 입장은 우선 국민 세금으로 개별 업체의 경영부실에 따른 손실을 막아주는 것은 좋지 않은 선례를 남겨 도덕적 해이를 확산시킬 우려가 있다는 점을 의식한 것으로 분석된다. 하지만 미 정부는 '리먼'의 지원요청을 거부한 지 이틀 만에 'AIG'를 구제[14]키로 결정하였다. 이에 대해 '대마불사'의 기준을 어떻게 정하는지에 관한 논란을 불러오기도 하였다.

서브프라임은 그 여파가 전세계적으로 확산되었다. 세계적으로 신용경색을 가져왔고 실물 경제에 악영향을 주어 세계 경제시상에 큰 타격을 준 사태이다. 미국만이 아닌 국제금융시장에 신용경색을 불러온 연쇄적인 경제위기이다. 서브프라임으로 인한 파장은 크게 두 가지로 요약된다. 하나는 미국 경제의 침체로 인한 세계경제의 연쇄 침체 현상이다. 미국 경제는 세계경제에서 비중이 20% 이상을 차지하는 큰 시장이다. 때문에 미국 경제의 침체는 미국 시장에 의존도가 높은 세계 각국의 경제에 곧바로 악영향을 미치게 된다. 우리나라는 특히 더욱 그렇다. 또 하나는 서브프라임모기지 채권에 투자한 투자회사(금융)들의 신용경색의 문제이다. 미국의 투자은행이 몰락하면서 덩달아 세계 각국의 투자은행들이 부실을 겪게 되었다.

[표 4-5] 'IMF' 전후와 '서브프라임' 전후의 우리나라 경제지표 비교

구 분	'IMF' 전후 경제지표					'서브프라임' 전후 경제지표				
	96	97	98	99	00	06	07	08	09	10
인구증가율	0.96	0.94	0.72	0.71	0.84	0.49	0.47	0.72	0.48	0.46
물가상승률	4.9	4.4	7.5	0.8	2.3	2.2	2.5	4.7	2.8	3.0
통화증가율	3.4	-0.7	-10.4	41.7	-5.1	6.5	5.3	4.9	21.4	16.0
경제성장율	7.2	5.8	-5.7	10.7	8.8	5.2	5.1	2.3	0.3	6.3
국민총소득 증가율	5.4	3.5	-7.5	9.8	6.5	3.9	4.8	-0.6	1.6	5.6
저축률	34.8	34.6	36.6	34.6	33.0	30.8	30.8	30.5	30.2	32.1
실업률	2.0	2.6	7.0	6.3	4.1	3.3	3.0	3.0	3.4	3.4

---

14) 미국 '연방준비제도이사회(FRB)'는 2008년 9월 16일 'AIG'에 850억 달러의 구제금융을 제공키로 하였다. FRB는 AIG의 무질서한 몰락은 이미 심각한 금융시장의 취약성을 더 심화시키고 자금조달 비용을 크게 높이는 데다 가계의 자산을 감소시키고 경제의 활력을 더욱 약화시키는 결과를 가져올 수 있기 때문에 이런 결정을 내렸다고 밝혔다.

경상수지	186.5	-64.4	-621.2	-42.6	-39.5	-24.3	54.6	-85.3	925.5	-10.4
연평균 코스피증가율	-10.9	-21.5	-38.0	98.7	-9.0	26.0	26.6	-10.7	-6.6	23.5
어음부도율 (전국)	0.14	0.40	0.38	0.33	0.26	0.02	0.02	0.03	0.03	0.03
어음부도율 (서울)	0.10	0.46	0.41	0.44	0.38	0.06	0.01	0.02	0.02	0.03

'서브프라임' 사태 당시 우리나라 주요 거시경제 상황을 'IMF' 전후 상황과 비교하여 살펴보면 몇 가지 특징을 얻을 수 있다.

첫 번째는 경제성장률이다. IMF발생시기에는 -5.7% 성장(침체)하였고 서브프라임 때는 2.3% 성장하였다. 그러나 그 전년도의 성장률과 비교하면 급격히 하락한 상태이다. 경제성장률은 약간의 차이가 있음을 알 수 있다. 우선 IMF는 확실히 우리나라 경제와 직접적인 관련에서 나타난 사태였기 때문에 직접적으로 파급되어 그 기복이 크고 단기적으로 나타난다면 서브프라임은 간접적으로 파급되어 그 기복이 작고 장기적으로 나타나고 있다는 점이다. 이는 회복하는 과정에서도 알 수 있다. IMF 직후연도 2년(1999년, 2000년)의 경제성장률은 10.7%, 8.8%를 기록한 반면 서브프라임 직후연도 2년(2009년, 2010년)은 0.3%, 6.3% 증가율을 나타내고 있다.

두 번째는 경상수지이다. 두 사태 모두 발생 당시 우리나라 경상수지는 마이너스 성장을 나타내고 있다. 경상수지가 마이너스 성장한 것은 우리나라의 경제구조가 국제간의 교역의 비중이 높고 특히 미국에의 의존도가 높기 때문에 발생하는 현상이라 할 것이다. 이는 환율과 밀접한 관련이 있음을 내포하는 것이기도 한다.

세 번째는 연평균 코스피지수 상승률이다. 두 사태 발생 당시의 '코스피지수'는 마이너스(-)를 보여주고 있다. 그리고 발생 전후연도의 과정은 코스피지수가 급격히 출렁되고 있음을 알 수 있다. 이는 당시의 경제여건의 변화가 급격한 변동을 보여준 것이라 할 것이다.

네 번째는 통화증가율의 급증이다. IMF 직후연도(1999년)와 서브프라임 직후연도(2009년)의 통화증가율을 보면 각각 41.7%(IMF), 21.4%(서브프라임) 증가한 것으로 나타난다. 다만 차이

점은 IMF 때는 IMF 당시의 통화증가율이 10.4% 감소(-)하였기 때문에 나타난 기저효과[15]라면 '서브프라임' 당시에는 정부(이명박대통령)가 인위적으로 경제성장을 위해 펼친 정책이었다는 점이다. 그 차이는 그 다음연도(IMF 2000년, 서브프라임 2010년)에 나타난 결과 치(IMF 전년대비 5.1% 감소, 서브프라임 16.0 증가)를 보면 더욱 확연히 구분할 수 있다.

다섯 번째는 IMF와 서브프라임 모두 물가상승률이 높다는 점이다. 직전연도의 물가상승률에 비해 두 배 수준으로 높아지는 것을 알 수 있다([표 4-5] 참조). 일반적으로 물가상승률과 통화증가율이 높다는 것은 인플레이션과 연결됨을 의미한다. 인플레이션이 높게 발생하면 실물자산의 가격도 상승하게 된다. 특히 부동산 가격과도 밀접한 관련을 갖게 된다. 물가상승이 부동산 가격에 미치는 영향을 살펴보면 소비자물가 1% 상승 시 전국을 기준으로 토지가격은 0.83%~1.90% 구간에서 상승하고 주택(종합 기준)가격은 0.82%~1.99% 구간에서 상승하며 아파트는 1.34%~2.75% 구간 내에서 상승하는 것으로 분석되었다.[16] 또한 화폐증가율이 부동산 가격에 미치는 영향을 살펴보면 화폐증가율 1%마다 전국을 기준으로 한 토지가격은 0.26~0.85% 구간에서 상승하고 주택(종합)은 0.52%~1.39%, 아파트는 0.85%~1.89% 구간 범위에서 상승하는 것으로 분석되었다.[17] 따라서 부동산 가격변동에 거시경제의 변동이 미치는 영향은 절대적인 것이다.

이와 같이 '서브프라임'과 IMF는 우리나라 경제변동에 그 영향을 크게 미쳤다. 이명박대통령 취임 첫해에 발생한 서브프라임에 대한 정부의 대응은 크게 세 가지로 요약 할 수 있다. 하나는 금융기간의 신용보강이다. 서브프라임이 금융위기이므로 국내 금융기관으로 파생될 가능성이 크고 이에 대응하기 위해서는 국내 금융기관의 신용보강을 통한 부실채권 발생을 방지하며 기존의 부실채권을 신속히 정리하는 것이 적합한 대응이라 판단한 것이다. 때문에 금융기관들은 부실채권의 분류 및 신용보강 작업을 강화하였다. 이로 인해 관련 산업의 자금난을 가져왔으며 기업, 특히 건설업계의 연쇄 도산을 가져오는 계기가 되기도 하였다. 즉, 내수산업의 위축을 가져온 것이다. 두 번째는 수출산업의 확대이다. 우리나라의 전략산업인 수출산업의

---

15) 기저효과란 어떠한 결과 값을 산출하는 과정에서 기준이 되는 시점과 비교대상시점의 상대적인 위치에 따라서 그 결과 값이 실제보다 왜곡되어 나타나게 되는 현상을 말한다.
16) 『부동산경제학』 이종규, 부연사, 2011, p291.
17) 『부동산경제학』 이종규, 부연사, 2011, p300.

확대(수출증대)를 통해 경제회복을 이룬다는 전략이다. 수출은 자원이 부족한 우리나라에서 선택 가능한 정책이라고 할 수 있다. 서브프라임 발생 당시(2008년)는 전년대비 85.3% 마이너스(-)성장을 한 경상수지가 다음 연도(2009년)에는 925.5% 증가한 것으로 나타난다. 특히 이명박대통령은 미국과의 FTA 타결 및 G20 국내개최 등을 통해 수출전략을 더욱 확대하게 된다.

세 번째는 통화량을 확대하는 것이다. 경제회복을 위한 통화량의 확대전략은 세계공황 발생 시의 케인즈 경제철학과 비슷하다. 유효수효를 창출하기 위해 정부지출을 늘리는 것이다. 통화량의 확대를 통해 유효수효를 늘리고 이를 통해 경제를 회복하겠다는 전략이다. 동시에 환율정책도 포함된다. 왜냐하면 미국의 양적완화[18]정책에 의해 환율이 하락하게 되면 경상수지가 환율에 의해 마이너스를 나타내게 되기 때문이다. 다시 말해서 미국과 동시에 양적완화 정책을 실시하면 환율의 변동 없이 수출이 가능하기 때문이다.

이명박대통령의 서브프라임 대응 정책을 부동산 시장의 입장에서 정리하면 1) 내수위축, 특히 건설산업과 그 전후방 관련 산업의 위축이 더 크다. 2) 부동산 시장의 침체, 3) 화폐발행 증대, 4) 수출산업의 확대 및 수출기업의 성장 등으로 요약된다. 이 같은 정책의 효과가 우리나라 경제발전에 어떻게 나타나게 될 것인지는 다소 시간이 필요할 것으로 보인다. 다만, IMF 극복 정책으로 '건설산업 및 부동산 시장의 활성화'를 제시한 김대중대통령의 경제정책과는 분명 상반되는 부분이라 할 것이다.

3. 부동산 시장의 안정화 및 침체화(짧은 안정기 후 긴 침체기 시작)

이명박대통령은 노무현대통령 재임 당시의 이슈였던 '부동산 시장 과열화'와 '부동산 시장의 규제강화'라는 환경을 이어받게 된다. 경제회복과 부동산시장의 안정화라는 숙제(다른 분야

---

18) 양적완화(量的緩和, quantitative easing) : 중앙은행이 통화를 시중에 직접 공급해 신용경색을 해소하고, 경기를 부양시키는 통화정책. 중앙은행이 통화를 시중에 직접 공급해 신용경색을 해소하고, 경기를 부양시키는 통화정책을 말한다. 초저금리 상태에서 경기부양을 위해 중앙은행이 시중에 돈을 푸는 정책으로, 정부의 국채나 여타 다양한 금융자산의 매입을 통해 시장에 유동성을 공급하는 것이다. 이는 중앙은행이 기준금리를 조절하여 간접적으로 유동성을 조절하던 기존 방식과 달리, 국채나 다른 자산을 사들이는 직접적인 방법으로 시장에 통화량 자체를 늘리는 통화정책이다.

는 주제에서 벗어나므로 굳이 설명할 필요가 없어서 생략함)를 안게 된 것이다. 노무현대통령의 부동산 정책은 규제의 범위가 광범위했고 강했기 때문에 더 이상의 강화정책은 사실상 무리가 있을 정도였다. 더구나 이명박대통령이 취임하던 당시(2008년)의 부동산 시장은 노무현대통령 재임 기간 동안의 과열된 분위기가 다소 진정된 상태였기 때문이다. 이는 노무현대통령의 강력한 규제정책이 그 효과를 나타내기 시작했기 때문이라 해석 할 수 있겠다. 더구나 서브프라임 사 태가 발생하여 우리나라 경제가 침체국면으로 전개되면서 부동산 시장은 오히려 안정된 상 태에서 침체기로 급속히 전환되는 과정이었다고 해석할 수 있겠다. 서브프라임 사태가 과열 된 부동산 시장의 안정화를 가져오게 된 하나의 원인이 된 것이다. 때문에 이명박대통령은 오 히려 경제회복을 위해 부동산 시장의 활성화정책을 펼쳐야 될 상황이었다고 할 수 있다.

당시의 주택시장 동향을 살펴보면([표 4-6] 참조), 이명박대통령 재임기간 동안 주택 매매가격 은 연평균(전국 종합 기준) 2.7% 상승하였다. 아파트 매매가격은 연평균 전국 2.9%, 서울지역은 0.1% 상승하는 데 그친다.

[표 4-6] 이명박대통령 재임기간 주택 매매가격 동향[19]

지역	유형	07	08	09	10	11	12	13	누적	연평균
전국	종합	5.8	5.8	1.5	1.5	6.1	-1.4	0.3	13.5	2.7
	아파트	4.5	5.1	1.4	1.9	8.2	-2.2	0.8	14.5	2.9
	단독	2.4	2.4	0.8	0.7	3.2	0.1	0.2	7.2	1.4
	연립	11.5	10.5	1.9	1.0	3.5	-1.0	-1.1	16.0	3.2
서울	종합	9.9	9.5	2.7	-1.1	0.8	-4.8	-1.4	7.1	1.4
	아파트	7.0	7.1	2.4	-2.1	-0.4	-6.6	-1.3	0.5	0.1
	단독	10.3	10.6	3.3	0.6	2.1	-2.3	0.4	14.4	2.9
	연립	14.7	13.1	3.0	-0.1	1.7	-2.1	-2.3	15.7	3.1

자료 : 한국감정원 부동산통계처 부동산분석부, 통계청, 재편집

---

19) 주택가격지수는 2012년 1월부터 표본, 조사방법, 지수산정방식 등의 개편사항을 반영한 시계열이 구축되었으나, 중장기 추이 분석을 위하여 KB국민은행으로부터 기존 표본가격을 협조 받아 개선된 지수산식(기하평균)에 의해 2003년 11월부터 시계열 을 연장하였음. 따라서 기공표된 KB지수 및 지수의 변동률과 다를 수 있음(한국감정원 부동산통계처 부동산분석부).

이명박대통령 취임 초년도(2008년)의 연간 주택 매매가격 상승률은 전국 종합 기준 5.8% 상승하였고 서울지역은 종합 기준 9.5% 상승하였다. 아파트의 경우 전국 5.1% 상승하였고, 서울지역은 7.1% 상승하였다. 재임기간 연평균 상승률과 비교하면 취임 초년도의 상승률이 훨씬 크다는 사실을 알 수 있다. 이는 노무현대통령 재임기간 동안의 부동산시장 상태가 그대로 반영되어 온 것으로 해석되며 그 정책의 효과가 진행되고 있음을 의미한다고 할 것이다.

그런데 집권 2년 차(2009년)의 주택 시장동향을 보면 확실히 변화되었음을 알 수 있다. 주택 매매가격의 변동을 보면 전국(주택 종합 기준)의 상승률은 1.5%이며 같은 기준 서울지역은 2.7% 상승률을 보인다. 아파트의 경우 전국 1.4%, 서울 2.4% 상승률을 보인다. 이처럼 집권 2년 차에 급격히 안정화 단계로 진입하게 되는 배경은 노무현대통령의 규제정책의 결과(노무현대통령의 2006년도 정책의 효과 시기가 3년 뒤인 2009년이라고 보면)가 나타나기 시작한 것도 있지만 서브프라임의 후유증도 동시에 반영된 것이라 할 것이다.

이 추세는 집권 후반기로 갈수록 더욱 뚜렷해진다. 집권 마지막 해(2012년)의 주택 매매가격은 전국적으로 주택 전 분야에서 일제히 하락(-)세로 전환된다. 주택 종합 매매가격은 전국 -1.4%, 서울 -4.4% 상승(하락)한다. 아파트는 전국 -2.2%, 서울 -6.6% 상승(하락)한다. 이처럼 이명박대통령 재임기간 중 주택 시장은 침체기로 전환된 것이다.

[그림 4-9] 주택 매매가격 지수

(2012.11 = 100)

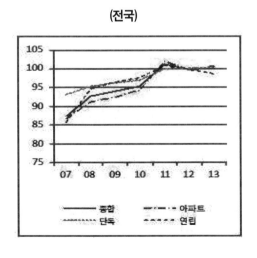

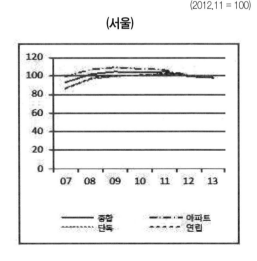

[그림 4-10] 주택 매매가격 전년대비 상승률

(전국)

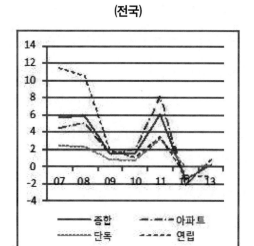

(서울)

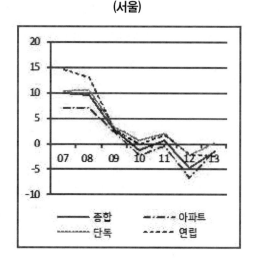

　이명박대통령 재임기간 동안 주택 매매가격의 누적 상승률을 살펴보면([표 4-6], [그림 4-11] 참조), 전국 평균 주택 종합 13.5%, 아파트 14.5% 상승하였다. 서울의 경우에는 종합 7.1%, 아파트 0.5% 상승하였다. 같은 기간 같은 기준으로 연립주택은 전국 16.0%, 서울 15.7% 각각 상승하였다. 단독주택의 경우에는 전국 7.2%, 서울 14.4% 상승하였다. 요약하면 가장 크게 상승한 유형은 연립주택이며 가장 작게 상승한 유형은 아파트였다.

　주택 매매가격 동향의 특징을 요약하면 1) 집권 초기에는 노무현대통령 재임 기간 중의 시장분위기가 연장되어 다소 높은 상승률을 보이다가 서브프라임 이후 급격히 침체기로 전환된다는 점, 2) 2011년에는 지방에서 다소 크게 상승을 주도하였지만 이 또한 집권 마지막 해에는 하락세로 반전되었다는 점, 3) 지방권보다는 서울권의 하락세가 더 두드러진다는 점, 4) 그동안 인기 있었던 아파트는 침체기로 전환된 반면 연립주택의 가격 상승이 높게 나타난다는 점 등이다. 특히 아파트의 가격 하락은 국민들의 피부에 전달하는 체감가격(전국 주택의 50% 이상이 아파트인 점을 감안할 경우)의 하락과 같다는 점에서 '부동산 시장 침체'라는 느낌이 더욱 강했다고 할 것이다.

[그림 4-11] 재임기간 주택매매가격 상승률

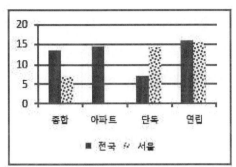

(누적)

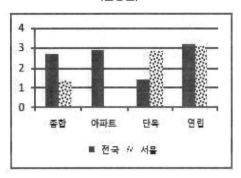

(연평균)

한편, 토지시장의 동향을 살펴보면([표 4-7] 참조), 재임기간 내내 안정된 모습을 보여주고 있다. 재임 5년 동안 누적 상승률을 보면 전국적으로 약 4.7% 상승률을 보여주고 있다. 이는 연평균 0.9% 상승하는 수준이다. 같은 기간 서울지역은 누적상승률이 3.5%(연평균 0.7%)이다. 가장 높게 상승한 지역은 신설된 '세종시'로서 연평균 4.3% 상승률을 나타내고 있다. 이는 복합행정도시라는 특수한 환경을 반영한 것으로 다른 지역에 비해 당분간은 특수한 시장으로 나타나게 될 것이다. 세종시를 제외하고는 전국적으로 0.7%(서울)~1.4%(인천)의 범위 내에서 안정적인 모습을 보여주고 있다.

[그림 4-12] 이명박대통령 재임기간 토지가격 동향

(전년대비 상승률)

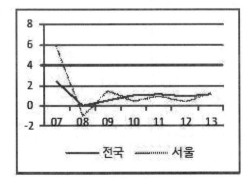

(연평균, 누적 상승률)

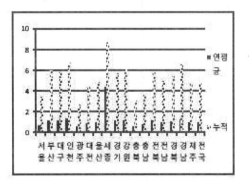

토지가격의 안정화는 노무현대통령의 국토균형발전전략에 따른 혁신도시, 기업도시 등의 추진에 대한 회의적인 시각이 대두되고 사업 또한 지연된 것도 하나의 이유가 될 것이고 서브프라임에 따른 금융기관의 신용보강정책으로 민간개발사업이 급속히 냉각된 것도 하나의 원인이 되었으며 근본적으로는 경제침체가 가장 대표적인 이유가 된 것이라 할 것이다. 특히 노무현대통령 임기 중에 시행했던 각종 규제정책의 효과가 나타난 것도 이유 중의 하나라고 할 것이다.

[표 4-7] 토지가격 동향

지역	2007	2008	2009	2010	2011	2012	2013	누적	연평균
서울	5.9	-1.0	1.4	0.5	1.0	0.4	1.2	3.5	0.7
부산	2.2	-0.2	0.1	1.2	1.6	1.7	1.6	6.0	1.2
대구	2.9	-0.5	0.3	1.4	1.4	1.6	1.7	5.9	1.2
인천	4.9	1.4	2.0	1.4	0.7	0.5	0.9	6.8	1.4
광주	0.9	-0.9	0.3	0.7	0.8	1.2	0.7	2.8	0.6
대전	1.5	-1.0	0.3	1.5	1.5	1.3	1.0	4.6	0.9
울산	2.9	-0.3	0.3	0.7	1.1	1.6	1.4	4.9	1.0
세종						3.2	5.5	8.7	4.3
경기	4.2	-0.3	1.2	1.5	1.5	1.0	0.9	5.9	1.2
강원	1.7	0.4	0.3	0.8	1.4	1.8	1.3	6.1	1.2
충북	1.3	-0.4	0.1	0.7	0.6	1.1	1.0	3.1	0.6
충남	2.0	-0.1	0.3	1.2	0.8	0.9	0.8	3.7	0.7
전북	1.2	2.6	-0.5	0.7	0.8	1.4	1.0	6.0	1.2
전남	1.3	0.3	0.4	1.1	0.9	1.3	1.0	5.0	1.0
경북	1.7	-0.1	0.5	1.1	1.1	1.4	1.5	5.5	1.1
경남	2.2	0.1	0.4	1.3	1.6	1.7	1.5	6.6	1.3
제주	1.7	0.0	0.2	1.1	0.9	1.3	1.4	4.8	1.0
전국	2.4	0.0	0.5	1.1	1.1	1.0	1.1	4.7	0.9

이처럼 이명박대통령의 재임기간 동안의 부동산 시장, 특히 주택 매매시장과 토지시장은 대체적으로 안정화되었다고 정의할 수 있겠다. 이같이 안정적인 원인을 요약하면 1) 노무현대통령의 규제정책의 효과가 나타나고 있는 점, 2) 덩달아 서브프라임이라는 외부 충격이 컸다는 점, 3) 경제침체로 인하여 수요능력이 하락한 점, 4) 그동안의 공급과잉에 따른 조정기라는 점, 5) 그리고 그동안의 가격상승에 대한 반발 조정기라는 점 등이다. 이런 이유들이 복합적으로 작용하여 주택시장은 짧은 안정기를 거쳐 급격히 침체기로 전환되었으며 토지시장은 서브프라임 이전에 비해 집권기간 내내 안정된 모습을 보여주었다.

4. 아파트 실거래 가격지수

부동산 시장의 대표적인 특징 중의 하나가 정보의 비공개화이다. 거래내역이 공개되지 않고 거래당사자들만이 정보를 공개하는 비투명적인 시장이 부동산 시장이다. 이런 특징 때문에 부동산 시장은 항상 정보의 왜곡상태에 있다고 봐야한다. 따라서 시장이 과열화가 되었던 침체화가 되었던 정보의 비대칭성 상태에 있는 것이 부동산 시장이다. 정보의 비대칭성은 시장의 효율성을 떨어뜨린다. 비효율적 시장이 되어 시장실패의 원인이 되며 정부의 개입을 불러들인다. 부동산 시장에 정책의 기능이 시장의 기능보다 강하게 작용하는 이유이기도 하다.

노무현대통령 재임기간 동안 주택 시장의 과열상태는 그 뿌리가 김대중대통령의 IMF극복 과정에 있었음을 살펴보았다. 그러나 노무현대통령 재임기간 내내 전개되는 과열화 상태는 시장의 불투명성에 그 원인이 있다고 정부는 이해하였다. 그래서 여러 가지 정책을 시행하였는데 그중에서 가장 대표적인 것이 '실거래가 등기의무제'이다. 실거래가 등기 의무제란 모든 부동산의 거래 시에는 실제 거래된 가격을 등기부에 의무적으로 기재하는 것을 말한다. 이로서 항상 '정보의 비공개화', '시장의 불투명성'이라는 특징을 가진 부동산 시장이 한바탕 변화를 겪게 된다.

'아파트 실거래가격 지수'는 이러한 배경 하에서 시작된다. 그동안 정부는 '전국주택가격동향지수'를 발표하여 왔다. '전국주택가격동향지수'는 모든 주택에 대한 현 시장상황을 거래와 관계없이 표본 추출하여 가격변동률을 발표하여 왔었다. 그런데 실거래가격이 등기화됨으로서 실제 거래된 가격으로 동향 파악이 가능해졌다. 이렇게 실제 거래된 가격을 기준으로 일정기간의 변동 상황을 반영한 것이 '아파트실거래가지수'이다. 다시 말하면 '아파트실거래가지수'는 아파트 매매계약을 체결하여 지방자치단체에 신고한 실제 거래가격 자료를 가격수준 및 변동률로 파악하여 공개하는 지수를 말한다. 계약월 기준으로 매월 작성하며 매월 하순에 발표한다. 2006년 1월 1일부터 시행된 부동산거래 신고제도에 따라 축적된 실거래 가격자료를 기초로 작성한 가격지수로서 실제 거래가 완성된 특정지역 아파트의 가격변화에 기준시점(2006년 1월)을 100으로 한 상대가격으로 표시한 것이다. 실거래 가격지수가 125라 하면 25% 상승하였다는 것을 뜻한다.

[표 4-8] '아파트 거래가격 지수'와 '전국주택가격동향조사'의 개념비교

구분	아파트 실거래가격 지수	전국 주택가격동향조사
지수의미	실제 거래된 재고아파트의 가격변동률	거래여부와 관계없이 모든 주택(아파트, 단독, 연립, 다세대)의 가격 변동률
자료수집 방법	별도조사 없이 거래 신고된 자료를 활용	전체 주택에 대해 대표성을 갖는 표본을 선정하여 조사하는 '표본조사'
통계유형	거래 당사자가 신고한 실제 거래가격을 토대로 한 '가공통계'	중개업소에서 입력한 거래 가능한 가격을 대상으로 한 '조사통계'
공표단위	전국 및 광역자치단체 단위 (서울은 5개 권역별)	전국 및 기초자치 단체 단위
공표주기 및 시차	- 매월 발표 - 법령상 계약일로부터 60일 이내 신고하도록 의무화되어 있어 일정기간 시차 발생 불가피	- 아파트는 매주, 주택 전체는 매월 발표 - 중개업소에서 시장상황을 감안하여 입력함으로써 시차 최소화

[그림 4-13] 아파트 실거래가 동향

(지수, 2006.01=100)

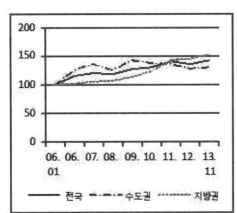

(전년대비 상승률)

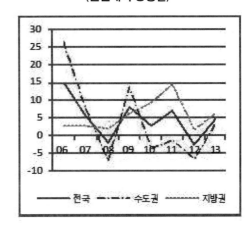

[그림 4-14] 서울 아파트 실거래가 동향

(전년대비 상승률)

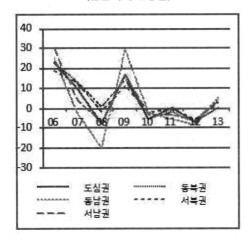

(지수, 2006, 01 = 100)

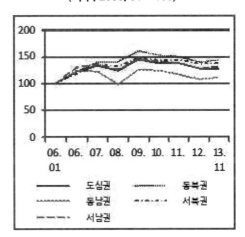

정부가 이것을 만들어 공개하는 이유는 전국의 재고 아파트를 대상으로 실제 거래되어 신고 된 아파트의 거래가격수준 및 변동률을 파악하여 정확한 시장동향 정보를 국민에게 제공하고 정부 정책수립에 참고자료로 활용하기 위해서다. 작성지역은 수도권의 서울, 경기, 인천, 6대 광역시로 부산, 대구, 인천, 광주, 대전, 울산 그리고 9개도로 경기, 강원, 충북, 충남,

전북, 전남, 경북, 경남, 제주다. 전용면적 기준으로 소형(60㎡ 이하), 중소형(60㎡ 초과, 85㎡ 이하), 중대형(85㎡ 초과, 135㎡ 이하), 대형(135㎡ 초과)으로 나누어 작성하며 기준시점은 신고제도 시행기인 2006년 1월(지수값=100)이다. 국민은행에서 발표하는 주택가격지수와 별도의 통계이며, 양지수의 의미, 자료수집 방법, 통계유형, 공표단위, 공표주기 및 시차 등이 서로 다른 통계이다.[20)]

'아파트 실거래가격지수'는 이명박대통령 재임기간부터 본격적으로 살펴볼 수 있다. '아파트 실거래가격지수'는 기준연도(2006년 1월 1일)를 정하고 현재의 상태를 파악하는 방법이다. 이를 연도별 전년대비 증가율로 환산하여 계산해 본 것을 '아파트 실거래가격 동향'([표 4-9] 참조)이라 칭하였다. 그 동향을 살펴보면 취임 첫해(2008년)의 실거래가격이 전국적으로 -2.1% 상승(하락)하였다. 특히 서울 동남권(강남 3개구와 강동구 지역)의 하락 폭이 두드러진다. 무려 20.1% 하락한 것이다. 이는 2007년부터 하락하기 시작한 것이며 2009년도에 반짝 상승(29.4%)하다가 다시 하락하였다. 이명박대통령 재임기간 동안 아파트 실거래가격 기준으로 가장 많은 하락(5년 누적 6.9% 하락)을 보인 지역인 것이다.

[그림 4-15] 서울 아파트 실거래가격 상승률

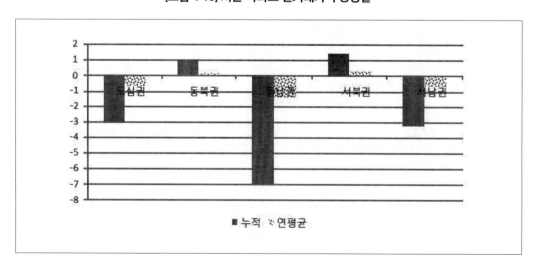

20) 『부동산용어사전』 방경식, 부연사, 2011, 네이버지식백과, 재인용.

서울지역을 5대 권역(도심권, 동남권, 동북권, 서남권, 서북권)으로 구분하여 보면 동남권이 가장 많이 하락했으며 그 다음이 서남권 그리고 도심권의 순이었다. 특히 동남권과 서남권(특히 목동지역)의 하락 폭이 큰 것은 '버블세븐' 정책과 무관하지 않다고 할 것이다. 여기서 노무현대통령의 부동산 규제정책의 효과를 이해할 필요가 있다. 노무현대통령의 부동산정책의 특징은 강력한 규제정책이었고 지역적으로 서울 강남권을 포함한 '버블세븐' 지역을 주 타겟으로 전개했었다. 즉, 노무현대통령의 투기지역, 투기과열지역 등 특정지역에 대한 차별적 정책을 추진했는데 이의 효과가 이명박대통령의 재임기간에 나타난 것이다.

[표 4-9] 아파트 실거래가격 동향

(연말 기준)

구분		06	07	08	09	10	11	12	13	누적	연평균
전국		14.8	5.4	-2.1	8.1	2.6	6.8	-2.6	4.5	12.8	2.6
수도권		26.3	7.5	-7.2	13.5	-3.7	-1.4	-6.8	3.6	-5.6	-1.1
지방		2.6	2.7	1.8	6.2	9.3	14.5	1.5	6.2	33.3	6.7
서울		24.4	5.2	-10.7	21.6	-3.2	-3.1	-7.2	3.9	-2.5	-0.5
	도심권	22.7	9.7	-7.8	17.1	-5.4	0.1	-7.1	0.2	-3.1	-0.6
	동북권	23.4	12.9	0.6	14.4	-5.0	-1.6	-7.3	3.6	1.1	0.2
	동남권	25.3	-2.6	-20.1	29.4	-1.9	-5.7	-8.7	5.0	-6.9	-1.4
	서북권	18.9	12.7	-1.6	10.9	-1.7	-0.8	-5.3	2.7	1.5	0.3
	서남권	29.4	4.4	-7.0	16.4	-3.3	-3.1	-6.2	3.1	-3.2	-0.6
부산		-2.0	4.0	4.3	11.3	18.0	16.7	-3.1	4.2	47.2	9.4
대구		-3.0	-2.7	-6.4	4.6	2.1	14.3	6.6	15.5	21.2	4.2
인천		19.2	21.1	5.5	5.6	-4.4	-5.5	-6.8	3.2	-5.5	-1.1
광주		-0.8	1.8	1.2	1.3	7.6	19.6	3.6	7.5	33.3	6.7
대전		-4.2	-0.7	0.5	10.9	11.7	12.2	-4.3	3.7	31.1	6.2
울산		26.3	4.8	-3.6	8.2	3.8	19.4	3.4	4.7	31.3	6.3
경기		29.7	6.3	-7.8	10.9	-3.8	0.5	-6.4	3.5	-6.7	-1.3
강원		-0.9	1.7	1.0	6.6	4.3	15.4	1.8	4.0	29.0	5.8
충북		3.5	0.9	1.1	5.2	8.0	18.2	4.6	5.2	37.1	7.4

충남	-0.6	4.5	4.6	1.7	3.6	10.1	5.1	5.4	25.1	5.0
전북	7.8	5.8	7.6	8.3	13.5	15.4	-4.7	2.7	40.1	8.0
전남	9.2	12.0	7.5	9.1	11.6	11.4	1.2	0.4	40.8	8.2
경북	7.7	1.5	-0.7	4.2	1.4	10.8	7.9	11.9	23.6	4.7
경남	3.9	4.8	3.1	5.6	16.8	15.8	-2.0	4.6	39.3	7.9
제주	0.7	5.0	5.5	6.5	13.3	10.8	4.4	1.9	40.5	8.1
광역시	4.0	5.7	0.6	6.2	6.1	11.2	-1.0	6.2	23.2	4.6
지방광역시	0.4	1.2	-0.1	7.5	9.6	15.9	0.9	7.3	33.8	6.8
지방도	4.2	4.0	3.2	5.4	9.1	13.4	1.9	5.3	33.0	6.6

　서울 동남권을 포함한 수도권의 5년 동안의 누적 상승률은 -5.6%였다. 상대적으로 지방권은 동 기간 동안 33.3%(연평균 6.7%) 상승하였다. 이로 보면 서울은 하락, 지방은 대폭 상승이라는 특징을 보였다. 지방권 중에서도 부산지역(누적 47.2%, 9.4% 상승)이 가장 높았다. 대체적으로 수도권 3개 지역(서울, 인천, 경기)만 하락하고 지방권은 상승률이 높게 나타났다. 특히 이명박대통령 재임 중반기(2010년)에는 부산(18.0% 상승), 경남(16.8% 상승)권에서 상승을 주도하였는데 후반기(2011년)에는 광주(19.6% 상승), 울산(19.4% 상승), 충북(18.2% 상승), 강원(15.4% 상승), 대구(14.3% 상승) 등 전국적으로 확대된다.

　이 결과로 보면 이명박대통령 재임기간 동안의 아파트 가격은 지방권에서 상승을 주도했으며 수도권은 하락한 것으로 나타났다. 이러한 현상은 노무현대통령의 지역적 차별정책에 따른 '풍선효과[21]'라고도 할 수 있다. 풍선효과가 나타난다는 것은 수·급상태가 불균형적이며 수요가 공급을 초과하고 있다는 것을 의미한다. 따라서 만약 그것이 '지역적 풍선효과'라고 한다면 우리나라 부동산 시장에 시사하는 바가 커진다. 왜냐하면 부동산 시장은 언제든지 경기 회복을 위한 수단으로 이용될 수 있기 때문이다. 만약 경기 침체를 명분으로 부동산 시장의 규제를 완화한다면 '지역적 풍선효과'에서 나타난 바, 그동안 소외된 지역(예를 들면 서울 강남권)으로의 집중, 확산될 가능성이 커지기 때문이다. 그렇게 된다면 서울 동남권의 부동산 과열은

---

21)　풍선효과(ballon effect , 風船效果) : 어떤 부분에서 문제를 해결하면 또 다른 부분에서 새로운 문제가 발생하는 현상을 가리키는 말이다.

뻔한 수순이 되는 것이기 때문이다. 따라서 이명박대통령의 다음 정권의 부동산정책은 또 하나의 숙제를 안게 되는 것이다.

5. 주택 전세가격의 급등

주택 전세시장의 경우에는 주택 매매시장의 경우와 다르게 나타난다. 주택매매 시장은 이명박대통령 집권 후반기로 갈수록 침체기로 전환되는 데 반해 주택 전세 시장은 중반기에 더욱 크게 상승한다. 주택 전세가격의 변동 상황을 살펴보면([표 4-10] 참조), 전국(종합기준)은 연평균 5.3%, 서울은 5.1% 상승한다. 이는 5년 재임기간 전국 누적 26.3%, 서울 누적 24.9% 상승을 의미하는 것이다. 주택 매매가격의 13.5%, 7.1%의 상승에 비하면 전국은 2배, 서울은 3배 이상 상승한 것이라 할 것이다.

아파트를 기준으로 보면 전국의 전세가격은 누적 31.8%(연평균 6.4%), 서울의 전세가격은 26.9%(연평균 5.4%) 상승하였다. 아파트 매매가격 상승률과 비교하면 전국은 2배(매매가격=14.5%), 서울은 무려 54배(매매가격=0.5%) 높은 것이다. 이러한 추세가 계속된다면 아파트 전세가격은 상당부분 상승국면으로 전개될 것임을 예고하는 것이라고 할 수 있다. 그럼에도 전세가격 상승에 대한 정부의 정책이 주택 매매가격에 대한 대응정책에 비해 크게 대두되지 않은 점은 더욱 전세 가격의 불안정성을 예고하는 것이다.

노무현대통령의 부동산정책은 주택 매매가격에 거의 집중되어 있었다. 더구나 그 당시에는 주택 전세가격의 상승문제보다는 주택 매매가격의 상승문제가 더 부각되어 있었기 때문이다. 당시(노무현대통령 재임기간 동안) 상황을 살펴보면 주택 매매가격(전국 평균)은 5년 누적 22.45%(종합), 연평균 4.5% 상승하였으며 아파트의 경우에는 5년 누적 30.83%, 연평균 6.17% 상승하였다. 이에 반해 전세가격은 5년 누적 5.62%(종합), 연평균 1.1% 상승하였으며, 아파트의 경우 5년 누적 12.17%, 연평균 2.4% 상승하였다. 요약하면 '주택 매매가격은 과열화, 주택전세가격은 안정화'라고 할 것이다. 때문에 주택 매매가격 중심의 정책을 펼쳤다고 할 수 있다.

그러나 이명박대통령의 재임기간 동안의 주택 시장은 노무현대통령의 재임기간 동안의 주택 시장과 비교하면 정반대의 현상으로 전개되고 있는 것이다. 그렇다면 이명박대통령의 주택가격정책은 전세시장에 더 치중해야 할 필요성이 대두된 것이라 할 것이다. 주택 전세가격이 급등하는 원인을 미리 파악하고 그 대응 정책을 마련해야만 주택전세가격 상승에 따른 파장에 대응할 수 있을 것이다. 때문에 주택 전세가격 정책을 주택 매매가격 정책보다 우선적으로 펼쳐야할 필요성이 높아진 것이다.

그런데 이명박대통령의 부동산정책은 '서브프라임'이라는 외부충격으로 인해 상당한 혼선을 겪은 것으로 보인다. 우선 부동산 시장을 부양할 것인가 아니면 계속 규제할 것인가라는 문제이다. 경제침체의 극복이라는 차원에서 보면 부양책이 필요하지만 부동산 시장만 두고 보면 노무현대통령 임기 중에 나타난 과열화 현상이 안정된 지 불과 1~2년 정도밖에 경과되지 않았기 때문에 부양책을 펼칠 경우 조급한 선택일 수 있다는 점이 부담스럽게 된다. 그렇다고 경제가 바닥(체감상 그렇다)인 바에서 부양책을 펼치지 않으면 적절한 타이밍을 놓칠 수 있다는 부담감도 작용할 수 있다. 따라서 부동산 시장에 대한 부양과 규제의 사이에서 고민(물론 야당의 정치적 반대 논리도 있었지만)하지 않을 수 없었을 것으로 판단된다. 그리고 전세시장의 경우에는 집권 중반 이후 말기에 나타난 현상이므로 강력한 대책 마련이 준비되지 않았을 수도 있었을 것으로 분석된다.

[표 4-10] 이명박대통령 재임기간 중 주택 전세가격 동향

지역	유형	07	08	09	10	11	12	13	누적	연평균
전국	종합	3.9	3.2	3.2	6.6	11.8	1.4	4.7	26.3	5.3
	아파트	2.8	1.8	4.2	8.5	15.4	1.9	6.7	31.8	6.4
	단독	2.0	2.9	0.5	2.5	4.7	0.5	1.0	11.2	2.2
	연립	7.5	7.1	2.4	5.7	8.3	1.4	2.9	24.9	5.0
서울	종합	5.8	2.8	5.8	6.1	10.4	0.4	6.6	25.6	5.1
	아파트	2.9	-1.2	7.8	7.3	13.0	0.0	9.1	26.9	5.4
	단독	8.0	6.9	2.6	3.7	5.3	0.0	2.4	18.5	3.7
	연립	9.6	8.0	3.8	5.7	8.7	1.7	3.9	27.9	5.6

자료 : 한국감정원 부동산통계처 부동산분석부, 통계청, 재편집

[그림 4-16] 주택 전세가격 지수

(2012.11=100)

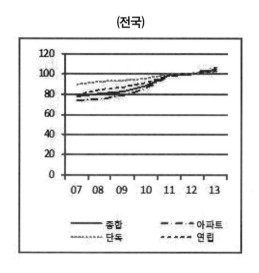

(전국)

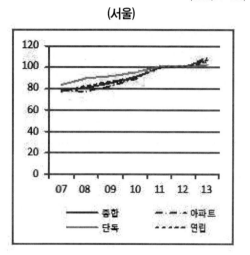

(서울)

어쨌든 이명박대통령의 재임기간 부동산 시장, 특히 주택시장은 노무현대통령의 규제정책과 서브프라임이라는 외부 충격에 의해 짧은 안정기를 거쳐 곧바로 침체기로 전환되는 특징을 갖게 되었으며 그 틈새에서 전세가격이 급등하게 되는 계기가 마련되었다는 특징을 갖게 되었다.

[그림 4-17] 주택 전세가격 전년대비 상승률

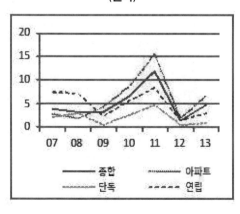

(전국)

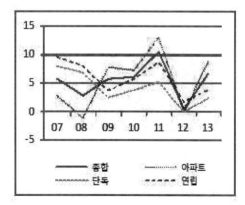

(서울)

이명박대통령 재임기간의 주택 전세가격 상승 추세는 주택 전세가격 상승률이 가장 높았던 노태우대통령(제13대 대통령) 재임 시절의 전세가격 상승 추세와 비교할 때 몇 가지 특징이 있음을 알 수 있다. 첫째는 노태우대통령 재임 당시(1989년~1992년)에는 경제가 호황기였으나 이명박대통령 재임기간(2008년~2012년)은 경제 침체기였다는 점이 서로 다르다. 이 점은 경제 침체기에서의 가격상승이 더욱 크게 느껴지기 때문에 그에 대응하는 정책의 효과도 다르게 나타난다는 점이다. 둘째는 노태우대통령 재임기간에는 주택 매매가격이 상승하는 중에 전세가격도 동반 상승하였는데 이명박대통령 재임기간 중에는 주택 매매가격은 하락하는 중에 전세가격이 상승하였다는 점이다. 노태우대통령 재임 당시에는 수요공급의 불균형(수요〉공급) 때문에 가격상승의 압박이 큰 것도 이유가 되고 특히 시장과열화가 매매 및 전세가격의 변동에 크게 영향을 미친 것이라 분석할 수 있겠다. 그러나 이명박대통령의 재임기간에는 부동산 시장의 안정화, 주택 매매가격의 하락세라는 환경 하에서 주택 전세가격이 상승한 것이다. 결론적으로 이명박대통령 재임 중의 전세가격 상승의 원인은 기본적으로 수요공급의 불균형도 있지만 주택 매매가격의 하락에 따른 상대적인 입장에서 전세가격의 상승세가 나타난 것이라 할 것이다. 한마디로 주택 매매가격 하락에 대한 반대 급부적 요소가 강하다고 할 수 있다.

[그림 4-18] 재임기간 상승률

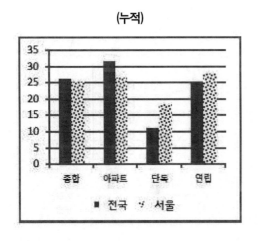

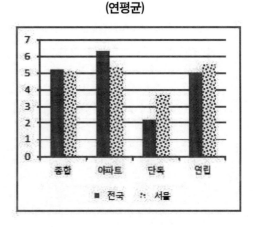

주택 전세가격의 상승은 수요·공급의 불균형이 제1의 원인이라 할 것이다. 이에 대응하는 정책으로 공공임대주택의 공급확대, 전세가격 상한제 도입, 전세 계약기간(현행 2년) 연장, 전세금에 대한 소득공제 및 임대 소득세 부과 등 다양한 방안이 제시되고 있다. 그러나 이러한 방안들이 근본적인 수요·공급의 불균형을 해소하는 데는 현실적으로 불가능하다고 할 것이다. 이런 방안들이 전세난이 발생할 때마다 매번 등장하는 것도 근본적인 문제 해결책이라기보다는 임시방편적인 대안이라 할 수 있다.

단기적이며 현실적으로 수·급 균형을 유지하는 방법은 다주택보유자들의 태도와 의사결정에 달려 있다고 보아야 한다. 다수의 주택보유자들은 두 가지 관점에서 전세가격의 상승을 결정한다고 할 수 있다.

첫째는 임대수익을 기대하는 것이고 둘째는 주택 보유를 통해 기대되는 매매차익이 수준 이하일 때 이를 보충하는 개념으로 전세가격의 상승을 결정하는 것이라 할 것이다. 특히 주택시장이 침체기에 있을 때 주택 거래가 담보상태가 되면 주택구입시 소요된 경비 및 자금조달 비용(이자) 등이 부담이 되는 다주택보유자들은 이의 해소방법으로 주택 전세가격을 상승시키려 하기 때문에 주택 전세수요자들이 이런 비용까지 부담해야 되는 상황이 지속된다는 점에서 문제라고 할 수 있다.

이명박대통령 재임 말기에 나타난 주택 전세가격의 급등 현상은 주택 매매 거래의 담보상태에서 그 원인을 찾을 수 있다. 특히 우리나라 주택시장은 소수의 다주택보유자들이 다수의 전세 수요자들에게 절대적인 지위를 갖고 있는 구조적인 특징이 있다. 이런 상황에서는 다주택보유자들이 주택 보유에 의한 기대이익을 전세에서 얻으려 한다면 전세가격은 계속적으로 상승하게 된다. 특히 주택 매매가격이 하락세일 때 전세가격의 상승 폭은 더욱 커지게 된다. 다주택보유자들이 이에 대한 기대에서 탈출구를 찾을 수 있도록 환경을 조성해 주어야 한다. 따라서 주택 전세가격의 상승에 대한 근본적인 해결방법을 찾으려면 다주택보유자들이 보유주택을 매각할 수 있도록 기회를 제공하여야 한다. 주택 보유를 통해 더 이상의 수익을 기대할 수 없다는 환경이 조성되어야만 전세가격 상승문제를 해결할 수 있는 것이다. 그렇지 않으면 주택을 보유함으로서 얻을 수 있었던 시세차익을 더 이상 기대할 수 없다고 판단되면 언제든지 전세가격으로 보충하려는 태도가 나타날 것이고 그러면 전세가격은 주택 매매가격의 차익을 보전해주는 수단으로 전락되어 결과적으로 집 없는 서민만 힘들게 된다. 때문에 근본적으로 주택 매매에서 기대할 수 없는 수익을 주택 전세가격으로 전환하는 문제를 차단할 수 있도록 하여야 할 것이다. 때문에 주택거래 활성화가 필요하며 더욱 중요해진다. 주택 매매가격의 상승과 하락에 관계없이 시장에서 끊임없는 거래가 존재하여야만 해결될 수 있는 문제이다. 따라서 정부의 정책방향은 '거래활성화'를 최우선 목표로 정해야 할 것이다.

6. 하우스푸어, 렌트푸어, 깡통주택

이명박대통령의 재임기간 동안 우리나라 부동산 시장에서는 '하우스푸어', '렌트푸어', '깡통주택'이라는 단어가 유행처럼 번졌다. 일단 '푸어(poor)'라는 단어와 '깡통(empty can)'이라는 단어가 달갑지가 않다.

'하우스푸어(House Poor)'란 '집을 보유한 가난한 사람'을 일컫는다. 대부분 주택시장이 과열될 때 과도한 대출을 받아 주택을 매입(또는 분양)했으나 주택가격이 하락함으로서 이자부담이 가중되어 소득의 대부분이 대출원리금의 상환에 충족되는 사람들을 말한다. 보통 금리변동과 주택가격의 변동으로 매입 당시에 비해 큰 손해를 보는 경우가 대부분이다. 주택 가격 상승기에 주택 가격이 계속 상승할 것이라는 기대감을 바탕으로 무리하게 대출을 받아 집을 장만했지만 금리 인상, 주택 가격 하락, 주택 거래 감소 등의 현상이 생기면서 곧바로 하우스푸어로 전락하게 된다. 부동산 가격이 상승하면 집을 팔아 대출금을 갚아도 이익을 볼 수 있지만, 부동산 시장 침체로 부동산 가격이 하락하면서 분양가보다 낮은 가격으로 아파트를 내놓아도 거래되지 않는 상황에 이르면 집을 팔 수도 없게 된다. 이런 상태에서 어쩔 수 없이 매달 막대한 이자 비용을 감수하면서 생활고에 시달리는 하우스 푸어가 생기는 것이다.

'렌트푸어(rent-poor)'는 하우스푸어의 전세판이다. 즉, 급증하는 전셋값을 감당하지 못하고 소득의 대부분을 전셋값 올리는데 지출하느라 저축 및 소비 여력이 없는, 경제적인 여유를 갖지 못하고 사는 사람들을 일컫는 말이다. 이명박대통령 임기 중반(2010년 가을 이후)이 지나면 서 전세가격이 급등하자 좀 더 싼 전셋집을 찾아 떠도는 전세난민이 양산됐다. 또 집주인이 전셋값 상승분을 월세로 돌리면서 반(半)전세가 크게 늘었고, 비싼 전셋값 때문에 전셋집을 구하지 못하고 부모와 함께 사는 '신캥거루족'도 등장하는 등 전세난으로 인한 파장 효과가 만 만치 않았다.

'깡통주택'이란 집을 팔아도 주택담보대출 원리금의 상환이 불가능한 주택을 말한다. 통상 주택을 매입할 때 담보대출을 받아서 매입 자금을 충당한다. 그러면 금융기관에서는 해당 주 택의 담보가치(감정평가 가격기준) 범위 내에서 대출금액(LTV 50% = 담보가치의 50%)의 120~130% 수준으로 근저당을 설정한다. 이 근저당 설정금액은 통상 시장가격의 약 80% 수준에 이른다. 따라서 해당 주택가격이 매매당시의 가격 대비 80% 이하 수준으로 하락하게 되면, 다시 말해 서 당시 매매가격 대비 20% 이상 가격이 하락하게 되면 곧 깡통주택 수준이 된다고 할 수 있 다. 대출금액을 기준으로 할 수도 있고 전세보증금을 기준으로 할 수도 있으며 대출금액과 전 세보증금을 합한 금액을 기준으로 할 수도 있다. 전세보증금이 포함되면 집주인만의 문제가 아니고 세입자의 문제로까지 확대되어 더 큰 사회적 문제가 된다. 이런 주택은 팔아 봐도 남 는 것은 없고 빚만 안게 된다. 2010년대를 전후하여 부동산 가격 하락이 계속되면서 깡통주 택이 증가하고 있다. 이 같이 깡통주택이 증가하게 된다는 것은 곧 국민경제, 가계경제에 심 각한 위기상태라는 의미와 같다고 할 수 있다.

이처럼 '하우스푸어', '렌트푸어', '깡통주택'이 등장하게 되는 가장 근본적인 이유는 '부동산 불패 신화' 또는 '부동산 맹신주의'와 같은 고질적인 습관과 관련이 있다. 부동산을 가장 가치 있는 재테크 수단으로 생각하여 부동산에 '올인'하기 때문이다. 대체적으로 우리나라는 가계 자산 중 부동산의 비중이 약 80% 수준이다. 이는 미국 37%, 일본 40%에 비하여 두 배 이상 높은 것으로서 주택 가격 변동 시 가계 자체의 존립과도 연관된다는 점에서 경계해야 될 것 이다.

또 다른 이유는 주택소유자의 능력이 감소한 까닭이다. 주택을 구입할 때는 경제적으로 가 능한 능력을 가지고 있었는데 주택소유자의 여러 가지 사정으로 능력(소득능력, 상환능력, 신용능력 등)이 감소한 까닭이다. 그러나 이 경우에는 그나마 주택가격이 오르면 벗어날 수 있는 상황이다.

그보다도 더 근본적인 것은 주택가격의 하락이다. 매입(또는 분양) 당시에 비해 현격히 하락함으로서 발생할 수 있는 현상이다. 앞의 두 가지 이유는 주택수요자의 능력과 관련이 된다면 이 경우에는 주택 그 자체와 관련이 되는 이유이다. 주택가격이 하락하는 원인은 매입당시 터무니없이 비쌌기 때문일 수 있고, 수요가 급격히 감소해서 나타난 현상일 수 있으나 그보다도 경제침체에 따른 원인이 더 크다고 할 것이다. 특히 시장이 과열되어 거품가격을 형성할 때 구입한 경우에는 거품이 꺼질 때 이런 하우스푸어, 렌트푸어, 깡통주택 등이 더 크게 나타난다고 할 것이다. 이명박대통령 재임기간에 나타난 이 같은 현상은 모두 경제적 상황 때문이라 할 것이다. 이런 경우에는 주택가격이 가장 높았을 때 매입한 경우가 더 크게 하락하기 때문에 2007년 이후 매입한 주택의 경우가 더 크게 나타난다고 할 수 있다. 결과적으로 경제침체와 주택시장의 침체를 예측하지 못하고 무리하게 투자한 투자자들에게 그 모든 책임이 있고 그 결과도 결국 그러한 투자자들에게 돌아간다고 할 것이다.

'하우스푸어'는 능력이 되지 않는 사람이 능력에 비해 대출을 많아 받아서 발생한 경우이기 때문에 결과적으로는 모두 그 사람한테 책임이 있다. 경기침체를 예견하지 못하고 무리해서 집을 구입한 사람이 결과적으로는 책임을 지게 된다. 그런데 근본적으로 들어가면 오락가락한 정부의 부동산정책이 가장 큰 원인을 제공한 것이라 할 것이다.

IMF 이후 국내 경제가 급격히 침체될 때 경기부양책의 일환으로 부동산시장을 인위적으로 부양하였는데 그 내용 중의 대표적인 것이 수요의 진작이었다. 대출금 한도를 늘려주고, 대출 자격을 완화해 주고 대출이자를 낮춰주면서 능력과 관계없이 수요를 부추기는 정책을 추진했었다. 그 이후 부동산 시장이 활성화가 되면서 능력이 충분하지 않는 사람들까지도 가세했고 부동산 시장은 더욱 거품화되고 과열되었다. 그런데 이번에는 경기가 너무 과열되었다는 이유로 수요억제정책을 펼쳤다. 인위적으로 주택가격(정확히 말하면 거품가격)을 끌어내리는 정책을 펼친 것이다. 여기에 경제 침체까지 겹치면서 주택가격이 연착륙 없이 급락해버린 것이다. 상황이 이렇게 되니 급히 팔려는 데도 팔리지도 않은 채 주택가격이 매입 시 대비 20% 이상 하락하면서 '하우스푸어', '렌트푸어', '깡통주택', 등이 속출하게 된 것이다. 가격이 급락하는 데도 미처 팔지 못하고 빠져 나오지 못한 사람들만 '푸어'가 돼버린 것이다. 결과적으로 빠져 나올 수 있는 시간과 정보와 능력이 부족한 때문이지만 최종적으로는 믿었던 부동산정책에 발등 찍힌 꼴이 된 것이다. 이런 이유 때문에 반드시 '수요자에게만 문제가 있다'라고 하는 것은 정당할 수 없으며 부동산정책을 인위적으로 조절하는 정부의 책임도 있다라고 할 것이다. 누가 뭐래도 '하우스 푸어'는 '능력+정책'의 합작품인 것이다. 때문에 해결방법도 '능력+정책'에 있는 것이다.

'하우스푸어'가 많아지면 해당 국민들은 모두 빚더미를 안게 된다. 우리나라는 부동산문제가 가계문제와 직결되기 때문에 부동산정책은 곧 가계정책이 된다. 때문에 부동산정책을 인위적으로 조절할 때는 반드시 가계와 직결됨을 잊어서는 안 된다. 부동산은 단순히 특정 층의 문제가 아니다. 모든 국민의 문제이다. 특히 서민일수록 더 절실한 문제이다. 이유야 어떻든 정부가 주택을 구입해야 된다는 분위기를 만들고 부추기고 뛰어 놓고서, 그래서 국민들이 그런 분위기에 편승(정책을 지원)했는데 이번에는 그런 분위기가 잘못되었다 하여 시장분위기를 냉각기로 바꾸어 놓고서 미처 빠져 나오지 못해 '하우스 푸어'가 된 국민들을 향해 '능력'을 따진다는 것은 정책이 너무 무책임해진다고 할 것이다. 빠져나오고 싶어도 거래가 안 되기 때문에 빠져 나올 수도 없는 것이 현실이라면 가격변동은 고사하고 '거래'라도 될 수 있도록 정책을 추진하는 것이 바람직하지 않을까 생각된다. 능력 없는 수요도 문제지만 오락가락하면서 능력만을 탓하는 정부의 정책이 더 큰 문제인 것이다.

7. 후분양제 궤도 수정

주택분양이란 주택공급자(시행사, 건설사 등)가 일정한 조건의 신축주택을 주택수요자에게 판매하는 것을 말한다. 분양은 신축주택을 대상으로 한다는 점에서 기존주택의 매매와 다르다고 할 수 있다. 주택 분양은 '주택법'과 '주택공급에 관한 규칙' 등에 의거 시행되고 있다. 일정한 주택을 분양할 때는 사업승인(주택법)과 분양승인(주택공급에 관한 규칙)[22]을 받아야 한다. 주택 분양은 두 가지 형태가 있다. 하나는 선분양이고 다른 하나는 후분양이다.

선분양제도는 주택공급업체가 착공과 동시에 분양보증을 받아 입주자를 모집하는 것을 말한다. 완공되지 않고 공사 중인 주택을 분양하기 때문에 선분양제라고 한다. 미완성상품을 판매하도록 한 것이다. 때문에 분양 승인과 관련하여 여러 조건을 법적으로 규정하고 있다. 주택청약제도 및 청약관련저축제도, 분양가격 규제, 분양권전매제도 등과 연계되어 있으며, 분양보증 제도와도 연계되어 있다. 예를 들면, 사업 주체가 건설할 주택의 대지 소유권을 확보하고 '대한주택보증주식회사'로부터 분양보증을 받으면 착공과 동시에 입주자를 모집할 수 있다. 선분양제도를 시행하면 자금조달이 용이하다는 장점이 있다. 주택건설·공급업자는 분양수요자(수분양자)들로부터 청약금(총 분양가격의 10%), 계약금(10%), 중도금(60%), 잔금(20%) 등으로 분할하여 분양대금을 받을 수 있다. 주택 완공 전에 미리 자금 확보가 이루어지는 것이다. 자금 확보가 용이해지므로 주택대량공급이 가능해진다. 주택의 선분양제도가 정착하게 된 배경은 주택 대량 공급이라는 정부의 목표에서도 연유된다. 주택공급을 확대할 수 있기 때문이다. 한편 분양수요자는 '중도금대출(집단대출)' 등을 통해 분양자금을 마련할 수 있다. 금융기관이 분양수요자에게 자금을 대출해 주는 역할을 한다. 건설사, 분양수요자, 금융기관의 참여로 선분양이 이루어질 수 있는 것이다.

선분양제도의 장점은 주택대량공급으로 주택공급량을 확대할 수 있다는 점(정부차원), 대규모 주택건설 자금을 조기에 확보하여 안정적으로 건설을 가능하게 한다는 점(주택 건설, 공급자), 미리 주택을 확보할 수 있다는 점과 주택완공시의 시세차익을 얻을 수 있다는 점(분양수요자), 안정된 자금운용이 가능하다는 점(금융기관) 등이 있다.

단점으로는 미완성 주택의 수요·공급이라는 점에서 시장이 왜곡될 수 있다는 점(시장측면), 따라서 정책의 집행과 그 효과의 사이에서 시차가 발생한다는 점(정부 차원), 그리고 주택가격의 80% 정도를 완공 이전에 납부해야 하는 위험부담이 있다는 점(건설도중 시공사의 부도 발생에 따른 위험 등)과 고가의 재산인데도 완제품을 보지도 않고 사전에 구입해야 하는 불리함(분양 당

---

22) '주택공급에 관한 규칙' 제7조(입주자모집시기 및 조건) 및 제26조(입주금의 납부)

시와 준공 당시의 제품 차이가 발생할 수 있다)이 있다는 점(분양수요자), 대량 미분양의 발생 가능성이 있다는 점과 사전 확정분양가이므로 공사 중의 인플레이션에 취약하다는 점(주택 건설, 공급자) 등이 있다. 특히 분양권 전매(주택을 분양받은 사람이 그 지위를 다른 사람에게 넘겨주어 입주자를 변경하는 것)를 통한 투기과열로 주택시장을 교란시키고, 확정 분양가격 및 분양가격 자율화 등과 맞물려 주택가격의 상승요인으로 작용하는 부작용을 야기하기도 한다.

이런 부작용 때문에 노무현대통령 재임기간 초(2003년 5월 23일) 재건축아파트에 대해서 후분양제도를 실시하겠다고 발표했다. 공정 80% 이후 분양할 수 있도록 한 것이다. 이후 노무현대통령은 '후분양제 로드-맵'(2004년 2월 3일)을 발표했는데 단계적으로 확대하여 2012년까지 정착시키겠다는 계획이었다. 2007년부터 공정률 40% 이후, 2009년부터 60% 이후, 2011년부터 80% 이후에 분양하는 업체한테 공공택지를 우선적으로 공급한다는 계획이다. 건설회사의 후분양제도를 유도하기 위해 선분양은 분양가를 규제하고 후분양은 분양가를 자율화하기로 했다.

또한 상가, 오피스텔 후분양제 도입을 골자로 한 '건축물 분양에 관한 법률 제정안'이 공포(2004년 10월 22일)돼 2005년 4월부터 시행하게 된다. 주요 내용을 보면 3,000㎡ 이상의 건축물을 준공 전에 분양하고자 할 때에는 건축허가권자에게 미리 분양신고를 하도록 하고, 분양시기도 토지소유권을 확보하고 건축허가를 받은 후 일정 공정 이상 공사를 진행한 후 분양하도록 제한한다는 내용이다. 단 신탁회사와 토지 및 자금관리 신탁계약을 체결하거나 보증보험회사에 보증금(공사금액의 1~3%)을 낼 경우에는 착공신고와 동시에 분양할 수 있도록 했다. 또한 분양신고 전까지 대지소유권을 확보토록 했으며 분양광고에는 반드시 건축허가 및 대지소유권 확보 여부 등을 명시토록 했다. 계약 시에는 대지 위치와 준공예정일, 분양면적, 분양대금, 납부방법 등을 밝히도록 했다. 그리고 '1·11대책(2007년 1월 11일 발표)'에 따라 2008년 1월 1일부터 공공택지에서 분양하는 아파트에 대해 후분양제를 적용하기로 하였다. 민간택지의 경우에는 선분양제로 공급된다. 이에 따라 2008년 1월 1일 이후 사업계획승인을 신청하는 단지는 40% 이상 건축을 마친 후 입주자를 모집할 수 있게 되었다.

후분양제도는 수요공급의 현시성(분양시점에서의 수요·공급 상태)을 반영함으로 시장기능의 왜곡(가격, 거래, 전매 등)을 방지할 수 있다는 점(정부차원), 공정률 80% 이상에서 아파트를 판매하기 때문에 안정적인 사업 진행과 미분양의 발생을 최소화할 수 있다는 점(주택 건설 및 공급자), 수요자들은 실제 아파트가 지어지는 모습을 보면서 청약할 수 있다는 점과 건설업체 부도에 다른 위험 부담도 줄일 수 있다는 점, 건설업체의 부실시공 논란을 막고, 비교적 정확한 공사비용을 산출할 수 있어 적정한 분양가 산정이 가능하다는 점(분양수요자) 등이 장점이다. 반면 단점으로는 총공급량을 늘리는데 한계가 있다는 점(정부측면), 공사비의 상당부분을 사업자가 마련해야 하기 때문에 자금부담이 크다는 점(주택 건설 및 공급자), 분양대금 납부기한도 그만큼 짧아져 자금 부담이 커진다는 점과 전매차익실현이 거의 불가능해진다는 점(분양수요자) 등이 있다.

이명박대통령은 후분양제도의 폐기를 공식화(2008년 8월 21일 주택공급기반강화 및 건설경기 보완대책)했다. 재건축 후분양제를 폐기(2008년 9월)한 것이다. 정책 도입 당시 내세웠던 취지와 달리 효과가 거의 없다고 판단했기 때문이다. 도입 당시만 해도 후분양제가 도입되면 부실 시공·입주 지연 등의 문제가 해소되고 모델하우스 설치비 절감 등으로 분양가 인하 효과를 기대할 수 있을 것으로 봤다. 하지만 분양가는 오히려 급등했다. 후분양 아파트는 분양가가 주변 시세와 비슷하게 책정되다 보니 공사 기간 주변 집값이 뛰면 오히려 분양가가 더 비싸지는 부작용이 나타났다. 건설사 역시 각종 금융비용을 분양가에 반영한 탓에 고분양가 문제 해결은 더 멀어졌다는 지적도 나왔다. 입주자들도 선분양제를 선호했다. 선분양 아파트는 입주 전까지 분양권 가격이 오르면 전매를 통해 시세 차익을 기대할 수 있지만, 후분양제 아파트는 이런 기회 자체가 없어지기 때문이다. 건설사도 후분양 방식으로 아파트 건설사업을 할 경우 자금조달이 쉽지 않아 꺼리기는 마찬가지다. 선분양을 하면 계약금·중도금으로 공사 비용을 조달할 수 있지만 후분양을 시행하면 준공 전까지 모든 비용을 건설사가 대야 한다. 자금조달 능력이 떨어지는 중소·중견건설사들은 주택 사업에 나서기가 쉽지 않다. 이 때문에 건설사들의 반발도 상당했다. 건설사들은 "정책 취지는 좋지만 아직 국내에서는 건설 금융이 발달하지 않아 후분양 시스템이 제대로 작동하기가 쉽지 않다"는 판단을 한 것이다.

8. 규제완화

이명박대통령이 취임(2008년 2월 25일) 직후 처음으로 발표한 부동산정책은 '세제완화'이다. 1주택자의 장기보유자에 대한 '양도소득세 장기보유 특별공제율'을 '15년 이상 45%에서 20년 이상 80%'로 완화(2008년 3월 20일)한다. 취임 당시의 부동산정책은 노무현대통령이 남긴 '규제정책'이었다. 노무현대통령은 취임 이후 줄곧 규제정책이었으며 그럼에도 부동산 시장이 안정되지 않아 규제정책의 기류를 유지한 채 퇴임한 것이다. 이 상황을 이어받은 이명박대통령은 '세제완화'라는 완화정책으로 첫출발을 한 것이다. 자연스럽게 규제와 완화가 섞인 중복정책으로 시작하게 되었다.

재임기간(2008년 2월 25일~2013년 2월 24일) 동안 이명박대통령은 수차례에 걸쳐서 규제완화 정책을 발표한다. 이에는 크게 두 가지 이유가 있다. 하나는 경기침체에 대한 부양책의 일환이고 다른 하나는 노무현대통령의 부동산정책이 '규제정책'이었으며 규제의 범위가 광범위했고 그 방법도 다양했기 때문이다. 다시 말하면 노무현대통령의 규제정책이 너무 강해서 더 이상의 규제정책은 필요치 않았으며 오히려 그 규제에서 나타난 부작용을 해소하는 차원에서라도 완화정책으로 선회할 수밖에 없었다고 할 수 있다. 다만 급작스런 완화정책으로의 전환은 오히려 시장의 혼선만 가져올 가능성이 높으므로 가벼운 단계에서부터 규제완화를 시작하였던 것으로 분석할 수 있겠다. 따라서 이의 성격을 정의한다면 '완만한 규제완화', '단계적 규제완화'라고 특징을 지울 수 있겠다.

특히 이명박대통령의 부동산정책은 '세제완화정책'이 많다. 우선 첫해(2008년)에는 '양도소득세의 장기보유특별공제율 확대'를 포함하여 '수도권을 제외한 지방재건축 초과이익부담금 면제'(2008년 5월 17일), '취·등록세(당초 2.2% → 변경 1.1%) 인하'(2008년 6월 11일), '일시적 1주택자 양도소득세 부과기준 1년에서 2년으로 확대'(2008년 6월 11일), '1가구 1주택 양도소득세 비과세 요건 개선', '양도세 장기보유특별공제 개선', '실수요 2주택자에 대한 양도소득세 중과세 배제', '양도소득세율 9%~36% 구간을 6%~33%으로 개선'(이상, 2008년 9월 11일 대책 : 세제개편안) 등이 있다. '취·등록세율' 및 '양도소득세율'의 인하가 가장 대표적인 것들이다. 다만, 양도소득세율 같은 경우는 전면적인 것이 아니고 1주택자 중심의 부분적인 것이라는 점이 특징이다.

　세제완화정책 중에서도 가장 특징적인 것은 '종합부동산세'의 완화이다. 종합부동산세는 노무현대통령이 과열화된 부동산시장를 안정화시킨다는 명분으로 도입한 새로운 부동산 조세이다. 당시 '세금폭탄'이라는 비판을 받으며 조세저항을 받았던 세제이다. 그럼에도 이를 도입하였던 바, 노무현대통령의 의지가 그만큼 강했던 정책이었다. 당시 종합부동산세는 그 대상 금액이 6억 원 이상의 부동산이었는데 이명박대통령은 이를 9억 원 이상으로 기준을 상향 조정한 것이다. 종합부동산세에 대한 실효성을 검증되기도 전에 변경된 것이다. 이를 두고 '강남부자들을 위한 조치'라고 강력한 저항을 받기도 하였지만 결국 종합부동산세는 변경 (2008년 9월 23일) 된다.

　이명박대통령의 세제완화 정책은 재임기간 동안 계속된다. 취임 2년 차(2009년)에는 양도소득세 완화 범위를 확대(2009년 2월 12일, 2.12 세제조치)한다. 그 내용을 요약하면 '수도권 과밀 억제권역 외 지역 신축주택(미분양주택 포함)에 대해 양도세를 한시적으로 면제(09.2.12~10.2.11 취득분에 한함)하는 것과 다주택보유자 양도세 중과 한시 배제 및 부재지주 양도세 중과 폐지(이상 2009년 3월 16일, 3.16 세제조치) 등이 있었다. 취임 3년 차(2010년)에는 다주택자 양도세 일반세율(6%~36%) 적용 및 취·등록세 50% 감면 연장(1년) 등을 내용으로 하는 '실수요주택거래정상화와 서민·중산층 주거안정지원방안'이라는 정책을 발표(8.29)한다. 집권 4년 차(2011년)에는 전·월세 시장 안정 보완대책으로 매입 임대사업자 세제지원(양도세중과완화, 종부세비과세)요건을 완화(2011년 2월 11일)하는 것을 발표하고 주택거래 활성화 방안(2011년 3월 22일)으로 취득세율 50%를 추가 감면(11월 말까지 한시)하기로 한다. 또한 건설경기 연착륙 및 주택공급활성화 방안으로 서울, 과천 및 5대시장 신도시 1세대 1주택에 대해 양도세 비과세 요건을 완화한다. 전·월세 시장의 안정화를 위한 정책(8.18 전·월세 시장 안정방안, 2011년 8월 18일)을 발표, 매입 임대사업자에 세제 혜택(수도권 3호, 지방 1호 이상 → 수도권 지방 관계없이 1호 이상)을 주며, 매입 임대주택사업자가 거주하는 주택 1호에 대해서는 보유기간(3년) 등의 요건 충족 시 양도세 비과세를 추진하기로 했다. 집권 마지막 해(2012년)에서는 '5.10 주택거래 정상화 및 서민·중산층 주거안정 지원 방안'(2012년 5월 10일)에는 1세대 1주택자 양도세 비과세 보유요건을 완화(3년 →

2년)하고, 일시적 2주택자가 종전주택을 처분할 경우 처분기한을 연장(2년 → 3년)하는 등 주택 거래세의 부담을 완화하였다.

'조세완화' 이외에도 '금융완화' 정책을 재임기간 동안 계속 펼친다. '지방 미분양아파트 해소 차원에서 LTV를 60%에서 70%로 확대(2008년 6월 11일 지방미분양해소대책)한다. 이는 지방 주택시장이 이명박대통령 재임기간에 큰 폭의 가격상승을 가져 오게 된 배경 중의 하나이다. 실수요주택 거래정상화와 서민 중산층 주거안정지원방안(2010년 8월 29일)에서는 1가구 1주택자 9억 원 이하 주택을 매입할 경우 금융회사에서 자율적으로 DTI를 심사할 수 있도록 조치하였다. 이는 실질적으로 DTI 규제를 사실상 폐지한 것이라 평가했지만 금액(9억 원 이하), 대상(1가구 1주택자), 지역(강남3구 제외) 등의 제한을 두었기 때문에 폐지가 아니라 일부 완화라고 하는 것이 옳다. 재임 마지막 해(2012년 5월 10일)에는 '주택거래 정상화 및 서민·중산층 주거안정 지원 방안'을 마련, 발표했는데 금융관련 내용을 보면 금리우대 보금자리론 지원 대상 및 한도를 확대하고 생애최초 주택 구입자금 5천억 원 추가지원 등을 통해 실수요자의 내집 마련을 지원할 수 있도록 금융제도를 완화하였다.

이 밖에도 주택 공급정책 및 서민주거 안정 정책, 전·월세정책 등에 대해서도 완화정책을 내놓았다. 대표적인 것이 분양가상한제 폐지를 추진한 것이다. 분양가상한제는 노무현대통령이 부동산시장의 과열화를 막기 위해 신설한 제도이다. 그러나 분양가상한제는 여러 가지 이유로 폐지되지 않은 채 이명박대통령의 임기가 만료된다. 다음으로는 '전매제도 완화'이다. 이명박대통령은 경제정책을 발표(2011년 6월 30일)하면서 투기과열지구를 제외한 수도권(과밀억제권역)의 분양권 전매 제한 기간(현행 1년~5년)을 완화(1년~3년)하였다. 그리고 '주택시장 안정화 방안'(2011년 12월 7일)에서는 강남3구에 대해 투기과열지구 해제를 추진하였다.

'서민 주거안정 정책', '전·월세 대책' 등과 관련, 오피스텔에 대해서도 전용 85㎡ 이하, 바닥난방, 전용입식부엌, 수세식 화장실, 목욕시설 등이 구비된 경우에 '매입 임대주택'으로 등록이 가능하도록 허용(2012년 1월 31일), 시행(2012년 4월 27일)하게 하였다. 특히 '주택거래 정상화 및 서민·중산층 주거안정 지원방안'(2012년 5월 10일)에서는 투기지역 및 주택 거래 신고지역 해제, 분양권 전매제한 기간 완화, 민영주택 재당첨 제한 폐지 등 노무현대통령 재임 시에 도입된 규제정책을 완화정책으로 바꾸었다. 2~3인용 도시형생활주택 건설 시 자금지원 확대, 2세대 이상 거주 가능한 세대 구분형 아파트 건설 시 규제 완화 등 중소형 임대주택의 공급이 활성화 될 수 있도록 정책을 완화하였다.

재건축에 대해서도 완화정책을 실시하였다. '5·10 주택거래 정상화 및 서민·중산층 주거안정 지원방안'의 후속조치(2012년 5월 31일)로 1:1 재건축 시 기존주택의 면적 증가 범위를 현행 10% 이내에서 30% 이내로 확대하고, 기존 주택 면적을 축소하는 것도 허용하였다. 조합원에게 공급하고 남는 일반 분양분이 있을 경우 그 물량은 현행과 같이 85㎡ 이하로 선설토록 하였다.

9. 조세제도와 부동산

여기서 조세에 대한 부동산 시장의 영향력에 대해 알아보자. 조세제도의 근본적인 존재에 대해서는 어느 누구도 이의가 없을 것이다. 민주주의, 자본주의 사회에서는 더욱 그렇다. 부동산 조세는 첫째로 개발사업, 토지의 이용, 그리고 사업 인·허가 등과 관련된 조세가 있다. 이 중 재건축·재개발관 관련된 조세 및 개발부담금 등을 제외하고는 대부분 사업과 관련된 조세이기 때문에 공급조세라 할 수 있다. 둘째로 이에 비해 취득세, 양도소득세, 종합부동산세는 보유, 거래 등과 관련된 조세이다. 때문에 이런 조세들은 시장에서 부동산 보유자 및 수요자에게 직접적으로 영향을 미치는 조세들이다.

그런데 이런 조세들 간에는 상호간 협력적인 관계와 배타적인 관계를 갖게 된다. 예를 들면 취득세와 양도소득세의 관계를 보자. 우선 양도소득세는 거래세이다. 따라서 부동산 거래 시 발생하는 세금이며 양도차익에 대해 부과한다. 양도소득세율이 높으면 거래량은 줄어든다. 반대로 낮으면 거래량은 늘어난다. 따라서 시장이 과열되면 거래량을 줄여 시장을 안정화시키기 위해 양도소득세율을 높이고 그 반대의 경우에는 양도세율을 낮춘다. 취득세는 부동산 취득 시 부과되는 세금이다. 양도소득세는 양도하는 쪽에서 내는 세금이라면 취득세는 양도를 받는 쪽에서 내는 세금이다. 따라서 목적은 정반대이나 거래를 통해 이루어진 것이라는 공통점이 있다. 그래서 거래량을 조절할 경우에는 양도소득세와 더불어 취득세도 함께 조절하게 된다. 양도소득세를 올리려면 취득세율도 올린다. 양도소득세를 낮추려면 취득세율도 낮춘다. 그렇게 되면 거래량의 변화에 효과가 더욱 커진다. 물론 둘 중 하나만 가지고도 조세효과를 가져올 수 있다. 이런 경우는 단계적 시장변동을 기대할 때 가능하다. 그러나 확실하게 시장의 변동을 기대한다면 두 조세를 동시에 조절하는 것이 더 효과적이다.

둘 중 하나씩을 비교하면 취득세보다는 양도소득세의 효과가 더 크다고 할 것이다. 이유는 간단하다. 양도소득세의 세율(6%~33%)이 취득세의 세율(1.1%)보다 훨씬 높기 때문이다. 세율의 크기를 배제하고 이 두 조세를 분석하면 가장 낮은 단계의 조치는 취득세의 조절이다. 그리고 그 다음 단계가 양도소득세의 조절이다. 이 두 가지를 동시에 조치하면 그 다음 단계가 된다. 각 단계마다 세부적으로 세율과 대상 등을 가지고 또 조절이 가능하다. 예를 들면 가장 낮은 단계인 취득세의 조절단계인 경우에서도 세율조정, 대상조정, 자격조정 등을 기준으로 세분화할 수 있는 것이다. 양도소득세도 마찬가지이다. 이를 기준으로 보면 이명박대통령의 세제완화는 취득세와 양도소득세를 동시에 완화했으므로 높은 단계의 조치이다. 다만 양도소득세의 대상이 극히 제한적이어서 그 효과가 크게 반감되거나 해당 부동산으로 국한되어 시장 전체로 확대되지는 못한 것이다.

이번에는 종합부동산세와 양도소득세와의 관계를 살펴보자. 종합부동산세는 보유세이다. 많이 보유하면 세금을 많이 내게 된다. 종합부동산세율을 높이면 당연히 보유량은 줄어든다. 낮추면 보유량은 늘어난다. 여기서 종합부동산세율을 낮춘다는 의미에는 대상금액을 높인다는 의미도 포함된다. 대상금액을 높이면 사회 전체적으로는 당연히 세율이 낮아지는 효과가 있기 때문이다. 종합부동산세가 낮아지면(또는 높아지면) 보유량이 늘어난다(또는 줄어든다). 보유량이 늘어난다는 것은 두 가지다. 하나는 거래가 많아진다는 의미이고 다른 하나는 신규취득(분양)이 늘어나는 경우를 말한다. 이렇듯 종합부동산세만을 가지고도 부동산 시장의 거래량을 조절할 수 있다. 시장이 과열되면 거래량을 줄이기 위해 종합부동산세율을 높이거나 대상금액을 낮추면 되고 시장이 침체되면 거래량을 늘리기 위해 종합부동산세율을 낮추거나 대상금액을 높이면 된다.

그런데 종합부동산세와 양도소득세가 만나면 얘기는 달라진다. 종합부동산세와 양도소득세와의 관계에서 부과될 세금의 크기를 계산한 후에 결정할 것이기 때문이다. 예를 들면 보유하는 것보다 양도하는 것이 세금에서 유리하다면 당연히 양도할 것이고 그러면 거래량은 늘고 보유량은 줄어들 것이다. 이는 시장이 침체되어 활성화 정책을 펼쳐야 할 경우에 정부가 선택할 수 있는 세제정책이다. 구체적으로 양도소득세는 낮추고 종합부동산세는 높이는 방법이다. 이와 반대로 보유하는 것이 양도하는 것보다 세금에서 유리하다면 당연히 보유할 것이다. 그러면 보유량은 늘어날 것이고 거래량은 줄어들 것이다. 이는 시장이 과열되어 시장 '진정화 정책'을 펼쳐야 할 경우에 정부가 선택할 수 있는 세제정책이다. 구체적으로 양도소득세는 높이고 종합부동산세는 낮추는 방법이다. 둘 중에 하나는 고정하고 하나만 변화시키는 방법도 이와 같으나 그 크기가 다르므로 그 효과의 크기가 다르게 나타난다.

그런데 만약 두 세제의 세율(동일한 기준)을 동시에 낮추거나 높인다면 그 결과는 아무런 효과가 나타나지 않는다고 할 것이다. 왜냐하면 이 두 조세는 상호 배타적인 성향을 가지고 있기 때문이다. 취득세와 종합부동산세도 같은 개념이다. 취득세와 양도소득세는 협력적인 관계에 있고 양도소득세와 종합부동산세는 배타적인 관계이므로 취득세와 종합부동산세도 배타적인 관계에 있기 때문이다.

이명박대통령은 세제완화 정책을 펼쳤다. 일단 시장이 침체기에 있다고 판단하고 시장 활성화 정책을 선택한 것이다. 이명박대통령은 취득세 인하, 양도소득세 인하, 종합부동산세 대상금액 상향(세율인하효과)을 동시에 시행하였다. 앞의 설명대로라면 이는 모순이 있다. 취득세인하와 양도소득세 인하는 협력적인 관계이므로 동시에 인하한 것은 시장활성화에 도움이 되는 결정이다. 그런데 종합부동산세는 이 두 세제와는 배타적인 성향이므로 종합부동산세율은 높여야 한다. 그런 결과일 때 거래가 활성화되는 것이다. 그런데 종합부동산세율을 낮춘 것이다. 만약 부동산 보유자라면 파는 것이 유리한지 보유하는 것이 유리한지를 계산할 것이다. 그래서 '보유'가 더 유리하다면 팔지 않고 보유할 것이다. 그러면 당초 정책의 취지와는 다르게 시장에서는 아무런 변화가 나타나지 않게 된다. 변화가 없다면 정책효과가 없는 것과 같으며 이런 정책은 무의미한 것이다.

한 가지 다른 판단이 있다. 보유해도 세금이 낮아져서 유리하게 되었고 거래세 또한 낮아져서 거래도 유리하게 되었으므로 보유량을 늘리는 정책으로 그 효과가 크다고 할 수 있다는 점이다. 이런 경우는 부동산 시장에서 얼마든지 가능한 경우이다. 다량의 부동산 보유자가 더 많은 부동산을 가지고 있어도 조세에서 유리한 환경이 되었다면 보유량을 늘릴 것이다. 더구나 거래세도 낮아졌으므로 매입하기는 더 유리해졌다. 가지고 있는 부동산을 파는 것보다 다른 부동산을 추가로 구입하는 것이 더 유리한 것이다. 때문에 시장에서의 거래량은 늘어나게 되는 것이다. 이는 정상적인 시장의 모습이 아니다. 왜냐하면 이 같은 시장은 결과적으로 매점매석 행위가 될 것이기 때문이다. 부동산을 보유할 수 있다면 보유가 더 선호될 것이고 그렇다면 소위 '사재기'가 된다. 빈익빈부익부는 더욱 커지고 자원의 효율적인 배분은 실패하게 되는 것이다. 이는 또 다른 시장문제를 야기하는 결과가 된다. 이런 이유 때문에 정책적인 모순을 낳게 되는 것이다. 정책은 정상적인 시장을 지향한다. 그것이 정의인 것이다.

이런 결과가 나타나는 이유는 부동산 시장을 통합적으로 판단하지 않고 부분적으로 판단하기 때문이다. 특정시장을 중심으로 정책이 입안되고 시행된 경우에는 특히 그렇다. 이는 불안정한 정책이 되며 미완성 또는 특화된 정책이 되므로 언젠가는 이에 대한 모순과 역효과가 나타나서 수정, 보완하지 않으면 안 된다. 이런 형태의 정책은 항상 반복적, 순환적으로 나타나서 시장의 모순과 정보의 왜곡으로 나타나는 것이다.

10. 경제활성화와 부동산

누가 뭐래도 이명박대통령의 당선은 '경제활성화'라는 국가적 과제 때문이었다고 할 것이다. 제17대 대통령은 장기 침체에 빠진 우리나라 경제를 재건할 수 있는 인물이 선택되기를 희망했고 그 결과, 국민들은 대기업 대표이사의 경력을 가진 이명박대통령을 뽑았다. 때문에 이명박대통령은 '경제활성화'가 최우선 정책이어야 했고 또 그렇게 정책을 추진했었다. 가장 대표적인 정책방향으로 수출확대전략을 펼쳤다. 수출확대전략은 우리나라와 같은 자원부족 국가의 입장에서는 최선의 선택일 수밖에 없다.

그래서 수출확대전략을 경제전략으로 전개하게 되는데 일단 수출확대전략은 성공하지만 생각보다 경제성장은 이루어지지 않았다. 실질 GDP 성장률([표 4-11] 참조)을 보면 연평균 2.9%, 재임기간 5년 누적 14.6%의 성장률을 보였다. 이는 다른 대통령의 재임기간에 비해 낮은 수준([그림 4-20] 참조)이다. 이에는 침체된 내수가 그 원인이라 할 것이다. 수출은 전략적으로 성공했지만 내수침체로 인하여 GDP싱장에 한계를 나타낸 것이다. 특히 내수가 침체됨으로서 체감 성장은 더욱 낮아진 것으로 해석할 수 있다. 이에는 '서브프라임'의 영향이 높았다고 할 수 있다. 서브프라임 이후 우리나라 경제는 급격히 침체에 빠진다. 서브프라임이 발생한 직후(2009년)의 GDP 성장률은 0.3%에 그친다. 단, 수출 성장률이 높게 나타난다. 수출성장률은 수입성장률보다 높게 나타난다. 이는 수출은 좋았으나 내수(투자 포함)가 침체된 결과로 나타난다.

[표 4-11] 실질 GDP 성장률

구분	노태우	김영삼	김대중	노무현	이명박
누적	43.3	37.0	25.0	21.7	14.6
연평균	8.7	7.4	5.0	4.3	2.9

[표 4-12] 이명박대통령 재임기간 실질 GDP 성장률

계정항목별	07	08	09	10	11	12	13
국내총생산	5.1	2.3	0.3	6.3	3.7	2.0	2.8
최종소비지출	5.1	2.0	1.2	4.1	2.3	2.2	2.1
총고정자본	4.2	-1.9	-1.0	5.8	-1.0	-1.7	3.8
수출	41.9	53.0	49.7	52.3	56.0	56.5	-
수입	40.4	54.2	46.0	49.7	54.0	53.4	-

[그림 4-19] 실질 GDP 성장률

(연도별)

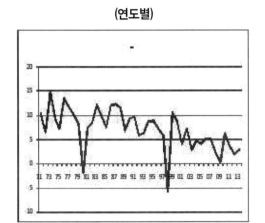

(연평균)

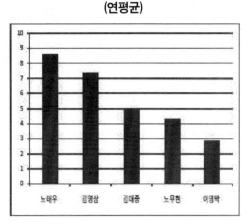

특이한 것은 이명박대통령 재임기간 중 중반기(2010년)에 GDP 성장률이 6.3%로 높아진다는 점이다. 이때의 통계자료([표 4-12])를 보면 내수도 좋고 수출도 좋았음을 알 수 있다. 그 이유는 통화증가율([표 4-13])에서 찾을 수 있다. 대통령 재임기간 중 연평균 통화발행 증가율을 보면 이명박대통령이 13.3%로 높게 나타난다. 특히 연도별([표 4-13], [그림 4-20])로 보면 집권 2년 차(2009년)에 21.4% 수준으로 가장 높게 나타남을 알 수 있다. 화폐발행 증가율은 집권 3년 차, 4년 차에도 높게 나타났지만 GDP성장률은 낮은 수준에 머물렀다. 화폐발행을 늘려서 경기회복을 노리는 것도 한계를 나타낸 것이다. 그런데 화폐발행액이 증가하면 인플레이션을 자극하기 때문에 물가상승을 가져올 우려만 남기게 되었다.

그리고 다시 집권 마지막 해(2012년)에는 2.0% 성장에 그치는데 순수출(수출-수입) 증가율이 3.1% 차이라면 이 역시 내수가 위축되어 있었음을 나타내는 것이라 할 것이다. 따라서 이명박대통령의 경제 정책의 결과는 수출확대, 내수위축으로 요약할 수 있겠다. 결과적으로 경기침체가 지속된 것이다.

[표 4-13] 통화발행 증가율

구 분	노태우	김영삼	김대중	노무현	이명박
초년도	16.2	41.6	-10.4	1.3	4.9
2년도	20.7	8.7	41.7	1.6	21.4
3년도	21.1	14.8	-5.1	5.0	16.0
4년도	10.6	3.4	4.3	6.5	12.4
5년도	7.7	-0.7	8.2	5.3	11.6
누적	76.3	67.8	38.7	19.7	66.3
연평균	15.3	13.6	7.7	3.9	13.3

그렇다면 집권 초기부터 내수를 확대했으면 경기는 어떻게 되었을까라는 의문을 갖게 된다. 화폐발행 증가의 대부분을 내수확대 방향으로 펼쳤으면 GDP성장률을 다른 양상을 나타낼 수 있었을 것으로 해석할 수 있다. 수출은 일단 세계 각국의 경제와 밀접한 관련이 있어서 세계경제와의 교류에 변화가 심할 경우(환율 변동이 심할 경우를 포함) 수출확대 전략에 타격을 입을 수 있는데 이때는 내수가 뒷받침되어야 경제가 안정적으로 성장할 수 있는 것이다. 그런데 내수가 취약한 상태에서 수출만으로 GDP성장을 이루기에는 한계가 있는 것이다. 특히 내수가 침체되면 체감경기가 침체되기 때문에 국민들 입장에서는 더더욱 그렇다.

[그림 4-20] 화폐발행 증가율(말잔 기준)

(연도별)

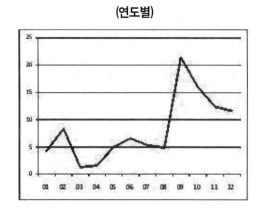

(연평균)

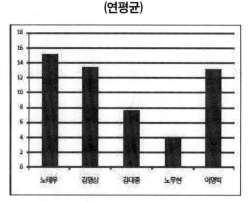

이런 점에서 이명박대통령의 경제정책을 '대기업 프렌들리' 정책이라고 한다. 수출확대가 대기업의 이익만 도와주었을 뿐 국민들의 체감경기에는 전혀 도움이 안 되었다는 것이다. 서브프라임 사태가 신용보강을 당장 재촉하다 보니 내수가 위축되었지만 결국 이를 극복하는 것은 내수라는 사실을 확인할 수 있었다. 집권 말기 이후에 내수를 진작시키기에는 이미 기반이 흔들린 상태였으므로 회복되기가 쉽지 않은 상태인 것이다. 문제는 이런 결과가 다음 정권으로 이양된다는 점이다. 때문에 다음 정권의 과제는 내수진작을 통한 경기회복이 되는 것이다.

이명박대통령은 재임기간 중 내수회복의 하나로 부동산 경기 활성화를 위한 여러 정책들을 펼쳤지만 그 성과는 나타나지 않았다. 그런 이유는 내수가 회복되기에는 너무 깊은 침체에 있었기에 단순히 부분적인 규제완화를 가지고는 침체된 내수를 살릴 수가 없었던 것이다. 그렇다고 김대중대통령처럼 모든 규제를 폐지할 수는 없었다. 김대중대통령의 부동산정책과 노무현대통령의 부동산정책을 경험 한 지 얼마 되지 않았기 때문이다. 결과적으로 경제회복을 기대했건만 경기침체(특히 내수 침체)로 마감하고 만 것이다.

11. 재건축

이명박대통령과 노무현대통령의 정책 중에서 가장 상반된 부분을 찾으라면 바로 재건축, 재개발정책이다. 노무현대통령의 재건축, 재개발정책은 '철저한 규제'였다. 노무현대통령은 주택가격의 급등의 원인이 바로 '재건축사업'이라 판단한 것이다. 특히 강남 3구와 그 인근의 재건축아파트가 주택 시장을 혼란에 빠지게 하는 주범이라 본 것이다. 재건축은 기존의 주택을 허물고 그 자리에 새로운 주택을 짓는 것을 말한다. 그런데 재건축 대상이 되는 주택(특히 아파트)은 기존 주택 수보다 더 많은 물량을 짓게 되어서 기존 주택 보유자는 그만큼 수익성을 갖게 된다. 따라서 재건축이 가능해지면 그만큼 가격상승을 가져오기 때문에 재건축 대상 주택이 투자나 투기의 대상이 되고 주택시장과 부동산 시장의 과열화 또는 투기화의 주범이 된다는 논리이다.

이에는 세 가지 조건이 충족되어야 한다. 하나는 기존 주택보다 더 많은 물량이 되어야 한다는 점(용적률)이고 다른 하나는 부동산 시장의 수·급 불균형(수요>공급)이 되어야 한다는 점, 즉 수요가 많다는 점이며 세 번째는 주변 환경이 수요를 확대(강남권)하는 곳이어야 한다는 점이다. 이 조건을 충족하는 곳이 강남권과 그 주변이므로 결과적으로는 강남권의 부동산 시장은 재건축시장이 주축을 이루게 된다. 이런 이유로 노무현대통령의 부동산 규제정책은 특정지역(투기지역 및 투기과열지구)을 겨냥한 대책이 많은 것이다.

재건축사업은 첫째, 재건축사업(또는 그 대상 자체) 그 자체를 규제하는 방법과 둘째, 재건축 대상 주택의 거래를 규제하는 방법이 있다. 역대 대통령의 재건축 정책(특히 규제정책)은 대부분 거래관계를 규제하였다. 그러나 노무현대통령은 거래관계뿐만이 아니라 사업자체를 규제하였던 점이 다르다. 대표적인 규제가 '용적률'규제이다. 재건축사업은 '국토이용관리법'이 '국토의 계획 및 이용에 관한 법률'로 바뀌면서 그 운명도 바뀐다. 당시 개정(시행 2003년 1월 1일)된 내용의 핵심은 용적률의 하향조정이다. 특히 재건축 대상지역인 주거지역의 용적률이 50%(예를 들면 일반주거지역 제2종의 경우 당초 250%에서 200%로 하향조정함) 이상 하향된 것이다. 이와 함께 서울시 도시조례도 하향 조정됨으로서 근본적으로 사업성을 낮춘 것이다. 서울시는 여기에 '재건축연한제'[23]를 도입하여 아예 재건축 시기를 조정하였다. 이 외에도 '소형평형 의무비율', '임대아파트 의무 비율', '개발이익 환수제' 등이 있다. 또한 재건축에 대한 거래의 규제는 '전매금지' 또는 '자격제한' 등의 방법이 있다.

이명박대통령의 재임 기간 동안 서울 특히, 강남권의 부동산시장이 다른 지역에 비해 크게 침체된 것은 노무현대통령의 재임기간 중 취했던 이런 유형의 재건축 규제의 영향이 크다고 할 것이다. 즉 재건축 시장의 침체는 노무현대통령의 정책 효과였던 것이다. 그런데 이명박대통령은 재건축에 대한 시각이 노무현대통령과는 달랐다. 서울은 주택 공급이 수요를 초과할 수 없는 구조를 갖고 있기 때문에 주택공급을 늘리지 않는 한 시장 과열은 막을 수 없다고 인식한 것이다. 그리고 그 대표지역이 강남이라는 생각이다. 그러나 아쉽게도 강남은 신규 주택을 공급할 수 없는 곳이라고 판단한다. 왜냐하면 주택을 공급할 수 있는 용도의 토지가

---

23)　재건축연한제 : 재건축 가능 시기를 당초 20년에서 아파트 준공 시점기준으로 최대 40년으로 늘림

없기 때문(관리지역, 농림지역, 자연환경보존지역 등 비도시용도가 서울은 0이다)이다. 그래서 서울 강남 지역의 주택공급방법은 재건축 방법밖에 없다고 판단한 것이다. 아니면 강남 인근 지역의 신 도시 개발방법으로 추진하는 방법(이것은 위례신도시와 보금자리 주택 등으로 그 결과를 나타냄)인 것 이다. 그래서 노무현대통령의 재건축 규제에 대해 이명박대통령은 재건축 규제완화 정책을 펼친 것이다.

문제는 규제완화의 방법과 범위인데 이명박대통령의 재건축 관련 정책을 보면 '재개발 · 재 건축 절차 간소화', '재건축 조합설립 인가 후 시공사 선정 가능' 등 부분적인 규제 완화는 실현 했으나 사업성의 기준이 되는 '용적률', '재건축연한제', '소형의무비율', '임대아파트 의무비율' 등은 거의 수정하거나 폐지하지 않았다는 점에서 '재건축사업 규제완화'가 아니지 않는 가라 는 평가를 듣게 된다. 재건축은 특정 층(재건축대상 주택 소유자)에 이익이 돌아간다는 점에서 사 회적인 비판의 대상이 된다. 때문에 재건축 정책이 너무 유연하면 특정 층에 대한 특혜소지가 생기며 너무 강하면 재건축 거주자의 환경을 무시한 결과가 되기도 한다. 도심환경, 거주환 경, 생활안전(건물 노후화) 등을 고려하면 재건축을 마냥 규제할 수는 없다. 문제는 대통령이 바 뀔 때마다 바뀌는 재건축 정책인 것이다. 재건축 정책은 부동산 시장을 부양하기 위해서라거 나 안정화를 위해서라는 명분으로 접근할 것이 아니라 안전과 환경차원에서 접근해야 함이 당연하다고 할 것이다.

12. 특징

이명박대통령은 재임기간 동안 수차례 규제완화 정책을 발표하였다. 횟수로만 따지면 노 무현대통령보다도 더 많았다. 그리고 대부분은 '완화정책'이었다. 노무현대통령의 '규제일변 도'와 상반되는 정책이었다. 이에는 경기회복과 부동산시장 정상화라는 숙제를 가지고 있었 기 때문이다. 재임기간 동안 부동산 시장은 수도권과 지방권이 상반되게 나타났다. 지방은 다소 회복되는 기미가 있었지만 서울과 수도권은 침체가 계속되었다. 지방권도 일부지역에 국한되다 보니 전체적으로는 침체였다고 할 수 있다. 부동산 시장 활성화를 위해 여러 차례 규제 완화 정책을 발표함에도 시장 반응은 나타나지 않았던 것이다. 그래서인지 체감적으로 느끼는 침체는 더 크게 나타났던 시기였다고 할 수 있다.

노무현대통령의 과열시장이 조정되지 않고 이명박대통령의 재임기간으로 넘어 왔다는 점과 동시에 노무현대통령의 규제정책들도 그대로 넘어오게 된다는 점에서 이명박대통령의 대응 방향이 대단히 기대되었던 부분이다. 즉, 이명박대통령의 취임 초는 노무현대통령의 '과열화와 규제화'였던 것이다. 그런 환경에서 출발한 이명박대통령은 '경제살리기'라는 문제가 더 시급하였다. 특히 서브프라임의 발생으로 경제는 더욱 침체에 빠진 상태였다. 모든 시장은 경직되기 시작하였다. 가장 심각한 곳이 건설시장이었다. 건설시장의 추락이 끝없이 계속된 것이다. 특히 건설시장의 구조조정을 동시에 실시함으로서 건설시장은 더욱 위축되고 건설회사들의 '부도'사태가 줄을 잇게 된다. 여기에 부동산 시장의 침체가 이어진다. 부동산 시장의 침체는 급격히 진행된다는 점에서 체감적인 침체가 더욱 깊어졌다. 특히 취임 직전·후의 과열기에서 안정기를 거치지 않고 침체기로 직행했다는 점이 특징이다. 이는 노무현대통령의 부동산 규제정책의 효과가 이명박대통령의 재임초기에 나타난 것도 그 이유가 있고 서브프라임에 의한 냉각된 경제환경도 그 영향이 컸다고 할 것이다.

이명박대통령은 '경제살리기'를 위해 여러 가지 정책을 펼쳤다. 가장 대표적인 것이 '통화량 확대' 정책이다. 이는 결과적으로 수출산업의 확대와 그와 관련된 기업만의 이익이라는 비평을 받게 된다. 국민경제 전체적으로 파급되는 효과가 거의 없었다는 평가가 지배적이다. 통화량 확대정책은 물가상승과 투기자금의 유동화라는 역효과를 동반함으로서 잠재적인 경제 불안 요소를 갖기도 했다. 4대강 사업도 이명박대통령의 대표적인 정책이었다. 하지만 4대강 사업도 특정 건설사들에 집중되는 사업이라는 비판을 받게 된다. 4대강 사업의 목적과 추진 방법 등 그 근본에 대한 수많은 추측과 논쟁을 뒤로 한 채, 이명박대통령은 임기를 마치게 된다. 서브프라임으로 인해 세계 경제가 침체된 것도 이명박대통령의 경제정책을 어렵게 만들었다. 결국 이명박대통령의 경제정책은 내수부진에 의해 임기 내내 경제침체를 벗어나지 못하고 만다. 이런 와중에 부동산 시장까지 급격히 침체기로 빠지게 됨으로서 체감 경기가 바닥을 보인 것이다.

부동산 시장은 몇 가지 특징을 나타냈다. 하나는 수도권과 지방권의 양극화이다. 지방권은 과열된 열기가 이어졌지만 수도권은 침체기로 직행하였다. 이는 수도권에 집중했던 노무현대통령의 규제정책의 결과이기도 하며 특히 서울의 재건축, 재개발 규제에 따른 영향이 컸다고 할 것이다. 다른 하나는 주택 매매시장과 임대(특히 전세)시장의 양극화이다. 서울과 수도권 중심으로 나타난 매매시장 침체 및 임대시장 과열화이다. 매매시장의 침체가 임대시장을 과열화시킨 원인이 크다고 할 수 있고 임대시장에 대한 근본적인 대응책이 부족한 것도 원인이 크다고 할 것이다. 원인이 어디에 있든 문제의 핵심은 임대시장이 과열되면 집 없는 서민들만 힘들어진다는 점이다. 매매시장 침체보다 임대시장 과열화가 더 심각한 이유이다. 그러나 이명박대통령의 부동산정책은 이 문제를 해결하지 못한 채 다음 정권으로 넘어가고 만다.

부동산 시장에 대한 대응 정책도 몇 가지 특징을 나타내었다. 가장 대표적인 특징은 '규제완화'이다. 그러나 규제완화가 노무현대통령의 규제강화에 대응해서 일부분을 정상적으로 돌리는 수준에 불과했다. 이 점은 급격히 냉각되는 부동산 시장을 회복시키는데 한계가 있었던 것이다. 다시 말하면 '독자적인 규제완화가 아니라 규제강화에 대한 정상화'라는 표현이 맞다고 할 것이다. 왜냐하면 김대중대통령의 부동산정책과 같은 수준으로 완화되지도 않았고 노무현대통령의 정책을 유지하지도 않았기 때문이다. 딱 그 '중간 수준이다'고 보면 될 것 같다. 때문에 이명박대통령의 부동산정책은 규제와 완화의 이중성이 존재한 정책이었다고 할 것이다. 이는 다른 말로 표현하면 정책의 색깔이 불분명하다는 것과 같다고 할 것이다. 의지 부족인지, 철학 부족인지는 모르겠으나 뭔가 부족한 미완성 정책임은 분명하다. 따라서 시장의 반응도 미완성인 것이다. 국민들의 부동산에 대한 방향과 태도 또한 불분명해진 것이다.

제5장

노무현대통령과
부동산정책

1. '강남 아파트 명품론⑺'

2006년 9월 28일 '문화방송(MBC) 100분토론'에 출연한 노무현대통령은 강남 아파트에 대해 '시장원리가 적용되지 않는 명품'이라며 강남 아파트 명품론'을 거론한 바 있다. "시장 메커니즘이 부분적으로 통하지 않는 부분이(주택시장에) 있는데 다이아몬드 등 특수한 수량이 제한된 명품이 그렇다"며 "지금 강남의 일부 아파트 몇 개도 명품"이라고 말했다. 이 때문에 돈이 많은 구매자들이 사용가치나 수요 공급을 생각하지 않고 매물만 나오면 무조건 사는 경향이 있다는 것이다. 노무현대통령은 "이것이 다른 곳에 영향을 미치고 있지만 오래갈 수는 없다", "의외의 상황"이라고 강조했다. 또 "우리가 보호하고자 하는 부동산은 그런 명품이 아니다", "좀 내버려둬도 다른데 심리적 영향을 미치지 않으면 비경제적 사고로 경제활동을 하는 사람들의 문제는 제쳐둬도 된다"고 말했다.

노무현대통령의 이 같은 발언에 대해 우리나라 언론의 평가는 설왕설래했다. 일각에서는 '강남 발 집값' 불안을 잠재우기 위해 '종부세 적용대상 확대', '재건축 규제 강화' 등 일관 되게 수요억제 정책을 폈던 참여정부의 종전 입장과는 다소 거리가 있는 부분이다. 8.31, 3.30 대책에도 불구, 집값이 떨어지기는커녕 상승세를 지속하고 있는 일부 강남 아파트에 대한 추가 정책을 정부가 결국 포기하는 것 아니냐고 평가했다.

다른 일각에서는 특수한 부분의 상황을 부동산 시장의 전체 상황으로 해석할 필요가 없다. 결국은 특수한 상황도 전체상황으로 인해 굴복 되게 될 것이라는 믿음을 나타내는 것이라고 평가하기도 했다.

이 같은 논란의 배경은 참여정부의 부동산정책이 시장에서 먹히지 않는다는 비판론에 대한 해명 차원에서 시작되었다. 당시의 발언 내용을 액면 그대로 해석하면 "아무리 부동산 가격을 잡으려 해도 잡히지 않는 곳이 있다. 그곳이 강남의 일부 아파트이다. 이는 시장원리가 아닌 명품의 원리이다. 다시 말해서 부동산 가격이 오르면 '무조건 사재기'를 하는 일부 돈 있는 사람들의 행태[24]이다. 그러나 결국 이들도 정부의 부동산정책에 의해 손들고 말 것이다. 그러니

---

24)   경제학에서 해석할 때 가격이 오르면 오히려 수요가 증가하는 재화를 '위풍재'라 하고 이는 주로 명품에서 나타난다고 한다.

정부의 부동산정책을 믿어 달라"는 내용의 발언이었다. 노무현대통령은 부동산정책에 대해 강한 의지를 나타냈었다. 당시 논란이 되고 있는 부동산 가격의 급등과 이에 대한 정부의 정책방향은 분명하고 강경했다.

"어디로 가든 공급이 딸리지 않게, 값이 폭등하지 않게 어쨌든 부동산, 우리가 있는 지혜를 다 짜내고 다 짜내서 부동산 잡을 테니까요, 우리 서민들이 집값에 너무 불안해하지 않았으면 좋겠습니다."

-중략-

"부동산 공급 시장을 한꺼번에 교란시키는 그런 급작스러운 정책의 변경, 말하자면 분위기 따라서 정책이 이리로 갔다 저리로 갔다 그렇게 하는 일은 없도록 아주 신중하게 그렇게 관리해 나갈 것입니다."

분명한 것은, 당시 부동산 시장은 '거품' 논란이 심각할 정도로 부동산 가격이 급등하던 시기였다는 점이다. 어느 누구도 이에 대해 '심각하지 않다고 말할 수 없는 상황'이었다. 또 하나는 정부가 부동산 시장에 적극적이고 강하게 개입해야만 했다는 점이다. 때문에 참여정부는 과열된 시장을 진정시키기 위해 가능한 모든 조치를 취해야만 했었다. 그 와중에서도 강남 일부 아파트는 정부의 정책이 전혀 먹히지 않는 부동산 시장의 '독특한 영역'이었다는 점이다. 참여정부의 의지를 비웃기라도 하듯 더욱 극성을 부렸던 것이었다. 노무현대통령이 이 대목을 우회적으로 표현한 것이었다. 이는 참여정부의 부동산정책은 실패라고 단정 지은 일부 시각에 대한 강한 반론이기도 하였다.

2. 어떤 상황이었으면…

노무현대통령이 집권하던 시기는 2003년 3월부터 2008년 2월까지 5년(60개월)이다. 이 기간 동안의 부동산 시장을 살펴([그림 5-1] 참조)보면 가파른 가격 상승 곡선을 볼 수 있다. 집권기간 주택매매가격의 누적 상승률은 전국 평균 22.45%(종합) 상승하였다. 연평균 4.49% 상승한 것이다. 아파트의 경우는 전국 평균 30.83% 상승하였고 이는 연평균 6.17% 상승한 것이다. 특징적인 것은 집권초기인 2004년에는 오히려 하락세를 보였다가 2006년도에 높은 상승세를 나타냈다는 점이다. 집권 후반기로 갈수록 부동산 시장은 과열되었고 집권후반기로 갈수록 '규제 정책'은 더욱 강해졌다는 점이다.

2003년 2월 25일 취임한 노무현대통령은 3개월 뒤인 2003년 5월 23일 취임 후 처음으로 부동산 대책(부동산 가격 안정대책)을 발표한다. 주된 내용을 살펴보면 1) 분양권 전매 제한 제도 부활, 2) 1순위 자격제한 및 재당첨 자격제한 제도 부활, 3) 수도권 투기과열지구 지정, 4) 재건축 후분양제 실시 등이다. 내용의 공통점은 '규제'이다. 부동산 가격을 안정시키기 위해서 강력히 규제하겠다는 의지였다. 그리고 5월 28일 추가 발표한 대책은 "서민, 중산층 생활안정 대책(주거 부문)으로 국민임대주택을 5년간 50만 호 공급하겠다"는 내용이었다. 임대주택의 공급을 확대하여 서민들의 주거문제를 지원하겠다는 내용이었다.

[표 5-1] 노무현대통령 집권기간 주택가격의 변화

구분		2002	2003	2004	2005	2006	2007	2008	누적	연평균
주택매매	종합	16.4	5.8	-2.1	4.0	11.7	3.1	3.1	22.45	4.49
	아파트	22.7	9.5	-0.6	5.8	13.8	2.2	2.3	30.83	6.17
	연립	7.7	0.8	-3.5	1.1	5.1	2.8	2.0	6.30	1.26
	단독	10.7	2.3	-5.5	1.1	13.8	8.3	7.9	20.07	4.01
주택전세	종합	10.1	-1.4	-5.0	3.0	6.6	2.5	1.7	5.62	1.1
	아파트	12.2	-0.3	-2.7	5.8	7.6	1.9	0.8	12.17	2.4
	연립	7.9	-3.0	-8.3	-1.8	2.5	2.5	2.2	-8.09	1.6
	단독	6.7	-2.3	-7.9	-0.3	8.8	5.9	5.0	4.17	0.8

자료 : 국토교통부, 통계청 통계자료 재편집

노무현대통령이 이렇게 강력한 '규제'를 첫 번째 정책으로 발표한 것은 그 당시의 부동산 시장이 이미 과열되어 있었기 때문이다. 다시 말하면 그 전 정권인 '국민의 정부' 때부터 부동산 시장은 과열되어 '참여정부'로 넘어오는 과정이었다. [표 5-1]에서 2002년의 주택가격을 보면 전국평균 매매가격이 전년대비 큰 폭의 상승(종합 16.4%, 아파트 22.7%, 연립주택 7.7%, 단독주택 10.7%)을 보여주고 있고 전세가격도 높은 상승률(종합 10.1%, 아파트 12.2%, 연립주택 7.9%, 단독주택 6.7%)을 나타내고 있다.

2002년에 대통령선거를 치르면서 과열된 부동산시장을 안정화시켜야 한다는 입장을 가졌을 것이고 그런 입장에 대한 정책으로 취임 후 곧바로 '부동산 시장 규제'를 표방한 것이다. 그럼에도 부동산 시장은 안정될 기미를 보이지 않자 '참여정부'는 연달아 점점 더 강한 규제정책을 내놓게 되었다.

몇 가지 추가대책 외에 굵직한 대책만을 나열하면 2003년 9월 5일 발표한 '부동산시장안정대책'과 2003년 10월 29일 발표한 '주택시장안정대책' 등이 있었다. 2003년 9월 5일 발표한 부동산시장안정대책의 요지는 재건축시장에 대한 규제였다. '재건축 전매 금지', '재건축 소형평형 건설의무', '1가구 1주택 비과세 요건 강화' 등이다. 재건축시장이 과열된 부동산시장의 주된 원인으로 판단한 것이다. 이 판단은 '강남명품'과도 일맥상통한다. 그리고 2003년 10월 29일 발표한 주택시장안정대책의 주요내용을 보면 1) 3주택 이상 양도세율 60% 적용(투기지역 15% 가산), 2) 종합부동산세 도입, 3) 투기지역 LTV 40%로 강화, 4) 전매제한을 이전등기 시까지로 확대 등이다. 요약하면 세율을 올리거나 조세를 신설하겠다는 것이며 금융대출 한도를 낮추겠다는 것이다. 즉, 조세 및 금융의 강화를 통해 거래와 보유를 동시에 제한함으로서 부동산 시장의 안정화를 달성하겠다는 의미이다.

[그림 5-1] 노무현대통령 재임기간 중 주택 가격의 변동

(전국 주택 매매 가격)

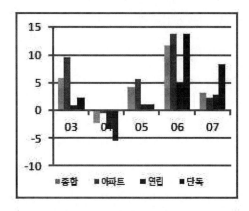

(전국 주택 전세 가격)

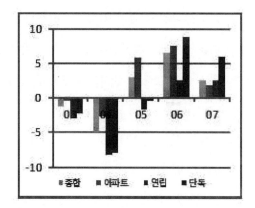

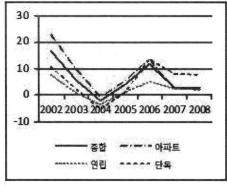

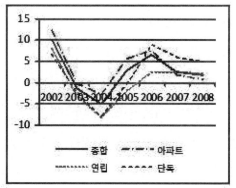

　다시 설명하겠지만 거래와 보유를 동시에 제한하는 것은 올바른 방향이 아니라고 생각한다. 시장의 기본원리는 거래에 있는데 거래를 제한하는 것은 경제체제에 맞지 않기 때문이며 결과적으로는 시장에서 부작용으로 나타날 수 있기 때문이다. 거래는 열고 보유를 닫았으면 어땠을까 하는 아쉬움이 남는 대목이다.

　어쨌든 그러한 정책 때문인지 2004년에는 부동산 시장이 주춤하게 된다. 그러나 그것도 잠시, 2005년부터 다시 주택가격이 상승하기 시작해서 2006년에는 절정을 이룬다. 재건축시장이 여전히 기승을 부리는 것도 이유이거니와 당시에 발표된 '판교개발' 이슈도 크게 작용한 것이다. 특히 '판교개발'은 강남권의 부동산 시장에 반영되었고 재건축시장의 과열을 부추기는 계기가 되었다. 이와 같은 환경을 두고서 노무현대통령은 문화방송 100분 토론에서 '강남명

품론'을 제기한 것이다. 계속해서 노무현대통령은 2005년, 2006년, 2007년, 2008년 등 퇴임 직전까지 부동산정책을 발표하였는데 모두 '규제'와 관련되었다. 관찰해 보면 노무현대통령은 취임 시부터 퇴임 때까지 '규제정책' 일변도라 할 것이다. 더구나 역대 대통령에 비해 가장 강력한 규제정책을 펼쳤으며 과거에는 볼 수 없었던 새로운 개념의 정책들도 동원하였다. 그럼에도 결과적으로 재임기간 동안에는 부동산 시장을 안정화시키지 못한 채 퇴임하게 된다.

3. 정책의 특징

노무현대통령의 정책을 1) 수급정책, 2) 조세정책, 3) 금융정책 등 세 가지로 분류하여 보면 그 특징을 뚜렷이 이해할 수 있다. 먼저 수급정책은 '주택은 수요억제', '토지는 공급확대'로 요약된다.

부동산 시장이 과열된 이유가 주택의 가수요 때문이란 것이다. 그래서 가수요만 억제하면 된다고 판단한 것이다. 시장을 보는 시각은 정확했다고 본다. 다만 착각한 것은 편협적이었다는 점이다. 부동산과 부동산시장의 본질적인 측면에서 조금만 이해하면 그 사정을 금방 알 수 있다.

주택은 인간의 삶에 있어서 필수재이다. 그리고 대체재가 없다. 그래서 항상 가수요(매점매석)가 존재하게 된다. 더구나 고가의 상품이다 보니 능력 있는 가수요가 등장하게 된다. 이들은 때론 시장을 지배하기도 하고 리드하기도 한다. 이들의 존재는 일시적인 것이 아니라 항시적인 것이다. 이들의 특징은 정부의 강력한 규제가 시작되면 모두 시장에서 빠져나와 다른 곳으로 이동해버린다. 그러면 시장은 실수요만 남게 되고 실수요자들은 가수요가 떠난 시장에 남아 이미 오를 대로 오른 가격으로 그들끼리 경쟁하게 된다. 경쟁의 행태는 가수요자들과 똑같다. 실수요자들로서는 수익성이 없는 위험한 경쟁을 하고 있는 것이다. 이런 현상을 정부가 볼 때는 가수요자로 보인다. 거기에 집중적으로 규제조치를 했다고 가정하면 그 결과는 어떻게 될 것인지 뻔할 뻔자이다.

2010년도 이후 사회적으로 문제가 된 '하우스푸어'는 가수요자들도 있지만 실수요자들도 더 많다는 사실이 그것을 반증하는 것이다. 특히 '국민의 정부'시절 수요를 부추기(?)는 정책의 효과를 본 수요자들은 정반대의 정책 때문에 커다란 혼란을 겪었을 것이다.

부동산 시장은 굉장히 특수한 특징을 가진 시장이다. 거시적으로 보면 미시적이고 미시적으로 보면 거시적이다. 지역적으로 보면 광역적이고 광역적으로 보면 지역적이다. 국제적으로 보면 국내적이고 국내적으로 보면 국제적이다. 침체기라 보면 과열기이고 과열기로 보면 침체기이다. 진문적이라 보면 일반적이고 일반적이라 보면 전문적이다. 이론적이라 보면 경험적이고 경험적이라 보면 이론적이다. 객관적인 것 같지만 주관적이고 주관적인 것 같지만 객관적인 것이다. 그래서 부동산은 모두가 전문가 같지만 모두가 비전문가인 것이고 모두가 비전문가 같지만 모두가 전문가인 것이다. 이 같은 현상 때문에 착각하는 경우가 많고 정답 같지만 정답이 아니고 오답 같지만 오답이 아닌 것이다. 이러한 상황을 정확하게 인지하고 합리적으로 관찰한다는 것이 쉽지 않다. 이런 시장은 정부 차원에서 편협된 전문가가 아니라 국가차원에서 다양한 전문가와 함께 장기적 관점으로 관찰, 관리하여야 전략화가 되는 것이다.

한편, 토지는 공급확대정책이었다. 굳이 설명이 필요 없이 혁신도시, 기업도시, 행복도시, 판교신도시 등이 모두 노무현대통령 임기 중에 시행된 것이다. 토지의 공급은 과열된 부동산 수요를 억제 할 수 있는 효과가 있다. 그런데 그것은 주택공급용 토지에 한해서다. 그리고 공급시점도 해당시점에서 완료된다는 전제가 있을 때이다. 그렇지만 전국적으로 시행된 혁신도시, 기업도시, 행복도시, 판교신도시 등의 개발은 전국의 토지가격을 상승시키는 원인이 된 것이며 그 보상으로 인하여 추가적 가격상승을 가져오는 기회가 된 것이다. 여기에 토지가격의 상승은 후에 건축물공급가격의 상승(원가상승에 의함)으로 이어져 결국 주택가격의 상승을 가져오게 된다는 것이다.

이 결과가 당장 그 당시의 정권기간에 발생할 수도 있지만 대부분은 그 다음 정권이후에 발생하기 때문에 장기적으로 보면 부동산 가격상승의 주원인이 되는 것이다. 부동산 가격을 잡겠다는 의지와 국토의 균형발전을 이루겠다는 의지가 동시에 표출된다는 것은 그만큼 부동산 시장(정부에서 볼 때와는 달리)에서 볼 때 위험성을 가지고 있었다고 할 수 있다. 한마디로 모순인 것이다.

또 하나는 조세정책의 특징이다. 노무현대통령의 조세정책은 그 어느 정권보다도 파격적이었다고 할 수 있다. 가장 대표적인 것이 종합부동산세의 신설이다. 보유세를 신설함으로서 목적 없는 부동산 보유를 축소하여 시장을 안정화시키겠다는 의지였다. 좋든 싫든 조세의 신설은 국민의 저항을 받게 될 것이고 실제로 상당한 저항을 받았음에도 종부세는 탄생되었고 실행되었다. 종부세는 후에 재평가가 필요할 것이다. 우선 재산세와도 충돌될 뿐더러 자유시장에도 반하기 때문이다.

종부세와 더불어 파격적이었던 것은 실거래가 적용이다. 양도소득세 등 과세표준을 실거래가로 적용하는 것은 부동산에 대한 기존의 관념을 뛰어넘어 새로운 개념을 정리하게 만드는 조치였다. 뿐만 아니라 실거래가 등기를 의무화함으로서 이제는 실거래가가 부동산 거래, 등록, 보유의 기준이 된 것이다. 이 부분은 역사적으로도 획기적인 전환점인 것만은 분명하다고 할 것이다.

종부세와 함께 양도소득세의 중과세도 조세정책의 하나이다. 양도소득세는 역대정권에서도 부동산 시장의 상황에 따라 자주 이용하던 정책이기 때문에 새삼스럽지는 않지만 역대 정부와 다른 점은 과표가 공시지가가 아닌 실거래가라는 점이 차이점이다. 더구나 종부세와 동시에 실시, 조세 폭탄이 된 것이다. 그만큼 파급효과가 크며 파장이 오래갈 것이다.

다만 보유(종부세)와 거래(양도소득세)를 동시에 규제하면 오히려 둘 다 효과를 얻지 못하고 부작용만 발생할 소지가 많다는 점을 간과하여서는 안 될 것이다. 주택 시장에서는 보유하는 것과 거래하는 것 중에 보유하는 것이 세금에서 유리하다면 보유를 선택할 것이다. 그러면 거래는 중단되고 시장은 경직된다. 시장에서 거래가 실종되면 그것은 단순히 주택투기의 문제가 아니라 국민경제의 문제로 확대된다는 점에서 주의가 필요해진다. 거래는 살리고 투기는 잡아야 진정한 정책방향인 것이기 때문이다.

금융제도는 DTI의 신설이 가장 큰 특징이다. 과거에는 LTV만을 적용했는데 DTI까지 적용함으로서 사실상 주택구입자금의 조달을 어렵게 만든 것이다. 아무리 주택담보가치가 높아도 소득이 없으면 대출한도는 낮아지기 때문에 자기자본이 없으면 불가능해진다. 과거 주택

담보로만 자금조달이 가능했던 것과 근본적으로 다른 점이다.

　그런데 이 제도가 금융신용은 보강되고 주택시장의 건전성을 가져올 수 있으나 실수요자, 특히 저소득 실수요자에게는 그만큼 기회상실의 의미가 되기 때문에 주택구입의 기회를 축소시키는 결과가 된 것이라 할 수 있다. 어느 것이 옳으냐는 판단은 부동산 시장이 안정을 찾았을 때 가능할 것이다. 그러나 분명한 것은 부동산시장이 안정화되었을 때에는 DTI에 대한 제도적 개편이 전제되어야 할 것이다. 그렇지 않으면 저소득 무주택자(실수요자)의 주택구입의 기회는 점점 더 어려워지고 그 영향으로 임대시장이 과열되어서 결과적으로는 저소득 무주택자(실수요자)만 더 힘들어질 수 있기 때문이다.

　이와 같이 노무현대통령의 부동산정책은 규제정책으로 부동산 시장의 안정화를 추진했고 전체적으로 볼 때는 다양한 정책들로 인해 그 의지를 충분히 나타냈다고 볼 수 있지만 부분적으로 보면 제도와 제도 간의 충돌과 모순이 많았음을 알 수 있다. 동시에 정책의 적용시기와 그 효과가 나타나는 시기에 대해서는 너무 낙관적이었거나 아니면 전략적이지 못했던 것이 아니었나 생각된다.

4. 핵심은 '수요억제'

　참여정부의 부동산정책의 핵심은 '수요억제'였다. 부동산(특히 주택)의 수요를 줄여서 상승하는 가격을 낮추고 그 결과로 시장을 안정화시키겠다는 것이 정책의 방향이었다. 부동산 시장이 과열된 이유가 과도한 수요 때문이라 판단한 것이다. 그래서 수요와 관련이 있는 정책 요소들을 동원하여 이를 규제함으로서 수요를 억제시키고자 했던 것이다.

　'수요억제' 정책은 경제이론으로 보면 쉽게 이해되지 않는 대목이다. 몇 가지 이유가 있다. 하나는 수요를 통해 경제가 성장하기 때문이다. 수요를 억제시키는 것은 경제성장을 반하는 정책인 것이다. 또 다른 이유는 강제적으로 수요를 억제시키지 않아도 가격이 오르면 자연히 수요가 줄어든다. 이것이 수요공급의 원칙[25]이기 때문이다.

하지만 참여정부는 '수요억제' 정책을 선택했다. 이에는 나름대로 배경이 있다. 부동산 시장에서 가격을 주도하고 있는 수요는 정상적인 수요가 아닌 것으로 판단했기 때문이다. 정상적인 수요는 실수요를 말한다. 절대적으로 필요한 수요이다. 상대적인 개념이 가수요이다. 투기적 수요를 말한다. 이는 비정상적인 수요이다. 비정상적인 수요란 투기수요, 즉 사재기(매점)를 말하는 것이다. 그런데 시장을 주도하고 있는 수요는 바로 이 비정상적인 수요라는 것이다. 비정상적인 수요가 시장을 주도하고, 가격을 주도하다 보니까 왜곡된 현상이 나타나고 거품이 발생한다는 판단이다.

수급이 어느 정도 균형이 이루어진 상태(예를 들면 주택보급률이 100% 수준)에서 계속적으로 가격이 급등하고 있는 점은 분명 정상적하는 수요가 아닌 비정상적인 수요, 즉 투기수요가 시장을 주도함으로서 수요·공급의 균형을 무너뜨리고 있다고 본 것이다. 비정상적인 수요가 시장을 왜곡하고 있다고 판단한 것이다. 정상적인 수요층(실수요자)보다는 비정상적인 수요층(투기적 수요자)이 문제라고 판단한 것이다. 이들이 시장에서 존재하는 한 공급확대를 통한 시장의 안정화는 더 이상 무의미하기 때문에 수요의 축소, 즉 비정상적인 수요를 억제하는 것이 합리적인 방법이라 판단한 것이다.

일반적으로 재화가격의 상승은 수요 대비 공급 부족(수요·공급 불균형)에서 야기된다. 수요와 공급이 균형을 이루면 가격도 균형가격을 유지하고 시장도 안정되는 것이 경제원칙이다. 만약 수요·공급이 불균형을 이루어 가격균형이 깨지면 수요자와 공급자가 자발적으로 수요·공급을 조절함으로서 균형점을 찾아간다. 이를 '시장의 가격조절기능'이라 한다.

만약 시장의 기능으로 균형점을 찾지 못하게 되면 그 시장은 너무 과열되거나 침체되어 정상궤도에서 이탈하게 된다. 그러면 모든 것이 왜곡되어진다. 수요도, 공급도, 유통도 왜곡되어진다. 왜곡된 시장은 거품처럼 부풀려진다. 이런 경우를 '시장의 실패(시장 기능의 실패)'라 한다. 시장의 실패가 나타나면 정부가 개입하여 이를 조절하게 된다. 이때의 정부 정책은 수급조정을 통한 시장의 안정화이다. 수요량을 조절하거나 공급량을 조절하여 수·급 균형을 찾

---

25) 수요공급의 법칙 : 일반적으로 재화는 수요가 늘면 공급이 부족해져서 가격이 오르고 가격이 오르면 공급이 늘어난다. 공급이 늘어나면 다시 공급보다 수요가 부족하여 가격이 내려간다. 이렇게 해서 가격은 수요공급의 균형점에서 균형가격을 이룬다.

아 가격의 안정을 유지하려는 것이다.

그동안 부동산 시장에 정부가 개입하는 방법 중 가장 대표적인 방법은 공급량의 확대였다. 역대 모든 정부에서는 가격이 급등할 때 마다 공급량의 확대를 통해 시장에 개입하여 왔었다. 시장의 불안정한 원인이 공급부족 때문이라 판단한 것이다. 따라서 부동산 가격이 급등하면 공급량을 확대함으로서 가격안정화를 유도하는 것이 부동산정책의 기본 방향이었다.

그러나 노무현대통령의 부동산정책은 '수요억제'가 핵심이었다. 그동안의 부동산정책과는 다른 각도에서 출발한 것이다. 부동산 시장에 대한 시각도 다른 각도에서 관찰하였다. '공급의 문제'가 아니라 '수요의 문제', 즉 거품수요에서 출발한 것이다. 비정상적인 시장에서 나타나는 '거품화(수요거품 → 가격거품 → 공급거품 = 시장왜곡)'의 문제라고 인식하였던 것이다. 이것이 노무현대통령의 부동산정책의 출발점이었다. 그리고 집권 내내 그 틀에서 부동산정책을 펼쳐 왔었다.

그러나 이러한 정책에는 표출되지 않은 몇 가지 한계점을 가지고 있었던 것으로 나타났다. 첫째는 그 정책의 효과가 나타나는 시기이다. 아이러니컬하게도 노무현대통령의 강한 의지와 달리 참여정부의 부동산정책은 집권 내내 그 효과를 나타내지 못했던 것으로 나타났다. 급등하는 부동산 가격은 잡히지 않은 채 다음 정권으로 이양된 것이다.

두 번째는 당초의 목표(비정상적인 수요억제)에 국한되지 않고 확대된 점이다. 비정상적인 수요를 억제하려면 비정상적인 수요(지역, 유형 등)에 한해서 제한적으로 반영되어야 한다. 정책적 요소들도 비정상적인 수요에 한하여 제한적으로 동원되어야 한다. 비정상적인 수요가 시장을 주도하는 상황에서는 비정상적인 수요를 억제하게 되면 이것이 전체 시장으로 반영되어 전체 시장이 '침체화(수요감소 → 가격하락 → 거래실종 → 시장실종)'됨으로써 정상적인 수요마저 실종되는 현상으로 전개될 가능성이 높아진다. 오히려 장기 불황으로 갈 수도 있다는 위험성을 가졌다는 점이다. 이 점을 미처 반영하지 않았을 것으로 판단된다.

세 번째는 모든 정책은 영구적이지 못하다는 한계이다. 노무현대통령의 부동산정책의 방향과 명분이 당시에는 공감대를 형성할 수 있었지만 환경이 바뀌면 그 평가가 다르게 나타날 수 있다는 점이다. 때문에 부동산과 부동산 시장의 본질(다른 재화와 근본적으로 다른 점)이 근본적으로 반영되어야 하는 것이 중요한 것이다.

5. 투기지역, 투기과열지역 그리고 버블세븐

　비정상적인 수요로 인해 거품이 많이 끼었다고 판단한 노무현대통령은 소위 강남명품에 대한 규제를 더욱 강화했다. 특히 거품이 많이 낀 지역을 지목하였는데 이른바 버블세븐지역이다. '버블세븐(bubble seven)' 지역이란 강남, 서초, 송파, 목동, 분당, 용인, 평촌 등 부동산 가격이 급등한 7개 지역을 가리킨다. 집값 상승폭이 높아 거품이 끼어 있다는 뜻에서 버블(Bubble, 거품)이라는 이름이 붙었다. 그러나 나중에 이 지역은 글로벌 금융 위기에 따른 전반적인 경기 침체와 정부의 대출 규제, 보금자리주택 등 대규모 공급 정책에 따라 집값이 가장 많이 떨어지는 지역이 되었다.

　이처럼 참여정부는 부동산 시장의 고질적인 문제를 특정지역의 편중된 현상에서 찾았다. 그래서 특정지역에 대해서는 특별하게 관리할 필요성을 느꼈던 것 같다. 그래서인지 취임 후 투기지역, 투기과열지구, 투기우려지역 등을 지정 · 관리하게 된다.

　투기지역이란 2003년부터 도입된 제도로, 부동산가격 상승률이 물가상승률보다 높은 지역을 대상으로 지정하였다. 투기지역으로 지정되면 이 지역에 소재하는 부동산의 경우 양도소득세를 기준시가 대신 실거래가액으로 부과하고 탄력세율까지 적용해 세금을 무겁게 매기게 된다. 결국은 투기가 성행한 지역에서는 과표를 높이고 조세를 엄격하게 부과함으로서 투기를 억제하겠다는 의지를 보인 것이다.

　투기과열지구는 최근 2개월간(당시 기준) 신규아파트 청약경쟁률이 5 : 1 이상이거나 전용면적 85㎡ 이하 주택 청약경쟁률이 10 : 1을 초과할 경우에 지정할 수 있다. 투기과열지역으로 지정되면 등기 시까지 분양권 전매제한, 청약 1순위 제한, 5년 이상 무주택자에게 신규주택 75% 우선 공급, 조합원 지위 양도 금지 등의 제한이 따른다.

　투기우려지역이란 전국의 부동산가격동향 및 당해 지역특성 등을 감안하여 해당지역의 부동산 가격 상승이 지속될 가능성이 있거나 다른 지역으로 확산될 우려가 있다고 판단되어 지정요청된 지정 지역과 주택가격의 상승률이 물가 상승률보다 현저히 높은 지역으로 주택의 투기가 성행하거나 성행할 우려가 있는 지역으로 국토해양부장관(당시의 조직 명칭) 또는 시 · 도지사가 지정하는 투기과열지구를 포함하는 지역이다.

이렇듯 노무현대통령은 부동산 문제의 중심축이 투기지역, 투기과열지구, 투기우려지역 등에 있다고 판단하였고 이들 지역에 대해서 부동산의 거래 및 보유를 억제하게 되면 고질적인 문제가 해결된다고 본 것이다. 따라서 이들 지역에 대해서는 좀 더 강화된 조세, 금융 정책을 적용했던 것이다.

중요한 것은 투기지역, 투기과열지구, 투기우려지역 등의 지역이 확대되면서 '전국화' 되었다는 점이다. 특정지역을 겨냥한 정책이 전국화됨으로서 특정 층을 겨냥한 정책이 일반화된 것과 같은 논리가 된 것이다. 명품 사는 사람한테 적용한 제도를 일반 생필품을 사는 사람한테까지 적용하게 되면 어떻게 될까. 노무현대통령의 부동산정책의 모순 중의 하나는 특정지역과 그 외의 지역, 특수층과 그 외의 층에 대한 정책의 분리성을 어떻게 평가할 것이냐는 문제이다. 왜냐하면 '규제'가 그만큼 폭이 크고 강했기 때문이다. 강한 펀치를 맞아도 버틸 맷집이 있는 사람이 있는 가하면 그렇지 못한 약골도 있기 때문이다. 잽으로 견제하는 것과 분명 차이가 있다고 할 것이다.

6. '거래의 투명성'

'비정상적인 수요억제'라는 기본 바탕 하에서 체계화된 노무현대통령의 부동산정책은 크게 3가지로 요약된다. 하나는 거래의 투명성이요, 두 번째는 세제(특히, 보유세)이며 세 번째는 DTI, LTV 즉, 금융정책이다.

거래의 투명성이란 두 가지다. 하나는 부동산 실거래가격을 부동산 등기부에 명시하는 것이다. 다른 하나는 모든 세금의 부과기준(과표, 과세표준)을 실거래가로 하는 것이다. 이 두 가지는 과거에는 생성되지 않았던 노무현대통령, 즉 참여정부만의 정책이었다. 과거와 비교하면 획기적이고 진보적인 정책이라 할 것이다.

우리나라의 부동산 가격체계는 다원화되어 있었던 것이 현실이다. 실거래가격, 공시가격, 평가가격, 호가 등등. 특히 부동산 거래는 당사자의 합의에 의해 이루어지며 거래내역은 당사자만 알 뿐 공개되지 않았던 것이 관례였다. 거래내역을 신고할 때는 공시가격으로 신고하면 된다. 공시가격은 그래서 존재했다. 공시가격은 조세부과의 기준가격이 되었다. 당연히 거래가격과 조세부과가격이 달랐다. 이것이 전통적인 관례였다. 최근 공직자후보가 부동산 투기로 중도에 탈락하는 경우 중 이렇게 관례적인 신고 때문인 경우도 많다. 물론 정상적인 거래가격(실거래가격)으로 신고한 경우도 많지만…

그런데 노무현대통령은 이 부분에 있어서 모두 정상적인 신고를 의무화한 것이다. 거래 후 실거래가격을 등기부에 명시한 것이 그 첫 번째이다. 그러면 부동산 거래시 당사자 간 합의한 가격이 그대로 등기부에 기록되기 때문에 실거래가격이 그대로 노출되어 거래내역을 알 수 있게 된 것이다(물론 근본적으로 계약서 자체를 다운(DOWN), 또는 업(UP)할 경우는 다르지만). 이것이 거래의 투명화인 것이다.

그리고 또 하나, 부동산 거래 시 발생하는 각종 조세(거래세=양도소득세, 취득세 등)의 '과표'를 실거래가격 기준으로 한다는 정책은 노무현대통령의 부동산정책 중 가장 획기적인 내용이라 할 것이다. 이 정책이 적용되면서 부동산에 대한 투자의 개념도 바뀌는 계기가 되었기 때문이다.

과거에는 공시가격[26]을 기준으로 세율을 적용했었다. 예를 들면 공시가격 '1억 원'짜리 아파트를 실거래가격 '1억 5천만 원'에 거래했다고 하자. 취득세 1%를 부과하면 공시지가 기준 100만 원이 된다. 그런데 실거래가격을 기준으로 하면 150만 원이 된다. 사는 사람의 입장에서는 50만 원의 이익을 소위 절세(?)를 통해 번 것이다. 파는 사람도 마찬가지다. 당초 매입 당시, 이 아파트 공시가격이 8천만 원이었고 실제 매입가격은 1억 원이었다고 하자. 매입 당시 취득세에서 20만 원(실거래가격 100만 원 - 공시가격 80만 원)을 번 것이다. 그리고 파는 시점에서 양도 차익으로 5천만 원을 벌었다. 여기에 추가적으로 양도소득세의 차이에서 또 추가적인

---

26) 공시가격 : 정부가 세금 부과 명복으로 고시한 가격으로 공시지가, 공시시가 등이 있다.

이익 1천 2백만 원이 생긴 것이다.[27] 파는 사람은 매매차익 5천만 원 - 조세 880만 원(조세 = 취득세 80만 원 + 양도세 800만 원) + 조세차익 1천 2백2십만 원(취득세 차이 20만 원 + 양도소득세 차이 1천 2백만 원) = 합계 5천 3백4십만 원(투자금 1억 원 대비 수익률 = 53.4%)을 번 것이다. 단순 매매차익뿐만 아니라 조세차익[28]에서도 투자수익이 발생한 것이다. 이를 실거래가격으로 계산하면 매매차익 5천만 원 - 조세(취득세 100만 원 + 양도소득세 2천만 원) = 2천 9백만 원(투자금 1억 원 대비 수익률 = 29.0%)을 번 것이다. 이는 공시가격 기준 대비 2천 4백4십만 원(24.4%)이나 낮아진 것이다.

결과적으로 실거래가격으로 과세기준을 적용해 보니 공시가격 기준으로 적용했을 경우에 비해 투자수익의 규모가 크게 낮아지게 된 것이다. 과거처럼 부동산을 통한 절세(?)효과를 이제는 볼 수 없게 된 것이다. 부동산에서만 볼 수 있었던 투자매력(?)이 사라지게 된 것이다. 근본적으로 부동산 투자의 개념이 '수익률게임'[29]으로 바뀐 것이다. 이는 부동산도 이제는 철저한 수익률 계산이 선행되어야 함을 의미하는 것이다. 과거처럼 사두면 무조건 돈이 된다는 믿음(?)은 사라지게 된 것이다. 오랫동안 유지되어온 관례가 깨지고 새로운 개념으로 전환되는 계기가 된 것이다.

7. '보유세 신설'

부동산을 맹목적으로 매입(사재기)하면 정상적인 거래가 왜곡된다. 실수요자가 매입하는 것이 건전한 시장이다. 그럼에도 주택을 몇 채씩 가지고 있는 집단이 있다. 본인이 거주하는 1채를 제외하고는 모두 투자를 목적으로 매입한 것이다. 이는 투기다. 투기는 시장을 왜곡시킨다. 건전한 수요를 멍들게 한다. 따라서 비정상적인 수요, 즉 투기에 대해서는 높은 세금을 부과하여야 한다. 이런 의미에서 2채 이상의 주택을 소유한 사람에 대해서는 1채 이하의 주택을 소유한 사람에 비해 더 높은 세율을 적용하여야 한다. 종합부동산세는 일종의 이런 명분하

---

27) 양도소득세를 공시가격의 40%라 할 때 공시가격을 기준으로 하면 양도소득세는 800만 원이고 실거래가격을 기준으로 하면 양도소득세는 2천만 원이 된다. 따라서 차익 12백만 원이 생긴다.
28) 조세차익 = 실거래가격 기준 조세 - 공시가격 기준 조세. 이는 필자가 편의상 부여한 개념임
29) 수익률게임이란 여러 투자대상 중 수익률을 기준의 선택하게 되는 것을 말한다.

에 탄생한 것이다.

종합부동산세(약칭 종부세)는 노무현대통령의 부동산정책을 대표하는 것 중의 하나이다. 종합부동산세는 부동산을 일정금액(현재 9억 원) 이상 보유할 경우에 부과하는 부동산 보유세이다. 가수요에 따른 무분별한 소유를 억제하기 위해 신설한 것이다. 종부세의 신설을 발표하자 정치권(특히, 당시 야당), 언론, 시민단체 등으로부터 강한 저항을 받았다. 없던 조세를 신설한다는 점에서도 저항이 만만치 않았지만 기존의 재산세와 충돌된다는 점도 저항의 이유였다. 기득권층의 저항도 포함되었다.

우여곡절 끝에 종합부동산세는 6억 원 이상에 대하여 부과하게 되었다. 일종의 부동산 과다보유자를 겨냥한 조세이다. 그런데 종부세는 몇 가지 모순을 갖고서 출발하였다고 볼 수 있다. 첫째, 만약 비정상적인 과다보유를 겨냥했다면 금액보다는 소유량을 기준으로 하는 것이 옳다고 본다. 주택 1채는 사람이 기본적인 생명을 유지하는데 필요한 절대적인 재화이다. 사람에 따라서 큰 주택이 필요할 수도 있고 작은 주택이 필요할 수도 있다. 소득에 따라서 비싼 주택을 소유할 수도 있고 싼 주택을 소유할 수도 있다. 사정에 따라서 특정지역에 한정될 수도 있다. 수요자 각각의 능력, 사정, 형편에 따라 필수재의 선택을 달리할 수 있는 것이다. 그럼에도 일괄적으로 6억 원 이상의 주택에 대해서 조세를 부과하게 되면 개개인이 다른 능력, 사정, 형편을 무시한 것이 된다. 특히 주택 가격은 시간이 지나면 상승하게 된다. 현재의 6억 원 이하의 아파트가 시간이 지나면 6억 원 이상이 될 가능성이 높다. 그렇다면 결국 언젠가는 대부분의 아파트가 6억 원이 넘게 된다. 겨우 1주택으로 생활하는 정상적인 소유자들도 종부세의 범위에 들어오게 되는 것이다. 결국 비정상적인 수요를 억제하기 위한 명분으로 출발했지만 정상적인 수요에게까지 파급되어 당초의 명분이 사라지는 결과를 갖게 될 것이라 판단되는 것이다.

또 하나는 6억 원 이하이면 2주택 이상이어도 문제가 안 되는가 하는 점이다. 물론 2채 이상이면 거의 6억 원이 넘을 수 있다. 때문에 굳이 논할 필요가 없을 것이다. 그러나 시장에서 비정상적인 수요는 높은 가격이 아니라 불필요한 소유인 것이다.

주택보급률이 100%를 넘었는데도 여전히 임대시장이 과열되고 전·월세 가격이 급등하는 이유는 주택소유구조가 편협하기 때문이다. 통계로만 보면 주택보급률 100%라는 의미는 무주택자가 없어야 한다. 그럼에도 임대수요자가 많고 전·월세 가격이 급등한다면 분명 소유구조의 편협성이라 할 것이다. 부동산 시장이 과열되는 것도 필요 이상의 수요가 존재하기 때문이다. 종부세의 명분이 여기에 초점이 있다면 금액보다는 보유량이 더 문제라 할 것이다. 종부세가 무서운 주택 다량 보유자는 보유주택을 매물로 내놓을 것이다. 그러면 공급이 많아져서 주택매매가격은 내려갈 것이고 당연히 과열된 시장은 안정화가 될 것이다. 더구나 무주택자가 매물로 나온 주택을 매입하게 되면 자연스레 주택의 합리적 배분이 이루어지고 임대문제, 전·월세가격 문제도 해결될 것이다. 그러나 아무리 종부세가 무서워도 1주택 보유자는 거주하고 있는 주택을 팔지 않을 것이다. 1주택은 생존을 위한 필수재이기 때문이다. 오히려 언젠가 해당 주택을 팔 때(다른 주택을 매입하여 주거지를 이사할 때) 그동안 납부했던 종부세를 매매가격에 포함시키려 할 것이다. 그러면 매매가격이 상승하게 될 것이다. 오히려 정상적인 시장이 흔들리게 된다.

결과적으로 금액으로 부과한 종부세는 비정상적인 수요를 억제시키는 결과를 가져오지 못하고 매매가격만 상승시키는 결과가 됨으로써 정상적인 수요에 영향을 미칠 것이다. 그렇다면 종부세의 신설은 부동산 문제를 해결하는 것이 아니라 조세의 신설, 재정의 확보 그 이상도 이하도 아닌 결과가 되기 때문이다. 도입 당시 정부의 목표와 명분은 언젠가는 변질된 채 고착될 것이다.

8. '거래세 강화'

노무현대통령의 수요억제 정책을 대표하는 또 하나의 조세정책은 거래세 즉, 양도소득세의 강화이다. 양도소득세는 부동산 양도차익에 대해 부과하는 조세이다. 1968년 '부동산투기억제에 관한 특별법'의 시행으로 처음 도입되었다. 당시 부동산 투기가 기승을 부리자 부동산 투기억제 정책의 일환으로 신설한 것이다.

부동산 투기 근절 대책으로 시행된 양도소득세는 이후로 여러 차례 바뀌어서 현재까지 유지되고 있다. 당초 취지를 벗어나지 못했을 뿐만 아니라 오히려 더욱 확대(처음에는 토지에만 적용하다가 모든 자산으로 확대됨)되어 유지되고 있는 것은 아직도 부동산 투기가 근절되지 않았다는 의미가 있는 것이고 다른 한편으로는 당초 취지와는 달리 특별한 조세가 아닌 일반적인 조세로 자리를 잡았음을 부인할 수 없을 것이다. 특별한 목적이 종료되면 해당 조세도 종료되어야 하는 것이 합당한데 그렇지가 않다. 조세란 특별 목적으로 출발하지만 후에 일반 목적으로 정착되는 성향을 갖는다. 양도소득세가 그렇게 된 것이다. 아마 종부세도 그럴 것이다.

부동산정책이 발표될 때마다 빠짐없이 등장하는 수단이 양도소득세이다. 세율을 올리거나, 내리거나, 면제하거나 등등의 방법으로 부동산 거래 관련 대표적인 조세가 된 것이다. 투기수요만을 대상으로 했다가 지금은 모든 거래에 적용되고 있다. 그러다보니 1주택 소유자에게도 양도소득세를 부과하는 것이 합당한지에 대한 논란이 많다. 1주택 소유자는 주택이 투기의 목적이 아니라는 점에서 양도소득세의 대상이 될 수 없다는 것과 1주택 소유자는 주택이 필수재이기 때문에 양도차익이 발생할 수 없다는 부동산 본질적인 측면에서의 주장 등에 대해 조세의 형편상 주택의 보유량과 관계없이 양도차익이 발생하면 양도소득세를 부과해야 한다는 주장의 대립이다. 언제, 어느 정권에서나 항상 논란의 대상이 되고 있다. 어찌되었든 현재는 2주택 이상 다주택 소유자에게는 물론이고 1주택 소유자에게도 양도차익이 발생하면 부과한다.

노무현대통령은 2주택 이상 다주택자에게는 세율을 중과(차익의 50%, 정상세율 36%)했다. 양도차익에 대해서 세율을 무겁게 부과함으로서 부동산으로 시세 차익을 노리는 행위를 경계하였다. 물론 부동산 투기를 잡기 위한 대안이었다. 파급효과가 상당했다. 부동산 투기에 표출하는 경고치고는 꽤 강한 경고였다. 더구나 양도소득세의 '과표'로 공시가격이 아닌 실거래 가격을 적용하였다. 이는 단순히 세율만 중과세 된 것이 아니라 부동산에의 투자수익을 거의 단절시키는 효과로 나타났다. 과거에 비하면 수익이 전혀 없다는 것과 같아진 것이다. 숫자의 크기가 중요한 게 아니라 심리적으로 위축된 것이 더 크게 작용하는 것이다. 이 강력한 규제는 당장은 아닐지라도 부동산시장에 미치는 파급효과가 상당할 것이다.

그런데 노무현대통령의 부동산정책은 전략적이지 못한 것 같다. 오직 한 가지(수요억제)만 집착한 편협성을 가진 것 같다. 가까운 미래에 펼쳐질 반전(?)은 예측하지 못했던 것으로 짐작된다. 오직 집권기간 내에 부동산 시장의 거품을 제거하고 안정화시키겠다는 것에만 가치를 가졌던 듯싶다. 그런데 결과적으로 집권 기간 내에서는 성과를 얻지 못했다. 그러다 보니 온갖 규제만 난무하고 목표달성은 실패한 채 정권을 마감하게 된다. 아이러니컬하게도 그러한 정책이 빛을 보게 된 것은 그다음 정권에서 가능해졌다고 보면 뭔가 언밸런스한 느낌이 든다. 다음 정권으로 넘어가면 일단 상황은 달라진다. 환경도 달라지고 철학도 달라진다. 따라서 해석도 달라진다.

노무현대통령의 부동산정책이 전략적이지 못했다는 것은 양도소득세와 종부세의 관계에서 적실히 드러난다. 시장의 존재는 거래에 있다. 거래가 없으면 시장의 존재는 의미가 없다. 시장이 경제의 원천이라 한다면 시장의 본질적인 기능인 거래가 없으면 경제가 무너진다는 결론과 같다. 부동산 시장도 마찬가지다. 가격의 상승과 하락을 떠나서 근본적으로는 거래가 있어야 한다. 거래를 막으면 경제를 막는 것과 무엇이 다른가. 양도소득세는 거래세이고 종부세는 보유세이다. 이 두 가지를 모두 규제하면 선택할 수 있는 방법이 없다. 사지도 팔지도 않으면 된다. 때문에 거래 중단이라는 현상이 나타나는 것이다.

보유세만 강화하면 기존의 소유자들은 팔려는 태도가 크게 나타날 것이다. 한편 거래세만 강화하면 그냥 보유하고 말 것이다. 노무현대통령의 정책 방향은 다주택 소유자들이 더 이상 주택 매입하지 않아야 하는 것이고 더 나아가 다주택 소유자들이 기존 보유 주택을 시장에 마구 내 놓아야 하는 것이다. 그러면 가수요는 없어지고 주택가격은 떨어지고 무주택자들의 주택 매입 기회가 확대되는 것이다. 그런데 둘 다 강화하면 무엇을 선택할 수 있을까. 특히 양도소득세가 종부세보다 훨씬 크다면 팔겠는가. 그냥 가지고 있겠는가. 이를 판단하기에는 단 1초도 안 걸린다. 결과적으로 이로 인해 나타난 현상은 거래의 단절뿐이다. 기존 주택 시장만의 단절로 끝나는 것이 아니라 신규시장(분양시장)에까지 영향을 미친다. 미분양 속출이다. 재고주택이 쌓인다. 거래의 단절은 반드시 후유증을 갖게 된다. 미래시장에 나타날 그 무엇(후유증)은 이 같은 배경에서 출발한 것으로 보면 된다. 좀 더 장기적인 전술이 필요하지 않았나 싶다.

9. DTI의 등장

노무현대통령의 부동산정책 중 대표적인 금융정책이 DTI이다. 참여정부만이 시행했던 정책이다. 기존에도 담보대출, 신용대출 등이 있고 그 범위 내에서 자금을 조달 할 수 있었지만 이를 개념화, 규정화한 것은 참여정부가 처음이다. 그 동안 이론으로만 개념정리 되었던 것이 현실적으로 시장에 반영된 것이다. DTI, LTV는 '실거래가 적용(등기, 과표)', '종부세 신설' 등과 함께 신설된 3대 대표 정책이다.

DTI(Debt To Income ratio, 총부채상환비율)는 소득대비부채비율이다. 연간소득을 기준으로 금융권에서 빌릴 수 있는 부채의 비율을 DTI라 하는데 쉽게 말하면 은행에서 주택자금을 빌릴 수 있는 능력 즉, 소득수준을 말한다. 소득수준이 높으면 많이 빌릴 수 있고 소득수준이 낮으면 그만큼 적게 빌릴 수 있다는 의미와 같다. 소득의 담보가치와 같은 개념이다.

LTV(Loan To Value ratio, 주택담보대출비율)는 주택의 담보가치를 말한다. 다시 말하면 주택의 담보가치가 높으면 많이 빌릴 수 있고 반대면 적게 빌릴 수 있다는 의미이다. 물론 일정한 비율(50%) 내에서 가능하기 때문에 주택의 가치를 떠나 비율은 어떤 주택에도 동일하게 적용된다. 하지만 피담보 물건의 가치가 기준이기 때문에 주택가격에 따라 대출금액이 달라진다.

DTI, LTV가 등장하게 된 이유도 수요억제이다. 수요자의 능력을 일정한 범위 내에서 제한한 것이다. 그렇게 되면 자금을 조달할 수 없기 때문에 가수요를 제한할 수 있다는 판단이다. 한마디로 능력 없으면 돈 빌릴 생각을 하지 말라는 의미이다.

DTI, LTV는 금융권에서는 중요한 의미를 가진다. 신용도를 대변하기 때문이다. 신용도가 낮으면 부실위험이 크다. 신용도가 낮으면 리스크가 크다. 금융권에서 신용보강의 문제가 항상 전제되는 이유다. 따라서 DTI, LTV는 금융권에서 신용도를 측정하는 지표와도 같다. 그래서 DTI, LTV의 도입은 금융권에서 가장 반기는 정책이라 할 것이다. 다만 융통성이 현저히 떨어지는 결점이 있다. 단순히 소득 가치, 담보 가치만으로 대출을 결정하게 되기 때문이다. 대출한도도 주어진 범위(50% 이내) 내에서 가능하기 때문이다. 다른 융통성을 갖기엔 한계가 있는 것이다. 그러나 확실한 리스크관리가 가능하기 때문에 금융권에서는 '반기는 정책이다'라고 할 수 있다.

문제는 주택 수요자이다. 특히 실수요자이다. 무주택자들이 주택을 구입하려면 주택가격의 50% 수준의 연소득이 있거나 그러한 담보가치가 있어야 한다. 소득이 낮거나 담보가치가 없는 사람은 도저히 엄두가 나지 않는다. 더구나 주택가격이 비싸기 때문에 더욱 쉽지 않다. 능력에 맞게 빌리라고 하는데 그렇게 빌린들 주택을 구입할 능력이 안 된다는 점이다. 주택매입에는 턱도 없이 부족한 실정이란 사실이다.

이런 점 때문에 사실상 일반적인 무주택자(고수입의 무주택자는 제외)에게는 오히려 올가미를 씌운 꼴이 된 것이다. 반대로 능력자들(소득도 많고 담보가치도 높은 사람들)은 본인들의 선택만 달려 있다고 볼 것이다. 신용도 보강 차원(금융권 차원)에서는 당연하겠지만 시장차원(실수요자 입장)에서는 수요 능력의 한계를 갖게 된 것이다.

참여정부의 정책방향은 수요억제, 특히 가수요억제이다. 그런데 DTI, LTV만으로 본다면 일시적으로 가수요를 억제하는데 중요한 역할을 할 것이다. 그러나 장기적으로 본다면 실수요는 억제되고 가수요는 오히려 권장되는 모습으로 나타날 가능성이 크다고 할 것이다. DTI, LTV를 통해서 능력을 이원화시켰기 때문이다. 능력을 이원화시킬 것이 아니라 능력을 지원하는 정책을 이원화하여야 한다.

만약 시장이 침체되면 수요를 권장하여 경기부양정책으로 전환하여야 하는데 이때 먼저 나타날 수 있는 수요자는 소득가치, 담보가치가 높은 가수요 집단이다. 실수요를 권장하고 가수요를 억제하려면 실수요자에게 능력을 높아지도록 지원하는 정책이 필요하다. 그리고 가수요를 억제하려면 가수요자들의 능력이 낮아지도록 규제하는 정책이 필요하다. 이 두 정책은 상반되기 때문에 금융정책은 이원적인 구조로 체계를 잡아야 한다. 그래서 동일한 규제나 지원은 오히려 있는 자에게만 유리한 것이다.

방법은 세 가지가 있다. 하나는 소득계층(또는 담보가치 계측)에 따라 DTI, LTV의 적용비율을 탄력적으로 적용하는 것이다. 예를 들면 40%~70%에서 능력자는 낮은 비율을 적용하고 비능력자는 높은 비율을 적용하는 것이다.

또 하나는 정률이 아닌 정액으로 지원하는 방법이다. 소득, 담보 가치와 관계없이 '총액 얼마까지 대출 가능'이라는 방법으로 한다. 소득, 담보 가치가 높은 수요자에게는 대출능력을 낮추는 효과가 있고 소득, 담보 가치 낮은 수요자에게는 대출능력을 높여주는 효과가 있다.

세 번째는 소득, 담보 가치가 낮은 수요자에게는 LTV만 적용하고 DTI는 배제시키는 방법이다. 소득과 관계없이 담보가치로만 대출을 받을 수 있기 때문에 수요가 쉬워진다. 단 능력을 크게 벗어나면 신용보강이 필요해진다.

어떤 경우라도 반드시 부동산 가격의 변동을 예측해야 하는 문제가 선행되어야 하며 리스크관리도 강화되어야 한다. 시스템을 구축하면 가능할 것이다. 중요한 것은 가수요는 억제해야 하지만 실수요는 권장해야 한다는 사실이다.

10. 판교개발과 8.31대책

판교개발의 시작은 1998년부터라고 할 수 있다. 그 전까지는 가능성과 필요성만 대두되다가 1998년 4월에 '성남시 개발계획'을 건교부(당시 조직 명칭)가 승인하면서 본격화되기 시작하였다. 그러나 수도권 인구집중 및 교통난 등을 문제로 반대 의견도 만만치 않아 순조롭게 추진되지 못한 채 지연되다가 2001년 12월 '택지개발예정지구(주택 19,000가구를 2005년 12월까지 분양)'로 지정되면서 본격화되었다. 하지만 2002년 강남 재건축시장이 과열되면서 다시금 주춤거렸다. 그러는 사이 '국민의 정부'에서 '참여정부'로 정권이 바뀌었다.

참여정부는 강남의 주택가격 안정을 위해 판교개발을 확대하여야 한다고 판단, 당초보다 공급주택 수를 10,000가구 늘리고(29,000가구), 분양은 2005년 상반기로 앞당기기로 하였다. 그런데 주택가격 안정을 위해 개발하려던 판교개발이 오히려 '판교 발 집값 폭등'의 현상[30]으로 나타남으로써 시민단체들로부터 '전면중단'이라는 주장이 나오기도 하였다.

이에 노무현대통령은 '사업 중단'을 결정한다. 이를 계기로 그동안의 모든 부동산대책을 원점에서 재검토하기로 한다. 즉, 부동산종합대책을 제로베이스 상황에서 검토하기로 한 것이

---

30)   당시 중대형 아파트 분양가가 평당 2000만 원이 넘을 것이라는 전망이 나오자 1주일 만에 분당 아파트 가격이 5천만 원~1억 원씩 급등하고 인근의 과천, 안양까지도 영향을 받게 되었다.

다. 이것이 2005년 8월 31일 발표한 '8·31 종합대책(서민 주거 안정과 부동산 투기 억제를 위한 부동산제도 개혁방안)'이다. 이 대책은 모든 분야에서 참여정부의 부동산 대책을 집대성한 것이었다.

주요내용을 보면 1) 투기수요억제, 2) 공급확대, 3) 거래투명화, 4) DTI도입 등이다. 투기수요억제 정책으로 1가구 2주택 양도세 중과, 종합부동산세 가구당 합산과세(6억 원 이상)로 확대하는 것이었다. 그리고 주택공급확대 정책으로는 연 30만 호 공급을, 거래투명화 정책으로는 실거래가 신고 및 등기 의무화 등이 있다. 그리고 LTV와 더불어 DTI를 추가함으로서 투기수요를 억제하고자 하였다.

여기서 중요한 것은 주택공급확대 정책을 수요억제와 병행했다는 사실이다. 판교 분양은 2006년으로 1년 미루어 시행하게 되었고 김포, 양주 신도시의 규모를 확대하였다. 그리고 '송파신도시(위례신도시)'를 추가 건설하는 계획을 포함시킨다. 그런데 문제는 공급이 계획처럼 늘어나지 않았다는데 있었다. 통상 주택공급은 3~5년 이상 소요되기 때문에 당시로서는 바로 가시화될 수 없었다는 것이 정답이었다. 이는 바로 임대시장에 영향을 미치게 되었다. 전·월세 수요가 증가하여 전·월세 가격이 급증하기 시작한 것이다.

만약 노무현대통령이 집권 초기부터 수요억제보다는 공급확대를 펼쳤다면 후반기로 갈수록 전·월세문제가 두드러지지 않았을 것이다. 그런데 중반기에서야 공급확대문제를 부각시킴으로서 택지조성기간 등을 감안하면 집권기간에는 공급확대가 불가능해진 것이다. 이에는 집권 초기에 부동산 시장을 진단하는 과정에서 너무 단편적인 시각에 집착한 것으로 판단된다. '아마도 부동산 시장의 과열은 특정지역의 일시적 현상일 것이다. 그러니 특정지역에 일시적으로 집중화된 정책(수요억제)을 펼치면 충분히 안정화시킬 수 있을 것'이란 시각. 그러나 '그것이 편협적이었다'고 생각할 때는 이미 늦었으며 때문에 집권 후반기에 더 과열되는 현상이 나타난 것으로 해석할 수 있겠다.

11. 혁신도시, 기업도시, 행복도시 그리고 토지가격

혁신도시하면 노무현대통령을 대변하는 국토개발 정책이다. 혁신도시란 공공기관 이전을 계기로 지방의 거점지역에 조성되는 '작지만 강한' 새로운 차원의 미래형 도시를 말한다. 기업과 대학, 연구소 등 우수한 인력들이 한 곳에 모여 서로 협력하면서 지식기반사회를 이끌어가는 첨단도시로 구성된다. 동시에 수준 높은 주거와 교육, 문화를 갖춘 쾌적한 친환경도시의 개념이 포함되어 있다.

참여정부가 출범한 후 국가균형발전이 최우선의 국정의제로 설정되고 마침내 2003년 12월에 '국가균형발전특별법'이 여야 합의로 제정됨으로써 공공기관 지방 이전이 법률적 토대를 갖추게 되었다. 이후 지방으로 이전되는 공공기관을 각 시도가 선정한 혁신도시에 집중시키는 정책이 수립되었고 176개 공공기관을 12개 광역시도에 이전하는 계획이 확정되었으며 이에 따라 여러 곳에서 혁신도시 건설 공사가 착수되었다.

노무현대통령은 혁신도시의 건설로 약 13만개의 일자리 창출, 9조 원 가량의 산업연관 효과, 연간 4조 원의 직접 부가가치 창출 등을 가져올 수 있다고 강조했다. 175개 공공기관의 지방이전은 우리 국민이 경제, 산업, 삶의 형태를 새롭게 생각하는 획기적인 계기가 될 것이라고 말했다.

수도권의 인구분산을 통한 국토의 균형적 발전의 당위성과 명분은 한편에서는 지지를 받았지만 한편에서는 비판을 받으면서 추진되었다. 비판의 핵심은 균형발전보다는 부동산개발 수준으로 전락할 것이며 전국토의 토지가격만 올리는 계기가 될 것이라는 것이다.

논란이야 어찌되었든 결과적으로 참여정부는 행복도시, 기업도시, 혁신도시 등 각종 개발 정책을 통해 땅값 상승을 낳았다. 이는 노무현대통령의 부동산 투기근절정책과 정면적으로 모순되는 상황임이 분명했다. 또 하나의 문제는 토지보상금이다. 노무현대통령의 집권 5년 동안의 토지보상비는 98조 5743억 원으로 김대중 정부의 37조 1835억 원, 김영삼 정부의 43조 7347억 원을 다 합친 것보다 많았다.[31]

---

31) 『내일신문』 인터넷 기사 참조. 2009.11.16.

[그림 5-2] 혁신도시, 기업도시, 행복도시

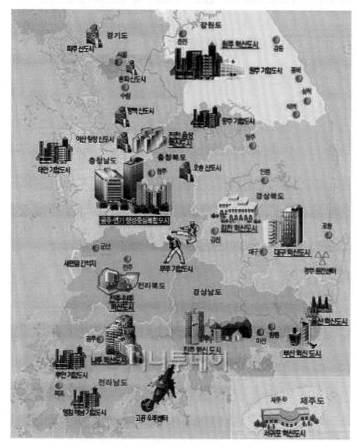

자료 : 국토교통부

[표 5-2] 전년대비 토지가격 변화

구분	'02	'03	'04	'05	'06	'07	'08	누적	연평균
서울	15.81	5.23	4.09	6.564	9.171	5.882	-1.001	30.9	6.2
부산	3.28	1.09	0.89	1.862	2.496	2.164	-0.174	8.5	1.7
대구	2.09	1.54	1.58	3.317	4.185	2.911	-0.451	13.5	2.7
인천	11.51	2.5	4.32	4.937	5.58	4.851	1.366	22.2	4.4
광주	1.03	0.91	0.68	1.865	1.442	0.941	-0.896	5.8	1.2
대전	3.24	5.47	2.25	6.803	4.154	1.481	-0.968	20.2	4.0
경기	1.75	0.66	1.79	2.062	2.937	2.902	-0.281	10.4	2.1

울산	13.06	5.12	6.12	5.686	5.074	4.229	-0.267	26.2	5.2
강원	1.88	1.79	2.27	2.632	2.521	1.665	0.378	10.9	2.2
충북	3.02	2.54	3.83	4.981	4.37	1.265	-0.364	17.0	3.4
충남	2.48	4.81	11.65	8.322	5.546	2.025	-0.117	32.4	6.5
전북	0.64	0.96	0.7	1.379	1.291	1.211	2.583	5.5	1.1
전남	0.95	0.5	0.93	2.448	1.91	1.309	0.26	7.1	1.4
경북	2.06	0.15	2.11	2.194	2.517	1.683	-0.133	8.7	1.7
경남	2.22	1.38	3.09	2.809	2.561	2.218	0.105	12.1	2.4
제주	6.01	1.25	1.96	2.122	2.104	1.672	-0.02	9.1	1.8
전국	4.4	2.2	3.0	3.7	3.6	2.4	0.0	15.0	3.0

자료 : 국토교통부, 통계청 통계자료 재편집

2006년에만 30조 원에 가까운 보상비가 대부분 현금으로 풀리며 당시 부동산 시장의 폭등에 일조했다는 점이 이러한 우려를 부채질하고 있다. 당시 국정감사 자료에 따르면 2006년 토지보상금 중 현금 비중이 96%였고 25조 원이 풀린 2007년에도 91%에 달했다. 보상금이 강남3구를 비롯한 수도권의 부동산 시장에 유입되면서 '버블'을 키웠다는 것이 일반적인 견해다. 이에 대해 당시 건설교통부는 2006년 상반기 보상금 중 37.8%만 부동산 거래에 쓰였고 지방에 풀린 보상금 중 수도권의 부동산 매입에 쓰인 돈은 8.9%에 그쳤다고 주장했다.

이렇게 몰린 보상금으로 인해 집값뿐 아니라 토지가격 역시 뛰어오를 수 있다. 국토해양부의 연도별 지가변동현황에 따르면 1990년대 대체로 안정적이었던 지가는 2002년 이후 급등한 것으로 나타났다. 노무현대통령이 추진한 혁신도시, 기업도시, 행복도시 사업은 결과적으로 토지가격상승이라는 결과를 가져오게 되었으며 여기에 풀린 토지보상금은 제2의 토지투기의 자금이 되었다고 할 것이다.

12. 제2기 신도시 건설

　1987년에 노태우대통령이 선거공약으로 내세운 '200만 호 주택건설 사업'을 '제1기 신도시'라 한다. 제1기 신도시는 수도권 5개 지역(분당, 일산, 산본, 중동, 평촌)에 건설하여 1991년에 완성하였다. 제1기 신도시들은 1986년부터 1991년까지 계속된 수도권 주택가격 급등을 진정시키고, 주택 보급률을 70%까지 높이는 데 기여했었다. 그러나 제1기 신도시는 단기간에 대규모 개빌사업이 빌어지면서 자족기능을 갖추지 못한 베드타운이라는 문제점을 노출했다. 도시의 자족성은 해결되지 못한 채 수도권의 인구집중만을 초래하게 되었다. 대부분의 신도시들이 전원적인 거주환경을 조성한다고 하였지만 실제로는 밀도를 너무 높게 책정함으로써 수준 높은 주거환경의 조성이 이루어지지 못했다.

　김대중대통령 재임 중에도 신도시 건설계획이 추진되었다. 특히 제1기 신도시의 문제점을 막기 위해 대규모 계획적 개발이 필요하다는 지적이 계속됐다. 그리하여 '국민의 정부(당시 건설교통부)'에서는 '판교, 화성, 천안·아산 신도시 개발계획'을 발표(2000년 10월)하였다. 화성과 판교는 2001년에 택지개발예정지구로 지정되었으며, 천안·아산지역은 2002년 9월 택지개발예정지구로 지정되어 신도시 개발이 본격화되었다.

　이어서 노무현대통령의 참여정부는 '수도권에 2기신도시' 건설을 발표하였다. 명분은 당시 부동산 가격이 급등하자 서울지역의 부동산 가격 폭등을 억제하기 위해서 수도권의 신도시를 개발하여 주택공급을 확대하기 위함이었다. 해당 지역으로, 김포 한강, 인천 검단, 화성 동탄1, 평택 고덕, 화성 동탄2, 수원 광교, 성남 판교, 송파 위례, 양주 옥정, 파주 교하지구 등 10개 지역을 2기 신도시로 지정했다.

　제2기 신도시는 제1기 신도시(분당, 일산, 평촌, 산본, 중동)에 비해 접근성(교통)이 떨어지는 대신 녹지율을 높였다. 이는 자족기능 부족으로 베드타운으로 전락한 제1기 신도시의 한계를 극복하기 위함이었다. 때문에 제2기 신도시는 쾌적한 주거여건을 제공하는 것을 목표로 진행됐다. 제2기 신도시는 제1기 신도시의 단점을 보완하기 위해 대규모 주택공급보다는 1) 충분한 녹지율 확보 2) 자족기능 강화 3) 신도시별 특화계획 등으로 차별화를 시도했다. 특히 서울 생활권에 의존하지 않고, 지역거점의 역할을 할 수 있도록 대규모 산업단지를 비롯해 기업들을 다양하게 배치하는 자족복합도시로 계획됐다.

[표 5-3] 서울시-경기도 인구 이동 추이

구분		95	00	05	10	12
감소	1위	관악구	성북구	은평구	수원시	송파구
	2위	동대문구	송파구	강동구	서대문구	강동구
	3위	금천구	부천시	노원구	부천시	노원구
	4위	성동구	도봉구	중랑구	영등포구	영등포구
	5위	강동구	은평구	강북구	송파구	부천시
	6위	구로구	중랑구	과천시	관악구	안양시
	7위	송파구	안양시	광진구	강서구	마포구
	8위	마포구	강남구	부천시	양천구	양천구
	9위	강남구	서초구	광명시	노원구	성남시
	10위	강북구	동작구	종로구	의정부시	중랑구
증가	1위	고양시	용인시	용인시	남양주시	김포시
	2위	성남시	수원시	남양주시	파주시	수원시
	3위	용인군	남양주시	화성시	용인시	남양주시
	4위	안산시	오산시	파주시	광명시	용인시
	5위	군포시	시흥시	고양시	오산시	파주시
	6위	부천시	고양시	평택시	은평구	광주시
	7위	김포시	광주군	성북구	양주시	은평구
	8위	강서구	중구	강서구	김포시	평택시
	9위	평택시	김포시	강남구	광주시	고양시
	10위	하남시	의정부시	광주시	군포시	의왕시

자료 : 통계청 인구이동 통계자료 재편집(2014년 1월 23일)

[표 5-3]에서 제1기 신도시가 완성되는 시점인 1995년도 서울-경기 인구 이동 현황을 보면 5개 신도시로의 인구 유입(인구 증가 순위 상위권)이 많았다. 한편 인구 감소지역을 보면 강남 3개

구(송파, 서초, 강남) 지역보다는 강남 3개구의 인근 지역 인구 이동이 높았다. 송파, 강남 지역이 하위권에 있다. 이를 보면 서울 도심의 인구분산 효과는 있었지만 집중화의 주 대상 지역이었던 강남지역의 효과는 다소 떨어진 것이라 할 수 있다.

그리고 노무현대통령이 추진했던 2000년대 이후의 상황을 보면 남양주시, 파주시, 김포시, 오산시 등은 증가하고 서울 강북지역 인구가 감소한 것으로 나타난다. 이것은 서울인구가 인근의 경기도 지역으로 이동하는 현상이라 할 것이다. 다시 말하면 강북, 동 지역은 남양주 지역으로 이동하고, 강북, 서 지역은 파주 지역으로 이동하고, 강남, 서 지역은 김포지역으로 이동하며 강남, 동 지역은 성남, 하남, 용인 지역으로 이동하는 현상이다. 이렇게 이동 상황으로 보면 서울의 인구 이동 및 지역 분산의 효과는 분명 나타난다고 할 수 있다. 그러나 이 같은 현상에서 얻을 수 있는 문제는 두 가지다. 하나는 인근지역으로의 분산은 사실상 행정구역은 바뀌었으나 생활권이 단순 확대된 것에 불과하다는 점이다. 이렇게 되면 신도시는 독립적인 자립도시가 되지 못하고 베드타운화된다는 점이다. 두 번째는 부동산 시장에서 고민했던 강남지역의 분산효과는 인근 지역의 성남시, 하남시, 용인시 등에 집중된다는 점이다, 다시 말하면 강남지역의 분산효과는 다른 어떤 신도시보다도 강남 인근 지역이 아니면 효과가 극히 떨어진다는 점이다. 이 또한 행정구역만 바뀔 뿐 기존 강남지역과의 생활권은 바뀌지 않으므로 오히려 강남 생활권만 커지는 결과가 된다. 이런 지역은 부동산 가격이 강남지역과 연계되는 특성이 있어 가격 상승을 유발하게 되는 것이다. 이런 현상을 편익편승효과[32]라 한다.

도시개발 또는 도시 행태적 입장에서 보면 도시의 확산효과로 정의할 수 있고 기능의 분산으로 해석할 수 있겠지만 부동산 시장의 입장에서 보면 편익편승효과는 원편익 소재 도시의 부동산 가격에 부도시가 편승하는 효과를 가져옴으로 오히려 부동산 가격이 상승하는 결과로 나타난다. 따라서 신도시 개발의 명분과 목적이 부동산 시장의 안정화에 있다면 우리나라 신도시 개발은 잘못된 것이다. 신도시 개발을 통해 공급량을 확대함으로서 수요 · 공급 균형을 유지하려는 원리는 이론적으로 타당할 수 있지만 오히려 수요가 증가함으로서 가격을 상승시키는 효과가 훨씬 더 커지기 때문이다. 이 현상은 공급할수록 수요를 더 증가시키는 원인

---

32) 편익편승효과란 인근 도시의 편익에 편승하여 부동산 가격이 인근도시수준으로 상승하는 것을 말한다. 『부동산 경제학』(이종규 저) 참조.

이 된다고 할 것이다. 왜냐하면 집중된 편익 때문이다. 집중되어 있는 편익의 이동, 분산 등을 수반하거나 아니면 기존의 편익보다 우수한 편익이 제공되지 않으면 편익편승효과는 지속적으로 나타나 결과적으로 그 편익지역 중심의 도시 확산만 지속된다고 할 것이다.

노무현대통령의 신도시 계획의 명분도 인구의 서울 집중을 막고 급등하는 부동산 시장을 안정화시킨다는 목적에서 출발하였다. 이는 노태우대통령의 제1기 신도시와 거의 같은 명분이다. 그렇다면 제1기 신도시 계획은 사실상 목표 달성에 실패했다는 결론이 나온다. 오히려 노무현대통령의 재임기간에 발생한 부동산 가격 급등현상이 서울 재건축 및 인근 신도시 중심이었다고 보면 제1기 신도시가 개발된 이후 10여년 뒤에 그 신도시들이 부동산 급등의 원인으로 등장했다는 얘기가 된다. 이는 노무현대통령의 신도시 정책에도 일대 교훈이 될 것이다. 노무현대통령은 제2기 신도시 외에도 혁신도시, 기업도시, 행복도시 등 전국적인 개발사업을 추진함으로서 토지가격 상승의 원인을 제공했다는 비판을 받게 된다. 이에 신도시마저 포함된다면 부동산 가격 급등에 대한 비판을 면하기 어렵게 된다.

13. 분양가 상한제

분양가 상한제는 신규주택의 분양가격 상한선을 정부가 결정해 주는 제도이다. 이는 분양가격을 기업이 자율적으로 정하는 분양가 자율화와 상반되는 개념이다. 정부는 토지비, 건축비 등을 정하여 주되 그 범위를 상한가로 정하여 분양가격을 승인하도록 제도화하였다.

이 제도는 90년대 시행했던 원가연동제와 동일한 개념이다. 다른 점은 상한가를 정해 준다는 점일 뿐. 원가연동제도 결과적으로는 분양가격을 정하여 주는 것이기 때문에 동일개념이라 할 것이다. 원가연동제는 공급이 부족할 때 무분별한 분양가격 책정을 방지하고 과열투기를 억제하기 위해 도입되었다. 원가연동제로 분양하면 항상 기존의 아파트 가격보다는 낮은 수준이었다. 청약에 당첨만 되면 기존 아파트와의 가격차이 때문에 항상 프리미엄이 붙었던 게 사실이다. 이를 방지하기 위해 도입했던 것이 채권입찰제이다. 국민주택규모 이상의 평형에 대해서는 채권에 입찰하여 낙찰 받는 경우에 한하여 분양을 받을 수 있었던 것이다. 둘 다 공급이 부족하던 시기였으니까 분양에 당첨만 되면 차익을 가질 수 있었던 시기의 얘기다.

[그림 5-3] 재임기간 토지가격 상승률(전년대비)

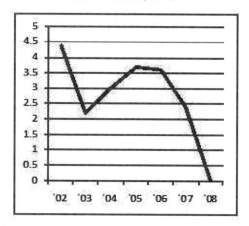

다른 점은 분양가 상한제는 과거와 달리 공급이 그다지 부족하지 않은, 주택보급률이 높은 시기에 시행하는 제도라는 점이다. 그럼에도 수요가 넘쳐서 주택가격이 천정부지 상승하니 이의 대응으로 분양가상한제를 도입한 것이다. 여기에는 참여정부 앞의 '국민의 정부'가 시행한 분양가자율화의 영향을 받은 것이 크다. 다시 말하면 분양가자율화에 의해 분양가격이 끝을 모르고 상승하다 보니 기존 아파트도 상승하고 덩달아 토지가격도 상승하고 여타의 부동산 가격도 상승하게 되었다는 것이다. 따라서 분양가상한제를 도입함으로서 두 가지 효과를 얻을 수 있다고 보았다. 하나는 가격상승을 제어할 수 있게 된 것이며 다른 하나는 수요를 억제할 수 있게 된 것이다. 분양가가 떨어질 것이 예상됨으로 수요를 하지 않고 대기하는 것이다.

그런데 문제는 공급에서 나타났다. 분양가상한제를 시행하다 보니 공급자입장에서는 사업성이 떨어진 것이다. 분양을 대기 중인 사업은 물론 그동안 준비했던 사업도 사업성이 떨어져서 공급이 불가능하게 된 것이다. 공급을 늘려야 수 · 급 균형을 유지하게 되고 가격 안정을 가져오게 되는데 공급이 줄어들면 당장은 효과가 있을지 모르지만 장기적으로는 수급불균형에 의해 다시금 가격급등의 시기가 오게 된다는 점이 문제가 된다. 정부에서 시장 안정화를 위해 공급하고자 했던 신규공급세대는 약 40만 세대~50만 세대이다. 평년에는 50만 세대가 공급되었는데 분양가상한제 발표 이후에는 35만 세대로 줄어들었다. 약 15만 세대가 줄어든 것이다. 다행히 재고주택(완공 후 미분양)이 많아서 이것이 해소될 때까지는 여유가 있지만 이대로 가면 얼마 지나지 않아 수급불균형을 가져와 가격 급등으로 발전하게 될 것이다.

분양가상한제는 공급자인 건설회사의 경영환경을 악화시키는 요인으로 작용하였다. 건설회사 입장에서는 사업성이 떨어지기 때문에 공급할 수가 없게 된 것이다. 공급을 하지 못하면 건설회사의 사업규모가 축소되고 매출이 작아지고 수익이 작아지기 때문에 구조조정을 할 수밖에 없다. 더구나 수요가 위축되니 기존에 시행한 사업도 영향을 받아서 미분양이 속출하게 된다. 결국 건설사의 경영위기로까지 확대된 것이다. 능력도 검증 없이 무분별한 공급만을 지향한 건설사도 문제지만 건실한 건설사의 경우도 갑작스런 외부충격에 흔들릴 수밖에 없었다.

2007년에 시행된 분양가상한제는 부동산가격을 안정화시키는데 공헌이 컸다. 그럴 바에는 빨리 시행하는 것이 오히려 옳았다고 본다. 노무현대통령 집권초기에 시행했다면 집권말기에는 어느 정도 효과를 얻을 수 있었을 것이다. 그러나 집권말기에 시행함으로서 정확한 목표를 견주지 못한 미흡한 형태가 되어버렸다. 차기 정권에서 폐지를 강력히 주장했던 이유이기도 하다.

[표 5-4] 주택건설실적

구분	합계	공공주택	민간주택	주택 유형별			
				아파트	연립	다세대	단독
'01	529,854	127,927	401,927	267,401	8,592	204,407	49,454
'02	666,541	123,730	542,811	384,692	7,963	220,563	53,323
'03	585,382	120,522	464,860	468,763	6,265	68,181	42,173
'04	463,800	123,991	339,809	404,878	3,697	20,988	34,237

'05	463,641	140,978	322,663	415,511	4,613	15,718	27,799
'06	469,503	143,694	325,809	412,891	4,678	14,223	37,711
'07	555,792	156,989	398,803	476,462	4,696	23,184	51,450
'08	371,285	141,160	230,125	263,153	4,044	50,421	53,667
'09	381,787	168,300	213,487	297,183	5,426	24,513	54,665
'10	386,542	138,315	248,227	276,989	5,956	41,424	62,173
'11	549,594	115,349	434,245	356,762	13,465	106,270	73,097

14. 성공(?), 실패(?)

노무현대통령은 퇴임직전까지도 부동산 시장에 대한 강력한 규제정책을 유지한다. 이는 취임 때부터 줄기차게 추진해온 방침이었다. 역대 대통령 중에서 재임기간 내내 규제정책을 일괄적으로 유지한 유일한 대통령이었다. 이유는 재임기간 내내 부동산 가격이 상승하였기 때문이다. 재임기간 안에서 가격상승을 막고 시장의 안정화를 계획했으나 결과적으로 성공을 거두지 못했다. 그러나 재임기간 내에서 반드시 그 정책들의 효과가 나타나야만 되는 것은 아니다. 오랜 시간이 지난 후에서야 평가가 가능한 정책들도 있는데 그런 경우는 당장 성패 여부를 가를 수 없기 때문이다. 노무현대통령이 헤드라인으로 설정한 투명성 정책(실거래가 등기 및 실거래가 과표 기준 설정 등) 등이 바로 그런 것들이다.

노무현대통령이 줄기차게 규제 정책을 펼친 이유는 당연 시장의 과열이었다. 그런데 시장의 과열은 비단 노무현대통령의 재임기간에 나타난 것만은 아니다. 그 이전 정부에서부터 출발한 것이다. 노무현대통령은 그 이전 정부인 '국민의 정부'의 부동산정책과 시장의 영향을 받고서 시작했고 그 영향에 받아서 정책을 추진했다고 할 것이다. 부동산정책은 1년 이내에 효과가 나타나는 것이 있는 가하면 1년 이상 지나야 나타나는 것이 있다. 하물며 3년~5년이 지나야 나타나는 것도 있다. 이 점에서 볼 때 노무현대통령의 정책은 재임기간 내에서 해결된 것이 있는 가하면 다음 정권으로 이월되어 해결되는 것도 있다. 이 경우는 노무현대통령의 정책이지만 그 효과는 다음 정권에서 나타나기 때문에 자칫 착각이나 오해를 불러올 수도 있다. 그런 의미에서 보면 노무현대통령 재임기간 동안의 시장 환경과 정책의 충돌 부분 중 일부는 전 정부인 '국민의 정부'의 몫이라 해도 될 것이다. 더불어 다음 정부인 이명박대통령의 시장 상황과 정책의 충돌 중 일부는 노무현대통령의 시장상황과 정책의 결과라고 해도 될 것이다.

좀 더 분류해 보면 법률 제·개정이 필요한 정책의 경우는 국회 동의 및 법률정비 과정이 필요하기 때문에 그만큼 시간이 필요해진다. 만약, 국회의 동의가 쉽지 않으면 그만큼 더 길어진다. 실제 시장에서 적용되는 시간은 1년 이상이 필요할 것이다. 택지공급 같은 경우는 3년 이상의 시간이 필요해진다. 택지개발의 경우는 집권기간에 발표하면 완성된 시점은 다음 정권, 아니면 그 다음 정권에서 가능하다고 보면 타당하다.

통상 1년 이내에 적용되는 것은 금융정책 정도라고 할 수 있다. 이는 정부의 의지에 따라 즉시 시행할 수 있기 때문이다. 금리조정, 대출자격조정, 대출한도조정 등 금융정책은 정부, 한국은행, 시중은행 등 관련기관의 적극적인 참여를 유도하면 곧바로 시행이 가능해진다고 할 수 있다.

이를 기준으로 하면 정책의 시행순서도 앞뒤가 있어야 할 것임을 이해하게 된다. 시장의 기류가 심각하지 않다면, 그래서 굳이 모든 정책을 다 동원하지 않아도 된다면 순서의 의미도 없겠지만 모든 정책을 다 동원하여야 할 상황이라면 앞, 뒤 순서를 잘 잡아야 집권기간 내에서 어느 정도 그 결과를 볼 수 있을 것이다. 노무현대통령의 부동산정책은 집권 내내 강력한 규제일변도였다. 그렇다면 모든 정책이 다 동원되었어야 할 상황이었던 것이다.

그런데 그것을 집권 동안 분산 동원하였고 앞, 뒤 경중을 가리지 않고 대응하였던 것 같다. 아마도 집권 초기에는 자신했는데 후기로 갈수록 생각대로 되지 않으니까 당황한 것 같고 그렇다 보니 점점 더욱 강하게 규제하였던 것으로 생각된다. 강할수록 국회동의가 필요할 것이고 그런 정책일수록 그 효과가 나타나는 시기는 장기화된다. 때문에 집권 기간에 나타나야 할 효과가 나타나지 않았던 것으로 해석할 수 있다.

그래서 모든 정부는 집권초기의 시각, 분석의 결과가 중요한 것이다. 집권 초기에 부동산 시장에 대해 거의 완벽하게 이해하고 그 이해를 바탕으로 정책의 방향과 목표가 입안되어야 한다. 집권과정에서 즉흥적으로 시행하면 단기적인 측면만 보게 되며 그에 대한 정책은 단편적, 즉흥적이 될 것이다. 당장은 효과가 있을 수 있으나 오래가지 못할 것이며 당장효과를 내지 못하고 차기 정권으로 이양되어 적시(타이밍)를 놓치는 우를 범하게 될 것이기 때문이다. 대통령이 되려면 준비기간에 이러한 학습이 선행되어야 할 것이다. 이런 점에서 노무현대통령은 집권 초기 부동산 시장상황을 너무 안이하게 판단한 것이 아닌가 싶다. 당시의 부동산시장의 문제를 특수층, 특정 지역에서 발생하는 일시적 현상으로 한정한 것이 대표적인 예이다.

제6장

김대중대통령과
부동산정책

1. IMF 관리체제와 '국민의 정부'

김대중대통령은 'IMF관리체제'[33]라는 국가 위기에서 출발한 대통령이었다. 'IMF'라는 환경에 의해 정치·경제 등 제반 정책의 제약을 갖고 출발한 대통령이었다. 우리나라 경제가 'IMF관리체제'로 전환된 것은 김영삼대통령의 집권 마지막 해인 1997년 12월 22일부터이다. '김영삼 정부'가 국제통화기금(IMF)으로부터 구제금융을 신청하면서 부터 'IMF관리체제'가 시작된 것이다. 때문에 김영삼대통령에 의해 조성된 환경을 이양 받은 김대중대통령은 'IMF관리체제'라는 국가의 총체적 위기를 극복'해야만 하는 절대 절명의 과제를 안고 출발하게 된 것이다.

'IMF관리체제'란 우리나라의 외채구조가 악화되어 국가부도의 위기에 처하게 되었고 이를 개선하기 위하여 국제통화기금, 즉 IMF로부터 긴급구제금융을 지원받게 된 것을 말한다. 그런데 'IMF'에서는 긴급구제금융을 지원하는 대신 우리나라의 경제구조의 대폭적인 조정을 요구하였다. 때문에 김대중대통령은 집권하자마자 우리나라 경제구조의 대폭적인 조정 및 변혁을 가져와야만 하였다. 이렇게 시작된 우리나라 경제의 구조 조정 과정과 그 결과가 모든 산업에는 물론 국민들의 일상생활에까지 영향을 미쳤으며 그 파장은 엄청났다.

'IMF관리체제'가 출범하면서 나타난 대표적인 특징으로는 1) 고금리, 2) 고환율, 3) 고물가, 4) 고부도, 5) 고실업, 6) 저성장이라는 이른바 '5고 1저'의 현상을 들 수 있다. "고금리현상"이란 시중의 단기대출 금리가 30%를 상회함으로서 기업이나 개인의 금융비용이 크게 증가하였을 뿐만 아니라 신규대출도 일제히 끊기게 됨으로서 시중의 자금 유동성이 급격히 악화된 것이다. 이로 인해 일부 기업은 자금난으로 쓰러졌고 개인도 마찬가지로 자금난과 금융비용의 증가에 따른 경제적 부담이 크게 증가하였다. 이는 실질적인 소득의 감소현상으로 나타나게 되었다.

"고환율, 고물가"는 유류 등 원자재 값의 상승과 더불어 국내물가가 크게 오르는 결과를 가

---

33) IMF(국제통화기금, International Monetary Fund) : 1944년 브레턴우즈협정에 따라 1945년 12월 설립되어, 1947년 3월부터 IBRD(국제부흥개발은행)와 함께 업무를 개시한 국제금융기구다. 자매기관인 IBRD(국제부흥개발은행)가 장기금융기관이라면 IMF는 단기 국제금융기관이다. 본부는 워싱턴에 있으며 2012년 현재 가맹국수는 188개국이다. 2차 세계대전 이후 정치적, 경제적으로 세계적인 주도권을 잡은 미국의 주도로 설립되었다. 무역거래에서는 자유무역의 안정적인 성장을 주장하며 가트(GATT)체제를 출범시켰고, 이러한 실물거래를 안정적으로 뒷받침하기 위해 국제 환안정 및 국제 유동성 확대 보장을 목적으로 설립되었다.

져왔다. 물가상승은 실질소득을 감소시키고 소비를 위축시킴으로서 생산을 위축시키고 다시 기업 활동이 위축되고 실업률이 높아지고 소득이 감소되는 악순환으로 되풀이 되었다.

"고부도, 고실업, 저성장"은 소득감소와 소비위축의 결과를 가져왔는데 당시 민간 경제연구소인 대우경제연구소의 분석[34]에 의하면 고물가 고실업으로 인하여 약 1,500만 원의 추가 비용이 발생함으로서 실질적인 소득감소의 크기는 훨씬 크다고 할 것이며 이러한 현상으로 국가경제는 물론 가계경제에까지도 극도의 침체를 가져오게 된 것이다.

종합주가지수는 약 1000% 포인트의 범위에서 무려 300% 포인트 범위까지 떨어지고, 환율은 달러 당 2,000원대를 돌파했으며, 대기업과 중소기업들의 연쇄 도산으로 인한 실물경제의 위축과 높은 금리 상승 등을 불러왔다. 또한 기업들의 도산으로 수많은 실업자들을 거리로 내몰아 노숙자들이 양산되었으며, 기업과 금융권의 구조조정이 뒤따라 은행의 합병·퇴출 등이 이루어졌다.

[표 6-1] 김대중대통령 재임 중 주택 가격 동향

구분			'97	'98	'99	'00	'01	'02	'03	누적	연평균
주택매매	전국	종합	2.0	-12.4	3.5	0.4	9.9	16.4	5.8	17.72	3.54
		아파트	4.9	-13.6	8.4	1.5	14.5	22.7	9.5	33.52	6.70
		연립	0.0	-11.7	-1.6	-1.3	3.4	7.7	0.8	-3.58	-0.72
		단독	0.6	-11.8	-1.8	0.7	8.0	10.7	2.3	5.77	1.15
	서울	종합	1.8	-13.2	5.7	3.0	12.9	22.5	6.9	30.91	6.18
		아파트	5.2	-14.6	12.5	4.1	19.4	30.8	10.2	52.12	10.42
		연립	-0.5	-11.4	0.5	1.6	6.4	15.2	5.1	12.32	2.46
		단독	1.2	-14.8	-0.5	2.2	8.6	12.6	1.4	8.14	1.63
주택전세	전국	종합	0.9	-18.4	16.7	-4.5	35.7	10.1	-1.4	39.47	7.89
		아파트	1.8	-20.2	26.7	12.1	20.1	12.2	-0.4	50.88	10.18
		연립	-0.1	-16.6	3.5	8.2	10.9	7.9	-3.0	13.89	2.78
		단독	0.6	-18.4	15.4	13.5	14.6	6.7	-2.3	31.84	6.37

---

34) 『한국경제신문』, 1998. 2. 20 참조.

서울	종합	-1.1	-22.7	22.2	0.0	35.0	10.7	-3.9	45.24	9.05
	아파트	-1.5	-22.4	32.5	11.9	23.4	11.5	-3.3	56.98	11.40
	연립	-1.6	-21.8	10.8	14.9	13.8	11.8	-5.9	29.52	5.90
	단독	0.5	-25.0	19.7	15.8	15.6	7.9	-3.0	33.97	6.79

자료 : 국토교통부, 통계청 통계자료 참조 및 재편집

부동산 시장도 예외는 아니었다. 'IMF'관리체제'가 시작된 1998년 한 해 동안 주택매매가격([표 6-1] 참조)은 전국 평균 전년대비 종합주택(모든 주택) 12.4%. 아파트 13.6%, 연립주택 11.7%, 단독주택 11.8% 각각 하락했다. 서울도 마찬가지였다. 종합 13.2%. 아파트 14.6%, 연립주택 11.4%, 단독주택 14.8% 각각 하락했다. 주택전세가격은 더 심각했다. 전국 평균 전년대비 종합주택(모든 주택) 18.4%. 아파트 20.2%, 연립주택 16.6, 단독주택 18.4% 각각 하락했다. 서울에서는 종합 22.7%. 아파트 22.4%, 연립주택 21.8, 단독주택 25.0% 각각 하락했다. 통계상 수치보다 현실적인 동향은 훨씬 더 심각했던 것으로 알려졌다. 1년 동안에 나타난 이 정도의 하락 폭은 과거에는 경험하지 못했던 결과다.

[그림 6-1] 주택 매매가격 동향

(전국)

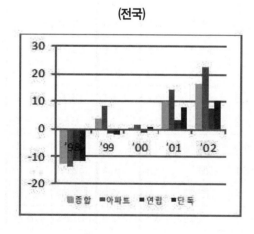

(서울)

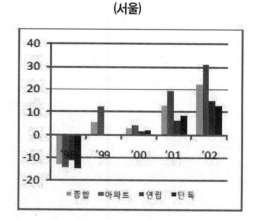

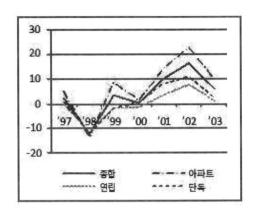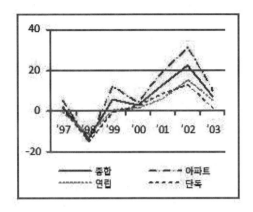

[그림 6-2] 주택 전세가격 동향

(전국)   (서울)

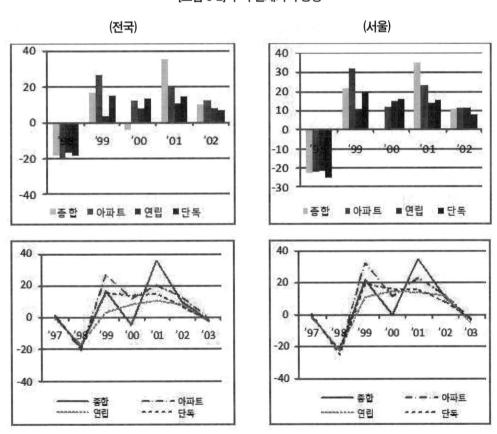

때문에 부동산 시장은 일대 혼란이 벌어졌다. 집 있는 사람은 어디까지 떨어질지 몰라 불안

해했다. 매물이 쏟아졌지만 거래는 중단되었다(물론 그 당시에도 매매는 있었다). 심리적 불안감은 더 큰 혼란을 가져왔다. 특히 전세입자들의 전세금 분쟁이 쏟아졌다. 떨어지는 전세금 때문에 되돌려 받으려는 임차인과 임대인의 분쟁은 물론, 계약이 끝나지도 않았는데 더 낮은 전세로 이사 가기 위한 전세 계약 해지도 늘어났다. 임대인은 집값은 떨어져 매매는 안 되고 금융권에서 대출도 어렵고 전세가격은 떨어져 전세금은 돌려줘야 하는 등 2중, 3중의 어려움을 겪게 되었다. 역사적으로 우리나라 부동산 시장은 한 번도 경험하지 못한 환경 하에서 국민들은 불안하기만 했던 환경이었다.

2. 돌파구는 '건설 산업 활성화'

김대중대통령은 '국민의 정부'라는 이름으로 출범했다. 1998년 2월 25일 취임하여 2003년 2월 24일 퇴임했다. 집권 5년 동안 업적도 많고 비판도 많았던 대통령이었다. 그 평가가 어찌 되었든 대한민국 최초의 노벨평화상을 수상한 대통령이다. 다른 정치적 배경은 차치하고 부동산 시장과 부동산정책만을 두고 평가할 때 역대 대통령 중에서 부동산 시장의 자율성을 가장 강하게 추진했던 대통령이다. 부동산 시장에 대한 전면적인 '규제완화'를 펼쳤다. 이는 '신자유주[35] 경제적 이념에 가깝다고 할 수 있다. 이의 배경에는 김대중대통령과 '국민의 정부'의 경제적 철학에도 기반을 두고 있겠지만 그보다 더 결정적으로 작용한 것은 IMF의 요구사항도 한몫했다. 시장개방, 규제완화 등 당시 미국의 경제체제가 신자유주의를 이면적 배경으로 하고 있었기 때문이다.

김대중대통령은 취임하자마자 '건설부동산활성화대책(1998년 3월 17일)'을 발표한다. 그런데 그 내용이 파격적이었다. 주요내용을 보면 양도소득세 한시적 폐지, 분양가 전면 자율화, 전매허용, 허가 · 신고제 폐지, 택지소유상한제 폐지, 재당첨제한기간 폐지(민영), 무주택 우선

---

35) 신자유주의(Neoliberalism , 新自由主義) : 국가권력의 시장개입을 비판하고 시장의 기능과 민간의 자유로운 활동을 중시하는 이론. 1970년대부터 케인스 이론을 도입한 수정자본주의의 실패를 지적하고 경제적 자유방임주의를 주장하면서 본격적으로 대두되었다.

공급제 폐지 등이었다. 열거된 제목만 보고도 무엇을 지향하고 있는지 쉽게 짐작이 갈 것이다. 한마디로 요약하면 규제완화 수준이 아니라 허용, 폐지 등 규제를 아예 없애는 것이었다. 이 또한 역대 정권에서 볼 수 없는 파격적인 것들이었다(역대 정권에서는 부분적인 수준이었다).

이것으로 끝나는 게 아니었다. '국민의 정부'는 계속해서 추가 정책을 발표하였다. '주택경기 활성화 대책(1998년 5월 22일, 3월 17일 대책 반영 및 확대)', '주택경기 활성화 대책 자금지원방안(1998년 6월 22일, 중도금 대출 및 재개발 자금지원)', '건설산업 활성화 대책(1998년 9월 25일, 양도세율을 10%로 낮추고, 중도금 추가 지원, 민영주택분양가 자율화)', '건설 및 부동산 활성화 대책(1998년 12월 12일, 준농림지 토지이용 규제 대폭 완화, 분양가자율화 및 양도소득세 비과세규정 추가 완화, 토지초과이득세 폐지, 택지상한제 폐지, 토지거래신고제 및 유휴제 폐지 등)' 등 완화, 폐지, 지원 등의 정책을 1998년 한 해 동안 여러 차례 발표하였다.

1998년은 집권 1년 차에 해당하는 해였다. 초기부터 파격적으로 부동산 규제와 관련된 제도의 폐지, 완화, 지원 정책을 쏟아냈다. 내용을 요약하면 1) 양도소득세 폐지 또는 대폭 감면, 2) 분양가 자율화, 3) 청약자격 제한 폐지, 4) 전매허용, 5) 자금지원 등이다. 이 중 한 가지만으로도 부동산 시장을 흔들 수 있는 요소인데 한꺼번에 쏟아낸 것으로 보면 단순히 시장 활성화만을 목표로 한 것이 아니라고 본다. 근본적인 경제철학과도 관련이 있다고 본다. 또한 집권초기에 파격적인 정책을 쏟아낸 점은 노무현대통령의 초기정책의 패턴과 분명 다른 점이다.

김대중대통령의 정책은 한마디로 시장 기능에 맡길 테니 자율적으로 알아서 하라는 식이다. 더구나 자금지원까지 하겠다는 것이다. 이 내용을 그대로 시뮬레이션 해보면, 주택을 분양받거나 매매할 때 특별한 자격제한을 두지 않는다. 바로 전매해도 괜찮다. 차익이 생겨도 세금은 물리지 않겠다. 필요하면 자금도 지원하겠다는 것이다. 더구나 분양가를 자율화했으니 공급가격은 오를 일만 남았다고 보면 되는 것이다. 이런 상황에서 부동산에 관심을 갖지 않으면 진정으로 부동산에 관심이 없거나 부동산을 전혀 모르는 경우이다. 이 정도면 왕초보도 투자하고 싶은 욕구가 마구마구 쏟아질 것이다.

김대중대통령은 이러한 정책의 근본적인 명분으로 '건설경기 활성화'를 들었다. '건설경기

활성화 = 부동산 시장 활성화'라는 공식을 명분화한 것이다. 부동산은 전형적인 내수경기이다. 건설경기도 내수경기이다. 부동산은 건설경기의 뿌리이다. 때문에 부동산이 건설경기의 뿌리이며 내수경기의 뿌리인 것이다. 이를 볼 때 결과적으로 김대중대통령의 경제적 방향은 내수경기활성화에 있었던 것이다. '내수경기활성화 → 소비증가 → 생산증가 → 고용증가 → 소득증가 → 소비증가'라는 경기순환곡선을 전략적으로 정책목표화한 것으로 볼 수 있다. 이 점에서 경기활성화를 수출중심에서 먼저 찾은 이명박대통령과 비교되는 대목이다. 특히 내수경기활성화를 통한 고용창출을 정책의 우선 목표로 추진하였다고 볼 수 있다. 왜냐하면 건설산업이 다른 산업에 비해 내수효과가 빠르고 확실하게 나타날 뿐만 아니라 고용효과도 크고 빠르기 때문이다.

따라서 '부동산 시장 활성화 → 건설시장 활성화 → 건설 산업 전후방 산업의 활성화 → 모든 산업으로 확대'라는 순환곡선을 그렸을 것으로 추측해 본다. 어쨌든 그 뿌리를 부동산에 두었다는 사실이 중요하다. 부동산 경기를 통하여 국민경제를 활성화하고 IMF의 졸업을 시도한 것이다. 그래서 집권 초기부터 강하고 파격적으로 정책을 쏟아냈다고 볼 수 있겠다.

이에 대한 평가, 성공과 실패를 논하는 것은 역사적으로 평가될 일이지만 확실한 것은 그 효과가 바로 나타나기 시작했다는 사실이다. 집권 2년 차인 1999년의 부동산 시장 동향을 보면 주택매매가격 및 주택전세가격이 오르기 시작한 것이다. 그 상승률이 크지는 않지만 일단 시장에서 반응이 나타났다는 점이 중요하다 할 것이다.

문제는 이러한 정책이 다음 정권에서는 곧바로 부담된다는 점이다. 다음 정권에서까지 유지될 수 있기에는 너무나 그 성격과 색깔이 분명했다는 점이다. 노무현대통령이 부동산 시장을 강하게 규제하게 된 근본적이 이유도 여기서 출발한 것이고 재임당시에 결국은 부동산가격을 잡지 못한 이유 중에 하나도 여기에 있었다는 것을 노무현대통령의 정책과 김대중대통령의 정책을 비교해 보면 쉽게 알 수 있다고 할 것이다. 가장 큰 문제는 '하우스푸어'의 뿌리가 김대중대통령의 정책에서 출발한다는 점도 일부 시각임을 지적하지 않을 수 없다.

3. 전세가격의 반등과 서민주거안정대책

김대중대통령은 집권 2년 차(1999년)에도 시장활성화를 기본으로 한 부동산정책을 쏟아낸다. 재건축대책, 서민주거안정대책, 주택건설촉진대책 등이 주요 골자이다. 재건축 가구당 2,000만 원을 지원하는 내용의 '주택경기활성화조치(1999년 3월 22일)', '서민주거안정대책(1999년 5월 31일, 소형주택건설자금지원, 중도금대출 금리인하)', '중산층 및 서민 주거안정대책(1999년 8월 20일, 근로자주택자금지원한도 상향)', '주택건설촉진대책(1999년 10월 7일, 청약자격완화, 양도세감면 등)' 등 다양한 정책을 쏟아냈다.

집권 2년 차에 쏟아진 정책들의 특징은 서민주거안정대책 즉, 임대정책에 관한 내용이 많았다. 서민주거안정대책의 방향은 내 집 마련을 지원하는 것이 주요 골자이다. '소형주택공급 및 수요확대(1999년 5월 31일, 금리인하 및 주택기금 지원)', '매년 임대주택 10만 호 건설(1999년 8월 20일)', '서민 내 집 마련 기회 확대(2000년 1월 10일, 자금지원 및 대출금리 인하)', '서민주거안정대책(2001년 1월 27일)', '서민주거안정을 위한 전·월세 종합대책(2001년 3월 16일, 임대사업자 세제, 금융 지원)', '전·월세안정화 대책(2001년 7월 26일)', '서민주거생활안정화 대책(2001년 9월 14일, 국민임대주택 공급확대)', '서민주거안정대책(2002년 5월 20일, 전세자금지원확대, 국민임대주택공급확대)' 등 여러 차례 서민주거대책을 발표하였다. 정책의 제목을 보면 '서민주거안정'이라는 주제가 확연이 많았음을 알 수 있다.

서민주거대책의 핵심은 세 가지다. 하나는 내 집 마련을 지원하는 것이고 또 하나는 임대주택의 공급을 확대하는 것이다. 그리고 다른 하나는 이를 위해 서민에게 자금을 지원하는 것이다. 김대중대통령은 임기 중반에 이 세 가지를 집중적으로 펼친다. 그 이유는 임기 중반에 주택전세가격이 급등했기 때문이다.

1999년도 전세가격의 상승률을 보면([표 6-1] 참조) 1998년 IMF로 인해 하락했던 수준 이상으로 반등한 것을 알 수 있다. 시장의 자율성(규제완화 또는 폐지)을 보장하고 제도, 자금 등을 지원함으로써 수요를 늘리고 시장을 활성화하려는 노력이 서민들의 생활에 직결되는 전세시장에서 나타난 것은 일종의 예외였다고 할 것이다. 이는 '국민의 정부'의 정책의 방향과 목표와 상반되는 현상이다.

이 현상은 김대중대통령의 집권 후반기까지 계속 이어진다. 임기 내내 주택전세가격의 급등에 따른 후유증이 부동산 시장의 중심문제로 대두되었다. 집권 5년 동안 주택전세가격의 누적 상승률을 보면 전국 평균 아파트 기준 50.88%이다. 즉 연평균 10%씩 상승했다는 의미이다. 전세가격이 연평균 10% 상승했다면 당시의 연평균 물가상승률이 3.5% 수준이었으므로 얼마나 높게 상승했는지 알 수 있다.

이 같은 현상은 IMF로 인해 야기된 '전세지 이탈[36]' 현상이 원래의 모습으로 돌아가는 과정에서 나타나는 현상이라 할 수 있다. 내린 만큼 오른다. 그런데 실제로는 더 오르게 된다. 전세는 우리나라의 대표적인 임대 형태이다. 그리고 수요대비 주택공급이 부족한 실정이다 보니 전세수요가 항상 많은 형편이다. 때문에 언제든지 전세가격은 오를 가능성이 있다고 할 것이다. 정부가 주택경기를 부추기자 먼저 반응을 보인 것은 전세가격이었다.

전세가격상승률은 주택매매가격 상승률(연평균 6.7%)보다 더 높게 나타났다. 따라서 서민주거문제가 심각히 대두되기 시작하였다. 부동산 시장 활성화라는 목표가 오히려 전세가격의 급등으로 연결됨으로서 정책의 수정이 필요하게 되었다. 이는 집권 후반기의 부동산정책이 집권초기에 비해 급변하는 계기가 된다. 예기치 않는 전세가격의 급등으로 전반적인 방향 수정이 불가피해진 것이다. 한편에서는 부동산 시장 활성화를 계속 추진하고 다른 한편에서는 서민주거안정대책을 동시에 추진하여야 했다. 이 두 가지의 정책이 하나의 공통점을 찾을 수 있는 정책은 무주택 서민들이 자가 주택을 마련하는 것이다. 그래서 서민들의 내 집 마련을 위한 정책들에 집중되는 현상이 나타나게 되었다.

4. 주택 매매가격의 급등과 정책 효과

2002년은 김대중대통령의 임기 마지막 해가 된다. 경제정상화 및 건설, 부동산 시장 활성화

---

36) 전세금이 떨어지자 기존 전세에서 더 낮은 전세로 이동하기 위해 계약을 해지하는 것

등 취임 초에 추진했던 정책들이 결실을 맺어야 하는 시점이다. 임기 내내 전·월세 가격의 급등으로 서민 주거부담이 가중되는 등 정책적인 오류도 생겼지만 시장활성화라는 차원에서 수요확대를 지향해 왔다. 사실 초기에 발표한 정책의 내용이라면 부동산 시장은 과열이 우려되었다. 내용도 다양하면서 파격적이었으므로 시장은 곧바로 활황기에 진입할 것으로 예측되었다.

그런데 엉뚱하게 전·월세 시장이 먼저 과열되었다. 그래서 집권 중반기는 서민주거대책의 비중이 높아졌다고 할 것이다. 그런데 집권 후반기가 되면서 주택매매가격이 오르기 시작했다. 2001년부터 상승하기 시작하여 2002년도에는 서울의 아파트 가격이 33.8%가 상승([표 6-1] 참조)하였다. 주택매매시장이 과열되기 시작한 것이다. 정부는 시장활성화가 아니라 과열된 시장을 진화하는 게 더 급한 상황이 되었다. 전세가격은 오히려 상승 기세가 둔화되었다.

따라서 '국민의 정부'는 2002년, 그러니까 집권 마지막 해에 '부동산 시장 안정화'로 목표 수정을 하게 되었다. 급속히 과열되는 추세를 막아야만 했다. 그래서 마지막 해의 부동산정책은 대부분 안정화 대책이 주류를 이룬다. 2002년이 시작되자마자 주택시장 안정화 대책(1월 8일, 투기자 세무조사 등)을 발표하였다. 투기과열지구 분양권 전매제도 강화(3월 6일), 재건축 기준 강화, 재건축 아파트 자금출처 조사, 양도세 감면 축소(8월 9일), 투기지역 양도세 실거래과세, 고가주택개념 도입, 전매제한, 1순위제도 변경(10월 11일) 등 한결같이 제한, 규제 정책들을 발표하게 된다. 시장활성화를 넘어 시장과열화로 진행되는 과정이 순간적이다 보니 정책 방향을 급선회하여야만 되었다.

그러나 급격히 과열되기 시작한 부동산 시장은 좀처럼 안정되지 않았다. 수차례 강력한 규제정책을 발표하는 데도 시장은 더욱 과열되기 시작했다. 김대중대통령 재임 5년 동안 누적된 주택매매가격 상승률을 보면 서울지역 아파트 평균 상승률이 52.12%이다(연평균 10.42%, 표 5-1 참조). 이 상승률은 재임 후반기로 갈수록 높아진다는 특징이 나타난다. 2001년도 19.4%, 2002년도 30.8%로 높아진다. 단기적으로 가격이 급등한 것이므로 시장의 정상화라기보다는 과열화라 할 것이다. 결과적으로 김대중대통령의 부동산정책은 시장의 과열화로 막을 내리게 된다. 그리고 그 과열화는 후임 노무현대통령 시대로 이월되는 상황이 된 것이다. 따라서 이를 이어 받은 노무현대통령은 임기 시작부터 강한 규제정책을 내놓게 된 것이다.

어찌되었던 김대중대통령의 부동산정책은 주택가격의 급등이라는 결과를 가져왔다. 공식적으로 연간 30% 이상(2002년 기준)의 가격상승은 대통령뿐만 아니라 정책입안자나 국민 모두 당황스러운 결과였다. 그리고 그렇게 집권 말기에 과열되니까 정책적으로 대응할 시간적 여유가 없게 된다. 임기말기의 과열상황은 임기 중에 쉽게 잡을 수 없는 한계가 된 것으로 이해할 수 있을 것이다.

이를 보면 부동산 시장의 몇 가지 중요한 특징을 찾을 수 있다. 첫째는 부동산정책 효과가 나타나는 시점이다. 김대중대통령은 초기에 파격적인 규제완화 정책을 펼쳤는데 그 결과가 후반기에 나타났다는 것이다. 따라서 부동산정책이 시장에서 자리를 잡는 시기는 발표 후 최소 1년 이상의 시간이 필요하며 5년 이상 걸릴 수도 있다는 사실이다. 그렇다면 집권 말기에 발표한 정책은 그 정권에서 효과가 나타나지 않고(시간적 한계성) 다음 정권에서 그 효과가 나타나 결과적으로 다음 정권에 그 효과를 넘기는 결과가 된다 할 것이다.

또 하나는 시장이 과열되는 순서이다. 일단 전·월세 시장부터 과열되고 그 다음에 매매시장으로 확대된다는 사실이다. 특히 전·월세 시장이 1년~3년 정도 먼저 과열됨을 알 수 있다. 그리고 매매시장으로 옮겨 간다는 사실이다. 매매시장으로 옮겨가면 전·월세시장은 다시 안정화되는 것으로 나타난다.

이러한 기준으로 보면 부동산 시장의 일정한 흐름을 읽을 수 있다. 우선 부동산 시장이 침체되면 규제완화를 통해 시장 활성화 정책을 펼친다. 그러면 약 1년~3년 정도부터 전·월세 시장에서 과열되기 시작한다. 전·월세 시장이 과열되어 1년~3년이 지나면 매매시장으로 이동하여 매매시장이 과열된다. 이를 공식화해 보면 매매가격이 내리거나 안정화되어 있으면 전·월세 가격이 오르고 전·월세 가격이 오르면 이어서 매매가격이 오른다. 다시 매매가격이 오르면 전·월세 가격은 안정된다. 그 기간은 약 1년~3년의 간격을 두고 진행된다. 이런 공식이 나타남을 알 수 있다.

그렇게 되면 부동산정책의 집행과 그 효과는 어떤 경우는 재임기간 중에 나타나지만 어떤 경우는 나타나지 않을 수 있다는 것을 알 수 있다. 또한 어떤 경우는 그 효과가 정상적으로 나타나지만 어떤 경우는 비정상적으로 나타나서 오히려 역효과를 가져온다는 것을 이해할 수 있을 것이다.

더구나 역효과가 필연적으로 뒤따르게 되는 것 같다. 왜냐하면 시대와 환경이 변하기 때문이다. 부동산 경기가 호황기와 침체기를 순환하기 때문이다. 그래서 정책은 고정적일 수가 없다. 경기상황에 따라 방향이 다를 수 있기 때문이다. 그래서 대통령 재임기간에 집행한 정책의 효과가 다음 정권에서 나타난다면 때론 역효과로서 작용될 가능성이 높다. 그렇다면 그 정책은 다시 바뀌어야 하고 바뀐 정책의 효과도 다음 정권에서 역효과로 작용되면, 그렇게 반복되면 정책은 거짓말쟁이가 되는 것이다. 때문에 정부가 발표하는 정책에 대해 불신하는 경우가 많아지고 정책의 신뢰가 약해지는 것이다. 그렇게 오랜 역사를 갖게 된 것이 우리나라 부동산 시장이며 부동산정책이었던 것이다.

5. 분양가 자율화

김대중대통령의 부동산정책은 한마디로 경제회복을 통한 IMF관리체제 조기졸업의 토대이다. 즉 부동산 경기 활성화를 통해 경제 활성화를 도모하는 것이라고 할 것이다. 시장개방, 규제완화, 구조조정 등 IMF의 요구사항도 반영되었다고 할 수 있다. 여기에 신자유주의[37] 경제철학도 포함되었다고 볼 수 있다. 이러한 배경에서 출발하였기 때문에 규제완화의 폭이 역대 정권에서는 볼 수 없는 파격적(?)이었던 것이라 할 수 있다. 특히 정권 출범 당시의 경제상황에서는 파격적인 충격이 있어야만 회복이 가능했을 것이다. 'IMF관리체제'라는 외부충격이 그만큼 컸기 때문이다.

'분양가자율화'는 파격적인 정책 중 가장 대표적인 정책이다. 이유인 즉, 역대 대통령 정책 중 단 한 번 있었던 정책(전두환대통령, 1981년 6월~1982년 12월)이었을 뿐만 아니라 '분양가자율화'

---

37)　국가권력의 시장개입을 비판하고 시장의 기능과 민간의 자유로운 활동을 중시하는 이론. 1970년대부터 케인스 이론을 도입한 수정자본주의의 실패를 지적하고 경제적 자유방임주의를 주장하면서 본격적으로 대두되었다. 신자유주의는 자유시장과 규제완화, 재산권을 중시한다. 곧 신자유주의론자들은 국가권력의 시장개입을 완전히 부정하지는 않지만 국가권력의 시장개입은 경제의 효율성과 형평성을 오히려 악화시킨다고 주장한다.

가 부동산 가격변동에 미치는 영향이 무척 크기 때문이다. 분양가자율화는 신규분양아파트의 가격을 제한없이 공급자 자율에 맡기는 것을 말한다.

주택가격은 1) 수요·공급에 의한 결정(시장가격, 균형가격), 2) 정부 가격 통제정책에 의한 결정, 3) 비용에 의한 결정 등 세 가지 형태로 이루어진다.

시장가격이란 수요공급에 의해 결정되는 가격을 말한다. 자유경제체제에서는 시장의 기능이 자유롭게 이루어지는 체제를 말한다. 여기서 말하는 시장의 기능이란 합리적 분배와 균형가격의 결정이다. 즉 수요와 공급이 균형을 이루는 곳에서 가격이 정해지는 것이다. 일반적으로 모든 재화는 시장가격으로 가격이 결정되는 것이 경제이론의 상식이다. '주택 분양가 자율화'는 이와 같이 시장에서 수요공급에 의해 결정되어지는 것을 말한다.

비용의 의한 결정가격은 "투입비용+일정한 이익"의 공식으로 최소 투입비 이상의 가격을 정하는 방법이다. 이는 공급자입장에서 정하는 가격이다.

정부통제가격[38]은 최고 가격과 최저 가격이 있다. 최고 가격이란 정부의 명령에 의해서 정해진 재화 및 용역의 가격의 상한을 말한다. 최고 가격제는 보통 전시에 있어서의 생계비상승의 억제를 목적으로 하는 가격통제의 일환으로 실시되는데, 나라에 따라서는 평시에 있어서도 인플레 압력이 강한 경우 이를 실시하는 사례가 있다. 우리나라도 이런 경우에 속하는데 재화의 가격, 공공요금 등을 일반적으로 어느 일정기간의 최고 수준선으로 묶어 놓는다. 최고 가격을 넘은 가격으로의 거래는 그 필연성이 입증되지 않는 한 정부조치 등에 의해서 금지된다. 그런데 최고 가격제가 실시될 경우, 최고 가격이 정해진 재화에 대한 초과수요가 해소되지 않으면 그 결과 암시장이 생기고 이 암시장에서 거래되는 그 재화의 가격은 최고 가격보다 높게 된다. 이때 최고 가격제는 소기의 효과를 거두지 못하게 된다. 그리고 최저 가격이란 공급 과잉에 대비하거나 생산자 간의 과도한 경쟁을 방지하여 생산자를 보호하기 위해 농산물 시장이나 노동 시장 등에서 시행되는 가격 정책이다. 정부가 농가 소득을 높이기 위해 농산물 가격 지지 정책에 의해 최저 농산물 가격을 설정하거나, 최저 가격제의 일종이라고 할 수 있

---

38) 정부통제가격 : 정부의 통제 하에 형성되는 재화나 서비스의 가격을 말한다. 이는 기업의 독점에 의한 폐단을 막는 역할을 한다. 즉, 독점가격의 발생을 차단함으로써 수요자의 후생을 향상시킨다. 또한 인플레이션의 상황에서 물가상승을 억제하며 가격변동이 심한 농산물의 통제가격은 생산자와 소비자 모두를 보호하는 기능을 수행한다. 통제가격의 예로는 주요품목의 고시가격과 공공요금 등이 있다.

는 최저 임금제를 실시하는 경우가 이에 해당 한다.

이 세 가지 방법 중 우리나라에서 택한 주택분양가격제도는 최고가격제와 '비용+이익'의 혼합형이다. 대표적인 것이 '원가연동제'와 '채권입찰제'가 있다. 연가연동제란 아파트의 분양가격을 택지비와 건축비 등 원가에 연동시켜 책정하는 제도이다. 아파트 분양 가격의 지속적인 상승 억제, 분양가 정책의 투명성 확보, 건설업체의 불법 비자금 조성 방지, 무주택 서민을 위한 주택공급 기회 확대 등을 목적으로 도입되었다. 그리고 채권입찰제란 민영 아파트를 분양받을 때 분양예정가격이 인근 아파트 가격과의 차이가 30% 이상 발생할 경우 이 차액을 채권으로 흡수하는 제도이다. 채권 입찰제는 아파트 당첨자가 분양가격과 기존 시세 사이에 발생하는 차익을 채권으로 미리 회수, 아파트 투기를 막고 소형 국민주택을 건설하는 자금으로 활용키 위해 1983년 5월 1일부로 시행됐다. 이 제도는 아파트 투기 방지 등 순기능과 함께 아파트 분양가격을 상승시키는 부작용을 동시에 안고 있다.

원가연동제와 채권입찰제가 도입, 시행된 배경은 두 가지다. 하나는 수요 대비 공급 부족 때문이다. 두 번째는 수급불균형에서 오는 투기화와 불로소득의 문제이다. 그리고 세 번째는 본질적으로 주택을 공적 개념으로 접근한 것이다. 정리하면 주택은 공공성을 띤 사유재이며 수급불균형 때문에 투기화되고 불로소득이 발생함으로써 빈부의 격차를 높이는 성격 때문에 애초부터 정부통제가격 제도를 시행하게 되는 것이다. 이는 장점도 많고 단점도 많다. 특히 암시장이 형성되어 미등기 전매가 성행되기도 하기 때문에 전매불허제도가 동시에 시행된다. 또한 공급이 둔화되어 수급불균형이 확대되는 단점도 있다.

주택가격을 정부가 간섭하지 않고 시장가격으로 맡겨두면 수급이 균형을 이룰 때까지 가격은 급등하게 된다. 주택수급을 대표하는 통계가 주택보급률[39]이다(우리나라 주택보급률은 적용 기준이 2005년부터 바뀐다). 김대중대통령의 재임 중 주택 보급률을 보면 수요에 비해 공급이 부족한 실정([표 6-1] 참조)이며 특히 서울 및 수도권은 턱없이 부족한 실정이다. 공급부족인 상태에서 분양가자율화를 하면 분양가격은 기존 아파트 가격을 추월할 가능성이 높아진다. 더구나

---

39) 주택보급률은 보통가구수에 대한 주택수의 백분율(주택수/보통가구수×100)로 정의 - 보통가구수 : 일반가구수에서 비혈연가구와 1인가구를 제외한 가구수로 정의 - 주택수 : 인구주택총조사결과를 기준으로 빈집을 포함하여 산정(다가구주택은 1호로 계산).주택보급률은 특정국가 또는 특정지역에 있어서 주택재고가 그곳에 거주하고 있는 가구들의 수에 비하여 얼마나 부족한지 또는 여유가 있는지를 총괄적으로 보여주는 양적지표

기존 아파트와 차별화를 위해 '마감재 경쟁'이 붙게 되어 분양가는 더욱 올라가게 된다. 분양가가 올라가면 기존 아파트 가격도 덩달아 올라가면서 투기가 성행하게 되고 가격은 거품가격으로 바뀌게 된다. 과열시장은 이렇게 나타나게 된다.

[표 6-2] 김대중대통령 재임 중 주택보급률

구분	'95	'00	'01	'02	'03	'04
전국	86.0	96.2	98.3	100.6	101.2	102.2
서울	68.0	77.4	79.7	82.4	86.3	89.2
수도권	76.7	86.1	88.6	91.6	92.8	93.9

* 인구주택총조사가 이루어지지 않는 연도의 주택보급률은 추정치
* 자료 : 국토교통부 주택토지실 주택정책관 주택정책과

이런 이유로 분양가 자율화는 어느 정권에서도 시행하지 않았던 정책이다. 그런데 김대중 대통령의 부동산정책의 제1호가 분양가 자율화였던 것이다. 실제 김대중대통령의 재임 이전인 김영삼대통령의 재임 당시의 분양가는 평균 500만 원 대였는데 김대중대통령 재임초기에는 분양가가 평균 1,000만 원을 넘었으며 이후로 평당 2,000만 원대를 넘어서게 된다. 짧은 기간에 분양가가 천정부지로 치솟았고 이는 곧 거품가격으로 돌변했으며 노무현대통령이 시행한 분양가상한제의 근원이 되었다.

한편 분양가자율화는 김대중대통령의 취임 초에 시행하여 노무현대통령의 퇴임 직전인 2007년까지 계속된다. 그 사이 서울 지역의 분양가는 평당 4,000만 원대까지 확대된다. 10년 사이에 약 8배까지 상승한 것이다. 이렇게 상승한 분양가는 결과적으로 몇 가지 부작용을 남긴 채 2007년 분양가 상한제 도입으로 막을 내린다. 첫 번째는 부동산시장을 과열화시키는데 1등 공신이었다는 점이다. 두 번째는 과열화를 선도했다는 점이며 세 번째는 거품가격 형성의 주범이었으며, 네 번째는 미분양아파트를 양산하는 원인이 되었으며 다섯째, 거품가격이 꺼질 때까지 분양가격의 거품 논란을 가져왔고 거품가격이 꺼질 때까지 할인분양을 해야 하는 이유가 되었다. 그리고 최대의 부작용은 마지막 분양가자율화 시점(2006년~2008년)에서

분양 받는 경우 대부분 가격하락, 미입주, 입주민원, 하우스푸어 등의 원인이 되어 있다는 점이다.

6. 전매제한제도 폐지

또 하나 파격적인 정책으로 전매제한제도의 폐지를 들 수 있다. 전매제한제도는 원가연동제와 더불어 부동산정책의 핵심이다. 전매제한제도란 새로 분양되는 주택에 당첨된 뒤 일정기간 동안 사고팔지 못하도록 하는 조치를 말한다. 이때 당첨된 주택(아파트)의 소유권은 최초 당첨자가 등기를 하게 된다. 다만 소유권 등기 이전에 제3자와 매매계약을 체결하고 나중에 아파트가 완공돼 소유권을 당첨자로 등기한 뒤 다시 당초의 매입자로 이전하는 형식을 빌리게 된다. 다시 말해 당첨권(분양권)에 대한 거래가 자유화되는 것이다. 물론 분양권 전매에 대한 제한 폐지는 미등기 전매와는 전혀 다르다. 미등기 전매는 부동산을 등기를 하지 않은 상태에서 다른 사람에게 되파는 행위를 말하며 법률용어로는 '중간생략 등기'라고 한다. 이렇게 되면 중간거래자는 전혀 표면에 나타나지 않은 상황에서 세금도 내지 않고 차익을 누리게 된다. 미등기 전매는 부동산의 세금회피 방법으로 사용되고 있기 때문에 근본적으로 허용되지 않았다.

전매제한제도는 원가연동제(최고가격제) 도입 시 암시장이 나타나게 되는 것을 방지하는 방법 중 하나이다. 이런 의미에서 원가연동제와 전매제한제도는 보완관계에서 존재한다고도 할 수 있는 것이다. 그런데 전매제한제도는 부동산시장에서 중요한 역할을 한다. 특히 거래활성화에 대단히 중요한 요소이다. 이를 설명하기 위해서 투자3분법의 해설이 필요할 것 같다.

투자3분법이란 전형적인 분산투자의 형태이다. 일종의 투자 포트폴리오[40]의 형태이다. 투자대상을 유가증권, 부동산, 금융상품 등에 나누어 투자하는 것을 말한다. 3분법이란 부동산,

---

40) 포트폴리오(portfolio)란 원래는 서류가방 또는 자료 수집철이란 뜻이나 투자론에서는 하나의 자산에 투자하지 않고 주식, 채권, 부동산 등 둘 이상의 자산에 분산 투자할 경우 그 투자대상을 총칭하는 것으로 경제주체가 보유하고 있는 금융자산 등 각종 자산들의 구성을 의미한다.

유가증권, 금융상품에 분산투자하는 것이다. 이렇게 3가지 유형으로 분산하는 이유는 이들 3가지 유형의 투자대상이 각각 다른 수익과 위험요소를 가지고 있기 때문이다.

일반적으로 투자를 결정할 때는 수익성, 환금성, 안정성이라는 3가지 요소를 기준으로 결정한다. 수익성이란 장래에 자산으로부터 얻을 수 있는 자본 이득(capital gain)과 소득이득(income gain, 이자, 임대료, 지대 등)을 포함한 투자대비 수익의 비율을 말한다. 그리고 안정성이란 위험도가 낮은 상태를 말하며 환금성이란 투자자산을 현금화하는데 걸리는 시간을 말한다. 일반적으로 현금화가 가능한 정도가 빠르면 빠를수록 '환금성이 좋다'라고 한다.

이렇게 투자 3분(유가증권, 부동산, 예금에의 투자방법 및 기준)의 기준은 수익성, 안정성, 환금성으로 평가한다. 그런데 이들 3가지 대상을 각각 상대적으로 비교하면 한가지 특징을 발견할 수 있다. 유가증권은 수익성과 환금성이 높은 반면 안정성이 낮은 편이고, 부동산은 수익성과 안정성이 높은 반면 환금성이 낮은 편이고 예금은 안정성과 환금성이 높은 반면 수익성이 낮은 편이다.

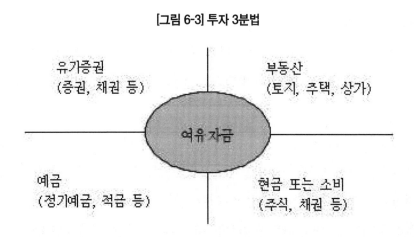

[그림 6-3] 투자 3분법

투자자들의 입장에서는 어느 한 곳으로 여유자금을 모두 투자하게 되면 투자 조건 3가지 중 1가지는 상대적인 위험을 가지고 갈 수밖에 없다. 따라서 이 같은 위험을 분산하기 위해서 투자 대상을 골고루 분산하려는 의도를 갖게 되는 것이다. 이렇게 3가지 일반적인 투자 대상에의 분산 방법을 '투자 3분법'이라 한다. 투자 3분법은 분산투자를 기본으로 한다. 분산투자를 하게 되면 수익성, 환금성, 안정성을 상호보완적으로 보충할 수 있기 때문에 위험분산의 효과를 얻게 된다.

부동산은 다른 투자 대상에 비해 환금성이 가장 낮다. 그래서 한 번 투자하면 장기투자가 된다. 부동산은 통상 투자금액이 고액이다. 고액의 자금이 장기간 묶이게 되면 유동성문제를 갖게 된다. 때문에 부동산에 투자하는 투자자들은 유동성을 요구하는 자금(특히 단기대출)으로 투자를 하게 되면 언젠가 자금난(?)을 겪게 된다. 그래서 부동산 가격이 대출규모를 상회하거나 대출이자를 상쇄할 수 있는 경우가 아니고서는 과잉대출을 끼고 부동산에 투자하는 것은 위험해지는 것이다. 그런데 유동성의 문제만 해결된다면 다른 투자 대상에 비해 수익성, 안정성이 높은 편이므로 최고의 투자 대상이 되는 것이다. 부동산에서의 유동성과 가장 관련 있는 제도가 바로 전매제도인 것이다.

따라서 정상적인 부동산시장에서 전매제한제도가 시행되고 있는 것이다. 다만 그 강도를 다르게 적용하여 탄력적으로 시장환경에 대응하는 것이다. 경기가 호황기이면 전매제한의 대상과 범위를 확대하고 불황기이면 전매제한의 대상과 범위를 축소하는 것이다. 이러한 방법으로 부동산 경기를 조절하여 온 것이 일반적인 방법이었다. 그런데 김대중대통령의 부동산정책은 이를 완전히 폐지함으로서 전매를 허용한 것이다. 그러므로 다른 투자대상에 비해 취약(리스크)했던 환금성이라는 요소를 확보함으로서 최상의 투자대상이 된 것이다. 그렇다면 시장의 분위기는 어떻게 되겠는가. 부동산으로 투자가 쏠리는 것은 당연해지는 것이다. 다른 대상의 환경이 변화하지 않는다면 3분적 투자 대신 부동산으로 집중이 커지는 것이다. 따라서 전매제한제도의 폐지는 부동산에의 투자가 집중되는 현상으로 나타나 부동산 시장이 투기화되고 과열되는 것이다.

여기에 분양가자율화의 시행으로 인하여 가격상승의 환경을 조성되어 있기 때문에 부동산 시장이 과열될 소지가 충분했던 것이다. 이렇게 되어 부동산 시장은 '분양가 상승(분양가자율화) → 분양경쟁률 상승(매점매석 = 가격 상승 기대로 인한 투기수요 증가) → 가격 상승 → 전매 → 전매차익 → 분양가 상승(분양가자율화) → 분양경쟁률 상승(매점매석 = 가격 상승 기대로 인한 투기수요

증가) → 가격 상승 → 전매' 등의 순환과정을 나타내면서 급격히 과열화되기 시작하는 것이다. 시중의 유동 자금이 부동산으로 쏠리고 추가자금(대출)도 부동산으로 이동하게 되면서 경제는 동맥경화에 걸리게 된다. 그래서 분양가자율화와 전매제한제도의 폐지는 부동산 시장의 활성화를 통한 경제회복이라는 커다란 그림이 완성이 되었을지(?)라도 부동산시장 안에서는 또 다른 부작용이 이미 양산되고 있었음을 많은 시간이 지나지 않아도 터득하게 되는 것이다.

7. 청약자격제한 완화

청약자격이란 아파트 청약 자격을 말한다. 국민의 정부 이전의 주택청약제도에 의하면 주택청약저축(예금, 부금 총칭)에 가입하여 2년이 지나면 1순위, 6개월이 지나면 2순위, 그 외는 3순위 자격을 얻는다. 청약은 세대주만이 할 수 있다. 과거 당첨 경력이 있으면 영원히 2순위가 된다. 또한 일정 규모의 유주택자도 2순위가 된다. 2순위는 1순위가 청약한 후 미달인 경우에 청약할 수 있다. 이 같은 제도를 시행하는 것은 공급이 부족하여 주택청약을 통해 내 집 마련을 하려는 수요자가 많고 당첨만 되면 시세차익이 바로 보장되었던 시기였기 때문이다. 이로 인해 청약통장이 암거래되는 경우도 많았다. 자격을 취득했으나 여러 가지 이유(대부분 자금부족)로 청약하지 못하는 유자격자의 통장을 웃돈(프리미엄)을 주고 매입하여 청약하는 경우가 제법 있었다.

그런데 이 같은 자격을 김대중대통령은 파격적으로 완화한 것이다. 우선 과거 당첨 경력은 자격제한에서 폐지한다. 다시 말하면 과거에 당첨된 경력이 있는 사람이라도 관계없이 1순위 자격을 갖도록 한다는 내용이다. 1순위 대상이 그만큼 확대되는 것이다. 그보다 더 파격적인 것은 청약 자격을 과거에는 세대주에 한해서 가능했는데 이것을 1인 1자격 제도(성인)로 바꾼 것이다. 그렇게 되면 과거에는 1가구당 1개만 부여되던 청약자격이 1가구당 가구원(성인) 수만큼 청약자격이 부여되는 것이다. 예를 들면 A라는 가구에 4명의 성인이 있다고 하면 과거에는 가구주 1명만 가능했는데 이 후로는 4명 모두 청약이 가능해진 것이다.

이로 인해 발생할 수 있는 시나리오를 연출해 보면, 아파트 1채를 분양 받기 위해 A와 B의 가정이 청약 경쟁(2가정만 청약한다고 가정)을 한다고 하자. 이 가정에는 각각 4명의 성인이 있는데 청약자격제도 완화 후 모두 청약저축에 가입하여 1순위를 가지고 있다고 하자. 그렇다면 과거에는 청약경쟁률이 2:1이었다. 그런데 이 후로는 8:1의 경쟁률을 나타내게 된다. 경쟁률이 기하급수적으로 증가하게 되는 것이다. 이렇게 자격제한완화로 참여기회를 넓혔다는 장점도 있지만 경쟁을 과열시켰다는 단점도 나타났다. 경쟁률이 단순하게 과열된 것이 아니라 그 경쟁의 대부분은 허수라는 것이다. 즉 주택이 필요한 가구(하나의 가구주와 가구원은 하나의 주택)만 청약하면 되는데 그 가구원이라는 허수까지 청약에 가담함으로서 경쟁률을 허수로 부풀리게 되는 결과를 가져온 것이다.

이 제도는 1998년 12월에 시행되었다. 때문에 이때 가입한 사람들은 2000년 12월에 1순위를 취득하게 된다. 이들이 청약을 신청한다면 2001년 2월(대부분 2월부터 분양이 시작됨)부터는 청약경쟁률이 엄청나게 높아졌을 것으로 추정이 가능해진다. 실제로 2001년부터 아파트 청약경쟁률은 '700:1'이 넘는 경우도 발생했었다. 그리고 이 같은 경쟁률은 또 다른 경쟁을 부추기는 결과를 가져왔다. 경쟁이 경쟁을 낳는 것처럼 청약 경쟁률은 고공을 날게 되고 100:1의 경쟁은 경쟁도 아니었다.

또 하나 중요한 사실은 이 같은 경쟁은 분양가자율화, 전매제한폐지 등과 더불어 부동산 시장의 과열화를 부추기는 요소가 되었다는 점이다. '분양가 상승(분양가자율화) → 분양경쟁률 상승(매점매석 = 가격 상승기대로 인한 투기수요 증가) → 가격 상승 → 전매 → 전매차익 → 분양가 상승(분양가자율화) → 분양경쟁률 상승(매점매석 = 가격 상승기대로 인한 투기수요 증가) → 가격 상승 → 전매' 등의 순환과정([그림 6-4] 참조)에서 분양경쟁률 급상승(급하게 상승), 과상승(너무 과하게 상승)의 원인으로 작용하여 부동산 시장이 과열화, 거품화, 투기화로 급변하는 이유가 되었다고 할 것이다.

[표 6-1]을 참조하면 김대중대통령 재임기간 후반기인 2001년부터 부동산 시장이 급과열되는 것을 알 수 있다. 이는 이러한 이유에서 출발한 것이라고 이해할 수 있을 것이다. 한 가지 공식을 얻는다면 이러한 요소들은 시행 후 약 2년 또는 3년 이후에 그 효과가 확실하게 나타

난다는 점이다. 따라서 부동산정책의 시행 시점을 포착할 때는 이러한 요소가 시장에서 그 효과가 나타나는 시점을 사전에 충분히 이해, 검토할 필요가 있다고 할 것이다.

[그림 6-4] 부동산 경기 순환(분양권 기준)

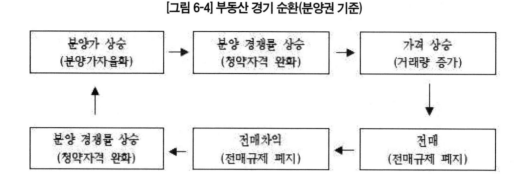

8. 조세정책 : 양도소득세, 취·등록세 감면

그동안 역대 정부는 부동산 시장의 순환(호황기~침체기)에 따라 경기조절의 수단으로 조세를 이용해 왔었다. 그 방법은 '조세 그 자체'의 조정(폐지 또는 신설), 대상조정(과세대상의 축소, 확대) 세율조정(상, 하), 과표 조정(기준) 등이 있다. 세율을 예로 들면, 시장이 과열되면 세율을 높이고 침체되면 세율을 낮춰서 경기를 부양하는 방법이다.

부동산 조세는 크게 4가지로 구분할 수 있다. 하나는 취득세이다. 부동산의 신규 취득시 부과하는 세금이다. 이에는 취득세, 상속세, 증여세, 면허세 등이 있다. 두 번째는 거래세이다. 대표적인 것이 양도소득세이다. 세 번째는 보유세이다. 종합부동산세, 재산세, 종합토지세 등이 이에 속한다. 그리고 네 번째는 이용세이다. 이용·개발 등과 관련된 조세로서 각종 인·허가와 관련된 세금이 이에 포함된다. 취득세, 보유세, 거래세는 수요와 관련이 있고 이용세는 부동산의 이용·개발 등 공급과 관련이 있다. 따라서 시장의 상황에 따라 수요를 조절하기 위한 수단으로는 취득세, 보유세, 거래세의 세율을 조절했으며 공급을 조절하기 위해서는 이용세의 세율을 조정했다. 수급을 동시에 조절하기 위해서는 위의 모든 세율을 조절함으로써 경기를 조절해 왔었다.

김대중대통령의 부동산정책 방향은 경기회복에 있으며 이의 바탕은 수요창출이었다. 따라서 취득, 거래세의 조절이 필요했다(당시에는 종합부동산세가 없었기에 동원되지 않았다). 우선 취득세는 감면하였다. 국민주택규모(85㎡) 이내의 경우에는 25%, 국민주택(60㎡) 이내는 50% 감면하였다. 양도소득세는 면제대상과 세율인하를 확대하였다. 건설 및 부동산 활성화 대책(1998년 12월 12일)에서 1가구 1주택 양도소득세 비과세 대상을 3년 미만에서 1년 미만으로 낮추면서 실질적으로 1가구 1주택 양도소득세 면제 효과를 가져왔다. 신축주택 구입 시에는 한시적으로 양도소득세(매입 후 5년 이후에 매각 시 5년 동안의 양도소득 면제)를 면제하였다. 이렇듯 취득세(당시에는 취득세, 등록세가 분리되어 있었다)와 양도소득세를 감면하여 수요를 촉진하고 부동산 시장의 활성화를 도모하였다. 이 밖에도 토지초과이득세, 택지소유상한제 등을 폐지하였고 개발부담금제의 부과를 유예하였다.

조세정책이 부동산 경기 조절에 어느 정도 영향을 미치는지에 대해서는 많은 연구가 진행되고 있다. 분명한 것은 조세는 부동산정책에서 빠지지 않는 요소라는 점이다. 그리고 그 적용방향도 반복적으로 전개된다는 사실이다. 예를 들면 부동산 경기가 과열이면 조세정책은 완화될 것이며 침체되면 강화될 것이다. 이런 흐름은 두 가지 중요한 정보를 제공한다. 하나는 부동산 조세는 언제든지 시장 상황에 따라서 변경될 수 있다는 믿음이다. 지금 시행되고 있는 부동산 조세는 언제가 다시 변경될 수 있다는 인식을 갖게 된다. 따라서 때로는 시장이 원하는 시점이 아닌 조세변경 시점을 기다리는 경우가 발생하게 된다. 다시 말하면 수요·공급의 패턴이 시장의 기능으로 이루어지지 않고 조세 변경의 기능으로 이루어지게 된다는 점이다. 이렇게 되면 시장의 본질은 왜곡된다. 즉 시장의 경기 순환은 수요공급의 변화가 아니라 조세변화에 있게 되는 것이다. 그래서 수요·공급자는 조세의 변경 시점을 행동의 시점(타이밍)으로 보게 된다. 수요·공급자의 행동양식이 바뀌면 시장에 대한 정부의 이해도도 바뀌어야 한다. 시장상황이 정책을 유도하는 것이 아니라 수요·공급자의 행동양식이 정책을 유도하게 되는 것이다.

다른 하나는 조세정책의 방향을 보면 부동산 시장의 경기순환을 읽을 수 있게 된다는 점이다. 부동산 경기가 과열되거나 침체되면 정부는 조세제도의 변경을 당연시할 것이다. 수요·공급자의 행동양식은 당연히 그렇게 믿는다. 그러면 경기순환은 변경될 것이다. 그러니 부동산에 의한 당장의 문제(특히 투자문제)는 반드시 시간이 지나면 해결된다는 믿음을 갖게 된다. 이렇게 되면 정부의 고민은 시장의 고민이 아니다. 정부만의 고민인 것이다. 시장은 당연시하기 때문이다. 결과적으로 시장은 반복되고 부동산불패신화는 계속되는 것이다.

모든 조세정책, 특히 부동산 조세정책은 이런 반복적 패턴으로 진행되고 있다. 이는 어느 정부에서나 마찬가지이다. 김대중대통령의 조세 정책은 그런 점에서 출구전략(원상복구)이 예고되었다고 볼 수 있다. 다만 김대중대통령의 조세정책은 그 폭이 넓고 컸다는 사실이다. 그 폭이 넓고 컸다는 사실은 출구전략도 마찬가지라는 사실이 중요하다. 노무현대통령의 조세규제의 폭이 역대 정부 중에서도 가장 넓고 컸었다는 사실이 이를 증명하고 있는 것이다.

9. 금융정책 : 대출확대

김대중대통령의 부동산정책 중 빼놓을 수 없는 분야가 금융정책이다. 금융정책은 수요자의 수요능력을 조절시켜 주는 효과가 있다. 과열기에는 수요능력을 줄여서 시장을 안정화시키고 침체기에는 수요능력을 확대시켜서 시장을 활성화시킨다. 이렇게 수요의 조절기능을 지원하는 것이 금융정책이다.

금융정책은 금리, 대출대상, 대출한도 등을 기준으로 한다. 금리정책은 부동산담보 대출시 적용되는 금리를 말한다. 시장이 너무 과열되면 금리를 올려서 조정하고 시장이 침체되면 금리를 낮추어 수요를 진작시킨다. 대출대상은 부동산 관련 대출을 받으려는 대출수요자를 말한다. 대출수요자는 신용도와 담보력을 기준으로 분류된다. 신용도는 소득, 금융거래정도, 직업 등 다양한 각도에서 검증이 된다. 대출한도는 대출수요자가 받을 수 있는 대출 상한선을 말한다.

김대중대통령의 금융정책은 대출한도가 주류를 이룬다. 대출한도란 한 개인이 대출을 받을 수 있는 한계선을 말한다. 그 한계선은 두 가지가 있다. 하나는 소득 한계선이고 다른 하나는 담보 한계선이다. 소득한계선은 대출 받고자 하는 개인의 소득을 기준으로 대출의 상한선을 정하는 것이다. 이른바 DTI를 말한다. 그리고 담보한계선은 담보가치를 기준으로 대출의 상한선을 정하는 것이다. 이것이 LTV이다. 소득가치와 담보가치는 미래가치를 반영한 것이다.

김대중대통령의 금융정책은 소득가치는 적용하지 않고 담보가치만 적용했다(소득가치는 노무현대통령 재임 시 도입된다). 역대 정권에서도 소득가치는 적용하지 않고 담보가치만 적용했었다(노무현대통령의 금융정책은 이 두 가지를 모두 적용하였다). 담보가치를 적용할 때 공시가격으로 적용하는 방법과 실거래가격으로 적용하는 방법이 있다. 공시가격은 항상 실거래가격보다 낮다. 이를 적용하면 위험성이 낮다. 그래서 대부분은 공시가격이 기준이 된다. 대출한도는 이 기준으로 60% 이내이다. 통상 공시가격의 60% 이내로 적용하여 왔다. 그러나 김대중대통령의 금융정책은 이 한도를 80% 이내로 확대한다. 더구나 실거래가격을 그 기준으로 정한다. 실거래가격 기준 80%라는 의미는 공시가격으로 계산하면 100%가 넘을 수도 있다. 대출한도가 엄청 커진 것이다. 그만큼 위험성도 커진 것이다.

이의 의미는 두 가지 정도로 해석이 가능해진다. 하나는 가계부채가 엄청 커진 것이다. 이는 부동산 가격이 상승한다는 전제가 되어야 한다. 만약 부동산 가격이 상승하지 않는다면 상환에 문제가 생긴다. 상환능력이 없는 경우에는 위험성만 더 커진다. 또 하나는 무분별한 대출이 늘어난다는 점이다. 상환능력과 관계없이 대출을 받게 된다. 부동산 가격이 조금이라도 오르게 되면 무차별적으로 대출을 받아 부동산 매입에 나선다. 부동산 시장은 급속히 과열화된다. 거품가격이 형성되는 것이다.

문제는 이 거품가격을 기준으로 다시 대출이 이루어진다는 점이다. 실거래가격의 80%까지 담보가치가 있기 때문에 거래가격이 오를수록 대출한도는 커지는 것이다. 이런 과정이 반복되면서 "가격상승 → 담보가치상승 → 대출한도 증가 → 대출 → 상환 한도 증가 → 부동산 매입 → 가격상승"의 악순환으로 나타나는 것이다. 이 악순환은 '폭탄돌리기'처럼 확대되어 사회적 위험으로 확대된다. 경기를 되돌릴 경우(경기부양정책에서 경기규제정책으로 전환)에는 국가 전체적인 문제로 확대된다. 따라서 함부로 되돌릴 수 없는 상황으로 확대되는 것이다. 다행히(?) 김대중대통령 재임기간에는 가격이 오르고 상환 시점에 이르지 않아서 문제가 안 되거나 약해 질 수 있지만 언젠가는 사회적 문제로 대두될 가능성이 높다고 할 것이다. 특히 상환을 요구받게 되는 시점에서는 더더욱 문제가 될 가능성이 많다고 할 것이다.

노무현대통령의 금융정책은 LTV의 대출한도를 40%로 낮추었다. 더구나 DTI를 도입하였다. 김대중대통령의 금융정책과는 극히 상반된 정책이다. 때문에 김대중대통령 재임시절에 대출 받은 사람들의 대다수는 노무현대통령의 재임기간에는 상환해야하는 문제를 안게 된다. 다행히 부동산 가격이 올라서 상환능력이 확보된 경우는 문제가 덜 하겠지만 그렇지 않는 경우에는 당장 상환하거나 재대출을 받아야 한다. 재대출을 받으려면 LTV 기준 40%가 되기 때문에 상환해야 할 금액이 대출금액의 거의 50% 이상(기존 대출은 LTV 80%를 기준으로 할 때)이 된다. 모든 대출자에게 똑같이 적용했다고 가정하면 대출자들은 이를 상환하기 위해서 보유 부동산을 팔아야만 가능하게 될 것이다. 그렇게 되면 부동산 시장은 일대 혼란이 오게 된다. 매물이 폭주하게 되고 가격은 급락하면서 급격한 자산디플레이션[41] 현상으로 전개된다. 우리나라에서 부동산 가격 폭락으로 자산디플레이션이 발생하면 가계 경제가 큰 타격을 받을 것이고 국민 경제도 깊은 침체에 빠지게 된다. 실제로 이러한 자산디플레이션을 우려한 '참여정부'는 금융정책을 급히 전환한다. LTV 기준 40%를 시행하려던 계획을 바꿔서 기존 대출에 대해서는 적용하지 않고 신규대출만을 대상으로 한다는 내용이었다.

김대중대통령의 금융정책은 그 당시 부동산 시장의 활성화 및 경제회복에는 도움이 되었을지 모르지만 잠재된 문제점을 안고 있었다고 할 수 있다. 이 문제가 현실화되면 경제적 파장효과가 상당할 것이기 때문에 위험성이 있었던 것이다. 다른 정책보다는 금융정책은 자칫 불건전한 수요를 부추기는 결과로 발전할 가능성이 높기 때문에 신중해야만 되는 정책인 것이다.

---

41) 자산의 가치가 급격히 하락함으로써 경기침체가 가속화되는 현상을 가리키는 말이다.

10. 건설산업 활성화

　'건설 산업 활성화'라는 명분에는 '부동산경기 활성화'가 단골 메뉴로 등장한다. 사실 역대 정권에서 경제 부양책으로 건설경기 활성화를 빼놓지 않는 경우가 드물다. 그만큼 건설경기가 국민경제에서 차지하는 비중이 높기 때문이다. 그런데 건설경기활성화를 하려면 반드시 부동산경기 활성화라는 명분이 선행되어야 한다. 그 이유는 건설과 부동산은 분리될 수 없는 영역이기 때문이다. 건설활동(생산 및 판매활동)은 부동산에서 출발하여 부동산으로 끝난다고 할 수 있기 때문이다.

　건설산업은 규모가 크다. 투입 자금이 크고 사업기간이 장기간 소요된다는 특징이 있다. 건설산업은 지역성을 가진 산업이다. 지역을 기반으로 건설이 진행된다는 의미이다. 따라서 건설산업은 지역산업과도 관련을 갖게 된다. 건설산업은 고용효과가 크다. 고용의 폭(비정기 고용효과까지 감안)도 넓다. 건설산업과 관련된 산업의 폭도 넓다. 건설산업은 여타의 산업에 미치는 영향력도 크다. 특히 전·후방 산업에의 파급효과가 크다. 이러한 특성 때문에 건설산업이 활성화되면 빠른 시간에 국민 경제로 파급되는 효과가 커진다. 소득이 커지고 수요가 증가한다. 생산이 증가하면 고용도 증가한다. 경제활성화를 위해 건설산업활성화를 내세우는 이유이다. 그런 점에서 건설산업은 전형적인 내수산업이다. 내수확대란 국내 수요를 확대하려는 것이다. 국민 경제가 침체되면 내수확대를 통해서 경제활성화를 추구한다. 내수확대에 크게 기여하는 산업이 건설산업인 것이다.

　건설산업을 활성화하려면 부동산 시장을 활성화하여야 한다. 부동산시장이 활성화되면 건설회사의 생산 및 공급이 늘어나서 건설산업이 활성화되는 것이다. 그래서 부동산시장 활성화 정책에는 반드시 건설산업 활성화가 포함되는 것이다. 물론 건설산업활성화 정책에도 부동산시장활성화가 포함된다. 이 두 관계는 공존의 관계에 있는 것이다.

[표 6-3] 산업별 생산 유발 계수[42]

구분	2005	2006	2007	2008	2009	2010	2011
건설업	2.02	2.04	2.06	2.09	2.13	2.10	2.13
제조업	2.06	2.08	2.07	2.06	2.08	2.07	2.10
서비스업	1.70	1.72	1.72	1.71	1.73	1.73	1.75
전 산업평균	1.93	1.94	1.94	1.94	1.96	1.95	1.97

자료 : 한국은행 『산업연관표』

　　건설산업이 경기부양의 단골메뉴가 된 것은 개발의 시대와 같이한다. 개발의 시대란 1960 대부터 1990년대까지의 국토개발시대를 말한다. '경제개발계획(박정희대통령)'의 추진에 따라 국가적 SOC인 고속도로, 철도, 항만 등의 건설이 추진되었고 이의 개발과 관련 건설산업의 국가 경제적 비중은 무척 높았었다. 특히 정부와 건설업계의 유착관계는 이미 잘 알려진 내용이다. 이때를 가르켜 흔히 '토건시대'라 한다. 토건시대에는 경기활성화를 위하여 건설산업 활성화를 내세우고 건설산업활성화는 국가 SOC개발에서 시작되던 때이다. 이러한 환경은 1990년대 이후에는 주로 주택중심으로 옮겨지게 되었고 2000년대에 와서는 민간주택산업으로 확대된 것이다.

　　김대중대통령의 부동산정책은 '건설산업활성화'를 밑그림으로 그리고 있다. 건설산업활성화를 통한 경제활성화가 그 모태인 것이다. 그리고 건설산업활성화는 민간주택건설산업에서 출발하고 부동산정책도 이와 궤를 같이 했다고 할 수 있다. 그렇기 때문에 김대중대통령의 부동산정책은 민간주택산업이 크게 성장하는 계기가 되었다. 이는 참여정부 후반기의 건설업 구조조정의 동기를 제공하는 계기가 된다. 이렇게 인위적인 부양책은 반드시 그 부작용을 동반한다는 한계를 가지고 있기 때문에 그 한계를 최소화할 수 있는 범위 내에서 검토되어야 할 것이다.

---

42)　어떤 산업의 생산품에 대한 최종수요가 1단위 발생할 경우, 해당산업 및 타 산업에서 직·간접적으로 유발된 생산효과의 크기

11. 종합적인 특징 : 부양책

김대중대통령의 부동산정책은 한마디로 '부양책'이다. 그것도 관련된 규제를 화끈하게 풀어버린 규제완화 또는 규제폐지 정책이다. 시장자율에 맡기는 신자유주의 경제철학이다. 역대 정권에서는 볼 수 없는 파격적인 부양정책이었다. 때문에 그 효과도 확실하게 나타났고 그 부작용도 확실하게 나타났다고 할 수 있다.

그 당시의 정치·경제·사회적 배경은 'IMF 관리체제'이다. 이는 국가 부도 위기의 사건이었고 그런 위기 때 시작된 정부가 국민의 정부이며 김대중대통령은 국민의 정부 대통령이었다. 김대중대통령에게 부동산문제는 빙산의 일각이었다. 국가 경제가 무너진 상태였기 때문이다. 국가경제를 위기에서 구하기 위해 할 수 있는 모든 것을 걸어야 했다. 그중 하나가 건설산업 활성화이다. 건설산업의 활성화를 통해 내수를 살리고 그것을 바탕으로 경제를 살리고자 한 것이다. 건설산업활성화를 위한 정책으로 부동산시장 부양책을 과감하게 전개한 것이다. 따라서 김대중대통령의 부동산정책은 IMF 관리체제하에서 선택한 것이며 그 결과로 IMF의 조기졸업(빚을 빨리 갚음)을 이루었고 경제 회복을 가능케 했다고 할 것이다. 그러나 그로 인해 부동산 시장이 과열되는 부작용을 가져온 것이다.

부동산 시장의 과열화는 거품논란으로 이어지고 시장을 왜곡하는 결과로 나타난다. 이는 노무현대통령에게는 큰 부담으로 작용한다. 그래서 노무현대통령의 규제강화정책의 뿌리가 되기도 한다. 누가 어떤 정책을 펼쳤느냐가 중요한 것이 아니라 문제는 '극과 극(김대중대통령의 부양정책과 노무현대통령의 규제정책)'의 정책으로 인해 국민들이 혼란해 한다는 점이다. 부작용 중에서도 이 점이 가장 심각하다 할 것이다.

김대중대통령의 부동산정책은 크게 3가지 특징이 있다. 첫째는 취임 초기에 가장 핵심적인 요소를 가장 확실하게 규제에서 풀어버린 점이다. 이 점은 다른 대통령들이 재임기간 동안 여러 차례에 걸쳐서 부분적으로 나누어 풀었던 것과는 대조적이다. 둘째는 규제와 부양의 중간단계가 없이 바로 최대의 부양정책을 시행했다는 점이다. 예를 들면 전매제한제도의 경우, '부분적인 제한(자격, 대상에 따라 전매 부분허용)'이 아니라 아예 폐지해버렸다는 점, 청약자격제한을 아예 없애버린 점, 민영아파트에 대한 가격규제를 아예 폐지하고 민간 자율에 맡겨버린 점 등이 그런 것 들이다. 셋째는 수요확대를 위해 수요자의 능력을 지원하고 잠재수요층을 크게 확대했다는 점이다. 이를 위해 자금을 지원하고 조세를 완화한 것이다.

[표 6-4] 김대중대통령 재임 중 토지가격 변동 추이

지역	1997	1998	1999	2000	2001	2002	2003	누적	연평균
서울	0.29	-16.25	2.66	0.05	1.89	15.81	5.23	4.2	0.8
부산	-0.9	-16.52	1.24	-0.53	0.49	3.28	1.09	-12.0	-2.4
대구	-0.71	-15.24	1.93	-1.05	0.42	2.09	1.54	-11.9	-2.4
인천	0.28	-13.79	3.51	1.07	1.77	11.51	2.5	4.1	0.8
광주	0.67	-10.25	1.3	-0.31	-0.37	1.03	0.91	-8.6	-1.7
대전	0.12	-8.36	0.38	-0.24	1	3.24	5.47	-4.0	-0.8
울산	0.03	-13.54	1.5	-0.26	0.38	1.75	0.66	-10.2	-2.0
경기	0.65	-14.65	4.52	1.92	1.91	13.06	5.12	6.8	1.4
강원	0.77	-8.3	2.5	1.39	2.29	1.88	1.79	-0.2	0.0
충북	1.02	-7.13	4.1	1.12	0.41	3.02	2.54	1.5	0.3
충남	1.13	-7.11	3.18	1.18	0.36	2.48	4.81	0.1	0.0
전북	0.57	-5.6	2.17	1.13	-0.13	0.64	0.96	-1.8	-0.4
전남	0.69	-6.96	4.5	1.94	0.35	0.95	0.5	0.8	0.2
경북	0.38	-10.76	2.73	0.72	0.51	2.06	0.15	-4.7	-0.9
경남	0.26	-14.12	2.21	1.15	0.94	2.22	1.38	-7.6	-1.5
제주	0.38	-8.13	6.82	2.18	3.13	6.01	1.25	10.0	2.0
전국	0.4	-11.0	2.8	0.7	1.0	4.4	2.2	-2.1	-0.4

[그림 6-5] 김대중대통령 재임 중 토지가격 변동 추이

(누적)

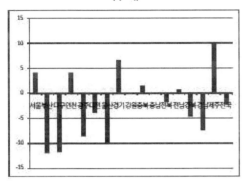

(연도별, 전국)

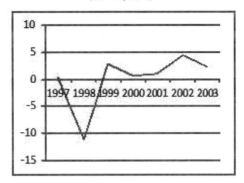

이를 요약하면 시장의 기능은 자율에 맡기되 수요는 인위적으로 확대하는 정책이라 할 것이다. 이런 경우 시장의 기능(수요, 공급 조절 및 균형가격 형상)보다 수요가 훨씬 더 커진다. 수요를 인위적으로 확대함으로서 시장은 급격히 과열되고 거품화되는 양상으로 전개 된다. 때문에 시장은 커지고 활성화되지만 인위적인 정책의 한계는 반드시 나타나서 부작용을 동반하게 된다고도 할 것이다. 그래서 결국은 집권 후반기에 출구전략으로 급선회하게 된다. 부동산 시장을 규제하는 정책으로 변경하지만 결과적으로 성공하지 못하고 과열된 시장을 노무현대통령의 집권시기로 이양하는 결과를 가져오게 되며 그 결과 노무현대통령의 강력한 규제정책을 생산하게 된다.

이렇듯 부동산정책은 집권한 대통령이 추진했던 정책을 집권기간 내에서 그 효과를 다 거두지 못하고 다음 정권으로 이양하는 결과를 가져온다는 점에서 정책의 내용도 중요하지만 실시시기도 중요하다고 할 것이다. 그리고 정책 추진 후 예상되는 파장 효과를 감안하여 그 경중을 가려서 추진하여야 그 부작용도 최소화될 수 있다고 할 것이다. 과감하고 화끈한 정책도 좋은데 그 정책의 지속기간이 짧다면 시장에서는 반드시 혼란이 발생하고 그 혼란은 곧 국민들에게 그대로 전달되어 국민들만 부작용을 겪게 되는 것이다. 더구나 지속되지 못한 정책은 바로 극단의 정책으로 연결되기 때문에 국민들의 혼란은 더욱 커 보이는 것이다.

김대중대통령의 경제회복, IMF극복이라는 성과는 분명 대단한 것으로서 역사적으로 평가

받아 그 공적이 충분히 인정되지만 부동산 시장의 혼란은 노무현대통령, 이명박대통령, 그 다음 대통령에게까지 이어지는 연결선상에 있다고 할 것이다. 이 점에 있어서 특히 부동산정책의 부작용에 의해서 이어지는 대통령들도 비슷한 과정을 겪게 될 것이라는 점을 쉽게 파악할 수 있을 것이다. 한편 김대중대통령의 부동산정책도 앞 정권에서부터 계속적으로 파급(긍정 또는 부정적 효과)되어 온 것과 관련된 것이므로 결과적으로는 부동산정책의 변화는 계속 이어 온 것이며 앞으로도 '부양과 규제'를 반복적으로 계속 이어질 것이다.

제7장

김영삼대통령과
부동산정책

1. 금융실명제와 부동산

김영삼대통령의 경제정책에서 가장 대표하는 것을 뽑는다면 '금융실명제'라고 할 것이다. 이는 역대 정권에서 금융실명제에 관한 제도 도입의 필요성만 강조되고 현실적으로는 도입하지 않았던 분야였고 그만큼 '금융실명제'가 남기는 파장이 만만치 않았기 때문이다. '금융실명제'라 함은 우리나라에서 시행되는 모든 금융의 거래 시에 금융거래 당사자 실제 본인의 이름으로 거래하도록 도입한 제도(1993년)를 말한다.

역사적으로 볼 때 우리나라 경제의 특징은 한마디로 '단기간에 이뤄낸 급성장'이라 할 수 있다. 이 과정에서 성과도 많았지만 문제점도 많이 남겼다. 특히 개발을 위한 내자동원을 극대화하는 과정에서 차명금융거래(가명 · 무기명 금융거래) 등 잘못된 금융관행이 묵인됨으로서 '음성 · 불로 소득'이 크게 확대된 지하경제가 번창하였었다. 이에 따라 계층 간의 불균형(소득, 조세)이 심화되었고, 재산의 형성 및 축적에 대한 불신이 팽배해져 우리 사회의 화합과 지속적인 경제성장의 장애요인으로 작용하였다. 또한 비실명거래를 통해 부정한 자금이 불법 정치자금 · 뇌물 · 부동산투기 등으로 이전됨으로서 각종 비리와 부정부패의 온상이 되기도 하였다. 이는 일반 국민들 사이에 위화감을 조성하고 국민들의 근로의욕을 약화시키는 요인이 되었던 것이다. 이와 같이 오랜 관행에서 발생되는 비실명 금융거래의 폐해가 확대됨으로서 야기되는 폐단을 막고 선진 경제로의 진입하기 위해서는 금융실명제를 도입하여 금융거래를 정상화할 필요성이 절실해진 것이다.

이에 따라 김영삼대통령(제14대 대통령, 1993년 2월 25일~1998년 2월 24일)의 '문민정부'는 과거 정권에서 부작용을 우려하여 실시를 유보하였던 금융실명제를 과감하게 도입하였다. 금융실명제는 모든 금융거래를 실제의 명의(實名)로 하도록 함으로써 금융거래와 부정부패 · 부조리를 연결하는 고리를 차단하여 깨끗하고 정의로운 사회를 구현하고자 하는 데 뜻이 있었고 이를 기반으로 금융자산에 대한 종합과세가 가능하도록 하여 공평과세를 이룩하고자 하는 제도이다. 금융실명제가 본래의 취지대로 금융거래의 정상화에 초점을 두고 추진되었다면 금융실명제의 이른 정착에도 큰 영향을 미쳤을 것이다. 그러나 당초의 취지와 다르게 정착되는 한계를 갖게 된다.

금융실명제도의 도입 문제는 과거에도 여러 차례 논의되었던 문제였다. 1982년 실시한 7·
3조치[43]가 그중 하나이다. 당시 정부(전두환 정부, 제5공화국)는 '금융실명거래에 관한 법률'을 제
정(1982년 12월)하였다. 그러나 금융 실명화율이 60%에 불과하였다. 이는 비실명거래의 관행
이 너무 뿌리 깊게 자리 잡고 있었기 때문이었다. 뿐만 아니라 전산 및 세무행정의 처리능력
도 실명제 실시에 대처하기에는 부족한 점이 많았다. 더구나 거시경제 환경도 불리하였다.
1980년도의 마이너스 성장에 대한 여파와 경상수지 적자 기록 등 경제여건이 침체되어 있었
던 시기였다. 이렇듯 실시여건이 부족하여 '금융실명거래에 관한 법률' 중 실명거래 '의무'를
부여(제3조와 관련된)하는 조항의 실시를 유보하였다. 결국 의무가 되지 못한 오류 때문에 당시
에는 정착되지 못하고 금융실명제는 유보되고 만 것이다. 그러나 금융실명제 유보 이후에도
정부는 금융실명거래 촉진을 위한 조치(1983년 7월)로서 비실명 금융자산에 대한 차등 과세 폭
을 단계적으로 확대하였다.

여러 가지 문제점을 명분으로 시행을 미뤄 온 금융실명제는 김영삼대통령이 취임한 첫 해
(1993년 8월 12일) '20시'를 기하여 대통령 긴급명령 형식으로 전격 실시되었다. 이 긴급명령에
의해 모든 금융기관과 거래할 때는 실지명의(實地名義)의 사용이 의무화된 것이었다. 금융실
명제는 '실명거래의 의무화', '이자·배당 소득에 대한 종합과세', '주식양도 차익에 대한 종합
과세'를 단계적으로 분리하여 실시하는 3단계 실시방안이라고 할 수 있다. 그런데 이자·배
당 소득 등에 대한 종합과세는 '신경제 5개년계획'[44]의 세제 부문 계획에 따라 1995년 소득세
법을 개정하고 1996년 1월부터 단계적으로 실시하여 1997년 5월 첫 신고를 받도록 하였다.
또한 주식양도 차익에 대한 과세는 '신경제 5개년 계획' 기간 중에는 실시하지 않기로 하였다.
이 긴급명령에 의해 종전의 '금융실명거래에 관한 법률'은 폐지되었다.[45]

김영삼대통령의 '문민정부'는 금융실명제의 시행에 따른 부작용을 최소화하기 위해 여러 가

---

43) 이철희(李喆熙)·장영자(張令子) 어음 사기사건 발생을 계기로 1982년 7월 실명자산 소득에 대한 종합과세제도의 실시를 발
    표한 것을 말한다.
44) 신경제 5개년계획 : 93년 7월 2일, 정부는 세제·금융·재정 부문 등의 제도개혁과 성장 잠재력 확충을 기본방향으로 하는 신
    경제 5개년('93~'97년) 계획을 발표했다. 재정·금융·행정규제·경제 의식 등 4대 개혁과제와, 성장 잠재력 강화·국제시장
    기반 확충·국민 생활여건 개선 등 경제시책 3대 중점과제를 골자로 한다.
45) 『한국민족문화대백과』, 한국학중앙연구원, 네이버지식백과, 재인용.

지 방책을 제시하였다. 특히 금융실명제로 인해 비금융실명으로 자금이탈을 막는 방법 중의 하나로 부동산을 지목하였다. 부동산으로 그러한 자금의 흐름을 차단하는 것이었다. 따라서 김영삼대통령은 '토지거래허가구역'을 전국적으로 지정하였다. 문민정부는 1993년 8월 17일부터 11월 23일까지 군지역·농업진흥지역을 제외한 전국을 '토지거래 허가구역'으로 지정하였으며 약 3개월 동안 국토의 93.8%에 해당하는 지역의 토지거래가 허가지역으로 확대되었다. 또한 건설부, 토지개발공사, 주택공사(이상, 당시 직제) 등은 땅값 동향 감시반을 가동하여 부동산가격에 대한 감시와 감독을 강화하였다.

다른 한편, 금융시장 안정대책으로 한국은행에 금융시장 안정 비상대책반을 설치했고, 실명제 실시에 따라 일시적으로 통화 유통속도가 하락하여 총통화 공급수준에 비하여 실질적으로 유동성이 낮게 나타날 가능성에 대비, 통화를 탄력적으로 운용하였다. 금융실명제는 1997년 말 외환금융 위기가 발생하자 '전국경제인연합회(약칭 전경련)' 등의 폐지 주장에 직면하게 된다. 전경련 등은 외환위기의 원인이 금융실명제에 있다고 주장하면서 이 제도의 폐지를 강력하게 주장하였다.

2. 부동산실명제

김영삼대통령의 경제정책 중 또 하나 빼놓을 수 없는 것이 바로 '부동산실명제[46]'이다. '부동산실명'란 부동산 거래 시 차명(借名), 즉 남의 이름을 빌려서 거래하는 모든행위를 금지하는 것을 말한다. 부동산은 금융과 달리 등기를 해야 하기 때문에 가명은 불가능하고 다른 사람의 이름을 빌려서 등기하는 차명거래와 차명등기가 성행하였다. 차명거래의 가장 대표적인 것은 명의신탁이다. 명의신탁이라는 것은 부동산의 실질소유자가 타인 이름(명의대여자)으로 등기하는 것이다. 실소유자와 명의대여자는 이러한 거래사실을 공증이나 내부계약을 통해 약

---

46) 부동산실명제는 1995년 7월 1일부터 시행되었으며 실명전환을 위한 유예기간을 1996년 6월 30일까지 1년을 상정하였다. 부동산실명제는 그동안 차명을 통해 거래함으로써 부동산 투기가 성행하고 탈세와 탈법이 난무하였던 것을 차단하겠다는 김영삼대통령의 부동산정책이다.

정하여 형식상 소유자가 자신의 이익을 위해 임의로 사용하거나 처분할 수 없게 하였다. 따라서 명의신탁은 부동산의 거래관계가 노출되지 않음으로서 부동산 정보의 흐름을 왜곡시켰으며 정당하게 발생해야 할 세금이 발생하지 않게 됨으로서 부동산투기와 세금의 회피 수단이 되었었다.

원래 우리나라에는 부동산 등기 제도가 있다. 부동산등기제도란 '등기'라는 특수한 방법에 의하여 '부동산에 관한 소유권 등의 물권'을 공시하는 제도이다. 등기는 부동산에 존재하는 권리관계를 등재한 것으로 등기된 권리관계와 실제권리 관계가 일치하여야 한다. 그러나 한편으로 명의신탁 제도가 인정됨으로서 타인명의의 등기가 가능하였다. 명의신탁제도는 결과적으로 부동산 실소유자들이 부동산에 부과되는 의무사항은 회피하면서 필요한 경우에는 언제든지 재산권을 행사할 수 있는 불합리한 구조를 가지고 있었다. 이처럼 실제로 부동산을 보유함에도 불구하고 보유에 따른 조세 등의 의무부담은 없고 재산권행사만 있는 기형적인 부동산 등기형태가 허용됨에 따라 탈·불법적인 수많은 거래형태가 발생하여 망국적인 부동산투기 열풍이 만연하게 되었다.

이에 정부(노태우대통령, 제6공화국)는 등기된 권리관계와 실제의 권리관계를 일치시켜 등기제도 본래의 목적과 기능을 살리고자 '부동산등기특별조치법'을 제정(1990년)하였다. 그러나 이 법에도 한계가 있었다. 이 법은 투기목적을 위한 명의신탁 만을 금지하고 있었기 때문에 사실상 투기 목적 여부를 규명하기가 어려웠다. 때문에 투기를 처벌할 수 있는 '처벌 규정의 적용'이 어려웠으며, 명의신탁자의 재산권을 그대로 인정하였기에 법제정의 실효성을 기대하기가 어려웠다. 더구나 금융실명제가 도입됨에 따라 부동산에 대한 명의신탁을 그대로 인정할 경우, 금융시장에서 이탈한 자금이 부동산시장으로 흘러 들어가게 될 것이 분명해 보였다. 그렇게 되면 자금흐름이 왜곡되고 부동산투기가 성행하게 될 것이라는 우려의 목소리가 높았다.

이에 따라 부동산 투기를 차단하고 부동산거래의 정상화를 이루기 위해서는 실명에 의한 부동산 등기제도가 필요하게 되었다. 이것이 '부동산실권리자의 등기에 관한 법률(부동산실명법, 1995년 3월 20일 법률 제4944호로 공표)'이다. 이 법의 제정으로 부동산투기와 그에 따른 '음성불로소득'을 차단하고 부동산 거래가 실수요자를 중심으로 이루어지게 함으로써 부동산가격의 안정화를 유도하고자 하였다.

'부동산 실소유자 명의등기에 관한 법률'의 시행(1995년 7월 1일) 이후에는 부동산에 대한 소유권·전세권·저당권·지상권 등 모든 물권은 명의신탁을 이용해서 다른 사람의 이름으로 등기하는 경우 무효이며, 실권리자의 이름으로 등기하지 아니한 경우 일정한 형법상의 제재를 받게 되며 부동산가액의 30%에 달하는 과징금을 부과 받게 되었다. 과징금 부과 후에도 실명등기를 하지 않는 경우 과징금 부과일로부터 1년이 경과한 경우에는 부동산가액의 10%, 2년이 경과한 경우에는 20%의 이행강제금을 납부해야 한다. 다만 종중부동산의 명의신탁 또는 부부간의 명의신탁에 의해 등기한 경우에는 조세를 포탈하거나 강제집행 등을 회피하기 위한 목적이 아닌 경우에 한하여 예외로 인정되었다. 한편 기존 명의신탁 부동산의 전환을 유도하기 위해 유예기간(1995년 7월 1일~1996년 6월 30일)을 두고 유예기간 내에 실소유자 명의로 등기를 전환하여야 한다. 그리고 부동산을 취득한 자가 등기명의를 전 소유자 앞으로 두고 장기간 이전등기를 하지 않은 채로 방치하여 투기, 탈세 및 위법행위 등의 수단으로 악용하는 폐단을 방지하기 위하여 최소한 3년 이내에 등기하도록 하고 있다.[47]

부동산실명제가 실시됨에 따라 부동산 시장에서는 그 효과가 나타나기 시작했다. 모든 부동산거래는 반드시 자신의 이름으로만 이루어져야 하므로 명의신탁, 장기미등기 등 편법적인 거래수단이 더 이상 불가능하게 되었다. 부동산실명제가 실시됨에 따라 부동산 투기수단으로 악용되었던 제도상의 허점들이 원천적으로 봉쇄됨에 따라 부동산에 대한 실수요자와 가수요자의 구분이 뚜렷해진 것이다. 과거 부동산투기를 가능하게 했던 명의신탁·장기미등기 등 잘못된 관행을 바로 잡아 부동산거래의 정상화를 유도하였다. 이에 따라 모든 부동산거래에 세금부과가 가능해져 소득이 있는 곳에 과세가 있다는 원칙을 확립하는 계기를 마련하였다.

부동산 실명제실시에 따라 1995년부터 1996년 사이에 부동산을 실명전환 실적[48]을 보면 약 6만 5,700여 건에 1억 3,072만 평에 이른다. 이는 건당 평균 1981평에 달한다. 법인이 실명 전

47) 『한국민족문화대백과』, 한국학중앙연구원, 네이버지식백과, 재인용.
48) 『부동산실명제백서』, 경제기획원, 1997.5.

환한 경우는 1684건, 개인에서 법인으로 전환한 경우는 1461건에 이른다. 당시 법인의 차명 소유가 얼마나 많았는지 알 수 있는 대목이다.

3. 가격 안정

김영삼대통령 취임(제14대 대통령, 1993년 2월 25일) 직전의 주택시장은 안정적인 상태였다. 주택매매가격은 전년(1991년) 대비 4.9% 하락한 상태(1992년, 전국 종합기준, [표 7-1] 참조)였다. 이는 노태우대통령 퇴임 직전의 주택시장이므로 노태우대통령의 부동산 규제정책이 시장에 반영되어 진행되어온 상태였다고 할 것이다. 노태우대통령의 부동산규제정책이 효과를 나타내고 있었던 것이다. 다만 주택 전세시장은 여전히 가격이 상승 중(노태우대통령 재임기간의 평균보다는 낮지만)에 있었다. 따라서 특별한 환경요소가 적용되지 않는 한 주택시장은 안정적으로 진행될 것임을 예고하는 것이었다.

[표 7-1] 김영삼대통령 재임기간 주택 매매가격 동향

구 분		92	93	94	95	96	97	98	누적	연평균
전국	종합	-4.9	-2.9	-0.2	-0.2	1.5	2.0	-12.4	0.23	0.05
	아파트	-4.9	-2.6	0.7	0.7	3.5	4.9	-13.6	7.13	1.43
	단독	-4.8	-3.1	-0.7	-0.6	-0.2	0.0	-11.7	-4.73	-0.95
	연립	-5.8	-2.4	-0.1	-0.1	0.4	0.6	-11.8	-1.66	-0.33
서울	종합	-5.4	-3.1	0.4	-0.6	1.6	1.8	-13.2	0.08	0.02
	아파트	-4.4	-2.7	1.1	0.0	4.4	5.2	-14.6	8.00	1.60
	단독	-5.8	-3.6	-0.3	-0.6	-0.6	-0.5	-11.4	-5.70	-1.14
	연립	-6.8	-1.8	0.3	-0.3	0.6	1.2	-14.8	0.03	0.01

[그림 7-1] 김영삼대통령 재임 중 주택 매매가격 동향

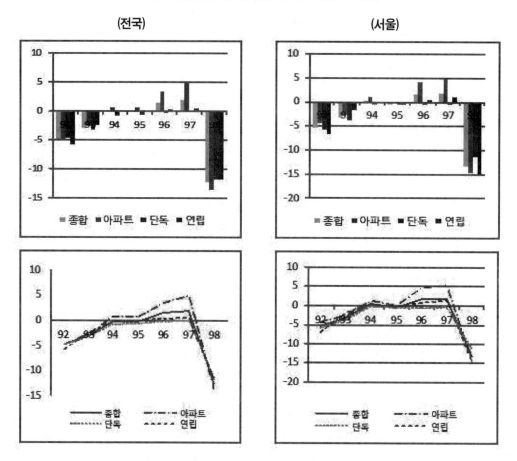

김영삼대통령의 취임 첫해(1993년)에도 안정적 시장은 계속 유지되었다. 대부분의 '지역 및 주택유형별' 모두 주택 매매가격이 전년대비 하락세를 지속하였기 때문이다. 주택 전세시장도 1992년에 비해 상승률이 둔화되었다. 토지시장의 경우에도 취임직전과 취임 첫해에 전년대비 각각 하락세를 나타냈었다. 노태우대통령 재임기간 동안의 부동산시장과 비교할 때 부동산시장은 대단히 안정적이었다. 김영삼대통령의 '문민정부'는 이렇게 안정적인 부동산 시장을 바탕으로 출발하게 된다. 이는 노태우대통령의 정책효과가 이미 반영된 상태에서 출발한 것이다. 이렇게 출발해서 재임기간 동안 내내 부동산 시장은 '안정화'가 유지되었다. 역대 대통령 재임 중 부동산 시장이 이렇게 안정적인 경우는 거의 찾기가 힘들 정도였다.

여기에는 금융실명제와 부동산실명제의 영향이 컸다. 사실 금융실명제가 실시되면서 가장 우려했던 것이 부동산 시장으로 자금이 유입되는 것이었다. 금융권에서의 지하자금이 머물 곳을 찾지 못하고 부동산 시장으로 유입되면 어렵사리 안정을 찾던 부동산 시장이 요동 칠 것이기 때문이다. 정부가 이에 대비, 1996년 부동산실명제를 실시함으로서 자금의 유입을 차단하는 조치를 치한 것도 이런 배경 때문이다.

김영삼대통령 재임기간 동안 연평균 주택 매매가격의 동향([표 7-1] 참조)을 보면 5년 동안 연평균 1.43%(전국, 아파트 기준) 상승에 그친다. 물가상승률을 감안하면 실질적으로는 하락한 것이라 할 것이다. 같은 기준으로 5년 누적 상승률은 7.13%이다. 주택 매매시장은 유례없이 안정된 모습을 보였다. 부동산 시장의 그래프를 보더라도 재임기간 동안 매우 완만한 상태임을 알 수 있다. 주택 전세시장도 마찬가지이다. 김영삼대통령의 재임기간 동안 주택 전세가격의 동향([표 7-2])을 보면, 서울 아파트 전세가격이 연평균 4.7% 상승하였다. 전국 기준으로 보면 아파트 전세가격 연평균 상승률은 5.4%였다. 주택 매매가격보다는 높은 수준이었지만 전체적으로는 안정적인 모습이다.

[표 7-2] 김영삼대통령 재임 중 주택 전세가격 동향

구분		92	93	94	95	96	97	98	누적	연평균
전국	종합	7.5	2.5	4.6	3.6	6.5	0.9	-18.4	18.09	3.62
	아파트	8.5	3.6	6.7	4.8	10.1	1.8	-20.2	27.04	5.41
	단독	6.5	1.6	2.7	2.7	3.2	-0.1	-16.6	10.14	2.03
	연립	9.7	1.7	5.6	4.3	5.5	0.6	-18.4	17.77	3.55
서울	종합	7.7	0.6	4.9	3.5	6.5	-1.1	-22.7	14.42	2.88
	아파트	10.3	2.1	8.1	3.6	9.5	-1.5	-22.4	21.86	4.37
	단독	5.2	-1.0	2.2	3.1	4.0	-1.6	-21.8	6.64	1.33
	연립	9.7	0.7	5.6	4.4	6.6	0.5	-25.0	17.78	3.56

그러나 주택 전세가격이라는 의미로 볼 때 서민들의 삶이 상대적으로 더 어려웠다는 점에

서 아쉬운 대목이다. 주택 매매는 과수요가 어느 정도 있어서 가격의 높낮이가 크다고 할 수 있다. 그러니 전세시장은 실수요만 존재하기 때문에 현실적으로 수급균형에서 가격이 결정된다고 볼 수 있다. 따라서 주택 전세가격의 상승(특히 다른 부동산가격의 하락장세에서의 상승)은 실수요자인 전세입자에게는 현실적인 부담이 아닐 수 없다. 집 없는 서민들만 힘들다는 얘기는 이러한 전세시장을 두고 하는 말이다.

토지가격은 안정적이다. 노태우대통령 재임기간 동안 엄청난 과열양상을 보였던 토지시장이 노태우대통령 재임 말기(1992년)부터 급하락세로 돌변하더니만 김영삼대통령 재임 5년 동안 안정적인 상태로 유지된 것이다. 노태우대통령의 토지정책의 효과라고 할 수 있는 바, 부동산 시장의 안정화에 절대적인 역할을 한 것으로 보인다.

그렇다고 경제상황이 어려운 것도 아니었다. 당시 경제성장률은 연평균 7.4%, 물가상승률은 연평균 5.5%, 소득증가율은 연평균 6.5%였다. 경제성장과 동시에 부동산시장 안정화라는 두 마리 토끼를 동시에 잡은 경우라 할 것이다. 이렇듯 호경기 속에서 가격안정을 보인 부동산시장은 기본적으로는 노태우대통령의 강력한 규제정책의 결과라고 보는 것이 타당하다고 할 것이다. 김영삼대통령은 노태우대통령에 비하면 부동산관련 정책을 그다지 쏟아내지 않았다는 점에서 그 이유를 찾을 수 있다. 이를 기준으로 보면 부동산정책은 반드시 집권 기간 내에서 그 효과가 나타나는 것이 아닌 것이다. 이런 의미로 보면 김영삼대통령의 부동산정책은 사실상 노태우대통령의 부동산정책의 연장이며 혜택(?)이라 할 것이다.

안정적이던 흐름은 김영삼대통령 집권말기에 가서 다소 변화를 가져온다. 취임 전부터 계속적으로 하락(-)세를 보여 오던 주택 매매가격이 집권 후반기인 1996년부터 상승(+)세로 반전된 것이다. 1996년 주택 매매가격은 전년대비 4.4%, 1997년은 전년대비 5.4% 상승한 것이다. 주택매매 시장이 상승세를 타기 시작한 것이다. 김영삼대통령은 다른 대통령에 비해 부동산정책을 쏟아내지 않았다. 노태우대통령의 부동산정책을 그대로 유지하고 있었던 상황이었다. 그렇게 부동산 시장은 안정적으로 유지되고 있었다. 그런데 후반기에 반전되기 시작한 것이다. 이에는 몇 가지 원인가 있었다.

하나는 양호한 경제여건이다. 당시 우리나라 경제상황은 경상수지를 제외하고는 전반적으로 양호한 상태였다. 양호한 경제여건은 언제든지 부동산 시장이 호황기로 반전될 여지를 가지고 있었다고 할 수 있다.

두 번째는 주택의 수ㆍ급 불균형 때문이다. 아직 수요가 공급보다 우세한 상황이므로 경기만 좋으면 언제든지 시장은 과열될 여지를 가지고 있는 것이다.

[그림 7-2] 김영삼대통령 재임 중 주택 전세가격 동향

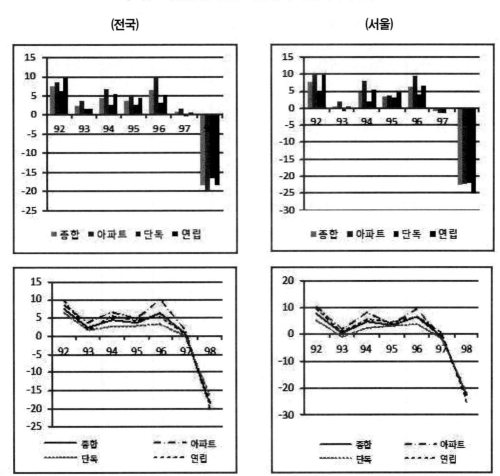

세 번째는 시장의 주기설과 관련이 있다. 흔히 우리나라 부동산 시장은 '5년 주기설', '10년 주기설'에 의해 전개된다는 속설이 있다. 5년 또는 10년의 경기순환 곡선을 가지는 것이다.

이를 기준으로 보면 노태우대통령의 집권 중후반기인 1991년 이후 부동산 시장은 안정기(마이너스 성장)로 접어든다. 노태우대통령의 강력한 규제정책이 그 효과를 나타냈기 때문이다. 이에 5년 주기설을 대입하면 1995년까지 안정기는 유지된다고 할 수 있다. 이 기간 중에 별도의 규제정책이 집행되지 않는다면 1996년부터는 다시 반전되는 시기가 된다. 5년 주기설과 맞아 떨어지는 것이라 할 수 있다.

[표 7-3] 김영삼대통령 재임기간 토지가격 동향

지역	1992	1993	1994	1995	1996	1997	1998	누적	연평균
서울	-2.78	-8.72	-1.36	0.18	0.94	0.29	-16.25	-8.7	-1.7
부산	-1.57	-6.77	-0.35	0.14	0.4	-0.9	-16.52	-7.5	-1.5
대구	-2.61	-7.77	0.87	1.27	1.09	-0.71	-15.24	-5.3	-1.1
인천	0.11	-6.62	0.07	0.58	0.78	0.28	-13.79	-4.9	-1.0
광주	-0.33	-6.36	-0.26	1.44	1.16	0.67	-10.25	-3.4	-0.7
대전	-9.35	-7.81	-0.59	-0.47	0.16	0.12	-8.36	-8.6	-1.7
울산	0.27	-7.57	-0.79	-0.03	0.62	0.03	-13.54	-7.7	-1.5
경기	0.08	-7.06	-0.26	1.46	1.2	0.65	-14.65	-4.0	-0.8
강원	1.06	-4.89	-0.11	1.13	1.26	0.77	-8.3	-1.8	-0.4
충북	1.62	-6.07	-0.4	0.39	0.77	1.02	-7.13	-4.3	-0.9
충남	1.12	-6.36	-0.48	-0.27	1.08	1.13	-7.11	-4.9	-1.0
전북	1.64	-5.94	-0.6	0.48	1.13	0.57	-5.6	-4.4	-0.9
전남	-0.12	-5.53	-0.54	0.2	0.83	0.69	-6.96	-4.4	-0.9
경북	-0.26	-6.57	0.63	0.72	1.25	0.38	-10.76	-3.6	-0.7
경남	0.18	-6.59	-0.64	0.56	0.98	0.26	-14.12	-5.4	-1.1
제주	0.26	-8.7	-0.39	-0.15	0.3	0.38	-8.13	-8.6	-1.7
전국	-0.7	-6.8	-0.3	0.5	0.9	0.4	-11.0	-5.5	-1.1

[그림 7-3] 김영삼대통령 재임 중 토지가격 동향

(지역별 누적)

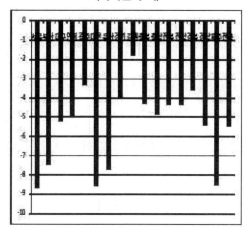

(연도별, 전국)

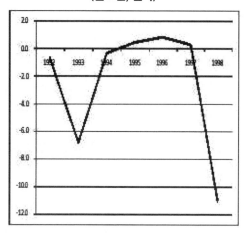

[그림 7-4] 김영삼대통령 재임기간 경제 동향

(연평균)

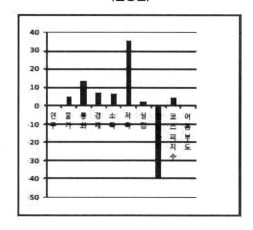

(5년 누적)

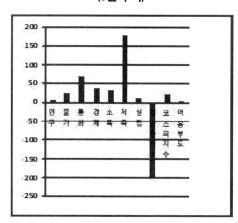

네 번째는 정책의 '약발효과' 때문이다. 약발효과란 어떠한 정책이 그 목적을 달성하는 과정에서 더 이상의 목적 달성을 잃고 효과를 상실하거나 오히려 역효과를 가져오는 현상을 말한다. 다시 말하면 노태우대통령은 취임 시(1988년)부터 부동산 시장 안정화를 목적으로 강력한 규제정책을 펼쳤다. 그 효과가 1991년부터 나타나기 시작했으므로 약 3년 정도 간극을 가지고 나타난 것이다. 여기서 알 수 있는 것은 규제정책이 시장에서 그 효과를 나타내는 시기가 약 3년 정도의 간극을 갖는다는 것이다. 그리고 그 정책이 시장에서 유지되는 기간도 약 3년 정도 된다는 사실이다. 따라서 1988년에 시행한 정책은 1991년 이후에 나타나서 1994년 이후에는 그 효과가 급격히 떨어진다는 사실이다. 그렇다면 노태우대통령의 마지막 규제정책은 1992년이었다. 그렇다면 그 마지막 규제정책은 1994년에 그 효과가 나타나서 1997년에 그 효과가 떨어지기는 시작하는 것이다. 이를 정리하면, 만약 김영삼대통령이 추가적으로 아무런 조치를 취하지 않았다면 1997년부터는 노태우대통령의 부동산정책은 약발이 다한다는 결론이 나는 것이고 1997년부터는 주택가격의 상승이 시작된다고 할 수 있다.

다섯 번째는 김영삼대통령은 노태우대통령의 부동산정책을 보완하거나 수정하는 수준의 정책만 추진했을 뿐 추가적인 규제정책을 펼치지 않았다는 점이다. 이는 안정된 시장에서 추가정책은 무의미했기 때문에 기존 정책에 대한 보완, 수정의 수준이 적절했을 것으로 판단할 수 있다.

여섯 번째는 금융실명제의 역효과 때문이다. 1993년 김영삼대통령의 전격적인 금융실명제 실시에 따라 시중의 유동자금이 길을 잃게 된다. 길 잃은 자금이 부동산 시장으로 흘러들어오게 되었다. 때문에 자금이 유입되는 부동산 시장은 그 동안의 약세시장에서 상승세로 전화될 수밖에 없었다고 할 수 있다. 이에 대해 김영삼대통령은 부동산실명제를 시행하여 그러한 자금의 통로를 차단함으로서 급과열화의 가능성을 막을 수 있었다고 할 수 있다.

4. 외환위기와 부동산시장

주택 및 토지가격이 안정된 상태에서 재임기간을 거의 채운 시점(1997년 12월 3일)에 김영삼 대통령은 역사상 최대의 경제적 위기였던 '국가 부도 위기'를 맞게 된다. 이른바 '외환위기'이다. 외환위기란 대외 경상수지의 적자 확대([그림 7-4]를 보면 경상수지 적자 상황을 다른 경제지표와 비교할 수 있다)와 단기유동성 외환 부족(당시 39억 달러 보유) 등으로 대외 거래에 필요한 외환을 확보하지 못하여 국가 경제에 치명적인 타격을 입게 되는 현상을 말한다. 한마디로 '외환지불불능상태'인 것이다. 이것은 국가부도상태를 의미한다. 외환위기는 경제뿐만 아니라 모든 면에서 우리나라 국민들에 충격을 가져다 준 사건인 것이다. 외환위기를 통상적으로는 '통화위기(currency crisis)'라 하고 포괄적으로는 '경제위기'라 한다. 외환위기를 가져온 이유에 대해서는 다양한 해석이 가능할 수 있다. 그중 가장 대표적인 것은 두 가지다.

하나는 경상수지 적자를 들 수 있다. 김영삼대통령 재임기간 동안 우리나라 경상수지 적자 폭은 연평균 전년대비 40% 하락(-)세를 나타내었다. 5년 누적으로 보면 약 200%(-) 하락한 것이다. 경상수지 적자가 누적되면 외환보유고가 그만큼 떨어져 궁극적으로는 외환지불능력이 떨어지게 되는 것이다. 다른 경제 여건은 양호한데 경상수지가 적자를 나타내는 이유는 환율 때문이다. 당시 우리나라는 개발도상국에서 선진경제대국으로 진입을 계획했다. 이의 일환으로 OECD[49] 회원국으로 가입을 추진했다. 이 과정에서 환율이 문제가 되었다. 당시 우리나라 환율은 달러당 2000원에 육박했다. 그런데 이렇게 높은 환율(낮은 원화가치)로는 선진국과 견줄 수가 없었다. 당연 환율의 조정이 필요해졌다. 달러당 1000원대로 하락(원화가치 상승)되었다. 원화가치가 상승하게 되니 수출은 감소하고 수입이 증가하게 되었다. 당연히 경상수지는 급격히 감소하고 적자 폭은 증가하게 된 것이다.

또 하나는 기업과 금융의 부실경영이다. 당시 한보사건, 대우사건 등 대기업 비리(분식회계 등)와 부실금융대출 등이 터지면서 한바탕 경제가 소용돌이에 빠져있었다. 국가 내부적인 경제의 고질적인 구조적 문제가 한꺼번에 터진 것이다.

이런 저런 이유들로 인하여 외환 보유고가 크게 떨어졌고 결제해야할 외환 확보가 어렵게 되었다. 이렇게 되면, 먼저 대외신뢰도가 떨어져 해외로부터 외환 차입이 어려워지게 되고 외환시장의 불안으로 환율 상승의 압력이 가해지는 악순환을 겪게 된다. 그러면 외국자본이 일시에 빠져나가고 화폐가치와 주가가 폭락하여 금융기관이 파산하며 예금주들은 일제히 금융기관으로 몰려가 예금을 인출한다. 이어 기업의 도산이 속출하고 실업자가 양산되어 사회적

---

49) 경제협력개발기구(OECD, Organization for Economic Cooperation and Development) : 상호 정책조정 및 정책협력을 통해 회원각국의 경제사회발전을 공동으로 모색하고 나아가 세계경제문제에 공동으로 대처하기 위한 정부 간 정책연구 · 협력기구이다. 1961년 9월 30일 파리에서 발족하였다.

불안이 가중된다.

이것이 외환위기의 현상이다. 외환위기를 극복할 수 있는 방법은 'IMF(국제통화기금)'의 구제금융을 받는 것과 금융·기업·노동 등 '경제주체의 개혁'이다. 그런데 IMF의 구제금융은 그 조건이 까다롭다. IMF는 엄격한 재정긴축과 가혹한 구조개혁을 요구한다. 때문에 내부 경제는 금리 상승과 경기 악화, 실업률 상승 등의 악순환이 계속 이어지게 된다. 외환위기로 인하여 IMF의 구제를 받아 국가위기를 받은 경우는 경제 선진국인 영국과 멕시코가 있었고 아시아에서는 우리나라를 포함하여 타이·인도네시아 등 아시아에서도 외환위기를 맞은 경험이 있다.

우리나라는 금융기관의 부실, 차입 위주의 방만한 기업경영으로 인한 대기업의 연쇄부도, 대외신뢰도 하락, 단기외채의 급증 등으로 1997년 외환위기를 겪게 되었다. 김영삼대통령과 문민정부는 '채무지불유예(모라토리움, 국가부도)' 사태에 이르자 1997년 12월 IMF에 구제금융을 신청하게 된다. 이에 IMF로부터 195억 달러, 세계은행(IBRD)과 아시아개발은행(ADB)으로부터 각각 70억 달러와 37억 달러를 지원받아 국가부도의 위기를 넘긴다. 그런데 IMF는 지원조건으로 많은 개혁을 요구하였다. 1) 재정·금융 긴축과 대외개방, 2) 금융 및 기업의 구조조정, 3) 기업의 투명성 제고 등 한국 경제가 나아가야 할 방향 외에 4) 미국식 감사위원회의 도입, 5) 높은 콜금리 수준 등 국내 상황에 맞지 않는 조건을 요구하였지만 우리나라 정부는 이를 수용하지 않으면 안 되었다. 이런 상황은 김영삼대통령 다음 정권인 김대중대통령 정권으로 옮겨진다. 김대중대통령은 그 상황에서 취임하게 되고 이를 극복하기 위해 '건설 및 부동산시장 활성화(다른 산업분야의 정책도 많았다)'를 전면에 등장시킨 것이다.

이후 우리나라는 외환시장과 물가안정과 재정 긴축은 물론, 경상수지 흑자 정책을 추진해 단기성 고금리 차입금인 보완준비금융(SRF) 135억 달러를 1999년 9월에 조기 상환하고, 60억 달러의 대기성차관자금(SBL)을 2001년 1월부터 상환하기 시작하였다. 이어 같은 해 8월 23일 1억 4000만 달러를 최종 상환함으로써 2004년 5월까지 갚도록 예정되어 있던 IMF 차입금 전액인 195억 달러를 조기 상환하였다. 이는 구제금융을 신청한 지 3년 8개월 만이며, 당초 예정보다 3년 가까이 앞당겨 빚을 정리한 것이다. 이로써 외환위기를 완전히 극복하고, IMF의 간섭을 받지 않게 되었다.

부동산 시장도 대단한 충격을 받는다. 모처럼 자리 잡은 '정상화'된 시장은 그 충격으로 인하여 가격이 곤두박질치게 된다. 외환위기 직후인 1998년의 주택 매매가격 동향([표 7-1])을 보면 서울지역 아파트 기준 전년대비 14.6%가 하락한다. 주택 전세가격도 마찬가지이다. 주택 전세가격도 서울 아파트 기준 전년대비 22.6% 하락한다. 그리고 토지가격은 전국 평균 전년대비 11% 하락한다. 모든 부동산 가격이 급락한 것이다. 이 같은 현상은 정상적인 시장상황이 아니다. 일시적 외부의 충격에 의한 현상이다. 외환위기라는 외부 충격은 우리나라 부동산 시장의 흐름을 일시에 바꾼다. 외환위기를 극복하는 과정에서 유례없는 규제완화 및 해제가 이루어진다. 외환위기는 김영삼대통령의 임기 마지막 3개월 전에 발생함으로서 후속 대책이 다음 정권인 김대중대통령에게 그대로 넘어간다. 이를 이어받은 김대중대통령은 그동안 부동산 시장에 적용되고 있던 모든 규제를 전면 재검토하고 대부분의 정책을 '시장자율화'에 맞춰서 일제히 규제완화 및 해제정책을 펼치게 된다.

5. 난개발 문제

노태우대통령 재임 시에 시작된 '준농림지역 개발허용 정책'은 김영삼대통령 재임 중에 본격적으로 시행된다. 이의 법률적 배경으로 1972년에 제정된 '국토이용관리법'이 1993년에 개정된다. 전국의 토지가 10개 용도지역으로 편성되어 있었던 것이 5개 용도지역(도시, 준도시, 농림, 준농림, 자연환경보전)으로 축소되고 국토관리의 방향을 보전중심에서 개발과 보전의 조화 중심으로 변경하는 내용이다. 이는 준농림지역의 개발을 본격적으로 허용하는 방향이었다.

용도지역이란 토지의 경제적, 효율적인 이용과 공공의 복리증진을 도모하기 위해 계획적으로 토지의 자연적 조건에 따라 구분한 토지의 이용 구분을 말한다. 용도지역의 구분은 당시의 법률인 '국토이용관리법'상의 지역과 '도시계획법(도시지역의 용도지역 세분)'상의 지역이 있다. '국토이용관리법'상의 용도지역은 ① 도시지역 ② 준도시지역 ③ 농림지역 ④ 준농림지역 ⑤

자연환경보전지역 등이 있고, '도시계획법'상 용도지역에는 ① 주거지역 ② 상업지역 ③ 공업지역 ④ 녹지지역 등이 있다

준농림지역이란 '국토이용관리법'에 의한 국토이용계획상의 하나의 용도지역으로, 농업진흥지역 외의 지역의 농지 및 준보전임지 등으로서 농림업의 진흥과 산림보전을 위해 이용하되 개발용도로도 이용할 수 있는 지역을 말한다. 즉 보전과 개발이 가능한 농지 및 산림지역을 말한다.

준농림지역의 신설과 개발허용의 문제는 1) 토시가격급등과 신규택지공급의 필요성, 2) 제1기 신도시개발에 따른 후속 택지공급, 3) 공공택지 외 민간택지공급의 확대필요성, 그리고 4) 탈규제와 민영화 바람 등의 명분으로 시작된다. 특히 민간택지공급의 확대는 준농림지역이 민간중심의 개발사업으로 전개된다는 전제가 성립된다. 이는 두 가지 측면에서 시사하는 바가 크다 할 것이다. 하나는 민간 주도의 택지개발사업이 본격화됨을 의미하는 것이다. 즉, 민간택지가 증가함으로서 공공택지의 한계를 극복하는데 크게 도움이 된다는 점이다. 다른 하나는 민간 개발사업이 난무하게 된다는 점이다. 민간개발사업이 난무하게 되면 난개발 문제가 확대되는 것은 당연한 결과라고 할 것이다. 특히 제1기 신도시가 들어선 지역의 주변은 이러한 영향을 반드시 받게 될 것임을 인지할 수 있을 것이다.

'준농림지역' 개발은 '국토이용관리계획변경(이를 줄여서 '국변'이라 한다)'을 통해 개발된다. 일정한 조건(면적, 용도 등)이 성립되면 도시적 용도를 포함한 용도지역 변경이 가능해진다. 민간의 토지개발을 촉진하고 이를 통한 도시적 용지의 공급을 확대하는 정책 방향이다. 취지는 당시 시대적 환경(택지 부족 → 주택공급 부족 → 토지가격 상승 → 주택가격 상승)에 적합하였겠지만 문제는 개발 이후의 환경이었다. 즉 난개발이 난무하게 된 것이다.

민간이 주도적으로 택지개발을 하다 보니 '수익성' 위주의 개발사업이 된 것이다. 개발사업이 수익성 중심으로 추진되면 '공공성'은 없거나 낮아지게 된다. 공공성이란 도로, 교통, 교육 등의 편익(도시기반시설)을 말하는데 이러한 공공성 편익을 배제한 개발사업이 되는 것이다. 때문에 '난개발'이 난무(1994년~1998년에 준농림지 개발면적은 약 678만 평에 이른다)하게 된다.

예를 들면 주택 2000가구 이상 공급 시에는 초등학교 및 중학교를 각각 1개씩 신설해야 된

다고 가정해 보자. 그렇다면 초등학교, 중학교를 제공하는데 필요한 토지를 별도로 조성하여야 하는데 그만큼 수익성이 낮아지게 된다. 이때 민간 사업자는 이를 제공하지 않기 위해 1999가구만 공급할 것이다. 그렇다면 단 1가구가 부족하여 초등학교, 중학교가 없는 상태로 민간 택지 및 주택이 공급되는 것이다. 여기에 거주하는 주민과 그들의 자녀(초, 중학교 재학생)은 그 택지와 떨어져 있는 인근 지역으로 학교를 다니게 된다. 다니는 학생들도 불편하시만 인근에서 기존에 다니던 학생들도 새로운 학생들이 유입됨으로 인해 불편함이 가중될 것이다. 만일 이러한 단지가 계속적으로 공급된다면 어떻게 되겠는가. 극단적인 예를 들어 설명했지만 유사한 사례를 김영삼대통령 재임 중, 그리고 김대중대통령 재임 중에 나타났던 것이 사실이다. 특히 도로가 개설되지 않아서 교통체증이 빈번하게 발생하거나 인근 도로로 우회함으로서 출퇴근 시간이 과다하게 소요되는 등 난개발의 후유증이 빈발했던 것이 사실이다.

이러한 이유 때문에 '국토이용관리법'은 2002년 폐지되고 그 후속으로 '국토의 계획 및 이용에 관한 법률'이 신설되어 기존의 '국토이용관리법'과 '도시계획법'을 통합하게 된다. 2002년에 신설된 '국토의 계획 및 이용에 관한 법률'은 난개발을 방지하는데 초점을 두었다. '국토이용관리법'이 이용에 무게를 두었다면 '국토의 계획 및 이용에 관한 법률'은 계획에 무게를 두었다. 민간택지 개발 시에는 반드시 사전에 계획(지구단위계획)을 수립하여야 한다. 사전계획에는 도시기반시설이 포함된다는 내용이다. 이른바 '선계획, 후개발'의 개념으로 토지정책을 바꾼 것이다.

도시의 난개발 문제는 환경문제(환경 파괴 및 열악한 환경조성), 인구문제(인구의 편중현상), 교통문제(체증) 등 항상 심각한 후유증을 가져온다. 특히 난개발문제는 확산되는 특징이 있어서 도시전체, 나아가 국가 전체에 영향을 미치게 한다. 또한 이러한 문제는 당 세기에 국한 되는 것이 아니라 후손에게까지 그 영향을 미치게 된다. 때문에 난개발의 배제를 위해서 개발사업은 항상 국토계획 차원의 중요한 논제가 되어야 한다. 김영삼대통령은 재임 말기에 난개발이 사회적 문제가 됨에 따라 농지에 대한 준농림지 전용을 제한하는 정책을 발표한다. 농지(준농림지역)에 아파트를 건립 시 그 용적률을 100% 이하로 감소하고 최소 건립 세대를 300세대(당초 50세대)로 확대 시행하게 한다. 이는 준농림지역 개발허용 정책의 보완차원이 아니라 수정차

원이라 할 것이다. 난개발이 사회적 문제가 되었기 때문이다.

6. 재건축과 부동산 시장 안정 대책

　김영삼대통령은 금융실명제 실시에 따라 부동산 시장의 변화를 경계했다. 유동자금이 부동산 시장으로 유입될 것을 우려했기 때문이다. 따라서 이의 후속조치가 필요해졌다. 이를 위해 부동산 시장 안정화 대책을 마련하게 된다. 부동산 투기를 근본적으로 차단할 정책을 내놓는다. 부동산실명제(1995년 3월 30일, 부동산 실권리자 명의 등기에 관한 법률)가 그것이다. 그리고 연달아서 '부동산 시장 안정화 대책(1995년 9월 19일)'을 내놓는다. 특별한 내용을 살펴보면 기업임원 6,000명에 대한 부동산 투기 조사를 하겠다는 내용이 있다. 당시에 부동산 투기의 주체가 대기업 임원들이 주류를 이루고 있다는 시각을 입증하는 대목이다.

　또 하나는 아무런 조치 없이 유휴지 상태로 방치하고 있는 토지에 대해 과태료를 부과하고 경매를 통해 매수하겠다는 내용이 있다. 기업들이 국토개발의 시대에 무차별적으로 입수한 정보를 근거로 무분별하게 매입한 토지에 대해서 이를 투기라고 단정하고 해당 토지를 개발하거나 팔거나 어떤 형태로든 처리하라는 조치이다. 그렇지 않을 경우 과태료를 부과하고 경매를 통해 매각케 한다는 조치이다.

　'부동산 시장 안정화' 조치는 김영삼대통령 집권 마지막 해(1997년 1월 20일)에도 발표된다. 주요내용을 보면 수도권에 주택공급을 확대(25만 호 공급)하겠다는 내용과 '토지거래허가구역'을 심층 관리하겠다는 내용이다. 즉, 토지거래허가구역에서 15% 이상 토지가격이 급등된 지역에 대해 토지초과이득세를 1년 단위로 과세한다는 내용이다. 토지에 대한 투기행위 단속 강화차원이다.

　특이한 것은 김영삼대통령 임기 중의 토지가격은 매우 안정적이었다. 전국 평균 기준 연평균 1.1% 하락(-)하였고 임기누적 5.5% 하락(-)하였다. 참고로 노태우대통령 임기 중의 토지가격은 전국 평균 기준 연평균 17.5% 상승(+)하였고 5년 임기 누적 상승률은 87.3% 상승(+)한 것과 비교될 만한 내용이다. 서울지역은 연평균 20.2%, 누적 101.2% 상승하였다. 지역적으로 다소 차이가 있지만 이 같은 상승률은 엄청난 것이었다. 취임 때 1만 원 하던 토지가격이 퇴임 때 2만 원이 된 것이다. 토지를 많이 보유한 사람들은 그만큼 소득이 크게 증가한 것이다. 근로소득의 증가에 비하면 대단히 높은 가격 상승이다. 토지는 이처럼 투자가치가 높은 재화라는 것인데 문제는 토지가격이 상승하면서 발생하는 사회·경제적 문제들이다.

첫째는 불로소득의 증가이다. 불로소득이 증가하면 근로가치가 왜곡되고 소득의 편중화가 나타난다. 사회적으로 계층 간의 갈등을 야기한다. 또 하나는 자금흐름이 왜곡된다. 부동산으로 유동자금이 집중된다. 그러면 토지가격은 추가적인 상승이 계속되고 이에 자금은 추가적으로 유입된다. 그렇게 되면 다른 분야 즉, 유가증권, 예금, 소비 등에서 회전되어야 할 규모의 자금이 끊기거나 줄어들게 된다는 것이다. 다시 말하면 화폐흐름이 부동산에 집중됨으로서 자금의 동맥현상이 발생한다는 것이다. 그리고 다른 하나는 토지가격이 상승됨으로서 다른 재화의 가격도 상승한다는 점이다. 왜냐하면 토지는 생산요소이므로 다른 재화의 생산원가를 상승시키기 때문이다.

김영삼대통령 재임 중 토지가격이 안정적이었는데도 토지가격 안정화 대책을 발표한 이유는 부동산에의 자금유입을 우려했기 때문이다. 다시 말하면 금융실명제의 후속조치 차원에서 부동산 안정화 대책을 발표한 것이라고 할 것이다. 그런 이유로 부동산 안정화 대책의 주요내용은 토지에 편중된 경향이 많다. 대표적인 것이 '농지법' 개정이다.

'농지법' 개정은 3단계로 발표된다. 하나는 농지 소유와 관련된 내용이고 두 번째는 거래에 관한 내용이며 세 번째는 개발에 관한 내용이다. 먼저 소유에 관한 내용을 보면 '농지소유상한제(소유 확대)'와 '농지취득증명제'의 시행(1994년)이다. 또한 외부인의 농지 매입을 가능하게 농지법을 개정(1995년)한다. 농지 이용 및 개발과 관련해서는 준농림지 전용 억제 정책을 발표(1997년)한 것이 그 것이다.

김영삼대통령은 재임기간 중 토지가격이 대체적으로 안정화되었기에 노태우대통령 정책의 보완 및 금융실명제의 후속 조치 수준에서 시행된다. 다만 주택가격은 퇴임 직전에 가격이 상승하기 시작하는데 이에는 '재건축' 관련 정책도 하나의 원인이 되었다고 할 것이다. 김영삼대통령의 재건축 정책은 '규제완화'이다. 재건축사업에서 사업성이 부족한 이유 중의 하나가 소형평형 의무비율이었는데 이의 비율(소형의무비율은 25.7평 이하 75% 중 40% 18평 이하 의무)을 낮추어 준 것(1994년)이다. 그리고 소형의무비율과 관계없이 기존 주택수 만큼 중대형 건축 가능 또는 평수의 1.5배 중 조합이 선택(1995년)할 수 있도록 했다.

이 당시의 재건축은 개발의 시대인 1960년대~1980년대에 도시, 특히 서울에 건축된 아파트가 그 대상이었다. 재건축은 설계, 자재, 기술 등의 부족으로 건축물의 붕괴 등의 위험이 있을 때 '안전진단'의 과정을 거쳐 기존 아파트를 허물고 그 자리에 새로운 아파트를 재건축하는 것이다. 여기서 기존 아파트와 새로운 아파트와의 용적률 차이(과거의 용적률은 대부분 150% 이내였으나 신규아파트의 용적률은 300% 이내)가 있으므로 이 차이에 의해 사업성이 결정된다. 단순 계산하더라도 용적률이 2배의 차이가 난다. 때문에 재건축만 된다면 2배의 차이를 얻을 수 있게 된다. 때문에 재건축은 투자의 대상이 된다. 특히 주택이 부족한 서울의 경우에는 더더욱 그렇다. 이런 이유로 정부는 재건축을 엄격히 제한한다. 제한하는 방법은 여러 가지가 있다. 그 중의 하나가 용적률에 의한 규제이고, 다른 하나는 세대수, 평형 등의 규제이다. 김영삼대통령은 이런 규제들 중에 평형, 세대수에 대한 규제를 완화한 것이다. 이는 공급을 확대하는 효과는 있지만 근본적으로 재건축 자체의 '투자적 요소'가 존재함을 크게 인식하지 않았던 듯 싶다. 그래서 임기 후반에 주택매매가격의 상승을 가져온 것이라 할 것이다.

7. 종합 특징 : 실명제

김영삼대통령의 부동산정책은 노태우대통령의 부동산정책의 연장선상에 있다는 점이 가장 특징적이다. 노태우대통령의 부동산정책은 '규제강화정책'이었다. 그 이유는 노태우대통령 취임 시 경제 및 부동산 시장이 엄청 호황이었기 때문이다. 그런 즉, 취임부터 퇴임까지 '규제정책'을 펼친 것이다. 김영삼대통령은 이런 상황을 이어 받은 것이다. 더구나 노태우대통령의 부동산정책은 노태우대통령의 정권말기에 나타나기 시작한다. 급등하던 부동산 가격이 하락하기 시작한 것이다. 결과적으로 김영삼대통령이 취임할 당시의 부동산 시장동향은 가격이 하락세에 있는 상태에서 부동산 규제정책이 전개되고 있는 상황이었다.

이런 연유에서 김영삼대통령은 굳이 추가적인 부동산정책이 필요하지 않았다고 할 수 있다. 기존의 규제정책을 보완하는 수준의 정책만이 필요했다고 할 수 있다. 다만 김영삼대통령의 부동산정책이 노태우대통령의 부동산정책과 다른 점은 거시경제적 환경이었다. 우선 'OECD'의 가입과 관련된 환경들이었다. OECD 가입을 위한 전제조건이었던 환율, 금리 등의 문제가 선결되어야 했고 이를 해결하는 과정에서 부동산 문제와 관련성이 나타났다는 점이다.

특히 금융실명제 그리고 금융실명제와 연계된 부동산실명제는 김영삼대통령의 최대실적이다. 시행상의 몇 가지 한계로 인해 역사적 비판을 받는 부분이 있기는 하지만 금융실명제와 부동산실명제를 시행함으로서 역대 어느 정부에서도 하지 못했던 투명성을 실현한 것이다. 특히 부동산 시장 측면에서 보면 집권기간 내내 가격안정을 이룬 대통령이다. 그 성과 또한 역사적으로 중요한 의미를 갖고 있다. 역대 어느 정부에서도 집권기간 내내 부동산 가격이 제자리에 머물고 부동산 시장이 안정화된 적은 없었기 때문이다.

그러나 김영삼대통령의 거시경제정책은 결국 외환위기라는 역사상 최대의 위기를 가져오게 된다. 금융실명제와 부동산실명제가 김영삼대통령이 가장 자랑할 만한 정책이었다면 외환위기는 가장 치욕적인 사건이었다고 할 것이다. 외환위기가 가져다 준 파장은 경제뿐만 아니라 각 분야에서도 초유의 위기였기 때문이다. 특히 외환위기는 김영삼대통령의 집권 마지막 해에 발생하여 다음 정권으로 고스라이 이양된다. 그 수습책이 다음 정권으로 넘어간 것이다. 노태우대통령의 경제 및 부동산 환경과 정책을 이어받은 김영삼대통령으로 보면 정반대의 상황을 다음 정권에 넘긴 것이다.

만약 외환위기가 발생하지 않았다면 당시의 부동산 시장은 어떻게 전개되었을지 의문이 간다. 김영삼대통령의 임기 마지막 해는 주택 매매 가격은 상승세, 주택 전세가격은 하락세, 토지가격은 안정세에 있었기 때문이다. 특히 금융실명제에 따른 자금이동과 재건축 규제 완화 정책 등이 맞물려 주택 매매가격의 상승 추세가 시작될 무렵이었기 때문이다. 다른 산업도 마찬가지이지만 외환위기라는 외부충격으로 부동산시장은 큰 혼란에 빠진다. 우리나라 부동산 시장에서 나타난 부동산 경기 순환과정이 외환위기에 의해 급 변경되는 결과를 가져왔다고 할 것이다. 이는 다음 대통령부터 부동산 시장은 새로운 패턴이 시작되고 진행되는 하나의 변곡점이 된 것이라 할 것이다.

제8장

노태우대통령과
부동산정책

1. 88올림픽과 '3저 현상'

우리나라에서는 최초로 개최된 제24회 하계올림픽 대회(1988년 09월 17일~1988년 10월 2일)는 민족적으로나 역사적으로나 대단한 의미를 남긴 대회였다. 세계 159개국에서 8,465명이 참가하여 21종목으로 우위를 가렸던 대회였다. 한국은 선수 477명, 임원 125명이 참가해서 금 12개, 은 10개, 동 11개, 전체 33개의 메달을 획득, 금메달 순위 종합 4위를 차지하였다. 88서울올림픽 이전까지만 해도 올림픽 등 각종 국제대회에서 참가하는 데 의의를 찾았던 한국은 이후 스포츠 강국으로 발돋움했다. 88올림픽은 여러 분야에서 그 성과와 의의를 남겼다.

국제적으로는 분단국과 개발도상국이라는 제약에도 불구하고 아시아에서는 일본에 이어 두 번째로 올림픽을 개최한 나라로 기록돼 국제사회에 한국을 널리 알린 최고의 홍보효과를 가져왔다. 외교적인 면에서는 올림픽 이후 헝가리와의 수교를 비롯해 소련 중국 등 동유럽권 국가들과의 경제교류와 문화교류를 이룸으로써 엄청난 플러스 요인을 남겼다.

경제·사회적으로 서울올림픽은 대회 운영에 필요한 시설의 상당 부분을 기존 시설을 이용, 역대 개최도시에 비해 상대적으로 신규 투자가 적은 것이 특징이었다. 따라서 대회 이후 후유증이나 국민부담이 적었다. 거시적 경제효과로는 올림픽 관련 산업의 발달과 컬러 TV, 가전제품에 대한 국내 수요를 촉진시켰고 국제적 신뢰도가 높아지는 계기가 됐다. 뿐만 아니라 올림픽 때 조성된 국민들의 일체감은 가장 큰 성과로 평가되고 있다. 이 밖에도 여러 분야에서 다양하게 평가되고 있다.

올림픽이 개최되기 1년 전인 1987년은 제13대 대통령선거가 있는 해였다. 제13대 대통령선거는 역사적으로 뜻깊은 선거였다. 특히 직선제로 대통령을 뽑는 선거였으며 5년 단임제가 시행되는 최초의 선거였다. 정치적으로 하나의 장을 마감하고 새로운 장을 여는 중요한 과도기이기도 했다. 1987년은 성공적으로 개최한 1986년 아시안게임을 거쳐 1988년 서울 올림픽을 준비하는 마지막 해이기도 했다. 경제성과는 호황을 이루었다. 최초로 경상수지 100억$ 흑자를 기록하기도 하였으며 종합주가지수가 최초로 1000포인트를 돌파하기도 하였다. 1987년 한 해 동안 통화증가량은 30.8%로 시중에는 유동자금이 넘치고 있었다.

특히 유례없는 '3저현상'으로 인해 우리나라 경제가 큰 호황을 누리던 시기였다. '3저현상'이란 저달러 · 저유가 · 저금리의 이른바 '3저현상'에 의해 1986~1988년에 걸쳐 우리 경제가 유례없는 호황을 누렸던 것을 일컫는 말이다. '3저현상'은 해외원유 · 외자 · 수출에 크게 의존하여 경제발전을 계속해온 한국으로서는 의외의 호기였으며, 이를 통해 1986년 이래 3년 동안 연 10% 이상의 고도성장이 지속되었고 사상 최초로 무역수지 흑자를 달성하게 되었다.

'저달러'의 의미는 우리 경제에서 막대한 비중을 차지하고 있는 수출에 크게 기여했다. 1985년 9월 선진 5개국 재무장관회담(플라자 회담)의 합의에 따라 각국의 통화를 평가절상시키는 과정에서 일본의 엔화와 서독 마르크화가 70% 이상 절상되고 대만의 원화 역시 36% 이상 절상된 반면 한국의 원화 절상은 11.2%에 그쳐 결과적으로 수출경쟁력을 상대적으로 강화시켜 1986년 이후 연평균 30% 이상의 급격한 신장률을 보였다.

환율경쟁에서의 이점 외에도 1985~1986년 사이 국제원유가가 배럴당 28달러에서 14달러로 폭락하는 한편, 1차 원자재의 국제가격 역시 평균 12% 이상 하락하고 원화절상으로 인해 원자재 도입가격이 하락하는 등 제반요인이 복합적으로 작용, 제조원가의 비용절감 효과를 가져 옴으로써 무역수지 흑자를 기록하게 되었다. 또한 1986년 이후의 수출의 급신장은 올림픽 특수 등 내수의 괄목할 만한 확대를 수반, 생산 전반의 확대재생산을 부추겨 한국자본주의를 유례없는 호황으로 이끌었다.

[표 8-1] 노태우대통령 재임 시 토지가격 동향

지역	1987	1988	1989	1990	1991	1992	1993	누적	연평균
서울	6.29	28.06	33.54	31.18	11.15	-2.78	-8.72	101.2	20.2
부산	46.5	35.25	17.49	15.82	14.69	-1.57	-6.77	81.7	16.3
대구	57.68	38.17	35.15	27.42	13.74	-2.61	-7.77	111.9	22.4
인천	6.9	16.11	46.72	29.14	22.81	0.11	-6.62	114.9	23.0
광주	19.53	59.98	42.99	22.43	16.5	-0.33	-6.36	141.6	28.3
대전	3.6	16.48	20.83	17.89	23.25	-9.35	-7.81	69.1	13.8
울산	48.45	43.55	16	14.67	12.51	0.27	-7.57	87.0	17.4
경기	10.08	22.08	48.03	22.03	14.68	0.08	-7.06	106.9	21.4

강원	4.7	21.08	25.54	11.98	7.18	1.06	-4.89	66.8	13.4
충북	7.75	13.31	16.11	11.48	14.31	1.62	-6.07	56.8	11.4
충남	6.18	16.34	27.5	11.41	9.56	1.12	-6.36	65.9	13.2
전북	15.12	27.07	29.68	10.84	9.4	1.64	-5.94	78.6	15.7
전남	13.6	32.54	38.38	9.54	4.5	-0.12	-5.53	84.8	17.0
경북	16.65	22.64	19.8	13.32	9.11	-0.26	-6.57	64.6	12.9
경남	48.25	28.72	17.25	12.8	14.47	0.18	-6.59	73.4	14.7
제주	8.13	31.23	41.9	8.45	10.43	0.26	-8.7	92.3	18.5
전국	20.0	28.3	29.8	16.9	13.0	-0.7	-6.8	87.3	17.5

자료 : 국토교통부, 통계청 통계자료 참조 및 재편집

그러나 1988년 이후 미국정부의 원화절상 압력, 국제원자재 가격상승 등 대외적 여건이 변화한 데다 3저 호황기에 벌어들인 막대한 이윤이 생산적 투자가 아닌 부동산 및 주식투기로 집중되는 등 대내적 요인마저 겹쳐, 수출경쟁력이 급속도로 둔화되면서 수출이 침체되고 적자수출이 재현되는 등 1989년 이후 우리 경제는 다시 침체에 빠졌다.

당시의 부동산 시장은 토지시장과 주택시장이 양극화되어 있었다. 1986까지 부동산 시장은 토지시장은 호황기, 주택시장은 침체기에 있었다. 그래서 당시 대통령인 전두환대통령은 주택시장의 부양을 위해 주택경기 촉진방안(1986년 2월 12일)을 발표하였었다. 주택시장은 1가구2주택 양도소득세 면제기간을 연장(1.6년에서 2년으로)했고 토지시장은 '토지과다보유세'를 한시적(1988년~1989년)으로 적용한다는 내용이었다. 이는 1987년이 되면서 주택시장도 호황기로 돌변하는 요인이 되었고 토지시장은 더더욱 과열되는 결과로 나타난다.

1987년이 되어 대통령 선거가 전국적으로 이슈가 되었다. 대통령 직선제가 실시되면서 전국 유세현장은 뜨거웠다. 덩달아 부동산 시장도 뜨거웠다. 대통령선거가 부동산에 미치는 영향은 차치하고라도 경제적 환경이 호황이면서 정부가 주택시장을 부양하는데 힘입어 부동산 시장은 급속히 과열되기 시작하였다. 1987년 전국의 아파트 매매가격은 평균 9.3%, 전세가격은 22.6% 상승(전년대비)하였고 토지가격은 전국 평균 20% 상승하였다. 특히 부산, 대구, 울산, 경남 등은 토지가격이 연평균 약 50% 상승하는 등 전국이 부동산 투기화되고 있었다. 이유는 간단하다. 경제호황, 주택시장 부양, 시중 유동자금 풍부 등 과열되기 딱 좋은 환경인데다 대통령 선거로 인해 규제정책을 펼치기에도 한계가 있었고 직선제에 따라 전국적인 개발공약도 한몫하여 부동산 시장 과열화가 전국적으로 확대되었다고 할 것이다. 노태우대통령은 이러한 환경 하에 당선되어 제13대 대한민국 대통령으로 취임하게 된다.

[그림 8-1] 전국 토지가격 상승률

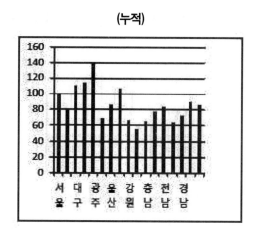

(누적)

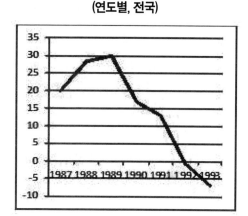

(연도별, 전국)

2. 뜨거워진 부동산 시장

부동산 시장은 한마디로 화려(?)했다. 노태우대통령 재임기간(1988년 2월 25일~1993년 2월 24일) 동안의 주택가격 동향을 보면 전국의 매매가격은 연평균 8.67%, 재임기간 누적 43.35% 상승했다([표 8-2] 참조).

[표 8-2] 노태우대통령 재임 시 주택매매가격 동향

구분		87	88	89	90	91	92	93	누적	연평균
전국	종합	7.2	13.1	14.8	21.0	-0.6	-4.9	-2.9	43.35	8.67
	아파트	9.3	20.1	20.3	32.4	-2.0	-4.9	-2.6	65.72	13.14
	단독	6.9	10.2	11.6	15.1	0.4	-4.8	-3.1	32.36	6.47
	연립	2.5	14.0	17.0	24.9	-0.3	-5.8	-2.4	49.86	9.97

									누적	연평균
서울	종합	2.1	9.2	16.6	24.2	-2.2	-5.4	-3.1	42.47	8.49
	아파트	5.0	18.5	18.8	37.7	-4.6	-4.4	-2.7	65.99	13.20
	단독	1.2	4.5	14.9	16.1	-1.0	-5.8	-3.6	28.63	5.73
	연립	0.7	10.9	19.2	26.9	-0.9	-6.8	-1.8	49.17	9.83

자료 : 국토교통부, 통계청 통계자료 참조 및 재편집

주택전세가격은 전국 아파트 기준 68.67%, 연평균 13.14% 상승했으며 서울의 경우 아파트 기준 누적 75.22%, 연평균 15.04% 상승하였다. 특히 서울의 연립주택의 연평균 전세가격 상승은 14.45%, 누적 72.27%였다([표 8-3] 참조).

토지가격은 전국 연평균 17.5%, 누적 87.3%였다([표 8-1] 참조). 당시 연평균 물가상승률은 7.4%였다. 특히 토지가격과 아파트 가격(전국 누적 65.72%, 서울 누적 65.99% 각각 상승)의 상승은 부동산 투기가 절정이었음을 나타낸다고 할 것이다. 2000년 중반 노무현대통령은 부동산 시장이 과열되자 초강력 규제조치를 취했다. 그래도 안 되면 더 강하게 규제하였고 그래도 안 되면 더더욱 강하게 규제하였다. 그런 노무현대통령의 재임 기간 동안의 전국 주택매매가격(종합기준) 누적 상승률은 30.83%, 같은 기간 토지의 전국 누적 상승률은 15.0%였다. 이로서 노태우대통령의 재임기간 부동산 시장의 과열 상태를 짐작할 수 있을 것이다.

[표 8-3] 노태우대통령 재임 시 주택전세가격 동향

구분		87	88	89	90	91	92	93	누적	연평균
전국	종합	19.2	13.3	17.6	16.8	1.8	7.5	2.5	57.15	11.43
	아파트	22.6	13.7	22.2	20.8	3.4	8.5	3.6	68.67	13.73
	단독	18.6	13.3	14.7	13.7	0.7	6.5	1.6	48.88	9.78
	연립	18.1	11.7	21.9	22.5	4.2	9.7	1.7	69.92	13.98
서울	종합	18.3	7.0	23.9	16.1	3.9	7.7	0.6	58.64	11.73
	아파트	24.2	6.8	29.6	24.0	4.6	10.3	2.1	75.22	15.04
	단독	16.1	7.7	20.0	10.1	3.3	5.2	-1.0	46.30	9.26
	연립	15.9	5.8	27.6	25.1	4.1	9.7	0.7	72.27	14.45

자료 : 국토교통부, 통계청 통계자료 참조 및 재편집

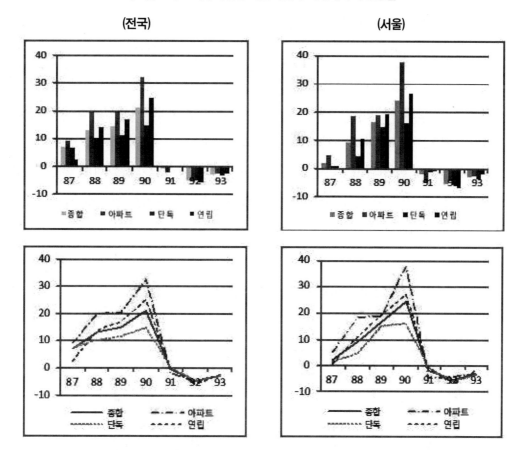

[그림 8-2] 노태우대통령 재임기간 주택매매가격 상승률

(전국)

(서울)

노태우대통령이 취임하던 시기의 전 후 기간(1986년~1988년)은 유사 이래 최고의 경제적 호황기였다. 덩달아 인플레이션도 심했다. 수요도 증가했다. 부동산 가격은 천정부지, 고공 상승 행진이었다. 한마디로 부동산 시장은 '초 과열 상태'였다. 이는 다른 각도에서 보면 집 없는 서민들만 힘든 시기였다고 할 수 있다. 부동산을 가진 사람과 부동산을 가지지 않는 사람의 차이는 극과 극의 차이를 나타내는 현상이었다. 돈 있으면 부동산 투자하고 부동산 투자하면 매매차익, 임대소득 등이 1년 사이에 봉급보다 더 많이 쏟아지는데 어느 누가 부동산에 투자하지 않는단 말인가. 이것이 바로 우리나라 국민들의 '부동산 편협사상(오직 부동산이다, 부동산 불패 사상)'을 부추기는 환경이 아닐 수 없다 할 것이다. 이런 환경에서 투기하지 말라는 사람이 정상인가 아니면 투기한 사람이 정상인가. 철학적인 의문을 떠나서 그 당시 부동산 시장은 모든 국민들을 이렇게 정신적 혼란을 주기에 딱 알맞은 환경이었다고 할 것이다.

노태우대통령은 이러한 부동산 시장을 투기시장으로 판단하고 '부동산 종합대책'을 마련 발표했다(1988년 8월 10일). 주요내용을 보면 투기억제지역 확대, 양도세중과세, 1가구1주택 비과세요건 강화, 양도세 개편(누진과세 적용), 토지공개념 도입, 종합토지세 조기실시(1992년에서 1990년으로), 최초로 마포아파트 재건축 승인, 건축법 개정(주거지역 용적률 상한 400%로 확대, 용도지역지구세 내폭 완화) 등이었다. 요약하면 1) 조세규제(양도세 개편, 종합토지세 조기시행), 2) 공급확대(재건축 승인, 용적률 확대), 3) 토지공개념 도입 등 세 가지이다. 본격적으로 노태우대통령의 부동산 규제정책이 시작된 것이다.

[그림 8-3] 노태우대통령 재임기간 주택전세가격 상승률

(전국)

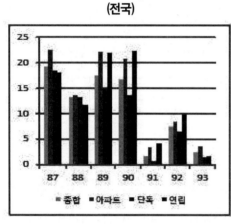

(서울)

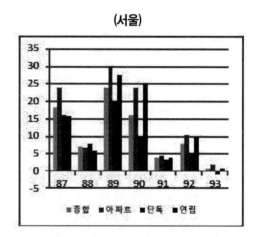

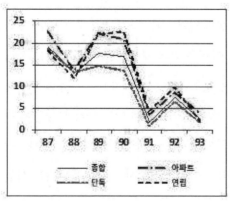

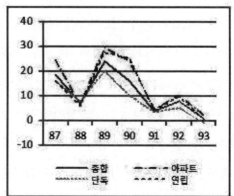

3. 부동산 시장 규제

노태우대통령은 재임기간 동안 강력한 부동산 규제정책을 추진했다. 첫 번째가 취임 첫 해에 발표한 '부동산 종합대책'(1988년 8월 10일)이다. 그러나 부동산 시장은 전혀 반응을 보이지 않는다. 오히려 더 과열된다. 취임 2년째인 1989년의 부동산 시장추이를 보면 부동산 가격은 1988년보다 오히려 더 상승한다. 주택매매가격을 보면 전국의 아파트 매매가격은 전년대비 연간 22.2% 상승한다. 주택전세가격은 더 심각했다. 서울지역 아파트 전세가격은 전년대비 29.6% 상승한다. 그리고 토지는 전국적으로 29.8% 상승한다(특히 대도시일수록 상승률이 더 높다).

노태우대통령은 본격적으로 부동산 규제정책을 내놓기 시작한다. 토지공개념 3개법의 국회통과(1988년 12월 30일) 및 200만 호 주택건설을 발표한다. 특히 1989년에는 부동산투기억제 정책을 쏟아낸다. '긴급부동산투기억제대책'(대도시주택공급확대, 부동산거래질서 확립 등, 1989년 2월 10일)에 이어서 수도권 5개 지역 신도시 개발(주택 200만 호 공급, 1989년 4월 27일)을 발표한다. 토지가격 일원화 정책도 발표한다. 토지가격 일원화 정책은 그동안 3개 유형(기준지가, 기준시가, 과세지가표준액)으로 나뉘어져 있던 토지가격제도를 '공시지가'라는 이름으로 묶은 것이다. 계속해서 종합토지세 신설(1989년 6월 16일), 주택상환사채제도 도입(1989년 9월) 등을 발표하고 1989년 12월에는 주택임대차보호법 제정(전세기간 1년에서 2년으로), 원가연동제 도입, 청약제도 강화(전매금지, 1순위 제한), 양도세강화(40%~60%) 등을 발표한다.

[표 8-4] 1988~1990년(재임 초기)의 주택 매매 가격 동향

구분		87	88	89	90	누적	평균
전국	종합	7.2	13.1	14.8	21.0	48.9	16.3
	아파트	9.3	20.1	20.3	32.4	72.8	24.3
	단독	6.9	10.2	11.6	15.1	36.9	12.3
	연립	2.5	14.0	17.0	24.9	55.9	18.6

		2.1	9.2	16.6	24.2	50.0	16.7
서울	종합	2.1	9.2	16.6	24.2	50.0	16.7
	아파트	5.0	18.5	18.8	37.7	75.0	25.0
	단독	1.2	4.5	14.9	16.1	35.5	11.8
	연립	0.7	10.9	19.2	26.9	57.0	19.0

자료 : 국토교통부, 통계청 통계자료 참조 및 재편집

[그림 8-4] 1988~1990년(재임 초기)의 주택 매매 가격 동향

(전국)

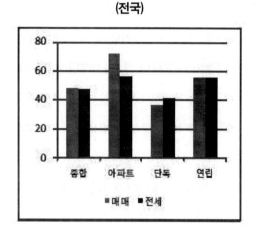

(서울)

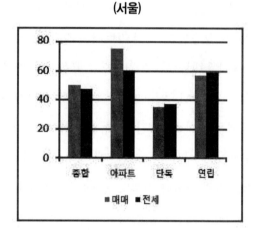

　　이렇게 공급, 조세, 거래 등 다방면으로 규제를 강화하였는데도 부동산 시장은 여전히 과열되어 있고 부동산 가격은 고공행진이었다. 그 어떤 정책도 먹히지가 않았다. 여전히 부동산 시장은 뜨거웠고 투기는 극성을 부렸다. 1990년도의 부동산 가격동향을 보면 전국 아파트 평균 매매가격은 32.4% 상승(서울지역은 37.7% 상승), 전세가격은 전국 아파트 평균 20.3% 상승(서울지역은 24.0% 상승)하였다. 토지가격은 16.9% 상승하였고 대도시는 이보다 훨씬 높았다([표 8-1] 참조). 정책이 시장에 전혀 반영되지 않았다. 이 정도면 부동산 시장은 한국 경제 · 사회의 '악(惡)'이었다.

[표 8-5] 1988~1990년(재임 초기)의 주택 전세 가격 동향

구분		87	88	89	90	누적	연평균
전국	종합	19.2	13.3	17.6	16.8	47.7	15.9
	아파트	22.6	13.7	22.2	20.8	56.7	18.9
	단독	18.6	13.3	14.7	13.7	41.7	13.9
	연립	18.1	11.7	21.9	22.5	56.1	18.7
서울	종합	18.3	7.0	23.9	16.1	47.0	15.7
	아파트	24.2	6.8	29.6	24.0	60.4	20.1
	단독	16.1	7.7	20.0	10.1	37.8	12.6
	연립	15.9	5.8	27.6	25.1	58.5	19.5

자료 : 국토교통부, 통계청 통계자료 참조 및 재편집

[그림 8-5] 1988~1990년(재임 초기)의 주택 전세 가격 동향

(전국)

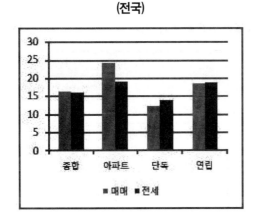

(서울)

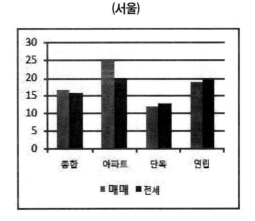

　　노태우대통령의 집권 초기 3년간의 부동산 가격 동향([표 8-4]~[표 8-6] 참조)을 보면 참으로 놀라지 않을 수 없다. 주택 매매가격은 서울 아파트 기준 75.0%(연평균 25.0%) 상승하였다. 거의 두 배에 이른다. 아파트 가격이 3년 만에 두 배로 뛴다는 것을 무엇으로 이해할 수 있겠는가. 주택 전세가격은 서울 아파트 기준 3년 누적 상승률 60.4%(연평균 20.1%)에 달한다. 토지가격은 아예 100%가 넘는 곳이 수두룩하다. 두 배가 된 것이다. 아무리 부동산 투기를 막으려 해도 도덕적, 법률적 외에는 막을 방법이 없다고 할 것이다. 경제적으로는 이렇게 높은 수익을 얻을 수 있는 방법이 없을 테니까. 이 정도 되면 부동산에 투자하는 국민들을 문제 삼을 것이 아니라 이런 환경을 만든 정부의 문제라고 인식하는 것이 올바른 판단이라 할 것이다.

노태우대통령의 부동산 규제는 더욱 확대된다. 부동산 및 전·월세 안정화 대책(1990년 2월 10일), 부동산 투기억제 대책(1990년 4월 13일), 부동산 투기억제와 물가안정을 위한 특별 대책(1990년 5월 8일) 등을 연달아 발표한다. 주된 내용은 등기의무화제도 시행, 기업들의 토지투기 근절책 등 다양한 조치들이었다. 등기의무제, 미등기전매금지, 토지신탁제, 종합토지세(모든 토지 소유자별로 합산 과세) 시행 등 대부분은 투기근절을 위해 기존 규제를 더욱 강화하거나 새로 도입한 대책 들이다. 특히 기업들의 토지 투기 억제 대책(대기업 토지 과다보유 억제, 재벌 비업무용 토지 과다 매각 검토 등)들은 기업을 토지 투기의 주범으로 보았다는 점에서 특이하다고 할 것이다. 이를 계기로 기업들의 무분별한 토지 매입은 상당히 진정되는 효과를 얻었기 때문이다.

[표 8-6] 1988~1990년(재임 초기)의 토지 가격 동향

지역	1987	1988	1989	1990	누적		연평균	
					4년	3년	4년	3년
서울	6.29	28.06	33.54	31.18	99.1	92.8	24.8	30.9
부산	46.5	35.25	17.49	15.82	115.1	68.6	28.8	22.9
대구	57.68	38.17	35.15	27.42	158.4	100.7	39.6	33.6
인천	6.9	16.11	46.72	29.14	98.9	92.0	24.7	30.7
광주	19.53	59.98	42.99	22.43	144.9	125.4	36.2	41.8
대전	3.6	16.48	20.83	17.89	58.8	55.2	14.7	18.4
울산	48.45	43.55	16	14.67	122.7	74.2	30.7	24.7
경기	10.08	22.08	48.03	22.03	102.2	92.1	25.6	30.7
강원	4.7	21.08	25.54	11.98	63.3	58.6	15.8	19.5
충북	7.75	13.31	16.11	11.48	48.7	40.9	12.2	13.6
충남	6.18	16.34	27.5	11.41	61.4	55.3	15.4	18.4
전북	15.12	27.07	29.68	10.84	82.7	67.6	20.7	22.5
전남	13.6	32.54	38.38	9.54	94.1	80.5	23.5	26.8

경북	16.65	22.64	19.8	13.32	72.4	55.8	18.1	18.6
경남	48.25	28.72	17.25	12.8	107.0	58.8	26.8	19.6
제주	8.13	31.23	41.9	8.45	89.7	81.6	22.4	27.2
전국	20.0	28.3	29.8	16.9	95.0	75.0	23.8	25.0

자료 : 국토교통부, 통계청 통계자료 참조 및 재편집

노태우대통령의 부동산 투기 근절 대책은 1991년 수도권 5대 신도시가 완성됨으로서 거의 마감을 하게 된다. 부동산 시장도 진정되기 시작한다. 1991년 부동산 가격 동향을 보면 주택 가격은 서울 아파트 기준 전년대비 4.4% 하락세로 반전된다. 전국적으로 대부분의 주택 매매 가격은 하락세로 돌아선다. 주택 전세가격도 서울 아파트 기준 4.6% 수준의 상승에 그친다. 그러나 토지가격은 여전히 13.0%의 상승으로 높은 편이었다.

[그림 8-6] 1988~1990년(재임 초기)의 토지 가격 동향

(누적)

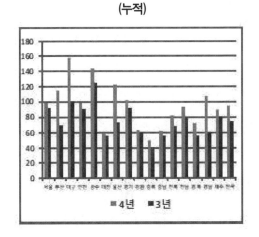

(연평균)

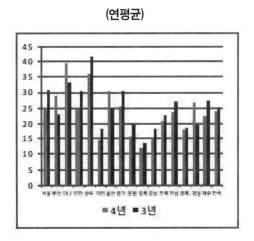

1992년은 노태우대통령의 집권 마지막 해이다. 노태우대통령은 취임 전부터 부동산 가격 이 상승세에 있었고 경제도 호황세에 있었기 때문에 취임과 동시에 부동산 투기와 일전을 가 질 수밖에 없었다. 그래서 취임 첫해인 1988년부터 부동산 규제정책을 강력히 전개했다. 그 럼에도 재임 중반기를 지날 때까지 도저히 잡히지 않던 부동산 시장의 과열 분위기가 1992년

이 되면서 확실하게 진정되었다. 주택 매매가격은 서울 아파트 기준 4.4% 하락하였다. 특히 토지가격이 전국 평균 0.7% 하락한 것은 토지투기에 대한 노태우대통령의 강력한 의지를 반영한 결과라고 할 것이다. 고공행진만 하던 토지가격이 마이너스로 돌아선 것은 대단한 성과였다고 할 것이다. 다만 전세가격은 서울 아파트 기준 10.3% 상승하는 등 여전히 불안한 분위기를 나타내었다. 이는 노태우대통령이 시행한 '전세기간 2년 제도'의 영향을 받은 첫 번째 해이기 때문으로 풀이된다. 이때부터 짝수에 해당되는 해에는 어김없이 전세가격이 상승한다는 패턴을 만들게 된다.

4. 토지 공개념 제도

물리적으로 토지는 증가하지 않는다. 이를 '부증성'이라 칭한다. 만약 습지를 매립하여 농지로 만드는 것을 토지의 증가라고 생각할 수 있지만 엄밀히 말하면 이는 증가가 아니라 용도의 전환에 속한다. 절대적인 기준으로는 증가할 수 가 없다(지구의 크기는 변하지 않는다. 다만 용도가 변할 뿐이다). 이렇게 한정된 토지(부증성)는 몇 가지 경제적인 문제를 안고 있다. 그 하나가 불로소득의 문제이다. 불로소득이란 노동의 투입 없이 얻게 된 소득, 즉 직접 일을 하지 아니하고 얻는 수익, 이자, 배당금, 지대(地代) 따위를 총괄적으로 지칭한다. 불로소득은 노동가치를 상실케 하고 부의 집중 또는 편중 현상을 가져오며 자원의 효율적 배분을 불가능하게 함으로서 시장 실패의 원인이 되기도 한다. 가격변화에 대한 공급변화는 둔감(비탄력적)하지만 수요가 조금만 변해도 시장가격은 크게 요동을 치면서 불로소득 효과는 커진다. 그래서 토지를 소유한 사람이 그렇지 않는 사람에 비해 훨씬 부의 축적이 용이하고 빨라진다. [그림 8-7]에서와 같이 토지는 공급의 한계 때문에 수요변화에 따라 불로소득의 발생은 필연적으로 나타나게 된다.

또 하나는 토지의 소유가 편중되었을 때의 문제이다. 만약 특정 집단이 모든 토지를 소유하게 되면 어떻게 될 까. 그 집단에 다른 모든 집단은 구속되는 결과를 가져온다. 그렇게 되면 그 자체가 권력이 된다. 이것이 과거 봉건사회인 것이다. 자유경제주의, 자본주의가 도입되면서 개인의 자산 소유권이 인정되었다. 토지도 개인의 소유권이 인정되어 보유, 거래를 자유롭게 할 수 있다. 문제가 토지가 극히 한정된 자원이라는 것이다. 증가하지 않기 때문에 비록 자유경제체제제하에서도 토지의 소유가 클수록 봉건체제의 부작용이 발생할 수 있다는 것이다.

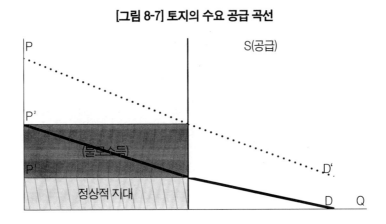

[그림 8-7] 토지의 수요 공급 곡선

토지공개념은 이 같은 사상적 배경 하에서 탄생되는 개념이다. 토지는 사유재산이지만 소유, 이용 및 거래 등을 할 때는 공적 재산의 개념을 부여하여야 한다는 점이다. 일반적으로 자본주의 경제에서는 소유권의 불가침을 인정한 기반 위에서 경제가 운용된다. 그런데 토지의 경우는 가용면적이 상대적으로 제한되고 토지소유와 토지를 사용하려는 욕구는 점차적으로 증가함으로써 공급이 언제나 수요에 미달할 가능성을 갖게 된다. 이에 따라 토지에 대한 투기현상이 존재한다. 이러한 문제로 인해 토지가 공공재(公共財)라는 생각에 바탕을 두고 기존의 토지소유권 절대사상에 변화를 가하는 개념이 토지공개념이다. 고전경제학자들은 토지의 사유권 보장을 비판하고 공공성을 강조하여 땅 주인이 받는 불로소득을 비판했고, 1919년에 제정된 독일 바이마르 헌법에서는 "토지의 경작과 이용은 토지 소유자의 공동체에 대한 의무다. 노동과 자본 투하 없이 이루어지는 토지 가격 상승은 전체의 이익을 위해 이용돼야 한다"고 밝히고 있다.

우리나라에서 이에 대한 본격적인 논의는 노태우대통령 재임 기간 동안에 전국적으로 불어

닥친 부동산 투기 열풍 때문이다. 당시는 심각한 지가상승으로 서민의 생활고를 가중시켜 부동산투기가 심각한 문제로 부각될 때였다. 이에 대해 정부와 국회는 1989년 정기국회에서 '택지소유에 대한 법률', '토지초과이득세법', '개발이익환수에 관한 법률' 등 토지 공개념 관련 3개 법률을 제정하였다.

'택지소유에 관한 법률'은 특별시와 광역시에서 개인 택지를 200평으로 제한해 초과한 땅에 대해 부담금을 물리는 '택지소유상한제'가 그 골격을 이룬다. 그리고 '토지초과이득세법'은 노는 땅의 가격 상승분에 최대 50%의 세금을 부과하는 내용이다. 또한 '개발이익환수에 관한 법률'은 택지·관광단지 조성 등 개발사업 시행자로부터 개발 이익의 50%를 환수하는 것을 골자로 하는 내용이다. 나중에 '토지초과이득세법' 및 '택지소유상한제' 등 두 법률은 재산권 침해 등의 이유로 위헌 또는 헌법불합치 결정을 받아 폐기된 바 있다.

토지 공개념 3개 법안은 노태우대통령을 대표하는 부동산정책이다. 역대 부동산정책에서는 찾을 수 없는 획기적인 개념이기도 하였다. 그 당시 토지 시장이 얼마나 투기화되었는지는 통계적으로 확인된 바 있다. 토지 공개념 제도를 도입함으로서 무분별한 소유와 개발을 억제하여 투기를 근절시키겠다는 의지를 강력히 내포하고 있는 것이다. 다행인지 불행인지 이 법이 시행된 직후, 노태우대통령의 임기 마지막 해인 1992년의 토지가격은 전국적으로 일제히 하락세(전국 평균 전년대비 상승률은 -0.7%이다)로 돌아서게 된다. 부동산 시장 과열화를 이끌면서 고공행진하던 토지가격이 급격히 하락하게 된 것은 그 당시 정부의 강한 의지에 있었다고 할 것이다. 그러나 부동산정책은 영원한 것이 없듯이 역사적으로 토지공개념은 후에 그 기능을 상실하거나 변질되어 무의미해지고 부동산 시장은 다시금 굴곡을 반복하게 된다.

5. 기업의 비업무용 토지

공개념 3개법의 효과 중 대표적인 것 중의 하나는 기업들의 부동산 전략을 전면 수정하게 만들었다는 점이다. 이전까지만 해도 기업들, 특히 재벌기업들은 부동산의 무분별한 매입과 보유가 주류를 이루었다. 우리나라 기업의 부동산 투기 행태는 거의 비슷하게 나타났다. 정부의 SOC 개발과 관련된 정보를 입수하게 되면(입수하지 않더라도) 토지를 집중 매입한다. 매입 당시 자기자본의 일부와 금융기관의 융자가 대부분의 구입자금이었다. 시간이 지나면(그리 많지 않지만) 그 토지가격은 급등하고(통계적으로 보면 3년 내에 2배가 된다) 그 차익은 커진다. 차익을 보고 매각하기도 하지만 그렇지 않는 경우에는 그 토지를 다시 담보화하여 금융기관으로부터 자금을 조달한다. 그러면 매입당시보다 2배나 더 빌릴 수 있게 된다. 담보가치가 2배가 되었으니까. 기업은 가만히 앉아서 토지가격 급등에 따른 차익과 자금조달 등 2가지 효과(그 이상도 가능)를 동시에 본다. 이런 패턴이 기업들의 부동산투기 형태이다. 이처럼 부동산 투자가 훨씬 수익이 높고 생산성이 크니 기업들의 경영철학이 R&D분야 등 건전한 경영활동 및 재무활동에 관심이 있었겠는가.

그런데 공개념 3개법 시행으로 이런 전략이 바뀐 것이다(다는 아니지만). 이 법의 시행 이후부터는 무분별한 보유보다는 개발을 위주로 부동산 전략을 바꾼 것이다. 그리고 수익성이 보장되지 않으면 매입을 자제하는 전략으로 바뀐 것이다. 특히 정부가 대기업의 토지투기를 자제해 달라고 여러 번 요청을 했고 1) 대기업 토지과다 보유 억제, 2) 재벌들의 비업무용토지 강제매각 검토(6개월 이내), 3) 기업 및 금융기관 신규 부동산 취득 억제 등의 조치를 취함으로서 법률적, 정치적, 그리고 분위기적으로 토지투기를 강력히 억제하였기 때문에 전략변경이 불가피해진 것이다.

문제는 기업들의 기 보유 토지에 대한 고민이었다. 과거 개발의 시대(토건시대)에 마구잡이 매입했던 토지들(대부분 임야가 많고 농림지역 또는 준농림지역 등에 속한 토지가 많았음)을 그냥 놔두면 비업무용으로 규정되어 중과세를 물어야 하고 팔자니 사겠다는 곳은 없으니(어쩌면 비슷한 처지였을 테니까) 그 대책이 난감하게 된 것이다. 그런데 노태우대통령의 부동산정책에 의해 그 해결책이 나오게 된다. 이른바 '준농림지역개발허용'이다. 이전까지 준농림지개발을 제한하던 정부는 토지공급확대라는 명분으로 준농림지역 개발 허용계획을 발표한다. 준농림지역이란 '국토이용관리법'으로 규정된 용도지역이다. 정부는 '국토이용관리법'을 개정하여 준농림지역의 개발을 일정한 조건과 절차를 거치면 전면 허용하게 된 것이다. 기업들이 보유한 토지가 대부분 준농림지역이 많았던 탓에 정부의 계획은 절호의 개발 기회가 된 것이다. 그렇게 되어 기업이 소유하고 있던 준농림지역의 토지는 보유도 아니고, 매각도 아닌 본격적으로 '개발사업'을 할 수 있는 기회가 된 것이다. 도심권에 있는 토지는 주택사업과 관련한 택지로 개발하게 되고 그 외 지역은 주로 스포츠, 레저, 관광단지 등으로 개발하게 된다.

1990년 이후 급격히 증가하는 리조트, 골프장 등은 이와 무관치 않다고 할 수 있다. 특히 노태우대통령은 당시 골프장을 무더기로 허가하여 기업들의 골프장 개발을 우회적으로 지원하는 효과를 냈다. 원래 골프장은 '환경평가 → 용도변경 → 사업승인' 등의 순서로 인·허가를 진행하는 것이 원칙이다. 그런데 당시 골프장 허가는 '사업승인 → 환경평가 → 용도변경'의 순서로 진행하게 된다. 승인부터 내주고 토지용도변경절차를 밟도록 한 것이다. 현재 영업 중인 우리나라 골프장 중 당시에 개업한 골프장이 수십 개에 달하는 것이 이를 대변한다고 할 것이다.

[표 8-7] 전국 골프장 현황

구분		서울	부산	대구	인천	광주	대전	울산	세종	경기	강원	충북	충남	전북	전남	경북	경남	제주	계
합계	소계	-	8	2	9	4	4	4	3	157	72	43	26	29	43	50	46	45	545
	회원	-	6	1	3	1	1	2	1	88	37	22	11	6	17	22	24	27	269
	대중	-	2	1	6	3	3	2	2	69	35	21	15	23	26	28	22	18	276
운영중	소계	-	7	2	6	4	3	4	2	137	52	36	19	23	34	40	28	40	437
	회원	-	5	1	2	1	1	2	1	82	25	18	9	5	13	18	19	25	227
	대중	-	2	1	4	3	2	2	1	55	27	18	10	18	21	22	9	15	210
건설중	소계	-	-	-	2	-	-	-	-	14	13	-	3	5	5	7	10	5	64
	회원	-	-	-	-	-	-	-	-	5	8	-	1	1	1	2	2	2	22
	대중	-	-	-	2	-	-	-	-	9	5	-	2	4	4	5	8	3	42
미착공	소계	-	1	-	1	-	1	-	1	6	7	7	4	1	4	3	8	-	44
	회원	-	1	-	1	-	-	-	-	1	4	4	1	-	3	2	3	-	20
	대중	-	-	-	-	-	1	-	1	5	3	3	3	1	1	1	5	-	24

자료 : 한국골프장사업협회, 2012년 12월 31일 기준

준농림지역 개발 허용 계획은 김영삼대통령 당시로 넘어와서 사회적 문제가 된다. 신도시 주변의 무분별한 택지개발의 원인이 되기 때문이다. 5대 신도시가 완성되고 그 지역의 수요가 증가하게 되니까 인근 지역으로 주택개발이 확산되는 현상이 나타난다. 그러나 신도시의 도시계획 밖에 해당되기 때문에 이는 신도시 계획과 무관하게 취급되어야 했다. 때문에 개별적인 개발사업으로 추진되어야 하는데 용도지역이 준농림지역이어서 쉽지가 않았다. 마침 준농림지역 개발 허용 계획이 발표되면서 신도시(특히 분당지역) 인근의 토지개발의 길이 열린 것이다. 김영삼대통령 재임 시 신도시 지역 인근에서 대규모로 이루어진 주택사업은 모두 이와 무관치 않다. 이는 신도시의 수요를 충족한다는 점에서 긍정적인 효과를 가져 왔지만 '난개발'이라는 부정적 효과가 더 커서 준농림지역의 폐지로까지 확대된다.

이처럼 노태우대통령의 준농림지역 개발 허용 계획은 토지 공개념 제도와 함께 토지 정책의 가장 대표적인 정책이다. 준농림지 개발정책은 토지의 공급을 늘려서 토지가격을 정상화하겠다는 점에서 출발했다. 명분과 취지는 호응을 얻었으나 결과적으로는 난개발양산이라는 불명예를 얻게 된다. 때문에 후에 '국토이용관리법'이 '국토의 계획 및 이용에 관한 법률'로 변경되는 원인을 제공하기도 한다. '국토의 계획 및 이용에 관한 법률'은 난개발을 방지하고 사전에 철저한 계획 하에 개발을 허용한다는 내용을 담은 법률이다. 결국 노태우대통령 집권 당시의 토지 가격 급등으로 인해 파생된 정책의 변화들이 발전을 거듭한 것도 있지만 돌고 도는 경우도 많다는 것을 보여준 사례들이라 할 것이다.

6. 수도권 5대 신도시 건설

신도시란 자연발생적으로 성장한 도시가 아니라 처음부터 계획적, 인공적으로 만들어진 도시를 말한다. 기존의 대도시에 의존적인 도시나 대규모 주택단지를 신도시에 포함시키기도 하지만, 엄격한 의미의 신도시는 생산, 유통, 소비의 기능을 고루 갖춘 경제적 독립도시(자족도시)를 뜻한다. 우리나라의 본격적인 신도시계획은 1960년대 이후에 시작되었다. 신도시의 개발 목적은 크게 1) 지역개발 차원에서 배후도시로 개발, 2) 서울의 도심기능 분산과 주택공급 확대, 3) 대도시 인구분산 및 지역개발의 수단, 4) 수도권 주택공급수단 등이다.

1960년대에는 공업단지 배후 신도시가 개발되었는데 그 성격은 산업기지 배후도시와 수도권의 과밀문제 완화를 위한 것이었다. 공업단지 배후도시로 건설된 최초의 신도시는 석유화학단지와 함께 조성된 울산 산업도시(1962년)이고, 1960년대 후반 서울시가 불량주택 정리방안의 일환으로 세운 광주주택단지(후에 성남으로 행정구역 개편)가 수도권 과밀문제 완화를 위해 추진된 신도시라 할 수 있다. 1970년대에 들어서면서 수도권 인구분산문제와 관련하여 계획적인 신도시 건설이 시작되었는데, 안산(반월), 창원, 과천 등이 여기에 해당된다.

1980년 12월 '택지개발촉진법'의 제정을 계기로 신도시 개발을 위한 공영개발이 활성화되었다. 1980년대에 들어서면서부터는 주로 수도권의 주택부족문제 해결에 초점을 맞추고 목동지구(1983년)나 상계지구(1986년)와 같은 도시 내의 대단위 신시가지(new town in town) 건설이 추진되었다.

1987년 노태우대통령(제6공화국) 출범 직후 정부는 선거공약으로 내걸었던 '주택건설 200만 호 개발계획'에 큰 비중을 두고, 서울 시내와 외곽 주택 공급에 치중했으나 원활히 이루어지지 않았다. 이에 정부는 개발제한구역 밖의 값싼 토지에 눈을 돌려 1989년 '수도권 5개 신도시 건설사업'을 발표하였다. 이에 따라 분당, 일산, 평촌, 산본, 중동 등 서울을 중심으로 반경 25 ㎞ 사이에 입지한 소위 주택도시(bed town) 성격의 5개 신도시 건설이 서둘러 추진되었다.[50]

제1기 신도시는 주택 214만 호를 공급하고서 1991년 8월에 완성되었다. 그 결과 주택보급률을 74.2%까지 끌어 올렸다. 1987년 기준 우리나라 주택 수가 645만 호 수준이었으니까 214만 호는 엄청난 공급규모(기존 주택의 33% 수준)였다. 그러나 '수도권 5개 신도시 개발'은 정부의 재정적 지원과 도시의 기능 및 환경에 대한 인식부족으로 너무 급속하게 진행되었다. 즉, 200만 채가 계획되고 입지 선정, 초기 입주까지 걸린 기간이 불과 5년 남짓이었던 것이다. 이 1기 신도시들은 1980년대 후반 진행됐던 수도권 주택가격 급등을 진정시키고, 주택 보급률을 70%까지 높이는 데 기여는 했으나, 단기간에 대규모 개발사업이 벌어지면서 자족기능을 갖

---

50) 『시사상식사전』 네이버지식백과, 재인용.

추지 못한 베드타운만을 양산한 문제점을 노출했다. 즉, 도시의 자족성이나 고용문제가 해결되지 못해 결국 수도권의 인구집중을 초래하였으며, 대부분의 신도시들이 전원적인 거주환경을 조성한다고 하였지만 실제로는 택지부족과 값싼 주택의 공급이라는 미명 아래 밀도를 너무 높게 책정함으로써 수준 높은 주거환경의 조성이 이루어지지 못했다.

[표 8-8] 5개 신도시 아파트 가격 비교

구분	위치	아파트 명	입주 시기	면적 (㎡)	최고가 (천원)	현재가 (천원)	비교 최고	비교 현재
분당	성남 분당동	샛별마을(라이프)	'92. 05	105.78	68,500	44,500	100	100
평촌	안양 평촌동	꿈마을(라이프)	'92. 11	105.78	61,000	41,000	89.1	92.1
일산	고양 백석동	백송마을(삼호)	'92. 12	102.47	44,000	29,250	64.2	65.7
산본	군포 산본동	한양 목련	'94. 10	105.78	40,000	28,500	58.4	64.0
중동	부천 중동	복사골 건영	'93. 12	109.09	30,000	28,000	43.8	62.9

자료 : 국민은행, 부동산 시세표(2014년 1월 17일 기준), 재편집(2014년 1월 23일)

[그림 8-8] 서울, 경기도 인구이동 비교

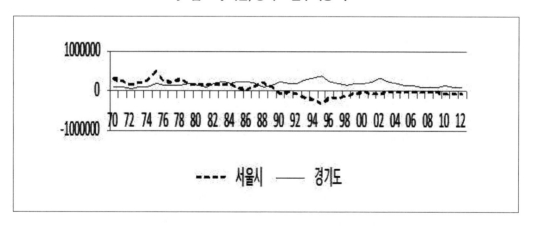

또한 제1기 신도시에 해당하는 5개 지역은 서울인구 분산효과를 가져올 수 있었으나 결과적으로는 도시의 규모만 확산하는 효과를 가져 오고 부동산 가격을 안정화시키지는 못한 것으로 나타났다. 건설 당시의 주택가격 안정화 효과는 엄청난 물량의 공급으로 인한 일시적

인 효과에 불과한 것으로 나타났다. [그림 8-8]을 참조하면 신도시가 완성된 1991년 이후부터는 서울지역 인구가 감소하고 경기지역 인구가 증가하는 것으로 나타난다. 서울 인구의 경기도 분산효과가 있었음을 의미한다고 할 것이다. 그리고 2002년 이후 또 한 번의 서울인구 경기도 분산 현상을 볼 수 있다. 이 시기가 노무현대통령의 제2기 신도시 개발 기간이다. 결과적으로 신도시 개발은 서울 인구의 분산효과가 확실히 나타났음을 볼 수 있다. 그런데 여기서 두 가지 특징을 얻을 수 있다. 하나는 인구분산 효과는 나타났지만 분산된 지역만큼 도시는 확대되었다는 점이다. 도시가 확대된 것이 나쁜 것은 아니지만 도시 기능이 분산되고 분산된 도시가 자족기능을 갖지 못할 때는 기존 도시의 확대가 된다. 이 경우에는 도시의 면적만 넓어질 뿐 기능은 그대로이므로 도심은 더욱 집중성을 갖게 된다고 할 수 있다. 따라서 늘어난 인구의 집중도는 높아지게 되고 그렇게 되면 도시의 편익은 개개인의 점유율이 낮아져서 장기적으로는 오히려 역효과가 나타난다고 할 것이다. 이를 두고 이러한 형태의 도시 확산은 행정구역만 다를 뿐 결과적으로는 기존도시의 확대라고 정의 하는 것이 맞다'고 할 것이다. 예를 들면 분당은 행정구역은 '경기도 성남시'이지만 '생활권은 서울 강남이다'라고 정의 할 수 있는 바, 서울 강남의 확대라고 보는 것이다.

또 하나는 부동산 가격의 상승문제이다. 신도시 개발의 목적이 당시 부동산 시장의 안정화였는데 2000년대 부동산 시장의 과열화, 특히 강남지역의 과열화가 다시 발생한 것은 결과적으로는 신도시 개발은 부동산 시장을 안정화하는데 단기적으로는 가능하지만 장기적으로는 그 효과가 나타나지 않았던 것임을 알 수 있다. 더구나 [표 8-8]을 보면 제1기 신도시 개발당시에는 5개 지역이 거의 유사한 수준의 분양가를 보였던 아파트 가격이 약 20년이 지난 이후에는 지역별로 큰 차이가 있음을 보여주고 있다. 이것은 신도시 5개 지역이 속해 있는 생활권의 기존 도시의 부동산 가격과 유사함을 보여주고 있다. 다시 말하면 해당 지역의 생활중심지역(분당=강남, 평촌=안양, 일산=고양, 산본=군포, 중동=부천) 부동산 가격이 기준 가격화되는 현상으로 나타난다고 할 것이다. 따라서 이는 기존 도시의 부동산 문제(가격, 수급, 환경 등)가 연장선으로 이어지고 있음을 의미하는 것이다. 이 같은 결론은 신도시 개발의 효율성 문제를 원점부터 검토해야 될 의미를 부여한다고 할 것이다.

7. '등기 의무제', '토지 신탁제' 시행

원래 우리나라에서는 부동산등기에 관한 사항을 규정하기 위하여 제정된 법률인 '부동산등기법(1960.1.1, 법률 536호)'이 있다. 이 법은 부동산과 관련된 권리인 '소유권·지상권·지역권(地役權)·전세권·저당권·권리질권(權利質權), 임차권의 설정·보존·이전·변경, 처분의 제한 또는 소멸 및 구분건물의 표시에 대하여 등기를 하게 되어 있다. 등기는 법률에 다른 규정이 있는 경우를 제외하고 당사자의 신청이나 관공서의 촉탁이 없으면 하지 못한다. 또, 등기는 등기권리자와 등기의무자 또는 대리인이 등기소에 출석하여 신청하여야 한다.

그럼에도 노태우대통령은 부동산 투기억제 대책(1990년 4월 13일)을 발표하면서 부동산 등기 의무제를 실시하며 토지신탁제도를 도입한다고 발표했다. 기존의 '부동산 등기법'이 있어 모든 부동산에 등기가 의무화되어 있음에도 부동산 투기억제 대책으로 부동산 등기 의무 제도를 도입하겠다고 하는 배경에는 부동산 등기법이 있음에도 부동산 등기가 제대로 되어 있지 않다고 판단했기 때문이다. 좀 더 자세히 설명하면 부동산 등기는 되어 있되 거래관계에 대한 등기가 되지 않은 상태가 많다는 것이다. 첫 번째는 실제 소유자의 명의로 등기가 되어 있지 않는 경우가 많고 두 번째는 이들이 거래한 연후에도 실지 명의로 등기하지 않은 채 다시금 거래 되는 행위가 반복되는 것이 관례로 자리 잡고 있었기 때문이다. 첫 번째는 차명등기이고 두 번째는 미등기전매행위를 말한다. 그렇다 보니 부동산이 거래되고 권리가 변경되는데도 등기상에 전혀 반영이 안 된다. 결과적으로는 거래상 발생하는 세금도 발생하지 않음으로서 세금포탈까지 이어지게 된다는 것이다. 이런 행태가 만연되어 있고 이것이 곧 부동산 투기의 온상이 되며 근본적인 투기의 동기이자 뿌리라고 본 것이며 사회적 악이라고 판단한 것이다

그래서 노태우대통령은 '부동산등기특별조치법'을 제정(1990.8.1, 법률 제4244호)하여 부동산 거래에 대한 실체적 권리관계에 부합하는 등기를 신청하도록 조치함으로서 건전한 부동산 거래질서를 확립하고자 했던 것이다. 이 법의 시행과 더불어 미등기 전매 행위도 전면 금지된다. 이 제도는 한편에서는 환영을 받고 다른 한편에서는 비투기성 토지인 농지, 임지에 대해서는 가혹하다는 비판을 듣지만 모두 포함하는 것으로 추진된다.

또 하나 시행한 것은 토지신탁제도이다. 토지신탁(land trust, 土地信託)이란 토지의 관리 또는 처분을 목적으로 하는 신탁업무를 말한다. 신탁회사, 즉 수탁자는 토지의 소유자로부터 위탁을 받아 토지의 소유자를 대신하여 지대(地代)의 징수나 토지의 매각 등의 업무를 대행하고, 그 대가로 신탁회사는 토지소유자로부터 수수료를 받는다. 토지의 관리·처분에는 특수하고 전문적인 지식을 요하는 일이 많기 때문에 신탁업무가 존재한다.

당시 정부 관계자는 "현행 공영개발방식만 가지고는 택지 공급에 한계가 있다고 보고 이 제도를 시행하게 되면 땅 주인들이 지금보다 훨씬 유리한 입장에서 보상과 개발이익을 받을 수 있기 때문에 개발사업에 따른 집단민원 해소는 물론 택지공급 등을 획기적으로 늘릴 수 있게 될 것"이라고 밝힌 바 있다.[51] 이렇게 해서 우리나라에 부동산 신탁회사가 등장한다. 현재 (2013년 12월 31일 기준) 우리나라에는 11개의 부동산 신탁회사가 있다(표 8-9 참조). 그런데 정부의 의도대로 신탁제도가 택지공급을 획기적으로 늘렸느냐는 점에서는 회의적이다. 부동산 신탁회사는 초기에는 거의 관리신탁에 치우쳤고 현재도 개발신탁이 가능한 회사는 일부에 지나지 않는다. 신탁회사가 대규모 토지개발을 직접 시행하는 경우는 드물다. 단지 주택건설 사업 등 건축사업 중심으로 개발사업에 참여하는 정도이다. 더구나 초기에 일부 신탁회사는 경영부실로 인해 경영권이 양도되기도 하였다. 신탁제도가 부동산 과열화를 규제하기 위한 방책은 아닌 다른 차원에서의 정책이었다고 해석할 수 있다.

[표 8-9] 부동산 신탁회사 현황

(단위 : 억원, %)

연번	회사명	수탁고(조원)	영업수익	당기 순이익	총자산	자기자본
1	한국토지신탁	8.9	1,161	463	5,722	3,205
2	KB부동산신탁	19.0	520	215	2,016	1,662
3	대한토지신탁	10.1	446	67	1,767	1,301
4	하나다올신탁	16.3	295	91	931	780
5	한국자산신탁	16.2	390	128	1,925	1,254
6	아시아신탁	15.4	237	49	310	234

---

51) 『매일경제신문』, 1990.04.12 기사 참조.

7	코람코자산신탁	10.4	409	51	1,486	874
8	생보부동산신탁	6.1	150	11	698	649
9	국제신탁	5.5	151	28	288	188
10	무궁화신탁	7.6	72	8	159	117
11	코리아신탁	5.4	95	21	151	114

자료 : 금융감독원, 2012년 회계연도(2012년 1월 1일~2012년 12월 31일) 기준

8. 전세 기간 2년제 시행

우리나라에서 통용되는 부동산 임대방법은 전세, 월세, 보증부 월세, 삭월세 등으로 나뉜다. 전세(傳貰)란 전세금을 지급하고 타인의 부동산을 용도에 따라 사용·수익하는 관계를 말한다.[52] 다시 말하면 부동산의 소유자에게 일정한 금액을 맡기고 그 부동산을 일정 기간 동안 빌려 쓰는 일을 말하며 그때 맡긴 돈을 전세금이라 하며 부동산을 돌려줄 때는 전세금의 전액을 되돌려 받는다. 또한 전세에 대한 권리를 전세권이라 한다. 전세권이란 전세금을 지급하고 타인의 부동산을 점유하여 그 용도에 따라 이를 사용·수익하고, 그 부동산 전부에 대하여 후순위권리자(後順位權利者), 기타 채권자보다 전세금의 우선변제를 받는 특수한 물권을 말한다. 임대차와 유사한 계약으로 관행되어 오던 '전세'에 대하여 '민법'이 이를 물권화한 것이고, 그 법적 성질은 용익물권(用益物權)과 담보물권(擔保物權)의 성질을 겸유하고 있는 점에서 다른 물권과 구별된다.

월세는 매월 일정금액의 임차료를 지급하는 방법이며, 보증부월세는 일정금액을 계약기간 동안 임대인에 맡겨두고 매월 임대료를 별도로 지급하며 계약기간이 끝나면 맡겨 놓은 금액을 되돌려 받는 방법이다. 전세와 월세의 혼합방식이라 할 것이다. 그리고 삭월세는 일정기간의 임대기간 동안 내야할 월세를 계약초기에 한꺼번에 지급하는 방법이다.

전세제도는 세계에서 유일하게 우리나라에서만 찾아볼 수 있는 제도라고 알려져 있다. 전

---

52) 네이버백과사전, 2012.04.26 검색.

세제도를 선호하는 이유는 아무래도 전세금의 저축성 때문이 아닐까. 반대로 월세는 소비성을 갖고 있기 때문이다. 노태우대통령 재임기간 동안 전세가격은 72.27%(누적), 연평균 14.4% 상승하였다([표 8-5] 참조). 이는 당시 동 기간 동안의 물가상승률(7.4%)의 2배에 해당한다. 특히 1989년(29.6% 상승)과 1990년(29.0% 상승)은 각각 연간 30%에 육박한 상승률을 보여 주고 있다. 당시 무주택 서민들이 얼마나 힘들었을지 이해되는 대목이다.

주택 전세가격이 급등하게 되면 첫째 거래의 왜곡현상, 둘째 가격의 거품현상, 셋째 서민의 주거불안정, 넷째 국민경제의 악영향 등 그 부작용이 연쇄적으로 나타난다는 특징이 있다. 더욱 중요한 것은 주택 전세가격의 급등이 주택 매매가격의 상승으로 연결될 수 있다는 점이다. 이런 이유 때문에 주택전세가격의 급등은 정치·경제·사회적으로 중요한 쟁점이 된다. 주택 전세가격의 상승원인은 첫째, 시장의 본질적인 특성, 특히 주택 수요는 현시적인데 비해 공급은 미시적이라는 점 때문에 항상 공급이 수요에 미치지 못한다는 점이다. 둘째는 현재 시장에서의 주택 전세 수요·공급의 불균형 때문이다. 이는 절대적인 임대수요자를 말한다. 근본적인 임대주택 공급 부족 현상에서 나타난다. 이 불균형이 해소되지 않는 한 주택 전세 문제는 항시적으로 나타날 수 있는 것이다.

장기적으로 전개되는 수급 불균형에 따라 공급을 통한 시장안정화에는 한계가 있다. 단기적 대응을 선행하고 장기적으로 공급을 늘리는 방법이 선택 가능할 것이다. 그래서 단기적인 정책방향으로 전세 계약기간을 의무적으로 연장하는 방법이 필요해진 것이다. 이것이 전세계약 2년제 시행의 배경인 것이다. 그리하여 1989년 개정된 특별법인 '주택임대차보호법'에서 임대차의 기간을 2년으로 정하게 된 것이다. 이 밖에도 정부는 '민법' 개정(1984년) 시에 이용권의 강화 및 전세금반환의 확보를 위하여 전세금의 우선변제권을 명시하고, 건물전세권의 최단존속기간을 1년으로 하며 법정갱신제도를 신설하는 한편, 전세금의 증감청구권을 신설하고 그 증액청구는 대통령령이 정하는 비율을 넘지 못하도록 하였다.

주택 전세 공급자는 세 가지 유형으로 구분할 수 있다. 첫째는 국가 또는 지방자치단체 등 공공기관에서 제공하는 임대주택이 있고 둘째는 민간 건설 및 시행업자가 제공하는 민간임대주택이 있으며 셋째는 민간이 기존의 보유 주택을 가지고 임대를 공급하는 민간 임대공급자가 있다.

그리고 공급방법으로는 신규공급과 기존주택의 공급 등 2가지가 있다. 신규공급은 정부, 지자체 등 공공기관이 신규 건설 공급하는 공공임대주택이 대부분이다. 민간 건설 및 시행업자가 공급하는 신규 민간 임대주택은 '사업성 여부' 때문에 특정업체를 제외하고는 사업추진을 꺼리는 입장이다. 기존주택의 임대주택 공급 형태는 우리나라에서 시행되는 가장 대표적인 유형이고 대부분 기존 주택의 임대방법이 이용되고 있다.

전세난이 발생하면 정부는 신규공급의 물량을 확대하겠다는 계획을 발표하지만 실효성이 떨어졌다. 왜냐하면 신규 임대주택의 공급은 주택을 완성하여야 공급이 가능하기 때문에 실질적으로 공급이 가능한 시점까지는 많은 시간과 비용을 필요로 하기 때문에 현 시점에서의 수급불균형을 해소하기에는 시기적으로, 물량적으로 한계가 있다고 할 수 있다.

기존 주택의 임대주택 공급형태는 전세난을 해소하는데 시기적으로 가장 적절한 방법이 된다. 현 시점에서 언제든지 서류상의 계약 등으로 곧바로 공급이 가능하기 때문이다. 그러나 기존주택을 보유하고 있는 다주택보유자가 공급자의 지위에 있고 이들은 전세 수요자에 비해 많지 않다는 점에서 문제가 있다. 이런 의미에서 다주택보유자는 주택 전세시장에서 절대적인 공급자의 지위를 갖게 된다.

『한겨레신문』 보도내용[53]에 의하면 다주택보유자는 16%이며 무주택는 50%이다. 결과적으로 16%의 소수가 50%의 다수의 주거문제에 대한 가격결정권을 가졌다고 볼 수 있다. 결국 다주택보유자들의 의사와 태도에 의해 주택 전세시장의 수급과 가격의 변동이 결정되게 된다. 이런 의미에서 우리나라 주택 전세시장은 본질적인 구조적 한계를 가지고 있다고 할 것이다.

주택 전세시장에서의 공급형태는 장기적으로는 신규공급을 통한 수급불균형 해소가 필요하지만 단기적으로는 기존주택을 보유한 다주택자가 공급하는 방법이 현실적이다 할 것이다. 전세난 해소를 위해서는 다주택보유자에 대한 정책방안이 절대적으로 필요한 이유이다.

주택 전세가격의 상승원인은 수요·공급의 불균형이 제1의 원인이라 할 것이다. 이에 대응하는 정책으로 공공임대주택의 공급, 전세가격 상한제 도입, 전세 계약기간을 현행 2년에서

---

53) 『한겨레신문』, 2003. 11. 24 기사 참조.

그 이상으로 연장, 전세금에 대한 소득공제 및 임대소득세 부과 등 다양한 방안이 제시되고 있다. 그러나 이러한 방안들이 근본적인 수요·공급의 불균형을 해소하는 데는 현실적으로 불가능하다고 할 것이다. 이런 방안들이 전세난이 발생할 때마다 매번 등장하는 것도 근본적인 문제 해결책이라기보다는 임시방편적인 대안이라 할 수 있다.

단기적이며 현실적으로 수급균형을 유지하는 방법은 다주택보유자들의 태도와 의사결정에 달려 있다고 보아야 한다. 다수의 주택보유자들은 두 가지 관점에서 전세가격의 상승을 결정한다고 할 수 있다. 첫째는 임대수익을 기대하는 것이고 둘째는 주택 보유를 통해 기대되는 매매차익이 수준 이하일 때 이를 보충하는 개념으로 전세가격의 상승을 결정하는 것이라 할 것이다. 특히 주택시장이 침체기에 있을 때 주택 거래가 담보상태가 되면 주택구입시 소요된 경비 및 자금조달비용(이자) 등이 부담이 되는 다주택보유자들은 이의 해소방법으로 주택 전세가격을 상승시키려 하기 때문에 주택 전세수요자들이 이런 비용까지 부담해야 되는 상황이 지속된다는 점에서 문제라고 할 수 있다.

시장은 국민경제의 원천이며 시장의 기능은 '거래'에 있다. 거래가 상실된 시장은 기능이 마비된 상태이며 이는 국민경제가 마비되는 개념과 같게 된다. 따라서 거래의 활성화는 모든 경제정책의 기본이 되어야 할 것이다. 가격이 내려가든 올라가든 거래는 활성화되어야 한다. 그래야 시장의 기능이 살아나고 경제가 활성화되는 것이다. 특히 주택시장의 구조적인 특징인 소수의 다주택자들이 다수의 전세 수요자들에게 절대적인 지위를 갖는 상황에서는 다주택자들의 주택에 대한 기대에서 탈출구를 찾을 수 있도록 환경조성이 되지 않으면 주택 전세가격의 상승에 대한 근본적인 해결방법을 찾기가 쉽지 않을 것으로 보인다. 다주택보유자들에게 거래가 활성화될 수 있는 기회를 제공함으로서 주택 매매에서 기대할 수 없는 수익을 주택 전세가격으로 전환하는 문제를 차단할 수 있도록 하여야 할 것이다.

거래의 활성화는 세제 및 금융정책에 있다고 할 것이다. 우선 거래세를 낮추고 보유세를 높이는 방안이 필요하다고 본다. 거래세만 낮추면 오히려 거래 활성화에 따른 매매차익의 증가라는 기대치에 따라 다주택보유자들은 주택을 매각하지 않을 수 있다. 따라서 상대적으로 보유세를 높여야 한다고 본다. 그러면 다주택을 보유하는 자체가 부담이 될 수 있기 때문이다.

9. 종합토지세 시행

종합토지세는 노태우대통령이 부동산, 특히 토지시장의 과열화와 투기를 근절하기 위한 대책으로 시행했던 조세제도이다. 종합토지세(綜合土地稅)는 개인이나 법인이 가지고 있는 전국의 모든 토지를 소유자별로 합산하여 소유하고 있는 토지의 금액에 따라 누진세율로 과세하는 세금으로서 지방세이다. 모든 토지가 과세대상이며, 토지를 사실상 소유하고 있는 자를 납세의무자로 하여 과세하는 지방세이다. 전국에 있는 모든 토지를 소유자별로 합산한 다음, 그 합산한 토지가액(土地加額)에 누진세율을 적용하여 산출한 세액을 토지의 소재지인 관할 시·군에 납부한다(지방세법 234조 8~10항).

종합토지세는 1989년 5월 지방세법 개정으로 신설돼 1990년 1월 1일부터 시행됐다. 땅을 많이 가진 사람에게 땅에 대한 세금부담을 늘려 토지의 과다보유를 억제하고 토지투기를 통한 불로소득을 막아 지가안정과 과세형편을 추구하기 위해 마련됐다. 토지를 사실상 소유한 자에게 부과하는 조세로 1990년부터 2004년까지 시행되었으나 2005년에 종합부동산세가 신설(2005년 1월 지방세법 개정)되면서 폐지되었다.

노무현대통령의 '종합부동산세'는 이렇게 노태우대통령의 '종합토지세'에서 출발한 것이었다. 노무현대통령과 노태우대통령의 부동산정책은 유사한 점이 많다. 첫째는 출범 당시부터 부동산 시장이 뜨거웠다는 점이다. 때문에 취임 당시부터 강력한 부동산정책을 추진하게 되었다는 점이 두 번째이다. 세 번째는 취임 때부터 퇴임 때까지 재임기간 동안내내 끝까지 규제정책 일변도였다는 점이다. 네 번째는 조세정책 즉, 종합토지세 신설, 종합부동산세 신설 등 조세를 신설하였다는 점이다. 조세는 성격상 한 번 신설되면 폐지되지 않는 다는 속성이 있다. 완벽하게 조세의 필요성이 사라졌거나 대체조세제도가 신설되어야만 폐지되는데 현실적으로는 그런 현상을 찾기가 어렵다. 따라서 여러 정책 중에서 조세정책의 신설은 그만큼 이해관계가 넓고 저항이 크다고 할 수 있다. 그럼에도 부동산시장의 과열화라는 명분으로 조세를 신설했다는 점이 다섯 번째 유사점이다. 그리고 대책으로 신도시 건설을 추진했다는 점도 여섯 번째 유사점이다. 노태우대통령의 제1기 신도시 사업과 노무현대통령의 제2기 신도시

사업이 그것이다. 즉 공급확대를 추진한 것이다.

두 대통령의 정책 중 다른 점은 첫째, 토지에 비중을 더 준 노태우태통령과 주택에 비중을 더 준 노무현대통령이란 차이점이다. 이는 당시의 부동산 시장이 그러했기 때문이다. 두 번째는 두 대통령 모두 강력한 규제정책을 펼쳤는데 노태우대통령은 집권말기에 시장을 안정화시켰다는 점인데 반해 노무현대통령은 결국 안정화되지 않은 채 임기가 끝났다는 점이다. 그리고 세 번째는 노태우대통령은 부동산 전반(주택 매매 및 전세시장, 토지시장)에 걸친 반면 노무현대통령의 집권기간에는 주로 주택매매시장이 과열화되었던 점이다.

이처럼 두 대통령의 유사한 부동산정책은 결국 반복적이라는 특징을 갖게 된다고 할 것이다. 노태우대통령과 노무현대통령은 임기기간이 약 15년의 터울을 가진다. 그 기간 동안 우리나라 부동산 시장은 엄청 커진다. 주택보급률도 70%대에서 100%대로 확대된다. 그럼에도 부동산 시장의 과열화, 투기화를 걱정해야하고 강력한 규제정책을 펼쳐야 한다는 사실은 부동산에 대한 본질적인 접근이 필요함을 시사하는 것이라 할 것이다. 다시 노무현대통령 재임 15년 뒤의 모습은 부동산 투기근절책이 주류를 이루게 될 것이라 걱정되기 때문이다. 특히 걱정을 심한 이유는 그 정책이 그 정책이라는 점이다. 보완, 수정될 뿐 정책 또한 반복적으로 전개된다는 것은 기존 정책의 실효성이 단기적이거나 언제든지 보완이 필요한 미완성이거나 하기 때문이다. 영원한 정책은 있을 수 없지만 마치 창고에 쌓아두고서 수시로 꺼내 쓰는 정책이라면 국민이 실망하기 때문이다.

10. 특징 : 투기와의 전쟁

노태우대통령의 부동산정책을 한마디로 표현하면 '토지투기와의 전쟁이다'라고 할 것이다. 당시 토지가격이 무차별적으로 올랐기 때문에 더 이상의 방치는 어렵다고 판단했었다. 물론 주택정책도 강력한 규제정책이었다. 그러나 주택은 대규모 공급(신도시 200만 호, 당시 전체 주택의 33% 수준)정책이 주효를 한 반면 토지는 주택보다 더 심각했기 때문이다.

또 하나의 특징은 경제적 환경이 호황기 상황이었다는 점이다. 이 점에서는 경제적 환경이 좋지 않던 상황에서 부동산 가격이 올랐던 김대중대통령과 노무현대통령 재임시기와 다른 점이다. 경기가 호황이면서 가격이 오르면 인플레이션의 문제로 접근하면 되지만 경기가 불황인데 가격이 오르면 스태그플레이션으로 접근해야한다. 인플레이션보다는 스태그플레이션이 더 어렵고 답이 궁하다.

세 번째는 대규모 신도시 건설을 가장 단기적으로 완성하였다는 점이다. 당시 기존 주택의 33%의 물량이면 엄청난 규모이다. 이런 일이 가능한데는 택지개발촉진법의 역할도 컸다고 할 수 있다. 택지개발촉진법은 1980년 12월에 제정된다. 특정지역의 토지가 택지개발예정지역으로 지정되면 이 토지에 적용되던 도시계획법 등 여러 법률의 적용이 일시적으로 효력 중단된다. 또한 일괄매수가 가능(강제수용)해 대규모 택지 개발을 용이하게 했다. 때문에 대규모 주택건설을 가능케 했으면 주택공급량을 늘릴 수 있었다. 단, 이 법은 일방적인 부분이 있어서 재산 침해나 도시자연환경 및 미관을 해치는 부작용을 가지고 있었다. 노태우대통령은 신도시 건설로 인해 주택보급률을 70%대로 증가시키는 결과를 가져왔고 집권 후반기의 부동산 가격 안정화를 이루는 계기를 만들었다.

여느 대통령도 비슷하지만 부동산 시장이 과열된 상태에서 노태우대통령의 부동산정책도 1) 공급확대, 수요억제, 2) 조세 강화, 3) 금융 강화 등으로 요약된다. 공급확대정책은 신도시 건설, 준농림지개발허용 등 두 가지가 대표적이다. 신도시 건설은 주택보급을 증가시켰고 준농림지개발확대는 민간 토지개발의 길을 열었다. 특히 준농림지 개발정책은 골프장, 리조트 시설 등의 확대는 물론 민간 택지개발사업도 확대되는 기회가 되었다.

수요억제 정책으로는 기업들의 토지수요를 억제하는 효과가 컸다. 특히 토지 공개념 3개 법안의 신설을 통해 기업들의 무분별한 토지 투자에 경종을 울리는 계기가 되었다. 수요억제의 수단으로 조세 정책의 강화를 들 수 있다. 초과토지이득세, 비업무용토지 중과세, 개발부담금제도, 종합토지세 신설 등이 그것이다. 단순히 세율을 올렸다 내렸다하는 소극적 방식이 아니라 조세의 신설을 통한 규제 강화라는 적극적 방식을 택한 것이다.

그래서 집권 후반기에는 부동산 시장이 안정화되지만 취임 초기의 과열된 시장은 노태우대통령의 초기 부동산 규제강화라는 정책입안의 배경이 된다는 점에서 주시할 필요가 있다. 왜냐하면 초기부터 규제중심의 정책을 편 노태우대통령의 부동산정책이 시장에서 그 효과가 나타난 시점은 집권 후반기에서였다는 점에서 부동산정책이 시장에서 그 효과가 나타나는 시점은 3년 정도 지나야 가능하다는 사실이다. 이는 그 뒤의 다른 정부에서도 비슷하게 나타난다. 따라서 부동산정책의 시행시점과 효과가 나타나는 시점 사이의 간극을 어떻게 이해할 것이냐는 문제가 중요해진다고 할 것이다. 부동산 시장의 이해관계자들은 이러한 간극이 하나의 패턴이 되어 시장에 나타남으로서 시상의 환경변화가 자연스럽게 일정한 주기를 형성하게 된다는 것을 알게 된 것이다.

제9장

전두환대통령과
부동산정책

1. 제5공화국 탄생과 경제 안정

　전두환대통령은 제4공화국에서 출발한다. 당시(1980년) 대통령이었던 최규하대통령이 하야(1980년 8월 15일)를 발표함에 따라 기존 헌법(제4공화국 헌법)에 의거 제11대 대통령을 선출하게 되었다. 기존의 헌법에는 대한민국 대통령을 통일주체국민회의에서 선출(간접선거)하도록 되어 있었다. 전두환대통령은 이에 단독으로 대통령 후보에 출마(8월 27일)하고 통일주체국민회의 대의원 총회(8월 29일)에서 대통령으로 선출되어 대한민국 제11대 대통령으로 취임(9월 1일)한다. 이후 '연좌제'를 폐지(9월)했고, 야간 통행금지와 심야영업 금지[54]를 해제하였으며 비리 정치인 정치활동 금지법 발표와 함께 정당해산령(10월 17일)을 선포하는 등 정치·사회적인 개혁을 시도하였다.

　그리고 기존 헌법을 개정, '대통령은 '7년 단임제'로 하고 '선거인단(간접선거)'에 의해 선출한다'는 내용의 새로운 헌법을 제정, 공포(제8차 개정, 1980년 10월 27일 공포)한다. 이것이 '제5공화국 헌법'이다. 제5공화국 헌법의 공포에 이어 전두환대통령은 '정치풍토쇄신법'을 제정(1980년 11월 3일)하였다. 제5공화국 헌법에 따라 전두환대통령은 제12대 대한민국 대통령 선거에 출마하여 선거인단의 90%에 육박한 지지(1981년 2월 25일, 장충체육관)를 받고 제12대 대통령에 당선, 취임(1981년 3월 3일)한다.

　전두환대통령은 제4공화국의 대통령에 취임했으나, 주요 정책들은 제5공화국 시절에 펼쳤기 때문에, 일반적으로 그는 제5공화국 대통령으로 분류된다. '제5공화국' 시절 그는 당시 헌법의 주요 정책 강령으로 '정의사회구현', '복지사회건설'을 구호로 내걸었다. 재임 기간 동안 물가안정, 범죄 소탕, 경제 성장, '1988년 하계 올림픽(88 서울 올림픽)' 개최 준비 성공, 무역흑자 달성 등을 이룩했다는 경제적인 평가를 받는 대신. 다른 한편(정치·사회 등)으로는 반대파 억압 및 인권 유린 등으로 국민과 민주화 운동가들에 의해 군부독재자라는 비판을 받았다.

　한편, 전두환대통령은 12대 대통령 취임 후에 박정희 정권과 거리를 두었다. 박정희대통령과의 차별성을 부각시키기 위하여 그는 헌법에서 소위 '5·16 혁명정신'에 관련된 사항을 삭

---

54)　후에 야간 범죄가 증가하여 다시 금지함

제했다.[55] 박정희 정권에서 시행한 통행금지령을 폐지하고, '통일주체국민회의'를 폐지함과 동시에 7년 단임제를 주장하기도 했다. 그러면서 경제정책은 박정희대통령 정부에서 추진하던 '경제 개발 5개년 계획'을 수용하였다는 점이 특이하다.

1978년 이후 세계경제는 제2차 원유파동(산유국들의 원유가 인상)으로 어려운 환경에 처해 있었고 우리나라도 성장은 침체되고 물가는 상승하는 국면에 처해 있었다. 1980년 경제성장률은 -3%, 물가상승률은 40%, 유가는 50% 상승하는 등 경제상황이 크게 악화된 상태였다. 이에 제5 공화국은 '안정 · 자율 · 개방'이라는 경제 키워드를 제시했고 특히 안정에 중점을 둔 경제정책을 펼쳤다.[56] 전두환대통령의 경제정책은 처음부터 끝까지 '안정정책'에 중점을 두었다. 통화량을 축소하고 금리를 인상하여 물가안정을 취한 것이 가장 대표적인 형태이다. 특히 환율을 $당 580으로 고정하는 '고정환율제'를 채택 하였다. 이의 결과 경제성장률이 연간 10%(1983년)를 상회하는 경제적 안정과 발전을 가져왔다. 그러나 '고정환율제'는 대외 경쟁력을 악화시키는 결과가 되어 오히려 수출부진을 가져왔다. 당시 제조업의 재고율이 20%를 상회하는 수준이 되었다. 경쟁국인 일본은 고환율정책을 펼치는데 우리나라는 저환율정책을 펼침으로써 일본 등 경쟁국들에게 경쟁력에서 뒤진 것이다. 이에 '환율정책'을 수정하여 $당 790원까지 확대하였다.

그러나 우리나라의 경제위기를 극복하게 해 준 것은 '플라자합의'[57]였다. 플라자합의(1985년 9월 22일, 미국 뉴욕 플라자 호텔)에서 미국은 각국의 환율에 불만을 나타내며 거의 반 강제로 평가절상을 유도하게 된다. 그 결과로 우리나라는 자연스럽게 '환율 경쟁력'을 확보하게 되고 다시금 호황기에 접어들게 된다. 전두환대통령의 재임기간(8년)을 포함 약 10년간(1979년 대비 1988년)의 경제상황을 비교하면 연평균 경제성장률이 10%를 초과했으며 1인당 GNP는 1,546$(1979년)에서 3,728$(1988년)으로 크게 증가했다. 수출은 41.5억$ 적자(1979년)에서 138억 $ 흑자(1988년)를 기록하였다. 물가상승률은 연간 44%(1980년)에서 연평균 2.7%(1983년~1987년)

---

55) 『반동적 근대주의자 박정희』, 전재호, 책세상, 2000, 112~113쪽. 네이버 백과사전, 재인용.
56) 당시 경제수석이 된 김재익의 경제관을 그대로 받아들였다.
57) 플라자합의(Plaza Accord) : 미국의 달러화 강세를 완화하려는 목적으로 미국, 영국, 독일, 프랑스, 일본의 재무장관들이 맺은 합의이다. 주요내용은 일본의 엔화와 독일의 마르크화의 통화가치 상승을 유도하고, 이 조치가 통하지 않을 경우 각국 정부의 외환시장 개입을 통해서라도 이를 달성한다는 것이었다. 이 합의는 강력한 정치적 · 군사적 파워를 행사하던 미국의 주도로 이루어진 것으로, 당시 쌍둥이 적자(재정과 무역에 있어서의 적자)에 허덕이던 미국이 자국의 수출경쟁력을 높이고 무역수지 적자를 개선하기 위해 달러화 가치를 하락시키려는 목적이 있었다.

를 기록하여 매우 안정된 상태([그림 9-1] 참조)를 보여주었다. 이 같은 결과는 당시 '플라자합의'
의 영향이 무척 컸음을 부인할 수 없다고 할 것이다.

[그림 9-1] 물가상승률

(연도별)

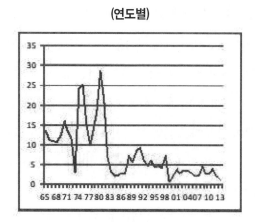

(제5공화국)

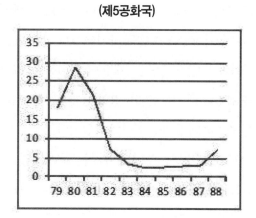

2. 1, 2차 원유파동과 부동산 시장

전두환대통령이 집권한 1980년대 초반은 1970년대에 발생한 두 차례의 오일쇼크(원유파동)
의 영향권에 있었던 시기이다. 제1차 오일쇼크(oil shock, 1973년)[58]가 발생하자 세계경제는 극
심한 침체에 빠졌다. 우리나라 경제도 제1차 오일쇼크가 발생하자 경제침체에 빠지고 만다.
1차 오일쇼크 당시의 물가상승률을 보면([그림 9-2] 참조) 3.2%(1973년)에서 24.3%(1974년)로 급등
한다. 당시의 경제성장률(GDP)을 보면([표 9-1] 참조) 연간 14.8%(1973년)에서 9.4%(1974년)로 하
락한다. 고도의 경제성장률을 기록하던 시기였다고 보면 연간 5.4% 경제성장률 하락은 높은
수치이다.

---

58) 제1차 석유파동은 1973년 10월 6일 발발한 제4차 중동전쟁이 10월 17일부터 석유전쟁으로 비화된 사건이다. 1973년 10월 16
일 페르시아만의 6개 석유수출국들은 석유수출국기구(OPEC) 회의에서 원유 고시가격을 17% 인상한다고 발표한 데 이어서,
17일 이스라엘이 아랍 점령지역에서부터 철수하고 팔레스타인의 권리가 회복될 때까지 매월 원유생산을 전월에 비해 5%씩
감산하기로 결정하였다고 발표하여 중동전쟁에서 석유를 정치적인 무기로 사용할 것을 선언하였다.

[표 9-1] 제1, 2차 오일쇼크 당시의 경제 상황

구분	73	74	75	76	77	78	79	80	81	82	83
물가상승률	3.2	24.3	25.3	15.3	10.1	14.5	18.3	28.7	21.4	7.2	3.4
실질경제성장률	14.8	9.4	7.3	13.5	11.8	10.3	8.4	-1.9	7.4	8.3	12.2

[그림 9-2] 오일쇼크 당시 물가상승률 및 경제성장률

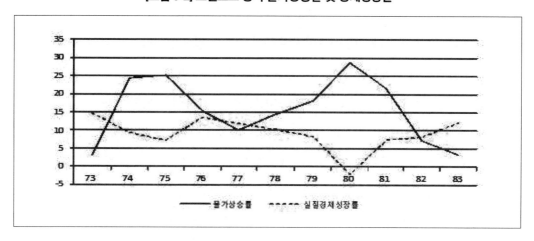

그러나 우리나라 경제는 오일쇼크로 인해 폐허가 된 중동지역의 시설 복구 공사를 수주(중동건설특수)함으로써 침체경제에서 벗어나는 계기를 맞게 된다. 오일쇼크로 경제침체를 맞고 오일쇼크의 영향으로 경제침체에서 벗어나는 상황을 맞게 된 것이다. '중동건설특수'는 국내 경제를 다시 호황기로 전환시킨다. 경제성장률은 다시 상승(1976년도 13.5%)하고 높았던 물가상승률도 둔화된다(1976년도 15.3%). 수출은 최초로 100억$를 돌파하고 경상수지는 1230만$ 흑자를 기록한다(1977년). 때문에 시중에는 자금의 유동성이 풍부해진다.

이러한 이유로 부동산 가격이 급등하기 시작한다. 토지가격이 연간 48.9%(1978년) 상승한다. 특히 대도시의 토지가격 상승률(6대도시 79%, 서울 136%)이 높았다. '복부인'이라는 유행어를 만든 아파트 투기열풍이 불기 시작한 것도 이 시기(1978년)이다. 정부(박정희대통령)는 '부동산 투기 억제 조치(부동산 투기억제 및 지가 안정을 위한 종합 대책(1978년 8월 8일)'를 취한다. 양도세율을 높이고(30% → 50%), 부동산투기지역을 고시하였다. 이러한 조치 후 부동산 시장은 다시 침체기로 빠지게 된다. 부동산 시장이 침체기로 빠진 또 하나의 이유는 제2차 오일쇼크였다.

제1차 오일쇼크는 1978년에 일단 진정된다. 그러나 1978년 말 이란의 국내 혼란과 1979년 초의 이슬람혁명을 계기로 다시 '제2차 석유파동[59]'이 일어났다. 제2차 석유파동의 여파는 제1차 석유파동과 마찬가지로 경제성장률 하락과 소비자 물가의 급상승 등 세계 경제에 큰 영향을 미쳤다. 우리나라의 경제는 제1차 석유파동 때는 다른 국가에 비해 크게 영향을 받지는 않았으나(중동건설특수로 회복이 빨랐다), 제2차 석유파동 때는 극심한 피해를 입었다. 이는 제1차 석유파동 이후 경제 체질 개선이 이루어지지 못한 것에 기인한 것이라는 시각이 많다.

제2차 원유파동이 발생한 시기 직후(1979년, 1980년)의 우리나라 경제상황을 보면([표 9-1], [그림 9-3] 참조) 연간 물가상승률은 14.5%(1978년), 18.3%(1979년), 28.7%(1980년), 21.4%(1981년) 등 급등하고 있다. 같은 기간의 경제성장률은 10.3%(1978년), 8.4%(1979년), -1.9%(1980년), 7.4%(1981년) 등 급격히 하락하고 있다. 특히 고도성장(두 자릿수)을 보이던 경제성장률이 마이너스 성장(1980년, -1.9%)을 기록한 것은 당시의 심각한 경제상황을 나타낸 것이라 할 것이다. 더구나 당시의 우리나라 정치적 환경은 격변의 시기였다. '박정희대통령의 서거', '최규하대통령의 하야', '전두환대통령의 취임 그리고 제5공화국의 출범' 등 불과 2~3년 사이에 3명의 대통령이 바뀌었다. 이런 격변의 환경 또한 제2의 원유파동으로 흔들리는 경제를 더욱 어렵게 만든 원인이라 할 것이다.

부동산 시장도 침체에 빠진다. 토지가격은 전년대비 48.9%(1978년)의 상승을 보였던 것이 16.6%(1979년), 11.7%(1980년), 7.5%(1981년), 5.4%(1982) 등 점차 전년대비 가격상승률이 낮아지고 있다. 주택시장은 '부동산 투기 억제 조치(부동산 투기억제 및 지가 안정을 위한 종합 대책(1978년 8월 8일))' 이후 거래가 축소되고 미분양이 증가하고 있었다. 당시 11대 대통령이 된 전두환 정부는 경제활성화 대책(1980년 9월 16일)의 일환으로 주택경기 활성화 조치를 취한다. 양도소득세율을 20% 인하하고 500만 호 주택건설 계획(10년간, 민간 300만 호, 공공 200만 호 공급)을 발표한다. 이와 함께 '택지개발촉진법'을 제정(1980년 12월)함으로써 전면매수(토지수용 가능)에 의한 공

---

59) 세계 석유 공급의 15% 수준을 점하고 있던 이란은 석유의 전면 수출금지 조치를 취하였다. 여기에 석유업자들의 매점매석과 투기성 시장 조작까지 횡행하면서 국제석유시장은 급격히 혼란에 빠져들었다. 1980년 8월 이란·이라크전쟁이 일어나기 한 달 전에는 기준원유가도 30달러를 돌파하였으며 1981년 10월 34달러 선에서 단일화되었다. 1978년의 12달러 70센트에서 무려 168% 오른 것이다.

영개발 사업방식을 도입한다. '택지개발촉진법'은 이후 우리나라 '신도시 개발 사업'의 근거 법률로서 작용한다. 이어서 연달아 양도세 탄력세율 적용을 골자로 하는 부동산 경기 활성화 대책(1980년 12월 13일)을 발표한다. 그럼에도 부동산 시장, 특히 주택시장은 회복될 기미를 보이지 않는 채 제5공화국이 출범하게 된다.

[그림 9-3] 제5공화국 당시의 물가 및 지가 비교

(1, 2차 오일쇼크 전후 물가상승률)

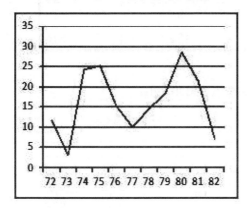

(전두환대통령 재임 중 물가와 토지가격)

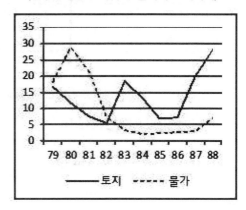

3. 제5공화국의 부동산 동향과 정책

제5공화국은 전두환대통령이 대한민국 제12대 대통령으로 취임(1981년 3월 3일)하면서 출범한다. 그리고 7년간(1981년 3월 3일~1988년 2월 24일)의 집권기간을 거쳐 '88 서울 올림픽'이 개최되던 해에 퇴임한다. 전두환대통령 재임기간 7년 동안의 토지시장을 살펴보면 연평균 8.4%, 누적상승률 58.9%였다([표 9-2], [그림 9-4] 참조). 같은 기간 동안 물가상승률은 연평균 6.1% 상승하였고, 경제성장률은 10.0% 상승하였다. 토지가격이 경제성장과 물가상승보다 높게 나타났다. 이는 당시 토지가격의 상승률이 무척 높았음을 의미한다.

제5공화국 이전에도 토지가격은 높은 상승률을 보여주었다. 제2차 원유파동이 발생한 당시(1979년과 1980년)의 경제성장률이 크게 낮아질 때(8.4% → -1.9%)에도 토지가격은 16.7%(1979년), 11.7%(1980년) 상승하였던 것을 보면 그 당시의 토지가격은 10% 이상의 높은 상승률을 나타내고 있음을 알 수 있다.

[표 9-2] 토지가격 상승률과 물가상승률의 비교

구 분	79	80	81	82	83	84	85	86	87	88
물가상승률	18.3	28.7	21.4	7.2	3.4	2.3	2.5	2.8	3.0	7.1
실질경제성장률	8.4	-1.9	7.4	8.3	12.2	9.9	7.5	12.2	12.3	11.7
토지가격상승률	16.6	11.7	7.5	5.4	18.5	13.2	7.0	7.3	20.0	28.3

[그림 9-4] 전두환대통령 재임 중 토지가격 변동

(연도별 토지가격 상승률)

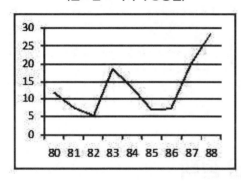

(연평균 상승률)

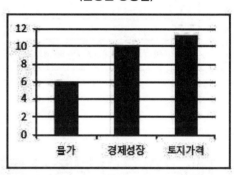

(토지가격상승률, 물가상승률, 경제성장률 비교)

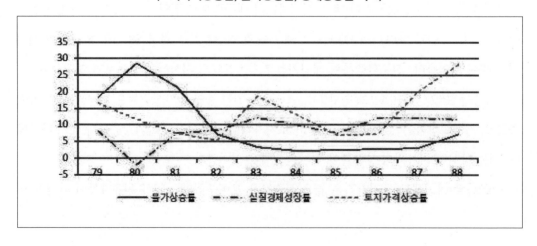

특히 전두환대통령 재임 중반기로 들어가는 1983년도 이후부터는 토지가격이 급등하는 모습을 나타낸다. 전년대비 상승률을 보면 15.8%(1983년), 13.2%(1984년)의 상승을 보여 재임 초기의 7.5%(1981년), 5.4%(1982년)에 비해 크게 상승한 것으로 나타난다. 같은 기간의 물가상승률을 보면 1983년 이후 극히 안정적인 모습을 보여준다. 취임 초기의 물가상승률이 전년대비 21.4%(1981년)가 상승한 것에 비하면 3.4%(1983년), 2.3%(1984년) 상승에 그친 것이다. 같은 기간 중 경제성장률은 12.3%(1983년), 9.9%(1984년)를 나타내고 있다.

이처럼 전두환대통령의 재임 중반기는 안전적인 경제성장을 이루고 있었고 부동산 시장은 호황기를 맞이하고 있었다고 할 것이다. 부동산 시장이 이처럼 호황기를 맞이하게 된 이유는 정부의 '부동산 시장 부양 정책'에 기인한다고 할 것이다. 제2차 원유파동이후 우리나라 경제가 급냉각 되자 부동산 시장 부양책을 통하여 경제 활성화를 도모하였다. 당시 경기침체의 여파로 인한 미분양 주택이 증가(1981년 서울지역 미분양아파트 약 2000가구 발생)하는 등 부동산 시장이 침체에 있었다. 이에 전두환대통령은 '주택경기활성화 조치(1981년 6월 26일)'를 발표한다. 내용인즉 '한시적(1981년 6월~1982년 12월)으로 민간아파트에 대해 분양가를 자율화하는 것'과 '양도소득세의 세율을 인하'하는 내용이었다. 특히 분양가자율화 조치 이후 신규 분양하는 아파트의 분양가가 급상승하는 계기가 되기도 하였다.

전두환대통령의 부동산시장 활성화 대책은 다음 해(1982년)에도 계속된다. '경제 활성화를 위한 당면대책'을 수립(1982년 1월 14일)하는데 그 내용이 부동산 규제 완화정책이었다. 요약하면 3가지다. 첫째, '양도소득세 탄력세율적용 기한을 연장'하고 둘째, 주택 금융구조를 개선하고 '주택자금을 지원'한다. 그리고 셋째, 주거지 형질변경의 제한사항을 완화하는 것 등이다. 계속해서 취·등록세 감면(30%) 조치(1982년 5월 18일)를 취한다.

이러한 조치 직후 부동산 시장은 갑자기 과열되기 시작(1982년 5월부터)하자 당황한 정부는 부랴부랴 정책 방향을 변경한다. 전매금지 기간을 2년으로 강화하고 차등 분양가를 적용하는 등 '주택투기억제정책(1982년 12월 22일)'으로 전환한 것이다.

전두환대통령은 경제정책 기조를 안정경제에 두었다. 특히 물가 안정을 최우선 정책으로 삼았다. 그런 바탕에서 볼 때 물가상승의 주원인이 부동산 가격 상승(특히 민간아파트 분양가격)

이라 판단하고 민간아파트 분양가격을 규제(25.7평 초과아파트의 분양가격을 평당 134만 원으로 고정시킨다)하게 된다. 연달아 '부동산투기억제대책(1983년 2월 16일)'을 발표한다. 이 대책은 부동산 투기지역을 고시하고 이 지역에서의 양도소득세는 실거래가로 과세표준을 정한다는 내용을 담고 있었고 25.7평 이상의 아파트에는 채권입찰제를 적용하기로 하였다. 그 뒤 채권입찰제는 부동산정책의 단골 메뉴가 되기도 한다.

전두환대통령은 종합적인 부동산 대책을 마련하여 발표하였는데 이것이 '토지 및 주택문제 종합 대책(1983년 4월 18일)'이다. 이 대책에는 양도소득세 탄력(1주택자 거주 기준 기간을 6개월에서 1년으로 확대) 적용, 불법 전매금지, 구입자금 출처조사, 중개업소 불법거래 중개행위 단속 등의 내용이 담겨있었다. 그 당시에 부동산 시장을 규제하는 주요 제도로 전매행위, 양도소득세, 분양가제도 등이 등장하였는데 그 이후부터 이런 항목들은 시간이 지났음에도 부동산 시장에서 반복적(규제와 완화)으로 등장하는 단골메뉴가 되었다.

전두환대통령의 재임 후반기(1985년~1987년)에 들어서자 경제가 안정적으로 유지(1985년 기준, 물가상승률 2.5%, 경제성장율 7.5%)된다. 토지시장도 안정세를 보인다. 단지 주택시장은 침체되기 시작하는데 이는 재임 중반기에 내놓은 '부동산 투기 근절책'의 결과였다. 1983년부터 시작된 '부동산 투기 근절 대책'은 1985년까지 3년간 계속 된다. 전두환대통령은 1985년 부동산 투기 억제 대책을 발표(5월 20일)하는데 이 내용에는 1) 종합토지세 신설(1986년 1월 1일부터 시행), 2) 기업의 비업무용 토지 합산 누진 과세, 3) 100평 이상 대형주택 재산세 중과 등이 포함되어 있었다. 주로 세제 개편을 통해 규제하는 내용이었다.

이러한 규제가 계속되자 주택시장은 급격히 침체에 빠진다. 정부규제가 경기침체로 이어지자 정부는 다시 부동산 시장 활성화 대책으로 방향 수정을 하게 된다. 집권 후반기 부동산 정책 방향이 경기부양책으로 전환한 것이다. 정부는 '주택경기 촉진방안을 발표(1986년 2월 12일)하는데 1가구 2주택 양도소득세 면제 기간을 1.6년에서 2년으로 연장하고 주택금융지원 대상을 확대한다는 내용이었다. 정부의 부동산 부양책은 곧바로 시장에 반영되어 부동산 시장이 급히 살아나기 시작한다. 더구나 당시 우리나라 경제는 역대 최고의 호황기를 누리고 있을 때였다. 우리나라 경제는 안정된 물가(전년대비 1986년 2.8%, 1987년 3.0% 상승)와 높은 경제성장(전년대비 1986년 12.2%, 1987년 12.3% 상승)을 이루고 있었으며 경상수지가 흑자(1986년 47억$, 1987년 100억$)를 기록하는 등 역대 최고의 경제성장을 이루고 있었다. 특히 '86아시안게임'과 '88서울올림픽'의 개최 및 '제13대 대통령선거(1987년, 직선제)'가 실시되는 등 대내외적인 '빅이벤트(big-event)'까지 실시되는 시기였다.

이런 환경에서 주택보급률은 70%를 밑도는 수준(1987년 주택보급률 69.8%)이었고 주택수요는 급증하는데 공급은 턱없이 부족한 상황이었으므로 주택가격은 상승세(1987년 주택가격 상승률은 전년대비 7.2%였다)로 반전된 것이다. 토지가격도 급등하기 시작하는데 1986년 토지가격 상승률이 전년대비 7.3%에서 1987년에는 전년대비 20.0%로 급등한다. 전두환대통령의 부동산정책은 이렇게 부동산 시장의 부양정책을 끝으로 다음 정권인 노태우대통령 정권으로 이양된다. 이러한 영향으로 노태우대통령이 취임할 당시에는 경제적 호황, '86.아시안게임'과 '88서울올림픽'의 특수, 그리고 부동산 시장의 급격한 과열화의 상태였었다. 이것이 노태우대통령이 취임하면서 부동산 시장에 대한 규제 정책을 펼치게 된 배경이기도 한다.

이상에서 살펴보면 전두환대통령 집권기간 동안 부동산정책은 규제와 규제완화가 반복되었음을 알 수 있다. 전두환대통령의 재임기간을 전반부(1981년~1982년)와 중반부(1983년~1985년) 그리고 후반부(1986년~1987년)로 나누어 보면 '전반부는 규제완화, 중반부는 규제, 후반부는 규제완화'라는 특징을 발견하게 된다. 다시 말하면 전두환대통령의 재임기간 동안 부동산 시장은 과열과 침체를 반복했다는 결론이다. 전반부는 정치적 격동의 후유증과 원유파동 등의 영향으로 경제가 악화된 상태였기 때문에 부동산 시장도 침체상태에 있었다. 당연히 경제활성화를 위한 부양 정책이 필요했고 이의 방책으로 부동산 시장의 부양책을 펼쳤다고 할 수 있다.

중반부는 전반부에 실시한 부동산 시장 부양 정책의 영향으로 인하여 부동산 시장이 과열(특히 아파트 분양가 상승)되자 부동산 시장을 '투기상태'로 보고 규제정책으로 전환하게 되었다. 특히 부동산 시장의 과열이 안정된 물가에 악영향을 미친다고 판단(물가안정이 제5공화국의 경제방향이었으므로)하고 부동산 시장을 강하게 규제한다. 그러자 부동산 시장은 주택시장을 중심으로 침체되기 시작한다.

후반부는 침체된 부동산 시장을 활성화하기 위해 다시 부양정책으로 전환한다. 부양정책으로 전환하자 부동산 시장은 활기를 찾고 가격이 급등하기 시작한다. 그리고 그러한 환경이 그 다음 정권으로 이양되어 그 다음 정권인 노태우대통령은 부동산 시장에 대해 규제정책부터 시작하게 된다.

특징적인 것은 당시의 정치적, 경제적, 사회적 환경이 부동산시장에 크게 영향을 미쳤다는 사실과 정부의 정책에 의해 부동산 시장의 부침이 결정되었다는 사실이다. 결국 정책의 방향이 부동산 시장에서 중요한 환경으로 작용하고 있음을 확인하게 된다. 또한 당시에는 정책의 효과가 시장에 반영되는 시점이 오래 걸리지 않았다는 점도 중요한 특징 중의 하나이다. 이는 당시의 정치적 환경의 영향력이 크게 작용한 것이라 할 수 있다.

4. 택지개발촉진법과 신도시

'택지개발촉진법'은 도시의 주택난을 해소하고 주택건설에 필요한 택지의 취득 · 개발 · 공급 및 관리 등에 관한 특례를 규정함으로써 국민주거생활의 안전과 복지향상에 기여하기 위해 제정한 법(1980.12.31, 법률 제3315호)이다. 제정 목적은 대규모 주택공급을 위한 택지 확보이다. '택지개발촉진법'이 제정되기 이전에는 '구획정리사업'으로 택지를 공급하였었다.

우리나라가 급격하게 산업화, 도시화되면서 도시로 인구가 유입되는 속도도 급속히 진행되었지만 이들에게 공급할 주택은 터무니없이 부족하였다. 1970년 '인구센서스 조사결과' 도시지역 주택부족률은 46.3%였고, 도시지역 가구의 51.6%는 셋집에서 생활하고 있었다. 특히 서울은 25%가 '노후 무허가 불량주택'에서 거주하고 있었다. 때문에 도시의 주택문제가 심각한 수준이었다.

박정희대통령은 '토지구획정리사업법'을 제정(1966년)하고 대규모 택지 및 도로 확보의 법률적 근거를 마련하였다. '토지구획정리사업법'에 의해 대규모 택지개발이 가능해졌지만 이 법은 환지방식의 사업으로서 기존 도시에서 토지를 확보하기에는 한계를 가지고 있었다. 때문에 도시에서의 주택공급은 그 계획만 거창했지 실질적으로 추진되지 못한 경우가 많았다.

제4공화국에서 집권한 전두환대통령은 경제활성화를 위해 대규모 주택건설계획을 발표(1980년 9월 16일, 경제활성화 대책)한다. 이 대책은 향후 10년간(1981년~1991년) 500만 호(민간 300만 호, 공공 200만 호)의 주택을 공급하겠다는 내용이었다. 당시 전국의 주택이 530만 호였으니까 그 공급계획이 얼마나 대단한 규모였는지 짐작할 수 있을 것이다. 그러나 전두환대통령의 의욕적인 주택공급계획은 '택지확보'라는 차원에서 한계를 가지게 된다. 당시에는 구획정리사업으로 공급해 왔지만 이는 환지방식이었기에 목표만큼 택지조성이 이루어지지 않았고 확보 자체도 어려운 점이 많았다. 이에 따라 대규모 택지확보를 위한 법률제정이 필요해졌는데 이 법이 '택지개발촉진법'인 것이다.

'택지개발촉진법'은 19개의 관련 법률의 적용이 일시 정지되고 동시에 일괄매수방식을 채택하였다. 택지개발예정지구가 지정이 되면 다른 법률에 따른 각종 인·허가 등을 얻은 것으로 간주하고 예정지구 안의 토지·물건 또는 권리를 수용 또는 사용할 수 있도록 한 것이다. 한마디로 '택지개발촉진법'이 다른 법률에 우선하며 예정지구가 지정되면 강제 수용이 가능해지는 것이다. 이로서 대규모 택지조성이 가능해졌다. '택지개발촉진법'은 '주택건설촉진법(1972년 제정)'과 함께 우리나라 주택공급을 주도하는 대표적인 법률이 되며 이 두 가지 법률에 입각하여 주택공급이 급속도로 증가하게 된다. 이 법에 의해 공영개발이 본격화되면서 '개포지구(73만 평)', '고덕지구(95만 평)', '목동지구(130만 평)', '상계지구(112만 평)', '중계지구(48만 평)' 등의 대단위 아파트 단지 건설을 가능하게 하였다.

'택지개발사업'은 이후 대규모 주택공급을 주도하게 되며 '신도시 개발사업'의 근거법으로 자리를 잡게 된다. 택지개발사업은 대규모 택지공급을 원활히 했다는 장점이 있는 가 하면 부동산 투기의 원상이 되었다는 비판도 크다. 특히 처음 시행될 당시의 개포지구, 고덕지구 등은 부동산 투기를 이끄는 대표적인 지역이 됨으로서 '택지개발 = 부동산 투기'라는 공식을 갖게 된다. 그리고 전두환대통령 재임 중 공급된 택지지구 안에서 건설된 주택(특히 아파트)은 노무현대통령 재임 중의 재건축 대상 지역이 되어 재건축 투기 바람의 진원지가 된다.

택지개발사업을 통해 500만 호 주택을 건설하겠다는 전두환대통령의 목표는 176만 호를 공급하는 데 그친다. 176만 호는 당시 전국의 주택 수 530만 호의 33%에 이르는 대규모 공급이다. 목표는 달성을 못했지만 공급량은 대단했다는 평가이다. 단 투기를 가져오는 배경이되었다는 점에서 빛을 잃게 된다. 이후 택지개발사업은 노태우대통령의 '수도권 5대 신도시개발', 김대중대통령의 '동탄신도시개발', 노무현대통령의 '제2기 신도시개발' 그리고 이명박대통령의 '위례신도시 개발' 등으로 계속된다.

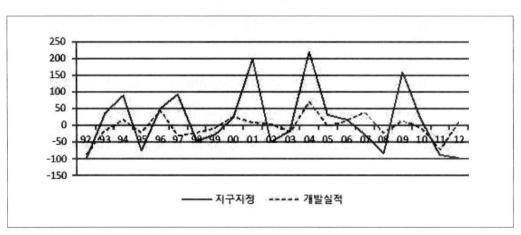

[그림 9-5] 택지개발사업

5. 특징

전두환대통령의 부동산정책은 네 가지 특징이 있다. 하나는 분양가 자율화를 실시했다는점이다.

전두환대통령은 부동산 시장 부양책의 일환으로 분양가 자율화를 실시한다. 분양가자율화는 김대중대통령 재임 중에도 또 다시 실시된다. 두 대통령의 분양가자율화 조치는 당시의 주택 분양가를 엄청나게 상승시키는 기회로 작용한다는 점에서 공통점이 있다. 특히 수요초과, 공급부족인 상태에서 공급자는 분양가격을 당연히 올릴 것이다. 이로 인해 신규 분양아파트의 가격은 제한 없이 상승하기 시작한다. 1980년대 초반 아파트 분양가격은 서울 강남기준 평당 100만 원대였으나 분양가자율화 이후 평당 300만 원대까지 상승하게 된다. 마찬가지로 2000년 초반 김대중대통령 재임 기간 동안 아파트 분양가가 서울 강남 기준 평당 1,000만 원대에서 평당 3,000만 원대로 상승하게 된다. 신규아파트 가격이 오름으로서 기존 아파트 가격도 덩달아 상승하는 등 주택시장은 분양가자율화를 배경으로 급격히 거품화되는 경향을 보여주게 된다. 전두환대통령은 이 같은 현상이 물가상승의 원인이라 판단하고 분양가자율화를 폐지하고 분양가상한제를 도입한다. 마찬가지로 노무현대통령도 부동산 시장의 거품현상의 원인이 분양가격 자율화에 있다고 보고 분양가상한제를 도입하게 된다는 점에서 일치된다고 할 것이다.

전두환대통령의 부동산정책 중 또 하나의 특징은 양도소득세가 가장 많이 등장한다는 점이다. 이는 양도소득세의 조정을 통하여 수요를 조정하였다는 것을 의미한다. 양도소득세는 원래 서울 강남의 부동산 투기를 규제하는 차원에서 박정희대통령이 도입(부동산 투기억제 특별조치법, 1967년)한 조세이다. 그 이후 양도소득세는 부동산 시장에서 빠지지 않는 절대적인 정책이 되었다. 전두환대통령은 양도소득세의 강화(대상, 세율, 기간 등)와 완화를 통해 부동산 시장을 조절한다.

세 번째는 대규모 택지공급이다. 앞서 설명한 대로 주택공급을 크게 확대함으로서 수급불균형을 줄이겠다는 것이다. 나중에 그 당시 공급지역이 대부분 서울의 핵심지역이 됨으로서 주택투기의 근원지라는 불명예를 얻게 되지만 당시 목동이나 광명택지개발지역이 미분양되었던 점을 감안하면 당시의 공급확대는 부동산 시장을 안정화시키는데 크게 역할을 한 것으로 분석할 수 있다. 그러나 결국은 재건축과 관련하여 그 지역들도 부동산 시장의 과열화를 부추기는 지역으로 변신하게 된다.

네 번째는 규제 및 규제완화의 반복이다. 그만큼 극과 극을 반복한 경우에 속한다. 물론 정책은 상황에 따라 얼마든지 역동성을 가질 수 있다. 하지만 그 기간이 짧으면 혼선을 가져오게 된다. 동시에 정부정책의 신뢰성도 떨어지게 된다. 정부 정책이 시장에 반영되어 그 효과를 나타내는 시점이 시행하는 시점보다 항상 늦게 나타난다. 따라서 정책발표 당시의 상황과 효과가 나타나는 시점에서의 상황이 다를 수 있다. 때문에 어떤 정책이든 시장에 반영되는 시차를 감안하여야 한다.

전두환대통령이 시행했던 부동산정책은 오랜 세월이 지난 후에도 여전히 부동산 시장에서 정책의 중심으로 작용하고 있다. 공급확대, 양도소득세 및 분양가격 규제 등 대표적인 정책은 집권 대통령의 재임 기간 동안의 환경(정치, 경제, 사회 등)변화에 따라 때로는 규제 정책으로 나타나고 때로는 완화정책으로 나타나고 있다. 나쁠 것도 없지만 좋을 것도 없다. 왜냐하면 너무 뻔하기 때문이다. 만약 부동산 시장이 과열되면 정부가 이런 정책들을 내세워 시장을 규제할 것이고 만약 부동산 시장이 침체되면 이런 정책들을 내세워 시장을 완화할 것이기 때문이다. 정책은 반복되는데 그사이 시장은 엄청 바뀌었다는 점도 이런 반복적 정책에 대한 회의를 갖게 하는 것이다. 예를 들면 주택보급률이 당시와 상황이 다르고 소득과 소비수준이 다르고 욕구가 달라졌는데도 정책은 하등 달라질 게 없다면 그 효과 또한 분명 다르게 나타날 것이다. 정책은 반드시 시대적 철학을 가지지 않으면 안 되는 이유가 여기에 있다.

제10장

박정희대통령과
부동산정책

1. 경제개발 5개년계획과 부동산

　대한민국 제5대 대통령 선거(1963년 10월 15일)에서 당선된 박정희대통령은 불의의 사고(10월 26일)로 서거하기까지 무려 16년(5대~9대) 동안 장기 집권한다. 집권 기간 동안 박정희대통령이 남긴 공과도 그만큼 많고 다양하다. 그러한 공과에 대한 평가도 역사적으로 엇갈리는 부분이 많다. 특히 정치적인 공과에 대해서는 많은 비판을 받고 있다. 하지만 박정희대통령이 남긴 경제적 성과에 대해서는 긍정적인 평가가 많은 것도 사실이다. 그중에서 '경제개발 5개년계획'은 우리나라 경제발전에 크게 기여한 것으로 평가받는다.

　'경제개발 5개년계획'은 국민경제 발전을 목적으로 수립된 5년 단위의 경제계획을 말한다. '경제개발 5개년계획'은 정부주도하에 외자도입 및 수출, 저임금·저곡가 정책에 의존하면서 추진되었다. '경제개발 5개년계획'은 당초 '민주당정권'[60]에서 계획 세웠던 것인데 당시의 군사정부(5·16 군사 정변 세력)가 이 계획을 토대로 '경제재건 5개년계획'을 발표(1961년 7월)한 데 이어 '경제개발 5개년계획'의 청사진을 제시(1962년 1월)함으로써 시작되었다.

[표 10-1] 경제개발 5개년계획의 주요지표와 그 성장률

구분	1차 계획 (1962~66)		2차 계획 (1967~71)		3차 계획 (1972~76)		4차 계획 (1977~81)		5차 계획 (1982~86)
	계획	실적	계획	실적	계획	실적	계획	실적	계획
국민총생산 산업별성장	7.1	7.8	7.0	9.7	8.6	10.1	9.2	5.6	7.6
농림어업	5.7	5.6	5.0	1.5	4.5	6.1	4.0	-0.7	2.6
광공업	15.0	14.3	10.7	19.9	13.0	18.0	14.2	9.2	10.8
(제조업)	15.0	15.0	-	21.8	13.3	18.7	14.3	9.4	11.0
사회간접자본 및 기타	5.4	8.4	6.6	12.6	8.5	8.4	7.6	6.0	7.3
인구	2.8	2.7	2.2	2.2	1.55	1.7	1.6	1.55	1.55
1인당 GNP	4.2	5.0	4.7	7.3	7.0	8.2	7.5	4.0	5.9
고정투자	14.6	24.7	10.2	17.9	7.6	11.1	7.7	10.5	9.0
상품수출	28.0	38.6	17.1	33.8	22.7	32.7	16.0	10.5	11.4
상품수입	8.7	18.7	6.5	25.8	13.7	12.6	12.0	10.3	8.4
취업인구	4.7	3.21	3.3	3.6	2.9	4.5	3.2	2.3	3.0

(연평균 증가율 : %)

※ 1) 1963~66년 평균(자료 : 경제기획원, 제5차 경제사회발전 5개년계획 ; 1982~86)

---

60)　민주당(대표 박순천)은 1955년 9월 18일에 결성되어 1960년 4·19혁명으로 제2공화국의 정권을 장악(대통령, 총리)하였다가 1961년 5·16군사정변으로 해산된 뒤 1963년에 재건되어 1965년 민중당으로 통합, 해체되었다.

'제1차 경제개발 5개년계획(1962년~1966년)'은 ① 농업 생산력 증대 ② 전력ㆍ석탄 등의 에너지 공급원 확충 ③ 기간산업 확충과 사회간접자본 충족 ④ 유휴자원 활용 ⑤ 수출증대로 국제수지 개선 ⑥ 기술진흥 등이 주요 내용이다. 정유ㆍ비료ㆍ화학ㆍ전기기계 등의 '기간산업'과 '사회간접자본'의 확충에 집중적인 투자가 이루어졌다. 초기에 투자재원을 확보하지 못해 난관에 부닥쳤으나, 한일회담[61]의 타결과 경제개방화 조치로 일본자본을 비롯한 외국자본을 대대적으로 끌어들이는 데 성공함으로써 고도성장의 궤도에 올라서게 되었다. 제1차 경제개발 5개년계획(1962년~1966년)이 완성되는 시점에서 외자의존도가 60%에 이르는 가운데 당초 목표치인 7.1%를 웃도는 연평균 8.5%의 경제성장률을 이룩했으며, 1인당 GNP는 83달러에서 123달러로 높아졌다.

'제2차 경제개발 5개년계획(1967년~1971년)'은 ① 식량자급ㆍ산림녹화ㆍ수산개발 ② 화학ㆍ철강ㆍ기계공업 건설에 의한 공업고도화 및 공업생산 배가 ③ 7억 달러 수출 달성 ④ 가족계획 추진에 의한 인구 억제 ⑤ 국민소득 증대 ⑥ 인적자원 개발 등을 중점목표로 삼았다. 이 기간의 연평균 경제성장률은 목표치 7%를 훨씬 상회하는 10.5%에 이르렀으나, 곡물수입은 4천만 달러에서 2억 7천만 달러로 급증한 반면, '외자도입의 증가와 국제수지의 만성적 적자'라는 문제를 안게 되었다.

'제3차 경제개발 5개년계획(1972년~1976년)'은 '고도성장 및 중화학공업화'를 목표로 추진되었다. 71년 8월의 '닉슨 쇼크[62]'에 의한 국제통화질서의 붕괴, 73년 10월의 제1차 석유파동 등으로 위기를 맞았다. 그러나 외자도입과 수출드라이브정책, 중동건설 붐으로 고비를 넘겨 연평균 11%의 높은 성장률을 유지했다.

'제4차 경제개발 5개년계획(1977년~1981년)'은 성장ㆍ형평ㆍ능률의 기조 하에 자력성장구조 확립, 사회개발을 통한 형평 증진, 기술혁신, 능률향상 등을 목표로 내세웠다. 그리하여 1977

---

61) 1961년 11월 박정희ㆍ이케다 회담에서 회담촉진 분위기가 조성되고, 1962년 11월 12일 김종필 중앙정보부장과 오히라 마사요시 일본 외상 간에 일본이 한국에 무상으로 3억 달러를 10년간 지불하는 동시에 정부차관 2억 달러를 연리 3.5%, 7년 거치 20년 상환조건으로 제공하며 1억 달러 이상의 상업차관을 제공한다는 소위 '김ㆍ오히라 메모'를 작성하여, 청구권 문제의 해결 원칙에 합의를 보았다. 1963년 7월 김용식 외무장관과 오히라 일본외상 간의 회담에서는 어업문제의 조속해결에 합의하였다. 경제 개발을 신앙으로 삼은 박정희는 그 재원 조달을 위해 1964년 봄, 한일회담을 본격적으로 추진하였다.
62) 닉슨쇼크(Nixon Shock)란 1971년 8월 15일 닉슨 미국 대통령이 발표한 달러방위정책으로 인해 발생한 충격을 말한다. 신경제 정책 '제1단계'라고 불리는 달러 방위조치는 금과 달러와의 교환정지, 10%의 수입과징금의 실시 등을 포함하고 있으며, 특히 대미수출 의존도가 높은 한국과 일본, 중남미 등에 큰 충격을 주었고 고정환율제에서 변동환율제로 바뀌는 전환점이 되었다.

년에는 1백억 달러 수출달성, 1인당 GNP는 944달러가 되었지만, 1978년에는 물가고와 부동산 투기, 생활필수품 부족 등 고도성장 정책의 부작용이 나타났다. 1979년의 제2차 석유파동으로 경제가 침체의 늪에서 헤어나지 못하는 가운데 1980년에는 사회적 불안과 흉작이 겹쳐 마이너스 성장에까지 이르렀다가 1981년부터 점차 회복세를 보여 7.1%의 실질성장을 기록했다.

'제5차 경제사회발전 5개년계획(1982년~1986년)'은 안정·능률·균형의 이념 아래 ① 경제안정기반 정착과 국민생활의 안정에 의한 경쟁력 강화 ② 고용기회의 확대에 의한 소득증대 ③ 소득계층 간·지역 간 균형발전에 의한 국민복지 증진에 목표를 두었다. 그 구체적 발전전략으로 ① 10% 이내의 물가안정을 위한 구조적 인플레 요인 대폭 정비 ② 7~8%의 지속적 성장을 위한 투자효율 극대화 및 저축증대 ③ 경쟁 촉진을 통한 시장기능 활성화 ④ 수출 주도전략 지속 및 대외개방정책 적극화 ⑤ 비교우위산업 육성 ⑥ 국토의 균형개발 및 환경보전 ⑦ 국민의 기본수요 충족 및 사회개발 적극추진을 내세웠다.[63]

'경제개발 5개년계획'은 결과적으로 우리나라 경제가 고도성장을 이루는데 기반이 되었다. 1차~5차에 걸친 경제개발5개년계획의 추진 결과를 요약하면 1) 농업국가에서 공업국가로의 전환을 이루었으며, 2) 수출증대를 통해 자원부족국가의 한계를 벗어났으며 3) 연평균 10% 이상의 고도성장을 가져왔으며 4) 사회간접자본의 확충을 가져왔고, 5) 고용증대와 국민소득의 확대를 가져왔다. 반면, 1) 대외 의존도가 높아졌고, 2) 급격한 산업화, 도시화에 따른 후유증(도시문제, 사회문제의 양산)을 가져왔으며, 3) 빈부격차, 지역격차, 산업격차 등 경제적, 사회적 불균형 구조를 양산했으며 4) 인플레이션, 5) 사치, 낭비, 퇴폐풍조 등 부작용을 가져오기도 하였다. 이처럼 급작스런 고도성장의 이면에 나타나는 장점도 많았지만 단점도 많았다는 점에서 그 평가가 엇갈리게 된다.

'경제개발 5개년계획'의 추진과정에서 '공업화'와 '사회간접자본의 확충'은 부동산 시장에 크게 영향을 미치게 된다. 박정희대통령의 집권 초기에는 아직 부동산에 대한 제도적 정비가 부족한 상태였다. 과거 일제강점기 시기부터 부동산 제도의 정비가 이루어져 왔지만 아직 자리를 잡지 못한 상태에 있었다. 특히 농업중심사회를 이루고 있었기에 농업 이외의 산업적인 개

---

63) 『한국근현대사사전』, 한국사사전편찬회, 2005, 가람기획, 네이버지식백과, 재인용.

념으로 인식이 부족한 시기였다. 그러나 공업화와 사회간접자본의 확충이 진행되면서 부동산은 과거와 전혀 다른 개념으로 발전하게 된다. 과거 농업의존도가 높던 부동산이 공장증설 등 공업의존도가 높아진 것이다. 또한 도로, 항만, 교량, 택지 등 도시적 용도로의 전환이 급격히 이루어진다. 이러한 변화는 부동산에 대한 인식의 전환을 가져오게 한다. 다시 말하면 부동산에서 발생하는 가치변화(부가가치)가 엄청난 불로소득을 가져다주는 요인으로 인식되기 시작한 것이다. 때문에 부동산의 가치도 급변하면서 '부동산 투기'가 본격적으로 시작되었다. 물론 모든 부동산이 다 그런 건 아니고 공업화와 도시화와 관련된 경우가 우선이었지만 그 파장은 모든 부동산으로 전이된다.

특히 공업화, 산업화의 파장은 도시로 인구가 급격히 유입되어 주택문제를 야기하게 되었다. 도시의 주택문제는 심각한 도시문제로 발전되고 정부에서도 도시의 주택문제를 해결하는 것에 부동산 문제를 주력하게 된다. 수요가 급증하자 도시의 주택가격은 급등하고 가격이 급등하자 부동산은 투기화된다. 이렇게 토지와 주택을 주축으로 부동산 시장은 파동을 일으키게 된다. 이로부터 오랜 기간 동안 우리나라의 부동산 문제는 지속적이고 반복적으로 투기문제가 등장하게 된다.

박정희대통령의 집권 초기의 정치·사회적 혼란과 낮은 수준의 경제력에서 벗어나지 못한 당시의 환경하에서 근대화를 이루려는 국가적 의지의 이면에는 부동산 시장의 투기화가 진행되었던 것이다. 더구나 당시에는 부동산과 관련된 제도가 미처 갖춰지지 않은 상태였기 때문에 부동산 투기화가 시장에 정착될 수 있었다고 할 것이다. 부동산 투기화는 그 당시의 문제만은 아니지만 그 당시의 인식이 오랜 기간 우리나라 부동산 시장에서 자리를 잡게 되는 원인이 되었다는 점에서 '선 제도 정비, 후 개발'이라는 개념정리가 아쉽다고 하겠다.

2. 국토개발과 부동산

경제개발 5개년계획의 목표달성과 실천을 위해서 국토개발의 필요성이 대두되었다. 사회간접자본시설의 확충과 산업화의 과정에서 국토개발은 필연성을 가진다. 과거(박정희대통령 집권 이전)에는 국토개발이 체계성 없이 부분적이고 임기응변적으로 행해졌었다. 그러나 급격한 산업화와 도시화 그리고 사회간접자본의 확충을 위해서는 체계적인 국토개발의 필요성이 대두된 것이다. 특히 일제의 강점과 6·25전쟁에 의한 사회간접자본 시설의 파괴에 따라 새로운 국토개발의 진로를 모색하게 되었다.

국토개발이 제도화된 것은 1963년에 제정한 '국토건설종합계획법'이다. 국토개발정책의 추진 배경은 첫째, 국토이용의 불균형을 시정하는 것이고, 둘째는 농업구조로 편향된 산업구조를 공업구조로 바꾸는 일이 중요한 과제로 대두되었기 때문이다. 그러나 이 법은 방향만 정하고 현실적으로 추진해야할 법률은 갖추지 못한 채 '계획'으로만 남게 되었다. 실제로 추진된 경우는 '국토종합개발계획'이 수립되면서부터이다. '국토종합개발계획'은 국가 또는 지방자치단체가 실시할 국토개발사업의 입지와 시설 규모에 대한 목표와 지침이 되는 종합적이고 기초적인 장기계획을 말한다. 국토의 자연 조건을 종합적으로 이용·개발·보전함으로써 국토의 경제·사회·문화적 효용가치를 높여 국민이 더 편리하게 잘 살도록 하는 것이 목표다. 1972년부터 10년을 주기로 수립·시행되고 있다.

'제1차 국토개발계획(1971년 10월 27일 대통령공고 제26호)'은 1972~1981년까지 10년간 추진된다. 기본목표는 국토이용관리의 효율화, 개발기반의 확충, 국도포장, 자원과 자연의 보호·보전, 국민생활환경의 개선에 두었다. 서울과 부산을 중심으로 집중되어 있는 인구와 공업기능을 고르게 분산하도록 전국에 대규모공업단지를 구축하고, 교통·통신·수자원 및 에너지 공급망을 정비하며 부진지역 개발을 위해 지역기능을 강화하려는 것이 목표였다. 이런 추진방식을 '거점개발방식'이라 한다. 거점개발은 전국토를 8개의 권역으로 구분하고, 각 권역에 맞는 기능을 부여하여 개발하도록 한 것이다. 구체적으로 설명하면 공업거점을 동남해안 지역에 형성하여 전국 공업생산액의 33%를 이 지역에 배치하도록 하였다. 포항·울산·온산·부산·거제·창원·마산·진주·광양·여천을 잇는 공업지대를 새로운 공업거점으로 형성하려는 계획이다.

'제2차 국토개발계획(1981년 12월 31일, 대통령공고 제80호)'은 1982년부터 1991년까지 10년 동안 추진된다. 개발 이념과 목표는 국가의 안전보장과 국토통일기반조성, 국제경제권으로의 역할신장, 국토의 균형개발에 초점을 맞추었고 1970년대에 이룩한 개발의 성과를 확산시킴으로써 국토개발의 균형발전을 유도하는 것이었다. 이 계획은 성장거점도시 육성, 지역경제권 형성의 구상 등 새로운 지역자립권의 인구정착 기반을 조성하는 것이었다. '제2차 국토개발계획'은 전국을 '28개의 지역생활권'으로 구분하였으며, 성격과 규모에 따라서 '5개의 대도시생활권', '17개의 지방도시생활권', '6개의 농촌도시생활권'으로 각각 계층화하였다.

'제3차 국토개발계획(1992년 1월 8일, 대통령공고 제117호)'은 1992년부터 2001년까지 10년 동안 추진되는 계획이다. 이 계획의 기조는 지역균형개발, 국토이용체제의 확립, 국민복지향상과 국토환경보전 및 통일기반을 조성하는 데 두었다. 그리고 수도권집중형의 국토골격구조를 지방 분산형으로 분산시킴으로써 종래까지 억제정책에 치우친 소극적인 개발을 지양하여 도시·농촌에 각각 적합한 개발을 추진하였다. '제3차 국토개발계획'은 이전에 시행된 2차례 국토종합개발계획의 문제점을 보완하고 국토의 균형개발을 위하여 지방분산형 국토 골격 형성을 주요 목표로 설정하였다. 이에 따라 수도권 억제라는 소극적 방식을 탈피하고 지방 대도시 육성이라는 적극적 방식을 채택하여 전국을 반나절 생활권으로 조성하고, 토지이용관리에 지방정부의 자율권을 부여하여 지역 간 개발경쟁 분위기를 조성하고 민간자본 유치를 통한 국토개발의 효율성 제고를 꾀하는 등의 노력을 기울였으나 수도권 억제와 지역의 균형발전이라는 성과는 여전히 미흡하였다.

1~3차까지는 '국토건설종합계획'이라는 명칭으로 추진되다가 제4차부터 '국토종합계획(2000년 수립)'으로 개칭되었다. '국토종합계획(제4차 국토개발계획)'은 2000년~2020년까지를 기간으로 하여 첫 계획이 확정된 뒤 5년마다 여건 변화를 반영하여 계획을 정비하도록 규정한 '국토기본법'에 따라 2차례 수정계획이 발표되었다. '1차 수정계획(대통령공고 제190호)'은 참여정부에서 2006년~2020년을 기간으로 계획하였고, '약동하는 통합국토의 실현'을 기조로 하여 ① 상생하는 균형국토, ② 경쟁력 있는 개방국토, ③ 살기 좋은 복지국토, ④ 지속가능한 녹색국토, ⑤ 번영하는 통일국토 등 5대 기본목표를 설정하였다. 이를 실현하기 위한 추진 전략으로 ① 자립형 지역발전 기반 구축, ② 동북아시아 시대의 국토경영과 통일기반 조성, ③ 네트워

크형 인프라 구축, ④ 아름답고 인간적인 정주(定住) 환경 조성, ⑤ 지속가능한 국토 및 자원관리, ⑥ 분권형 국토계획 및 집행체계 구축 등 6대 전략을 설정하였다. '2차 수정계획(대통령공고 제224호)'은 이명박 정부에서 2011년~2020년을 기간으로 하였다. 대한민국의 새로운 도약을 위한 '글로벌 녹색국토'를 기조로 하여 ① 경쟁력 있는 통합국토, ② 지속가능한 친환경국토, ③ 품격 있는 매력국토, ④ 세계로 향한 열린 국토 조성을 4대 기본목표로 한다. 이를 실현하기 위한 추진 전략으로 ① 국토 경쟁력 제고를 위한 지역특화 및 광역적 협력 강화, ② 자연친화적이고 안전한 국토 공간 조성, ③ 쾌적하고 문화적인 도시 및 주거환경 조성, ④ 녹색교통 및 국토정보 통합네트워크 구축, ⑤ 세계로 열린 신성장 해양국토기반 구축, ⑥ 초국경적 국토경영기반 구축 등 6대 전략을 설정하였다.

1~4차에 걸친 국토개발계획은 산업화와 사회간접자본시설의 확충, 도시화와 도시기반시설의 확충, 국토의 균형 있는 발전과 환경조성 등 국토개발의 기본 방향과 철학을 가지고 국토개발의 기본 골격으로 유지되었다는 점과 장기계획적으로 추진되었다는 점에서 대단한 성과를 가져온 것은 분명하지만 당초의 계획과는 상반되는 결과를 가져온 것에 대해서는 여전히 비판적 시각이 강하다고 할 것이다. 대표적인 것이 인구의 도시 집중화와 지역별 산업의 격차를 들 수 있으며 '토건 한국'이라는 비난을 듣게 된 것이다. 문제는 이러한 비판적 시각의 배경에는 부동산 시장의 급변과도 관련이 깊다고 할 것이다. 국토개발에는 반드시 부동산 투기화가 뒤따른다(개발=부동산투기화)는 공식이 항상 나타난 것이다. 특히 1960년대~1980년대에 나타난 부동산 시장의 가격 급등(특히 토지가격)화 현상은 국토개발과 전혀 무관치 않다는 사실에 주목할 필요가 있다.[64]

'경제개발 5개년계획'과 '국토개발계획'에 대하여 부동산 시장의 관점에서 평가한다면 크게 3가지로 요약할 수 있다. 하나는 부동산에 대한 인식의 문제이다. 과거 농업중심의 사회에서 공업중심의 사회로 전환하면서 부동산은 생산의 요소라는 개념을 넘어 투기의 요소라는 개념으로 변질되었다는 점이다. 이런 인식은 국민들의 정서에 파고들어 오랫동안 부동산 시장을 좌우하는 개념으로 자리를 잡게 된다. 때문에 '부동산은 곧 투기이다'라는 개념이 역사성을

---

64) 네이버지식백과, 네이버 검색.

갖게 된 계기를 제공한 것이라 할 것이다.

또 하나는 경제개발 5개년계획과 국토개발계획의 추진으로 인하여 부동산 시장이 급변하게 되는데 이에 대해 정책적으로 대응해야할 제도적 체계를 미처 갖추지 못했다는 점이다. 이 때문에 부동산 시장의 변화에 따른 정책적 대응이 항상 후속적으로 이루어진다고 할 것이다. 선행적으로 체제를 정비하고 후행적으로 계획을 추진하는 방법이 아니라 계획추진 후 나타나는 시장의 반응에 따라 후속적으로 체제를 갖추었다는 점이다.

세 번째는 부동산을 통해서 '빈익빈 부익부'의 현상이 확대되었다는 점이다. 다른 이유도 있겠지만 근본적으로 '빈익빈부익부' 현상의 확대는 부동산의 영향이 크다는 점을 인정하지 않을 수 없을 것이다. 어느 나라에서나 '빈익빈부익부'가 크게 나타나면 국가가 결코 부강할 수 없다고 할 것이다. 더구나 불로소득으로 인한 '빈익빈부익부' 현상은 가장 불건전한 경제구조를 가지므로 장기적으로는 국가의 기반이 흔들리게 되는 것이다. 부동산을 통한 '자본의 이동', 또는 '부의 이동'은 가난한 서민들만 영원히 힘들게 되기 때문이다.

3. 화폐개혁과 부동산

화폐개혁(Currency Reform, Re · denomination, denomination, 貨幣改革)이란 구화폐의 유통을 정지시키고 단기간에 신화폐로 강제 교환하는 등의 조치를 통해 인위적으로 화폐의 가치를 조절하는 것을 의미한다. 화폐개혁의 방식으로는 구권을 신권으로 교환하거나, 고액권을 발행하거나, 통용가치를 절하 · 유통화폐의 액면가치를 법으로 정한 비율에 따라 절하하는 것 등이 포함된다. 특히 통용가치 절하의 방식을 디노미네이션(denomination)이라 한다. 우리나라에서 이러한 의미를 갖는 화폐개혁은 1905년, 1950년(8월 28일), 1953년(2월 17일), 1962년(6월 10일) 4차례에 걸쳐 실시되었다.

디노미네이션(denomination)과 유사한 단어로 리디노미네이션(Re · denomination)이 있는데 이는 화폐의 액면표시 방법은 그대로 두고 액면단위만 낮추는 것을 말한다. 구체적으로 디노미네이션은 우리나라에서 1950년대에 실시된 화폐개혁으로 화폐가치 절하와 함께 액면표시 방법도 '환 → 원, 원 → 환'으로 변경된 것을 의미하지만 리디노미네이션은 액면표시 방법은 그대로 유지하면서 화폐가치만 절하하는 것을 의미한다. 우리나라의 화폐개혁은 경제적 이유보다 정치적 목적이 중요한 배경으로 작용하였으며, 일부 화폐개혁은 긴급통화조치와 병행되기도 하였다.

박정희대통령의 화폐개혁(1962년)은 높은 인플레이션 등으로 침체된 경제를 활성화하기 위해 실시되었다. 다른 이면에는 재정적자 확대로 누적된 과잉유동성을 해소하고 부정축재자가 은닉하고 있을 것으로 예상되는 퇴장자금을 끌어내기 위한 조치도 포함되었었다. 당시 경제성장에 중요한 역할을 하던 외국원조가 1957년을 정점으로 격감함에 따라 자립경제 확립을 위한 적극적인 자금조달책이 필요했던 가운데 박정희대통령은 성장 중심의 강력한 경제운용계획을 공표(경제개발 5개년계획, 1962년)하였다. 이 계획을 효과적으로 달성하기 위해서는 통화신용 및 외환정책 등에서도 각종 지원책이 필요하였던 바, 정부는 '긴급통화조치와 긴급금융조치'를 단행(1962년 6월 10일)하였다. 긴급통화조치에서는 환(圜)표시의 화폐를 원(圓)표시로 변경(10환 → 1원)하고 환의 유통과 거래를 금지하였다. 또한 구권과 구권으로 표시된 각종 지급수단을 금융기관에 예입(6월 17일까지)토록 하고 후속조치로 금융기관의 신규예금은 물론 기존예금에 대해서도 봉쇄계정에 동결토록 하였다.

그러나 정부의 예상과 달리 퇴장자금이 풍부하지 않았으며, 박정희대통령의 이전에 실시된 화폐개혁 당시 보다 강력한 예금 봉쇄조치를 취함으로써 시중유동성 부족현상이 나타나 산업활동의 위축을 초래하였다. 또한 갑작스런 통화개혁으로 경제혼란이 야기되면서 경기가 위축되자 예금봉쇄 조치가 시행된 지 한 달 만에 전면해제 되었다.[65]

화폐개혁은 '화폐인플레이션'을 가져옴으로서 화폐가치를 하락시킨다. 화폐가치가 하락하면 실물자산의 가치가 상승한다. 따라서 화폐가치의 하락은 부동산 가격을 상승시키는 계기가 된다. 때문에 화폐개혁은 부동산가격상승으로 전개된다고 할 것이다. 박정희대통령의 집권 당시의 경제적 환경을 참조하면 화폐개혁이 아니더라도 부동산 가격상승의 압력은 충분

---

65) 『한국민족문화대백과』, 한국학중앙연구원, 네이버지식백과, 재인용.

한 상태였다. 여기에 화폐개혁은 부동산 가격상승을 부추기는 형국이 된다. 목적은 달라도 결과는 부동산 가격에 크게 영향을 미치는 것이다.

화폐개혁과 함께 통화량의 확대도 마찬가지이다. 그 결과는 물가상승과 부동산 가치 상승으로 이어진다. 박정희대통령의 집권초기의 화폐증가율을 보면 연평균 54.1%(1964년~1969년)에 이른다. 화폐개혁과 통화량 확대는 부동산 가격상승으로 귀결된다. 결과적으로 부동산투기가 발생하게 되는 것이다.

4. 부동산 제도 정비

박정희대통령의 부동산정책은 각종 제도 및 법률의 정비(제정)에서부터 시작된다. 1962년에 제정된 '도시계획법'과 '건축법'이 그 것이다. 그런데 당시의 법률 제정은 부동산 시장의 문제를 다루기 위한 것이 아니라 대부분 경제개발과 국토개발의 효율적 추진을 배경으로 하는 경우가 많다. 도시계획법의 주된 내용은 토지에 용도지역을 지정하고 이의 용도에 맞게 토지를 이용하는 것이다. 토지의 용도지역은 주거, 상업, 공업, 녹지, 토지구획정리사업, 일단의 불량지구개량 등으로 구분한다. 특히 '토지구획정리사업지구'는 이 후에 '도시계획법'에서 분리되어 토지구획정리사업법의 제정(1966년 8월)으로 합류된다. 토지구획정리사업은 대규모 토지개발의 법률적 근거가 되는데 영등포기계공단, 부산사상공단, 신평공단, 인천기계공단, 서대구공단, 성남공단 등을 조성하는 계기가 된다. 박정희대통령은 대규모 공단 조성 용지의 확보를 위해 '산업기지개발촉진법'을 제정(1973년 12월)한다. 이 법의 제정으로 반월, 광양, 창원, 여천, 울산, 포항 등 19개 지역 총 1억 7210만 평(전체 공단의 70%)의 개발이 이루어진다.

'국토건설종합계획법'(1963년)을 마련하여 국토개발계획의 법률적 근거도 마련한다. 그리고 주택공급의 법률적 근거인 '공영주택법'을 제정(1963년 11월 30일)한다. '공영주택법'은 주택의 공급대상을 무주택자, 가족월수입 총액이 주택가격의 1/48 이하인 저소득자, 부금상환 또는 임대료 지급가능자로 정한다. 공급방법은 일반 공급(공개모집)과 특별공급(원호대상자, 재해민, 철거민, 토지소유자 등)으로 이원화하여 공급하는 것을 규정하였다. 또한 공공아파트를 분양할 경우 그 분양최고가격을 규제(봉급쟁이 5년~7년 수입 기준)하는 내용을 포함하였다.

주택금융과 관련하여 '주택금고'를 설치(1967년 9월)하고 '한국주택은행법'을 제정(1969년)하여 본격적인 주택건설 자금을 마련한다. 주택건설자금은 '주택복권'을 발행하여 그 판매수익으로 조달한다. 소위 '복권아파트'라 불리는 것이 바로 '주택복권'의 수익자금으로 건설한 아파트를 말한다. '주택복권'은 노태우대통령 재임 시 개최된 '88 서울올림픽'의 자금마련을 위해 전두환대통령 재임기간(1983년)에 올림픽복권으로 변경되기도 한다.

농지에 대해서도 제도를 정비한다. '농지소유상한제'와 '농지매매증명제'를 골자로 한 '농지개혁사업정리에 관한 특별조치법'을 제정(1969년)한다. '농지의 보전 및 이용에관한 법률'을 개정(1975년)하여 농지를 절대농지와 상대농지로 구분하고 개발 행위의 가능과 불가능 지역을 규정하였다.

토지와 관련하여 '국토이용관리법'을 제정(1972년)하는데 이 법은 우리나라 토지이용 및 개발의 기본법으로서 자리를 잡게 된다. '국토이용관리법'은 토지의 용도를 세분화하여 용도에 맞는 이용 및 관리를 규정화한 것이다. 토지 이용의 기본 계획(용도지역)으로 도시지역, 농업지역, 산림지역, 공업지역, 자연 및 문화재보전지역, 유보지역 등으로 구분하며 토지이용시행계획(11개 용도지구)을 구분한 것이다. 특히 '국토이용관리법'을 제정하게 된 배경 중의 하나가 공공사업 추진 시 보상해야할 수용보상가격을 시세보다 현저히 낮게 책정할 필요성이 있었기 때문이다. '국토이용관리법'은 토지거래허가제와 신고제를 내용으로 개정(1978년)되기도 한다. '국토이용관리법'이 제정될 때 국토개발의 기본이 되는 '제1차 국토종합건설계획'도 수립(1972년)된다.

1970년대에 들어서자 도시문제가 심각해지기 시작하였다. 산업화, 도시화로 인구가 도시에 집중됨으로서 주택문제, 도로문제, 기반시설 등의 문제 등이 사회적 문제로 대두되었다. 특히 주택문제는 심각한 수준이었다. 당시 '인구주택센서스' 조사 결과에 의하면 도시지역의 주택부족률이 46.3%였으며 도시지역 가구의 51.6%가 셋집에서 생활하고 있는 것으로 조사되었다. 특히 서울에서는 전체 주택의 25%가 무허가 불량주택이었다. 박정희대통령은 '토지

형질변경사업'과 '재개발사업'을 포함한 '도시계획법'의 전문을 개정(1971년)한다. 도시내 주택건설, 불량주택지역의 재개발사업이 가능하도록 법적 근거를 마련한 것이다. 당시 서울의 도시화율이 51.2% 수준이었다. 도시재개발사업은 '도시재개발법'이 제정(1976년)됨으로써 본격적으로 추진하게 된다.

주택과 관련, 주택건설촉진법을 제정(1972년)하여 국민주택자금을 조달하는 근거를 마련하며 이는 국민주택기금으로 전환(1981년)되어 국민주택건설의 자금으로 활용되며 국민주택공급을 확대하는데 크게 역할을 한다. 주택건설촉진법의 제정으로 박정희대통령은 250만 호 주택건설계획을 발표(10년간, 공공주택 44%(1950년 12.6%))하는데 민간자본을 통한 주택건설촉진, 주택건설 간소화, 정부관리, 통제강화 등을 주요 골자로 한다. 주택공급에 있어서 공공아파트는 추첨제 분양방식을 마련(1977년 4월)하고 공급대상을 당해지역에 거주하는 부양가족이 있는 무주택세대주를 대상으로 하며 재당첨을 금지시키는 내용의 '국민주택 우선공급에 관한 규칙'을 제정(1977년 8월 18일)한다. 주택청약제도에 민영아파트를 포함(전매, 무주택 제한 없음)하며 '주택공급에 관한 규칙'을 제정(1978년 5월 10일)하고 공급대상을 당해 지역에 거주하는 부양가족이 있는 세대주로서 1가구 1주택 소유자로 한정하며 주택청약예금제도를 서울, 부산, 대구지역에 한해 실시하기로 한다.

정리, 요약하면 박정희대통령은 집권기간 동안 산업화와 국토개발과 관련하여 법률적 근거를 마련하여 경제개발을 이끌었으며 이런 과정에서 무분별하게 적용되던 토지, 주택, 산업용지 등과 관련된 법률정비를 완료하게 된다고 할 것이다. 이러한 과정을 통하여 경제개발과 국토개발이 이루어지고 그 과정에서 '부동산투기화'가 동시에 나타남으로써 이에 대한 정책 또한 동시에 필요해진 사항이었다고 할 것이다.

5. 부동산 시장의 규제와 규제완화 정책

부동산투기와 관련된 정책으로 '부동산투기억제특별조치법'이 최초로 제정(1967년)된다. 이

법은 부동산 양도 차익의 50%를 세금으로 부과하는 내용을 담고 있다. 최초로 양도소득세라는 개념이 도입된 것이다. 이 개념은 '부동산 투기 억제 세법'(1967년)이 제정되면서 양도소득세제로 전환되고 '양도소득세'라는 이름으로 자리를 잡게 된다. '부동산투기억제특별조치법'를 제정하게 된 배경에는 '강남투기'때문이었다. 당시 대단위 택지조성이 이루어지면서 '강남 토지 투기 열풍'이 불어 왔다. 당시의 연평균 토지가격 상승률은 보면 54.5%(1964년~1969년)에 달한다.

투기억제정책은 계속된다. 긴급조치로 공한지(200평 초과) 개념을 도입(1974년 1월 14일)하고 양도세를 강화한다. 이때 처음으로 건물에도 양도소득세를 적용하며 1가구 1주택에 비과세하는 등 양도소득세를 정비한다. 강남 토지 투기 억제정책으로 추진했던 '부동산투기억제특별조치법'(1967년)에 따라 '양도소득세(투기억제세)' 개념을 도입하였고 이를 부동산 투기억제세법의 제정(1968년)으로 '양도소득세제'로 체제를 정비한데 이어 '부동산 양도세법'을 제정(1975년)하여 본격적으로 양도소득세를 부동산에도 적용하게 된 것이다,

박정희대통령이 부동산 투기를 우려해서 제도적으로 '선 규제 후 개발'의 정책을 펼친 것은 '임시수도' 건설을 위해 토지거래를 신고제로 규정화한 것을 들 수 있다. 임시수도건설은 '백지계획(白紙計劃)[66]이라는 이름으로 추진된 박정희대통령 시절의 행정수도 건설 및 이전 계획을 말한다. 박정희대통령은 이 계획을 구체화하기 위해 '임시 행정수도 건설을 위한 특별조치법'을 제정 공포(1977년 7월)했다. 백지계획에 따르면, 행정수도 입지는 조치원과 공주 사이의 구릉지대 반경 10㎞의 장기지구로 정했으며, 1980년에 시작해 1992년~1996년까지 12년~16년에 걸쳐 인구 50만 규모의 자족도시 건설을 계획하고 있었다. 그러나 박정희대통령의 갑작스런 피살 뒤에 백지계획은 천덕꾸러기로 전락해 허술하게 관리되어 오다가 2004년 참여 정부의 신행정수도 이전 추진으로, 백지계획이 다시 주목을 받기도 했다

박정희대통령의 부동산투기 근절책은 '부동산투기 억제 및 지가안정을 위한 종합대책(부동산투기 억제조치, 1978년, 8월 8일)'을 발표하면서 다시금 수면 위로 부상한다. 주요 내용을 보면 1) 양도세 과세율을 당초 30%에서 50%로 확대 개편하고 2) 재산세(공한지세)를 개편하며, 3) 부동

---

66) '백지계획'은 박정희대통령이 77년 초 임시행정수도 건설계획을 발표한 뒤 백지상태에서 이상적인 새 행정수도를 구상한다고 해서 붙인 이름이다.

산투기지역고시, 4) 국세청 발표 기준시가 고시 등의 내용을 담고 있다. 또한 토지금고를 토지개발공사로 전환하고 관인매매계약서의 사용을 의무화했으며 부동산 소개업소를 허가제로 전환하는 것 등의 내용이다. 이렇게 투기억제 정책을 내놓게 된 배경은 토지가격의 상승 때문이다.

잠시 잠잠(1970년~1973년 연평균 토지가격 상승률은 11.5% 수준이었음)하던 부동산 시장은 토지가격의 급등으로 투기화되기 시작하였다. 전국적으로 토지가격이 급상승(1974년~1978년 연평균 토지가격 상승률은 33.4%였다)하고 서울지역 아파트 가격이 본격적으로 투기화되기 시작한 것이다. 당시에는 '중동건설경기 특수'에 힘입어 경제가 호황을 누리던 시기였다. 그러나 제2차 원유파동이 일어나고 수출이 침체되면서 경제가 침체되는 상황에서 부동산 투기 근절책까지 겹치게 되자 서울지역에 미분양이 늘어나는 등 부동산 시장은 급히 침체로 전환하게 된다. 그리고 10.26사태가 발생하면서 박정희대통령의 시대가 마감된다.

6. 특징

박정희대통령 재임기간 동안의 부동산 시장과 그 정책을 정리하면 크게 3단계로 구분할 수 있다. 1단계는 급등기이다. 박정희대통령 집권 초기 단계(1962년~1969년)로서 부동산 가격이 급등하던 시기를 말한다. 이를 '1차 상승기'라 하자. 주요 정치, 경제, 사회, 문화적인 환경을 살펴보면 1) 제3공화국의 출범, 2) 1, 2차 경제개발 5개년 계획의 추진, 3) 급속한 도시화와 주택부족 현상 심화, 4) 화폐개혁 등을 들 수 있다. 이러한 환경에 따라 부동산 가격이 급등한다. 당시의 경제 및 부동산 동향([표 10-2] 참조)을 살펴보면 연평균 10%의 경제성장률, 연평균 11.4%의 물가상승률, 그리고 연평균 54.1% 통화증가율을 나타낸다. 이 기간 동안 토지기격 상승률은 연평균 54.5%였다. 경제, 사회적 환경이 토지가격의 상승을 부추기는 환경이었음이 틀림없다.

이 같은 환경이 계속 되자 박정희대통령은 부동산 투기억제정책을 발표하고 부동산투기를 단속한다. 이로 인해 부동산 시장은 안정기를 찾는다.

부동산 시장이 안정된 시기를 박정희대통령의 부동산정책 제2단계(1970년~1973년)라 한다. 2단계는 1단계에 비해 경제적으로 안정된 단계이며 부동산 시장도 안정된 단계이다. 주요 정치, 경제, 사회적 현상을 살펴보면, 1) 도시화 추세의 가속, 2) 수출드라이브 정책, 3) 아파트 본격적 개발, 4) 월남전, 5) 유신헌법의 발효 등을 들 수 있다. 경제성장률은 연평균 9.5%, 물가상승률은 11.0%, 통화증가율은 연평균 27.1%로서 1단계에 비해 진정된 모습을 보인다. 토지가격은 연평균 11.5% 상승률을 보여준다. 부동산 시장도 안정된 모습을 보인다. 이는 부동산 투기근절책의 효과라고 할 수 있다. 그러나 경제가 호전되면서 부동산 시장은 다시 과열되기 시작한다.

[표 10-2] 박정희대통령 재임 기간 중 경제 및 부동산 시장 동향

구분	기간	정성적 요인	정량적 요인			
		정치 · 경제 · 사회적 특징	경제 성장률	통화 증가율	물가 상승률	지가 상승률
1차 급등기	1964~1969 (상승기)	• 급속한 도시화에 따른 주택부족현상 심화 • 1, 2차 경제개발 5개년 계획의 추진 • 화폐개혁여파에 따른 부동산 가격급등 • 투기억제에 관한 특별조치법 • 제3공화국출범	10%	54.1%	11.4%	54.5%
1차 안정기	1970~1973 (안정기)	• 도시화추세의 가속 • 아파트 본격적 건설 • 월남전 특수경기 • 수출드라이브정책 • 유신헌법발효	9.5%	27.1%	11.0%	11.5%
2차 급등기	1974~1978 (상승기)	• 토지신화 확산(전국지가 급상승) • 서울지역아파트 본격적인 투기대상화 • 중동건설경기호황 • 인플레이션과 경직된 금리제도 • 부동산투기지역고시 • 기준시가 제도법제화	10.2%	32.1%	17.9%	33.4%

'제1차 원유파동'이 '중동건설특수'로 이어지면서 경제 환경은 호황기로 전환된다. 때문에 부동산 시장도 다시 급등기로 전환한다. 이 단계를 3단계(1974년~1979년)라 한다, 제3단계는 경제호황과 부동산 가격 급등기이다. 당시의 정치, 경제, 사회적 환경의 특징을 요약하면 1) 중동건설경기 호황, 2) 전국적인 토지신화 확산(전국지가 급등), 3) 서울아파트의 본격적인 투기화, 4) 높은 인플레이션 등을 들 수 있다. 당시 경제성장률은 연평균 10.2%를 기록하였고, 물가상승률은 17.9%를 기록하여 '하이퍼인플레이션[67]과 비슷한 상황을 나타냈으며 통화량은 연평균 32.1% 그리고 지가상승률은 연평균 33.4%를 기록하였다. 이처럼 부동산 경기가 급과열화되자 정부는 부동산 투기지역을 고시하고 기준시가제도를 법제화하는 등 부동산 투기대책을 펼쳤다. 그리하여 부동산 시장은 다시 안정기로 접어들게 된다. 이 부분은 제4공화국에서 제5공화국으로 넘어가면서 다른 각도로 전개된다.

박정희대통령의 부동산 시장에 대한 정책을 요약하면 일단 개발과 관련된 정책을 기반으로 한다는 점이 특징이다. 경제개발과 국토개발을 목적으로 이와 관련된 제도를 정비한 것이다. 그런 과정에서 우리나라의 부동산 관련법들이 자연스럽게 정비가 되고 이 당시 탄생한 법률들이 향후에도 부동산 관련 법률로서 기반을 갖게 된다. 또 하나는 이런 법률의 제·개정과 국토개발 등에 따른 부동산투기화가 성행되었다는 점이다. 그러나 당시의 경제여건상 웬만한 가격상승은 과열로 취급하지 않았을 것이라 추정된다. 그래서 부동산 과열화를 억제하는 정책이 집권기간에 비해 많지 않았을 것이라 판단된다.

또 하나는 부동산 투기화가 국토개발과 경제개발의 명분에 묻혔다는 판단이다. 국가의 근대화라는 대의명분이 부동산 시장의 과열화보다 선행한 것으로 해석할 수 있다고 본다. 그런 이유는 당시의 제·개정 법률은 대부분 개발을 촉진하는 법률이었으며 그런 법률이 시행되면 당연히 부동산 시장의 과열화가 예상될 것이지만 '선규제, 후개발'이 아닌 '선개발, 후규제'의 방향으로 정책을 입안 추진했던 것에서 찾을 수 있다. 이것이 결정적으로 부동산에서 파생된 부익부 빈익빈 현상으로 나타난 것이라 할 것이다.

---

67) 하이퍼 인플레이션(hyper inflation) : 초(超)인플레이션이라고도 하며, 통제 상황을 벗어나 1년에 수백 % 이상으로 물가상승이 일어나는 경우를 지칭하는 개념이다. 일반적으로 정부나 중앙은행이 과도하게 통화량을 증대시킬 경우에 발생할 수 있다. 하이퍼인플레이션의 발생은 물가상승으로 인한 거래비용을 급격하게 증가시켜 실물경제에 타격을 미친다.

박정희대통령의 부동산정책은 우리나라 부동산정책의 뿌리이자 역사라고 정의할 수 있다. 박정희대통령 이전의 정책은 임기응변적이고 부분적인 정책이었기 때문이다. 아쉬운 것은 너무 개발에 치우쳤다는 점이다. 부동산 시장의 변동(특히 수요, 공급 측면)과 이에 따른 부동산 경기순환에 대한 정책이 먼저 검토되었다면 그 이후로 나타나는 부동산정책의 반복적 순환도 선행할 수 있는 기반을 갖출 수 있었을 것으로 판단되기 때문이다.